U0164761

複調的五四

.

複調的五四

一個自塑旋律的運動

羅志田　著

香港中文大學出版社

《複調的五四：一個自塑旋律的運動》
羅志田 著

國際統一書號 (ISBN)：978-988-237-330-3

出版：香港中文大學出版社
　　　香港 新界 沙田・香港中文大學
　　　傳真：+852 2603 7355
　　　電郵：cup@cuhk.edu.hk
　　　網址：cup.cuhk.edu.hk

The Polyphonic May Fourth: A Movement that Shaped Its Own Melody (in Chinese)
　By Luo Zhitian

ISBN: 978-988-237-330-3

Published by The Chinese University of Hong Kong Press
　　　The Chinese University of Hong Kong
　　　Sha Tin, N.T., Hong Kong
　　　Fax: +852 2603 7355
　　　Email: cup@cuhk.edu.hk
　　　Website: cup.cuhk.edu.hk

Printed in Hong Kong

目　錄

自 序

　　已經過去一百多年的五四運動是一個人們不斷記憶的「過去」，也是我二十多年中一再重訪和書寫的「現在」。本書便記錄了我不斷的努力，但並非簡單地把多年的研究原樣聚合，因新材料的發現及年齒日增帶來的感悟，也以新的面貌加入其中。大部分文字收於此前簡體字版的《激情年代：五四再認識》，此次除了全面校訂，第一章作了大幅修改，並新增了第四章和基本重寫的第十二章。本擬寫一篇〈繁體版序〉，惟舊序本稍倉促，近年也略有新知，乃拆開重寫，以補此前言有未盡之處。

　　百多年來，許多人為五四樹碑立傳，其形象已更清晰，卻也依然如霧中之月，微茫而朦朧。有些專門研究「五四」（以下非特指不加引號）的學人未必同意這樣的見解，然而對於在歷史上實際出現的五四，我們的瞭解確已足夠深入、充分了嗎？以「見之於行事」的標準，隨意進入一個具體的「行事」，答案或未必樂觀。至於那豐富多元的整體五四，恐怕仍需置於歷史長河與世界格局中繼續體味，以獲取陳寅恪所說的「瞭解之同情」。[1]

1　陳寅恪：〈馮友蘭《中國哲學史》上冊審查報告〉（1930年），見《金明館叢稿二編》，北京：生活・讀書・新知三聯書店，2001年，279–280頁。

依然朦朧的五四

五四運動向有廣狹兩義：從字面義言，五四特指 1919 年那次以學生為主的運動；然而通常說到五四，大約都會往前後各推移幾年，是所謂「廣義的五四運動」（略近於通常所說的「新文化運動」）。兩種五四不僅運動時間長短不同，就連其象徵性的口號也各異。一般視為五四基本理念的「民主」與「科學」，更多適用於廣義的五四；而當年遊行的學生口裏所喊的，卻是「內除國賊、外抗強權」一類口號；兩者間實有一段不短的距離。

有意思的是，一方面大家都以 1919 年的學生運動作為一個整體的象徵，每逢「週年」就發表紀念的言論；另一方面，很多人心目中的五四運動其實是廣義的。一個最顯著的例子，就是從 2015 年開始，學界便開始出現一些以「百年」為題的「回望」、「反思」文字，甚至有一些冠以「百年」的相關研討會召開。真正到五四學生運動百週年時，各類紀念活動所涉及的內容，也遠超過狹義的學生運動（以下說五四，凡不特別註明，皆廣義的。惟用以斷時的「五四後」和「後五四」，則多為狹義的）。

隨着時間的積累，兩種五四的並用已經約定俗成。從研究者到媒體，大家都共同使用含義各異的概念，而不覺其間的衝突。這反襯出一個我們可能注意不多卻實際存在的事實，即「五四」的內容和意涵本來相當豐富，它的形象原本就不那麼「一元化」。如今一些人已在思考怎樣繼承「五四遺產」甚或是否應當跳出「五四的光環」，其實不論是廣義還是狹義的五四，不僅未到蓋棺論定的程度，甚至一些基本史事都還沒搞清楚，仍處於一個言人人殊的狀態。

歷史上有些事件和運動是因為材料不足徵而不容易弄清楚，五四則不然，相關史料可以說是汗牛充棟。確有一些面相由於史料不充足，不得不借助想像予以推論（因此而多有爭議）。然而也還有一些材料尚足的面相，長期被研究者視而不見，處於一種存而不論的狀態。

　　且舉一例。梁啟超曾說，要「瞭解整個的中國，非以分區敘述為基礎不可」。[2] 即以狹義的五四運動論，也不僅發生在一地。當年北京的學生運動多少有些偶然，儘管有很多當事人的回憶，但究竟是哪些人實際領導了學生的運動，以及當天遊行路途上發生了什麼事，迄今尚存爭議。連北京市區的運動過程都還不夠清楚，遑論各地的運動了。蔣夢麟在五四當年就反覆說及「從北京到廣東，從上海到四川」，[3] 但廣東和四川的五四，我們現在知道多少？儘管已有一些記述地方的資料集，然使用者實不算多（我自己就很少用）。[4] 各省的五四運動，基本仍不清楚。若所謂縣鄉鎮層級，受到關注就更少了。[5]

　　五四的內容和意涵本來相當豐富，區域因素以外的其他方面，沒弄清楚的具體內容也還不少，仍需繼續探索。而五四的一大特點，是幾乎當場就成了不能忘記的「歷史」。對五四的詮釋和解讀，起步相當早，幾乎和學生運動同時。故關於五四的言說，從一開始就與本事纏繞在一起，難以區分。既存的相關研究增進了我們的認識，然經過長時期各種

2　梁啟超：〈中學國史教本改造案並目錄〉（1922年），見《飲冰室合集‧文集之三十八》，北京：中華書局，1989年，27頁。

3　蔣夢麟：〈這是菌的生長呢還是筍的生長呢〉，載《晨報‧週年紀念增刊》，1919年12月1日，1–2版。

4　例如與五四學生運動關聯最密切的山東，雖有胡汶本、田克深編的《五四運動在山東資料選輯》（濟南：山東人民出版社，1980年）等書出版，但研究論著的數量和品質，尚不夠令人滿意。

5　近年區域的五四研究已有人關注，陳以愛的《動員的力量：上海學潮的起源》（香港：民國歷史文化學社，2021年）據說是她「東南集團與五四研究」系列的第一本。鄉鎮方面也有一些新探索，參見徐佳貴：〈「五四」與「新文化」如何地方化——以民初溫州地方知識人及刊物為視角〉，《近代史研究》，2018年，第6期；瞿駿：〈覓路的小鎮青年——錢穆與五四運動再探〉，《近代史研究》，2019年，第2期。按小地方在不同程度上受到運動的影響，在一些地方，可能看不到五四的直接影響，如鄭振滿從大量「地方文獻」的閱讀中，就幾乎看不到五四的存在（鄭振滿：〈日常生活中的文字傳統〉，「樂道人文講座」第10講，四川大學歷史文化學院，2023年4月24日），但也不排除未表現在文字上的間接影響。

取向的解讀，在一些面相愈來愈清晰的同時，也不排除被詮釋者增添了一些「作霧自迷」[6]的成分，增添了後人索解的難度。

認識複調的五四

據說老子曾對孔子說：「六經，先王之陳跡也，豈其所以跡哉！今子之所言，猶跡也。夫跡，履之所出，而跡豈履哉！」這是《莊子‧天運》中所言，義甚悠遠。如果「履之所出」乃履跡而非履，而昔人之陳跡未必是其「所以跡」，則西方文論所謂文本一經產生，即具有了脫離母體（即作者）的獨立生命，似亦可由此索解。章學誠早就注意到，文本一經寫定，解讀就變化多端——「言一成，而人之觀者，千百其意焉，故不免於有向而有背。」[7]

在某種程度上，五四的歷史和歷史敘述中的五四，就像一個涵義豐富的文本，早已被歷來的眾多解讀者「千百其意」了。熟讀老莊的魯迅曾主張：「倘要論文，最好是顧及全篇，並且顧及作者的全人，以及他所處的社會狀態，這才較為確鑿。要不然，是很容易近乎說夢的。但我也並非反對說夢，我只主張聽者心裏明白所聽的是說夢。」[8]

依魯迅的意思，不顧文本作者及其產生的語境而就文本論文本的「說夢」取向，是可以存在的；但聽者（即文本詮釋的受眾）需要區分並明瞭「說夢」與「說事」兩種取向的不同。若取上述文學批評理論解讀五四，最好能指明其所解讀出的，乃是作為「獨立文本」的五四之意涵，而非與「作者」及其時空關聯的那個五四；或將兩者進行區分，讓「聽者心裏明白」他們所聽的是「說夢」還是「說事」。

6　熊十力語，見熊十力：《讀經示要》（1944年），《熊十力全集》，武漢：湖北教育出版社，2001年，第3卷，840、874頁。

7　章學誠：《文史通義‧朱陸》，北京：中華書局，1956年，56頁。

8　魯迅：〈「題未定」草七〉，見《魯迅全集》，北京：人民文學出版社，1981年，第6卷，430頁。

　　如果選擇了「說夢」取向，在解讀時是就已「獨立」的文本進行詮釋，或不宜將其解讀還贈文本的作者，指出某某主張如何、某某贊同和反對什麼，等等。不幸的是，一些持「說夢」取向的五四研究者，卻未能遵循其所借鑒的理論，常將其想像力豐富的解讀，還贈五四的當事人，使我們認知中的五四形象更加撲朔迷離。

　　重要的是，文本不論有多獨立，仍有其產生的母體。從時間視角看，其實也可以說，文本一產生，就已經是過去式，也就成為歷史了。與其相關的語境，自然同樣是歷史的。不論是就文本解讀文本，還是將文本置於其產生的語境中解讀，恐怕都不能不考慮歷時性的因素。且五四時代的中國，本就是一個複合的時空。正是多重時空因緣的疊加，使五四呈現出複調的面貌。

　　過去受梁啟超影響，常說中國對外國的認識有從器物、制度到文化的三階段進展，而討論史事也多沿着甲午戰爭、戊戌變法、辛亥革命一系列事件的時序模式。其實五四學生運動本因外來刺激而起，那時的歐戰，特別是新俄的出現，使時人的思想受到強有力的外來衝擊，他們對中國現狀和歷史的反省以及對未來的憧憬，包括五四人常掛在口上的覺醒、解放和再造，基本都在一個時空縱橫的框架之中，早已超越了線性的時間進程。我們觀察五四，最好依循時人的思緒，以觀時而觀空，並以觀空而觀時。[9]

　　杜亞泉曾提出一個以特定時段的「時勢」來劃分新舊的主張，而這個時段又以標誌性事件來確定。由於「時勢」在變遷之中，所以新舊不是固定的，而是相對的。不同時段之新舊，意義並不相同。既不能混為一談，也不能相互否定。[10]這樣一種據事件以定時段，又以時勢分新舊的見解，便多少帶有以觀時而觀空的意味。

9　陳寅恪：〈俞曲園先生病中囈語跋〉，見《寒柳堂集》，北京：生活・讀書・新知三聯書店，2001年，164頁。

10　參見杜亞泉：〈新舊思想之折衷〉，見周月峰編：《中國近代思想家文庫・杜亞泉卷》，北京：中國人民大學出版社，2014年，498–499頁。

徐志摩描述的擲石子入深潭的音響效果，給我們以進一步的啟示：「拿一塊石子擲入山壑內的深潭裏，你聽那音響又清切又諧和。餘音還在山壑裏迴蕩着，使你想見那石塊慢慢的、慢慢的沉入了無底的深潭。」[11] 試想若在餘音仍迴蕩時再擲入一塊石子，便會出現兩次回音的繚繞；水中看不見的先後兩塊石子還在慢慢沉落，而水面可以聞知的餘音卻已難辨彼此。

同樣的情形也表現在石塊激起的漣漪之上：此前投下的石子所激起之漣漪還在蕩漾，而後下的石子又激起新的漣漪。石塊雖有先後，兩次漣漪在視覺上卻是連接的，不排除前次的漣漪被一些人視為是新石子所造成，反之亦然。且觸岸之鱗波還可借力反蕩，與襲來的新波互動重疊（overlap）。這樣一種波動不息的繁複層次雖是歷時性的，表現出來卻往往像是共時性的，因而也常被認知為共時性的。

歷史上那些帶有「禮失求諸野」意味的現象，借此可以有更深一層的理解：在中心區域已形成新的「禮」，而邊緣區域舊禮的餘波仍在，故可尋覓舊禮的履跡。然而中心區域的新禮也會逐漸向邊緣區域延伸，當地出現的履跡不排除為新禮的衝擊所致，卻可能被看成舊禮的餘波。尤其人之所見往往是他們想要看到的，對那些懷抱「禮失求諸野」願望的觀察者，即使真是新禮的履跡，也很容易被視為舊禮的餘蔭。

在實際的歷史中，落水的石子可能不止兩三次，那些像是共時性的音波或漣漪，可能是歷時性的不同因素所造成。倘若石塊進入的是流水而非靜水，本有水聲和波瀾在，這就牽涉到外來衝擊的反應與內在既存理路之間的緊張，石子造成的音波和漣漪也因此而更複雜難辨。[12]

11　徐志摩：〈濟慈的夜鶯歌〉(1924年)，見趙遐秋等編：《徐志摩全集》，南寧：廣西民族出版社，1991年，第3卷，148–149頁。

12　石入流水承四川大學歷史文化學院博士生徐君玉提示，謹此致謝！

　　具體到五四，由支流匯聚而成的五四波濤，奔湧所至，必有回波，而各不相同 (例如其流經上海，便與在成都激起的漣漪未必一樣)。[13] 像這樣歷史上相當特殊的事件，不僅當時的本事和言說，包括事後不絕如縷的後見之明，都在聲聲相應，形成一個互為因緣的複調樂章。故石子入水這樣一種「衝擊—反應」，既是啟示也是挑戰，要辨析那些音波或漣漪的成因，亦即履跡的「所以跡」，雖極不容易，又不得不為。

　　戴維斯 (Natalie Z. Davis) 論新舊史學的差別說，舊史家希望得到「以直白而一目了然的言辭」建立起來的絕對真相，而新史家「處處看見複雜和多歧的現象」，在努力尋求「確切的真相」時，也願意先接受某種「可能的真相」。[14] 五四本是一個「多層多面的運動，有其複雜性」。[15] 既然史事本身是豐富的，所謂歷史書寫表現出的五四就不必顯得太「整潔」和「凝練」。如史景遷 (Jonathan D. Spence) 所說：「能一目了然的東西並不存在。我們對中國的看法越模糊，越多面化，離那最捉摸不定的真實性也就越近。」[16] 這一睿智的提醒，特別適合於對五四的認知和表現，我們確實需要看到一個複調的五四。

本書的內容

　　五四運動是民初激變時代中的一個里程碑事件。我其實從很早開始就準備寫一本關於五四的專書，也曾擬出了大致的章節，很多都已有

13　此承四川大學歷史文化學院周月峰老師提示，謹此致謝！

14　Natalie Z. Davis, "On the Lame," *The American Historical Review*, vol. 93, no. 3 (June 1988), p. 574.

15　張灝：〈重訪五四——論五四思想的兩歧性〉，見《幽暗意識與民主傳統》，北京：新星出版社，2006年，200頁。

16　史景遷：〈16世紀後期至今西方人心目中的中國〉，收入羅溥洛 (Paul S. Ropp) 編，包偉民、陳曉燕譯：《美國學者論中國文化》，北京：中國廣播電視出版社，1994年，15頁。

半稿或資料長編。惟因隨順世緣，[17]不少內容不得不先後寫成論文刊
發，那書稿只能擱下了。由於已刊發的文字收入不同的文集中，不易形
成聚合的認識。於是將版權已到期的各論集中與五四相關的文字拆出來
合在一起，[18]加上新寫的數篇通論性文字，成為《激情年代：五四再認識》
一書，[19]現又增訂為繁體字版，希望能有稍更集中的呈現。

　　第一章是引論，提出把「天下」的視角帶回歷史敘述。近代一大變
局就是天下的崩散，向外轉化出了世界與中國，向內轉化出了「國家」
與「社會」。五四運動發生時，身在中國現場的杜威 (John Dewey) 看到
「國家」的誕生，而當事人傅斯年則看見「社會」的出現。這樣不同的即
時認知充分表現出五四蘊涵的豐富，也告訴我們「國家」與「社會」這兩
大外來名相的意涵尚在形成之中。而這些五四人物自己都不甚清楚的名
相，又成為觀察、認識、理解和詮釋五四的概念工具，既表現出「早熟」
的意味，也遮蔽了當時出現的一些非國家和超國家的思路。由於「國家」
的詮釋力有限，故有必要把「天下」的視角帶回歷史敘述，以增進我們
對五四運動及其所在時代的理解和認識。

　　第二章相對宏觀地檢視五四的體相與個性，強調五四運動是一個
「會合的歷史運動」，有其中心主旨和統整的體相。先從相對宏觀的視角
觀察辛亥革命與五四的關聯，以探索後者究竟是外來衝擊的反應還是自
我的覺醒。並考察民初新舊之爭怎樣發展為向「文化」開戰，一體兩面
的正本清源努力如何兼容破壞與建設，以及學生運動與新文化運動的相

17　五四永遠是熱點，每逢週年，總有約稿。而有些約稿，特別是長輩的命題作
　　文，是無法拒絕的。

18　其中最後一章來自《亂世潛流：民族主義與民國政治》(那本書的修訂版已刪除此
　　文)，兩章來自《激變時代的文化與政治——從新文化運動到北伐》(那本書不會
　　再版，書中其他內容也會分別納入其他文集)，更多的來自《道出於二：過渡時
　　代的新舊之爭》(那本書會重編，側重相對宏觀的論述，而討論具體人物、事件
　　的都會轉入他書)。

19　北京師範大學出版社，2023 年。

互影響，進而從後五四時代的認知去檢視新文化運動的遺產，可以看出五四已成為新文化運動的標識。

第三章從五四的認知歷程賡續探討五四的體相與個性，側重其時代特性。從五四的下限北伐開始，「五四」認知漸趨定型。然而關於五四形象的歷史協商，仍在進行之中(迄今亦然)。把五四放在歷史脈絡中，更容易看到其時代性，瞭解它在中國近代史上表現的更多是延續還是突破。同時，自具體相的五四，又顯出與整個近代大趨勢不同的特異性。這種雙重的時代特性增強了認識五四的難度，卻也指明了努力的方向。我們需要正視五四那多元複雜而感情洋溢的時代特色，充分認識五四的外在整體個性和內在的多歧個性，注意觀空與觀時的互動，以複調的取向來研究五四的人和事。

第四章進一步申論五四的複調特性，強調五四運動是一個從發生當時就開始被傳頌、記憶和詮釋的特殊事件。運動本身並非謀定而後動，而是在發展中完型。在其逐漸定型的過程中，本事與言說的糾纏，是一個與生俱來而又從不離棄的現象。五四運動當然有其不約而同、眾皆呼應的主題，然也確實頭緒紛紜。史事本身的多姿多彩，導致了五四認知的多樣化。它就是一個複調的運動，其內部不同的聲音既各自獨立，又共同參與並形塑出一個更大的和聲。變化的史事需要發展的理解，豐富的史事需要多元的理解。既要表現出時代的「公言」，也當再現各種獨特的「私言」，以複調的方式表述複調的史事。

第二至四章提示出一個共同問題，即五四運動究竟是不是一個可成一統的自足體系。從表面看，狹義的五四因其時間短而且訴求明確，似更顯自足。然而學生運動實際處在新文化運動的進程之中，其對整個運動的「改寫」是清晰可見的。胡適愛說學生運動時瞬間湧現出四百多種支持呼應的白話刊物，[20]更揭示出廣狹兩義五四的內在關聯——沒有此

---

20 胡適：〈五四運動紀念〉(1928年5月)，見《胡適全集》，合肥：安徽教育出版社，2003年，第21卷，368頁；〈報業的真精神〉(1953年)，見《胡適全集》，第20卷，701–702頁。

前新文學、新思潮的滋養和培育，驟發的學生運動恐怕不會在當時就「一呼百應」，並在此後持續得到呼應，[21] 以一個政治為主的運動在歷史上留下顯著的文化烙印。

　　我們常說時勢造英雄，其實英雄也可以造時勢，廣義的五四就最能表現時勢與英雄(知識青年)的相互塑造。若狹義五四抽離出來自成一統，不僅自身立足不穩，更會大大淡化整體五四的歷史存在和歷史意義。可以說，不論廣義狹義，五四都不是一個真正自足的體系，卻也在發展中漸成一統。大體在五四時代結束之時，一個同質性的「五四」認知，已在約定俗成中逐漸成型，故五四確有自具其相的一面。但五四又是一個甫發生就被記憶和詮釋的運動，其含義長期持續發酵。人們記憶中的五四，在不同的時段和場域，表現出隱顯不一的選擇性，其構建一直在繼續。這樣一種多少有些自足又始終處於發展之中的情態，正類前述潭中相互疊蕩之漣漪，粗看已渾成一體，細觀則層次隱約可見。

　　前四章差可算作通論，第五至十二章是各論，大體以時間為序，由內到外。首先從社會視角看文學革命。當年影響甚廣的文學革命，是廣義五四的開端。而據當事人胡適晚年的看法，文學革命「這一運動時常被人誤解了」。他所說的誤解，到今天仍不同程度地存在。一般對文學革命的成功一面，似乎都有偏高的評估，卻又不怎麼言及其真正劃時代的長遠結果 —— 全民改用白話文。文學革命的先驅在向著「與一般人生出交涉」這個取向發展的同時，已伏下與許多「一般人」疏離的趨向。可以說那是一場精英氣十足的上層革命，故其效應正在知識精英和想上升到精英的邊緣知識人中間。

　　過去談到五四新文化運動，多體現其抗議和反抗的一面。其實沒有什麼重大政治變革的五四前一年，對許多時人來說曾經充滿了希

21　呼應的程度容有不同，然而即使是慨嘆對五四的冷漠甚或想要跳出五四「光環」的呼籲，都表現出五四在歷史記憶中抹不去的影響。

望：既有「公理戰勝」的樂觀，也有對「文治」及和平的憧憬。學生參與校外活動受到鼓勵，大型歡慶活動至少在方式上為學生運動進行了預備。當時政治和思想走向呈現出特別明顯的內外纏結特點，不少人以為人類新紀元從此開始，希望借歐洲戰勝的東風，由外及內，一舉解決中國的全部問題，進入世界大同境界。巴黎和會與南北和會代表着以會談方式解決困局的嘗試，兩者的失敗預示着思想和行為方式上和緩取向的艱難。正因希望和失望都來得有些意外，舉國的失落感強化了士人心態的激進。

從學生運動前夕讀書人心態與政治的關聯，可以看到從文學革命到後來的思想論爭以及政治走向的脈絡，而「問題與主義」之爭恰是一個代表性的事件。那次爭論為時不長，卻觸及到一些時代關注的焦點，反映出五四時期各種流派混雜難分、陣線混淆的重要特徵。當年包括安福系在內的朝野各方都以為「社會」的革命或改良不可避免，這樣的朝野相似性使「新興論界」一邊希望有所「區分」，以確立自身的特性。簡言之，那時的中國思想界遠比我們認知的更為豐富而活躍。

有些後來以為衝突的觀念，對當時當地的當事人而言，未必就那樣對立，反有相通之處。例如，中國社會改造是局部解決還是整體解決的問題，就是一個時代關注的焦點，它所涉及的面相，遠比既存研究所述的更為寬廣。當時傾向於整體或根本解決中國問題的人相當普遍，其中不少人甚至不那麼激進；而在主張根本解決的人中間，也未必都贊同馬克思主義。對於相當一部分人而言，整體或局部解決兩種取向並非勢不兩立，反可能是一種互補的關係；且「根本解決」也不一定意味着革命，而革命倒可能是走向根本改造的第一步。

另一個時代關注的焦點，則是外來主義與中國國情的關係問題。其中既有讀書人在學理方面的探討，也有革命黨人實踐中的困擾和因應。爭論各方都承認中西社會的歧異，並從世界角度思考中國問題的解決。需要注意的是，胡適主張輸入外來「主義」應當考慮適合中國的國

情，這一觀念在中共黨人探索世界革命與中國革命的客觀實際問題時也得到一定程度的呼應。基本上，胡適和李大釗關於「問題和主義」的言論在一段時間裏共同成為年輕一輩的思想資源，提示着這一爭論未必像後來認知的那樣意味着新文化人的「分裂」，或即使「分裂」也不到既存研究所論述的程度。

五四時最重要的刊物《新青年》，在後期出現了明顯的轉向。這與其創始人陳獨秀的思想轉變密切相關，而其直接的誘因，則是陳獨秀不再繼續擔任北大文科學長。此事既與校外的新舊之爭相關聯，也涉及校內的大學體制構建，以及與辦學取向異同相關的人事之爭。陳獨秀從自由主義到馬克思主義的轉移，及其主張的談政治與《新青年》側重思想的既定方針之間的緊張，都需要進一步的考察。與思想傾向關係不大的經費問題，反可能是促使刊物與中共聯繫起來的一個實際考量因素。重新探討《新青年》轉向的因緣脈絡，揭示出五四遠比我們所認知的要更多姿多彩。

從老師輩對學生運動的即時觀察和事後反思看，「學生」這一近代新教育的社會成果日漸脫穎而出，體現出群體的自覺，並被賦予救國救民的重任，卻也越來越疏離於教育和學術本身。救國和讀書怎樣兩全，成為擺在師生兩輩人面前的重要問題，而兩代人的認知卻不盡相同。漸被視為社會模範的學生其實缺乏自制能力，這個充滿內在張力的現象，始為老師輩所提醒，繼而困擾着躊躇滿志的學生群體本身，與時俱存，揮之難去。

五四人的特點是放眼世界，而文化的區域性和世界性是後五四時代一個敏感而微妙的問題，所見人各不一。時人明知東方和西方並未構成一個完整的世界，卻慣以它們來表述世界，提示出特定的時代關懷；而對此提出反對的質疑者，其實也有各不相同的具體針對性。儘管如此，時人卻可以在缺乏共識的基礎上進行相互分享的探討。後人不宜忽視當年那些似可不言而喻的歧異認知，或不妨從彷彿可以不計的「小異」之中，探索其間的「大不同」。

　　對於五四的基本理念，如德先生和賽先生，後五四人曾有認真的省思。北伐後的民主與獨裁之爭是對德先生的反省，而此前的科學與人生觀之爭則是對賽先生的反思。張君勱在1923年一次帶偶然性的講話，究竟在何處以及怎樣挑戰了新文化人關於「科學」的基本觀念，從而使後者不得不拔劍而起？通過考察分析「科學」觀念在後五四時期的演變，可以反觀五四人心目中的「賽先生」究竟何義。過去有些研究者對科學與人生觀的論戰水平感到失望，其實論戰當事人之所欲言，與這些失望者之所欲觀未必一致。時人對於「科學」及「科學方法」有着相當不同甚至帶本質區別的理解，許多研究者經常使用的「科學主義」這樣一個高度概括性的西方抽象術語，對發生在中國五四後期的一次具體爭論，可能沒有多大的詮釋能力。

　　本書始於把「天下」帶回歷史敘述的主張，而當年的中國讀書人的確嘗試過把天下的政治模式嵌入現代國家。1922年胡適曾提出「好政府主義」，不久更出現了一個為時短暫的「好人政府」。這個看似歷史插曲的努力，正是這一取向的嘗試。好人政府背後的「賢人政治」，大體是一個適應天下時代的傳統理念；好政府主義強調政府應積極作為，又更適應現代的國家時代；而時人面對的北京政府，恰是一個具有現代形式卻又延續傳統小政府理念的政權。那是一個政治倫理轉換的時代，在新禮衝擊下，舊禮顯已勢弱，卻仍暗生波瀾。雖不無迴光返照的意味，「天下」並未離開歷史現場。新舊政治倫理的糾結，容易使人感覺無所適從，卻也留下更寬廣的嘗試空間。各種充滿張力的取向如何關聯互動，是個需要重新講述的故事。[22]

　　伴隨着政治倫理的轉換，五四人對政治本身及其與文化的關係也有過深思。這一根本性的思慮，涉及到何種方式更能改善中國的現狀以及

22　說詳羅志田〈把天下的取向嵌入國家：民初「好人政府」的嘗試〉，《近代史研究》，2019年，第5期。

中國在世界的地位。一度曾想疏離於政治的胡適最終走向接受政治解決的取向，經歷了充滿無奈的掙扎，或也可以説是與時代協商 (negotiations) 的結果。從五卅運動到北伐，中國逐漸進入一個「行動時代」：個人讓位於群體，政治壓倒了文化。言説的無力揭示出讀書的「無用」，宣告了一個以文化為表徵的時代真正成為歷史。

五四活在我們血脈中[23]

在學人的實際操作中，每項具體研究，大都是截取一段史事來進行探索。這種切片式的研究或是不得不為，但在認識、解讀和分析被截取的具體片斷時，卻不能看作是靜態的，而當注意梁啟超所説的，「每一段史蹟，殆皆在前進之半途中，作若行若止之態」。[24]只有注重單一史事那「若行若止」的動態及其與他人他事的時空關聯，才可能領會並表現出其靜中有動的精神風貌。

所謂「歷史長河」本是流動的，時而波瀾壯闊，時而細水緩流，甚或成為泛着微瀾的「死水」。[25]有石入水，激流與靜水的漣漪不同，淺溪與深潭的音波也各異。流經五四那個激情年代的歷史長河，整體或如洶湧澎湃的奔流，而不太像靜止的深潭。但若切到具體的水面，其漣漪、音波，也不過程度之差。如劉咸炘所指出的，「凡靜定，皆自一渾同中裁節而後見」。[26]任何一個片斷都是周流變動中截取的一靜定，且必截取而後可見、可考察分析；但此所謂「靜」仍在動中，乃是變動之中「不行

23　清華大學歷史系的李欣然對本節的修改提出了建設性意見，謹致謝忱！

24　梁啟超：《中國歷史研究法》，見《飲冰室合集·專集之七十三》，北京：中華書局，1989年，111頁。

25　此借用李劼人小説的書名。

26　劉咸炘：《呂氏春秋發微》(1930年)，見《推十書》，成都：成都古籍書店，1996年影印，第2冊，1138頁。

不止」的靜定，[27] 或即本雅明（Walter Benjamin）所謂「辯證的靜止」，[28] 現象雖似凝固，仍可透視到動的姿態。

不僅史事片段需要放在更大的流動歷史背景中考察，對歷史全域的認識，也因截取的片段不同，而獲得不一樣的認知。換言之，每個史事片段不止是整體歷史的一個部分，它也可以折射出歷史整體本身。如余英時師所説，對不同的人，五四就像「月映萬川」那樣因人而異，「同是此『月』，映在不同的『川』中，自有不同的面目」。若要對五四「求得更深的理解」，也需要見之於人人。[29]

萬川映月，亦類石入水中，川不同則音波、漣漪也各異。尤其歷史是要見之於行事的，每個人在具體場域的所思所言所行，永遠是重要的。面對在時空中演變的五四，每個當事人、事後人和研究者，都有自己身臨其境的具體認知，人各不同。一個個獨立又彼此因應的聲部構成了複調的樂章，這樂章又被一次次地演奏和詮釋。五四的體相並非將各單一節點簡約串連起來，而自有其統整的一面。然單一的認知既是五四整體形象的一部分，又與其他眾多認知相伴相生、互為因緣；更因是置身其中的具體感知，有着不可替代的獨特性。

這對研究者提出了更高的要求。蓋個性有時是偏於感性的。在表述的技術層面，史學的處理需要盡可能平靜。不過顧頡剛也曾主張，為了讓讀者瞭解「各時代的特殊色彩」，作者遇到「抽象的史料，也必得有生動的敍述」，才能使讀者「眉飛色舞」。[30]「生動的敍述」實非易事，只能作為努力的目標。為保存事物的「特殊色彩」，我們至少可以遵循文

27　《莊子·天下》：「鏃矢之疾，而有不行不止之時。」

28　Walter Benjamin, *The Arcades Project*, trans. by Howard Eiland and Kevin Mclaughlin, Cambridge: Harvard University Press, 1999, pp. 462–463.

29　余英時：〈我所承受的「五四」遺產〉，見《現代危機與思想人物》，北京：生活·讀書·新知三聯書店，2005年，74頁。

30　顧頡剛：〈中學校本國史教科書編纂法的商榷〉，《教育雜誌》，第14卷，第4號（1922年4月），11頁（文頁）。

如其事的取向，尊重時代、事件和人物的個性，使展現出來的五四不一定那麼「鎮靜」，那麼理性，尤其不那麼整齊劃一。

本書各章撰寫的時間相差二十多年（1996–2020），寫作機緣不一，也並不系統，甚至不妨説是零散的碎片。然而所謂碎片正是個性的體現，也是體相的構築者。這些碎片之間並無清晰的邊界，也少見明顯的斷裂，反呈現出密切的關聯，即都在表現讀書人為尋求國家出路和解決中國問題的上下求索，彰顯五四這一時段的豐富和多樣化，希望能呈現出一個複調的五四。

柯林武德（R.G. Collingwood）在區分自然過程和歷史過程時提出，自然過程中的「過去」一旦被「現在」所替代，就可以説消逝了；而歷史過程中的「過去」則不同，「只要它在歷史上是已知的，就存活在現在之中」。正是歷史思維使「歷史的過去」成為「一種活着的過去」。因此，不能被後人認知和重新思考的，便等於尚未進入歷史過程。[31] 那些思考怎樣繼承「五四遺產」或是否跳出「五四光環」的人，或許有些類似柯林武德之所言，側重的是在我們心中能夠重新思考的那個五四。

而蒙思明看法稍不同，他以為，「歷史本身的演變，一氣相承，川流不息」。一件事有無史料保存，只影響我們的歷史知識，卻無關於歷史本身。故史料消亡，或不被記憶、認知，既不意味着史無其事，也不能説該事件「對於我們當前的生活與思想就無影響」。[32] 這是一個非常深刻的睿見，從這個視角看，我們的生命中其實融匯了無數過去的生命，而歷史本就意味着過去的生命融入了我們的生命。即使在歷史言説中

31　這是柯林武德所謂一切歷史都是思想史的學理基礎，但他並非「以不知為不有」（傅斯年語），而是主張努力去認知那些尚未被認知的部分。參見R.G. Collingwood, *The Idea of History*，北京：中國社會科學出版社，1999年，pp. 225–226, 218–219. 此書有中譯本，見何兆武、張文杰譯：《歷史的觀念》，北京：中國社會科學出版社，1986年，256、248頁。

32　蒙思明：〈歷史研究的對象〉，《華文月刊》，第1卷，第6期（1942年11月），15頁。

「不知」(或在歷史記憶中一度隱去)的「過去」,也依然影響着「我們當前的生活與思想」。

何況五四還是一個人們不斷記憶的「過去」。它所置身的歷史長河,雖可達「萬川」之多,卻如蒙思明所説,一氣相承而川流不息。已成歷史的五四,不論我們對其已知多少,就像一切歷史那樣,早已活在我們的血脈之中。從這個角度言,五四給我們的影響,恐怕是招之未必來,揮之難以去的。

作為歷史的五四,仍有很多基本史事需要進一步的探索和更深入的認識。瞭解五四,也有助於我們認識自己。在那些歷史記憶中曾經隱去或為人所「不知」的五四面相進入我們的歷史言説,成為我們心中可以重新思考的「歷史事實」之後,不僅我們認知中的五四與過去不一樣,我們的「生活與思想」也可能有所不同。

鳴　謝

與我很多專題論文稍不同,本書更偏重於敘事,雖然仍是一種分析的敘述,稍近於壓縮的「通論」。各章在寫作時,於開頭結尾處或多或少都曾言及五四的總義。這次重組為一個整體(儘管仍然鬆散),此類説法基本都已刪略,適當整合入相關的章節。個別章節有所擴充,一些章節的文字有所修訂,包括整段整節的文字移易,期能稍更連貫。最後一章因為一些「新材料」的出現,做了較大幅度的改動,可以説是重寫的。

書中參考和所使用的一些資料,承海內外眾多師友(尤其是不少年輕朋友)熱情指點和幫助,甚至代為查核、影印,謹此一並致謝,也要感謝《近代史研究》、《社會科學研究》、《天津社會科學》、《歷史研究》、《南京大學學報》、《社會科學戰線》和《清華大學學報》各刊惠允將曾經發表於該刊的拙文收入本書。

　　民初白話初興時，不少常用字詞與今日不同，如用「狠」來表述今日「很」的意思，用「譚」表述「談」的意思，用「(計)畫」表述「(計)劃」的意思，用「甚麼」表述「什麼」的意思，用「智識」表述「知識」的意思，還有不少人使用「底」來表述今日「的」和「地」的意思。對這類字詞，在指意明確且不影響文意的情況下，引文中均改為「很」、「談」、「劃」、「什麼」、「知識」和「的」、「地」，以利當今讀者。另外，對近現代史料、文集標點本中的一些標點，亦偶有更易。其責任在我，請勿視為編校錯誤。

　　下面兩段話已多次出現在拙作的序言之中，仍願重複一遍：

　　本書倘幸有所得，都建立在繼承、借鑒和發展既存研究的基礎之上。由於現行圖書發行方式使窮盡已刊研究成果成為一件非常困難之事，對相關題目的既存論著，個人雖已盡力搜求，難保不無闕漏。同時，因論著多而參閱時間不一，有時看了別人的文章著作，實受影響而自以為是己出者，恐亦難免。故在向既存研究的作者致謝之同時，我願意申明：凡屬觀點相近相同，而別處有論著先提及者，其「專利」自屬發表在前者，均請視為個人學術規範不嚴，利用他人成果而未及註明，請讀者和同人見諒。

　　儘管各文尚不成熟，恐怕會有辱師教，但我仍願意在此衷心感謝成都地質學院子弟小學、成都五中(烈五中學)、四川大學、新墨西哥大學、普林斯頓大學各位傳道授業解惑的老師以及這些年來我所私淑的各位老師。他們在我修業問學的各個階段中都曾給我以熱誠的關懷和第一流的教誨，在我畢業之後繼續為我師表，誨我不倦，這或許是我比一些同輩學人更為幸運之處吧！本書若幸有所獲，悉來自各師的教導。當然，所有謬誤之處，皆由我個人負責。

2019 年 8 月 16 日

於青城山鶴鳴山莊

2023 年 8 月 9 日

改寫於江安花園

第一章

引論：把「天下」帶回歷史敘述：
一個民國前期隱退的視角[*]

五四學生運動時，正在中國的杜威曾把運動描述為「一個民族/國家的誕生 (the birth of a nation)」。[1] 而五四運動的當事人傅斯年看到的，則是此時「中國算有了『社會』」。[2] 他們一是運動當事人，一是現場觀察人，對五四的即時認知顯然是不同的。這樣的歧異表述有着不可忽視的重要意義，一方面提示出五四的多樣性從一開始就存在，另一方面也告訴我們，「國家」和「社會」這兩大外來概念及其反映的實體，此時或許尚在形成中，所以出現這類見仁見智的表述。

這樣看來，五四不僅如我們一般所知的是個時代分界點，它還見證和表述了「國家」和「社會」在中國的「誕生」。而尚在誕生中的國家和社會，又已成為觀察和認識五四的媒介和描述時代變遷的詮釋工具。不僅如此，五四時代其他重要新名相，包括標誌性的德先生和賽先生等，與

---

[*] 本文的一些早期想法曾以「從天下視角看五四」為題，在華東師範大學歷史學系舉辦的「世界的五四與地方的五四」工作坊（2018年8月22日）上陳述，與會學人的評議給我不少啟發。正式成稿後，承清華大學的李欣然、四川大學的周月峰和社科院近代史所的王波以及四川大學博士生徐君玉提出了建設性的修改建議。謹此致謝！

[1] "John Dewey from Peking," June 1, 1919, in John Dewey and Alice C. Dewey, *Letters from China and Japan*, ed. by Evelyn Dewey, New York, 1920, p. 209.

[2] 傅斯年：〈時代與曙光與危機〉（約1919年），台北中研院史語所藏傅斯年檔案。

國家、社會一樣,都是模稜的。時人據此進行的相互探討和爭辯,也常常是「無共識的共論」。[3]

名相的模稜本身意味着它們的意義正在形成,尚未凝固;而其背後隱伏的,則是那個時代的脈動。中國的近代,用梁啟超的話說,就是一個過渡時代。[4]在這一較長的過渡時代中,五四又是一個過渡性的短時段,很能體現其所在時代的過渡特性:它常被視為界碑,似乎劃分了時代;卻又以其豐富而多面的實踐,能動地連接了時代;[5]更以其長存難滅的遺產,展現了歷史的延續。[6]

前述杜威和傅斯年的不同認知,直接提示了「國家」和「社會」這類基本名相在五四時期的模稜,又揭示出那個時代一個更具根本性的變化——天下的崩散。近代中國一個宏闊的時代轉變,就是「天下」的崩散及其多重演變——向外轉化成了「世界」與「中國」,向內轉化成了「國家」和「社會」。其間有着剪不斷理還亂的關聯,讓人無所適從又不得不有所抉擇。[7]

我曾在一篇小文中説,五四前後,特別是五四後,思想界對究竟是推進「社會」領域的改造還是「政治」層面的革命,曾有一場辯論。這些爭論背後,是怎樣認知、界定和因應「社會」與「國家」的問題,而其核

3　參見羅志田:〈思想史中名相的模稜〉,《探索與爭鳴》,2018年,第3期;〈無共識的共論:五四後關於東西與世界的文化辨析〉,《清華大學學報》,2017年,第4期。

4　梁啟超:〈過渡時代論〉(1901年),見《飲冰室合集・文集之六》,北京:中華書局,1989年,27–32頁。

5　五四運動的廣狹兩義便是一個顯例,廣義的五四正以狹義的五四為連接。

6　白話文的使用,就是至少三千年的一個大轉變,也是一個可持續的歷史性轉變。參見羅志田〈體相和個性:以五四為標識的新文化運動再認識〉,《近代史研究》,2017年,第3期。

7　天下的崩散不僅有這裏所説的內外轉化,還有不少未轉未化的面相,卻被國家、社會等新名詞遮蔽而常使人視而不見,故其造成的困擾遠更繁複。這個問題甚大,當專文探討。

心則是「天下」含義的現代演化。[8]換言之，五四前後國家與社會的緊張，很大程度上是天下的崩散所致，是一個那時尚在發展之中的問題。相關現象不少研究者也曾提及，竊以為還可以進一步提升到意識層面，以深化我們對五四的認識，也有助於理解那個時代(以及前後一二十年)的許多重要現象。本文側重於「國家」，惟因新名相的相互關聯，也要適當兼言「社會」，並及「文化」。

一、從名相模稜看國家概念的「早熟」

不少關鍵詞的涵義模稜，是五四時一個較普遍的現象。德里克(Arif Dirlik)早就注意到，對五四思想有決定性意義的「民主」概念，在(廣義的)五四運動進程中，以及對運動中不同的社會派別，具有不同的含義。在學生運動前的《新青年》雜誌中，民主更多意味着「思想民主」，有着疏離於政治的明顯傾向。到1919年5月，學生運動帶來的「政治化」使民主轉而成為強調人民參與權的「政治民主」。而同年6月工人階級加入後，民主的含義又出現向「經濟民主」傾斜的新轉化，推動了社會主義思潮的澎湃。而學生、工人和婦女這些運動的參與者，則分別從民主概念中找到了罷課、罷工和離開家庭的正當性。[9]

換言之，民主概念不僅是抽象的，它更是可轉化的，且在實際運動中已轉化為多種社會概念，成為思想鬥爭的目標。民主也不僅是個具有普遍意義的概念，由於各種時空因素的作用，它在社會實踐中被「在地

---

8 羅志田：〈士變：二十世紀上半葉中國讀書人的革命情懷〉，《新史學》，第18卷，第4期(2007年12月)。

9 本段與下段，Arif Dirlik, "Ideology and Organization in the May Fourth Movement: Some Problems in the Intellectual Historiography of the May Fourth period," *Republican China*, vol.12, no.1 (Nov.1986), pp. 6–7. 此文有中譯本，德利克：〈五四運動中的意識與組織：五四思想史新探〉，見王躍、高力克編：《五四：文化的闡釋與評價——西方學者論五四》，太原：山西人民出版社，1989年，引文參閱52–54頁。

化」[10]為各種具體的內容。這些在社會實踐中獲得的引伸義，可能與它原本的涵義有所疏離。因此，除非從五四倡導者和追隨者的互動中挖掘出民主這一可轉化的概念「在運動的進程中所獲得的多層意義，我們對此民主思想在運動中所起作用的理解是毫無意義的」。也只有掌握了這一術語在社會層面的多重具體意義，才能真正認識五四時代的「德先生」。

「德先生」如此，「賽先生」亦然。對五四前後的中國讀書人以及後之研究者來說，科學同樣有着多重的「在地化」含義，有的人看到了科學的精神，有的人注重所謂的「科學主義」，[11]更多人關注的是表現在技術層面的物質力量。[12]在陳獨秀等人眼裏，科學常常意味着更本質也更準確的社會理解；[13]而在學人中影響更大的，可能是胡適所說的清儒治學方法。[14]

---

10 德里克明言，他所說的local不僅是地理意義的，更近於語言中所謂「方言」，大概兼具陳寅恪所說的觀空與觀時兩面。參見陳寅恪：〈俞曲園先生病中囈語跋〉，見《寒柳堂集》，北京：生活‧讀書‧新知三聯書店，2001年，164頁。並參見William H. Sewell, Jr., "Geertz, Cultural Systems, and History: From Synchrony to Transformation," in Sherry B. Ortner, ed., *The Fate of Culture: Geertz and Beyond*, Berkeley: University of California Press, 1999, pp. 37–38.

11 參見D. W. Y. Kwok, *Scientism in Chinese Thought, 1900–1950*, New Haven: Yale University Press, 1965. 此書有中譯本：雷頤譯：《中國現代思想中的唯科學主義(1900–1950)》，南京：江蘇人民出版社，1989年。

12 從康有為到梁漱溟，大體都傾向於此，詳另文。

13 在陳獨秀心目中，科學的人生觀就是唯物的人生觀，而唯物史觀的力量就在於「只有客觀的物質原因可以變動社會，可以解釋歷史，可以支配人生觀」。陳獨秀：〈答適之〉(1923年12月)、〈《科學與人生觀》序〉(1923年11月)，見任建樹主編：《陳獨秀著作選編》，上海：上海人民出版社，2009年，第3卷，166、146頁。

14 如劉咸炘便說他本「不信科學方法能包辦人生」，卻又「採用科學方法來教導學生」。這個「科學方法」，當然不是王星拱、任鴻雋等人心目中的科學方法，不過就是「考據辨證的高級而已」。參見劉咸炘：〈看雲〉(1925年)，《推十書‧增補全本》(庚辛合輯)，上海：上海科學技術文獻出版社，2009年，240頁；王星拱：《什麼是科學方法？》，《新青年》，第7卷，第5期(1920年4月)；任鴻雋：〈科學方法講義(在北京大學論理科講演)〉(1919年)，見樊洪業等編：《中國近代思想家文庫‧任鴻雋卷》，北京：中國人民大學出版社，2014年，143–153頁。

名相模棱的形成，有時可能是隨意的，有時卻可以是有意的。如西文的 nationalism 或 nationalisme，國民黨人譯為民族主義，青年黨人譯為國家主義。對後者來說，這是鄭重其事的有意選擇。李璜明確指出，一般人把這個詞譯作「民族主義」是不妥當的，容易強化人和種族之意，而淡化「一定領土、相當主權的重要意義」，所以必須要譯作「國家主義」。[15] 問題是兩種譯意的西文原詞是同一的，馬君武便從兩者「自相衝突」中看到「不通可笑」的一面。[16] 然而事情沒有那麼輕鬆，在20世紀20年代，尊奉民族主義的國民黨與尊奉國家主義的青年黨已到水火不相容的程度，彼此都想置對方於死地而後快。[17] 這個現象或許比較極端一些，但也充分揭示出社會實踐中的「在地化」可以發展到離題甚遠的程度。

又如五四後風行的「社會主義」，對一些清季民初的學人而言，大體就是「人道主義」和「世界主義」的同義詞。[18] 據陳獨秀1921年的概括，「除了『廢止資本私有』為各派社會主義共通之點以外」，社會主義「從來學說不一」，當時有力量的就有五派，即無政府主義、共產主義、國家社會主義、工團主義和行會社會主義，而「最要注意的是前三

15　參見李璜：〈國民教育與國民道德〉，收入李璜、余家菊：《國家主義的教育》，台北：冬青出版社，1974年再版，71頁；李璜：〈國家主義正名〉(1924年)，收入《國家主義論文集》(第一集)，台北：中國青年黨黨史會1983年影印，25–28頁。按從清季開始出現的「國民」就常是 nation 的中譯，而國民黨的英文表述也是 the Nationalist Party，則國民黨人似乎對李璜所說也有所感知。不過張東蓀也曾提出，「National 譯為『國民的』頗易誤會，似應改譯為『民族國家』」。見張東蓀：〈中國政制問題〉，《東方雜誌》，第21卷，第1期(1924年1月10日)，13頁。

16　馬君武：〈讀書與救國──在上海大夏大學師生懇親會演說〉，《晨報副刊》，1926年11月20日，45頁(合訂本頁)。

17　要到20世紀30年代中期，國民黨才逐漸走向與青年黨的合作。

18　如鄧實在1903年便明言社會主義「即世界主義」，而蔡元培後來又將「人道主義」和「世界主義」並論。參見鄧實：〈論社會主義〉，《政藝通報癸卯全書‧政學文編卷一》，台北：文海出版社影印，1976年，96–97頁；蔡元培：〈在清華學校高等科演說詞〉(1917年3月)，見高平叔編：《蔡元培全集》，北京：中華書局，1984年，第3卷，27頁。

派」。[19]那正是社會主義風行之時,多種大致同義的名相既有「共通之點」,卻又各說不一,最可揭示時人心目中這一主義的指謂其實相當模棱。

尤其要注意的是,名相在社會實踐中被「在地化」為各式各樣的具體「社會概念」之後,便不必等同於其抽象意義。張東蓀稍早對社會主義也有與陳獨秀略同的觀察,他更意識到應區分「抽象的真正的社會主義」和在中國「講社會主義的人」。[20]雖然張東蓀不否認有抽象「主義」的存在,但確實只有弄清那些在中國「講社會主義」不同的人,才能明白社會主義這一可轉化概念在社會實踐中的實際轉化。其實北伐後關於中國社會性質、社會史的論戰,多少也是此前對社會主義認知不一的延續。而那次論戰與其說釐清了概念,不如說進一步體現出名相「在地化」之後的百家爭鳴。[21]

關於社會主義、社會性質和社會史的長期爭議,體現出背後一個更基本的名相尚待釐清,那就是「社會」。從清季開始,「社會」就是個讓人看不清楚的名相。傅斯年的同學田培林回憶說,他的小學老師(大致和陳獨秀是一代人)在清末時使用的新教科書裏有「社會」一詞,學生「知道有『人』有『家』有『國』,可是社會非國非家」,怎麼也不懂。而老師顯然也不知道「社會」那從外國引進的新意思,只能以過去演戲、救火一類的「會」和「社」來解釋,這樣反覆講了一禮拜,還是沒講通。[22]可知在河南的新學堂裏,「社會」這一新詞給師生帶來很大的困擾。

---

19 陳獨秀:〈社會主義批評——在廣州公立法政學校演講〉(1921年1月),見《陳獨秀著作選編》,第2卷,344–345頁。

20 張東蓀先已指出,那時的社會主義至少有「工行的社會主義」(Guild Socialism)、「多數的社會主義」(Bolshevism)、「無治的社會主義」(Anarchism)和「國家的社會主義」(State Socialism)四種。東蓀:〈我們為什麼要講社會主義?〉,《解放與改造》,第1卷,第7號(1919年12月),11、3頁。

21 關於那次論戰,參見德里克著、翁賀凱譯:《革命與歷史:中國馬克思主義歷史學的起源,1919–1937》,南京:江蘇人民出版社,2005年。

22 郭廷以等:〈從高小到北大的求學生涯:田培林先生訪問記錄〉,《口述歷史》,第2期(1991年2月),30頁。

　　《新民叢報》當時就意識到此種困擾的存在，特為讀者解惑說：「社會者，日人翻譯英文society之語，中國或譯之為群」，即「人群之義」，並非「立會之意」。此字「近日譯日本書者多用之，已幾數見不鮮矣。本報或用群字，或用社會字，隨筆所之，不能劃一，致淆耳目，記者當任其咎」。但該報相信「社會二字，他日亦必通行於中國無疑」。[23]這一預測後來證明是正確的，然「他日亦必通行」，正說明當時仍未通行。

　　在前述國家主義和民族主義歧異的背後，有一個尚待釐清的基本名相，那就是「國家」。僅從漢字言，「國家」（以及「社會」）是很早就出現過的組合。但在近代，卻又是名副其實的新名詞。[24]陳獨秀就曾說，八國聯軍進來時他已二十多歲，「才知道有個國家，才知道國家乃是全國人的大家」，以前就不知道「國家」是什麼。[25]陳獨秀大概還是敏於新事物的少數，別人到那時也未必有和他一樣的認知。庚子後不久，我們就看到梁啟超指責中國人「知有天下而不知有國家」。[26]從這些先知先覺者的特別強調反觀，那時很多國人確實沒有國家觀念或國家思想。

　　其實梁啟超是舉人，陳獨秀是秀才，他們當然熟讀科舉考試最看重的「四書」。孟子已說「天下之本在國」（《孟子・離婁上》），《大學》中也有治國和平天下的區別與聯繫，[27]故中國傳統中本有關於國家的論述。他們對這些經典中的言說棄而不顧，而徑取西方關於國家的定

23　〈問答〉，《新民叢報》，第11號（1902年7月5日），2頁（問答欄頁）。

24　關於近代西方「國家」概念的引入，參見張佛泉：〈梁啟超國家觀念之形成〉，《政治學報》（台北），第1卷，第1期（1971年9月）；Yu Ying-Shih, "Changing Conceptions of National History in Twentieth-Century China," in Erik Lönnroth, Karl Molin & Ragnar Björk, eds., *Conceptions of National History* (Walter de Gruyter, 1994), pp. 155–174；巴斯蒂：〈中國近代國家觀念溯源——關於伯倫知理《國家論》的翻譯〉，《近代史研究》，1997年，第4期。

25　陳獨秀：〈說國家〉（1904年），見《陳獨秀著作選編》，第1卷，44頁。

26　梁啟超：〈新民說〉（1902年），見《飲冰室合集・專集之四》，21頁。

27　按梁啟超受歐戰影響，在自己歐遊時觀念發生了根本轉變，反以治國平天下的層次來強調天下重於國家，詳後。

義，其取捨本身就揭示出「國家」名相的斷裂，[28]特別能展現思想領域的權勢轉移。下面所說的國家，也循「名從主人」之意，基本不出新定義的範圍。

據此新的國家意旨，梁、陳兩位都側重「知」。這既是一種認識上的要求，也是一種認知上的需要。國家這個外來詞，有多個層面的意思。若用英文說，至少有country、nation和state，其中country和state兩個層面又都有超出於群體人的含義，特別需要有所分疏：當我們說世界與中國時，這個「國」可能近於country多一點，而不是state；然而與「社會」相對的「國家」，卻正是state。五四常被稱為「愛國運動」，一般所謂愛國主義裏的「國」，又介於兩者之間。如果從所謂普遍抽象的意義言，這個「國」應是country，但時人卻常常是從state的角度來討論「愛國」。

從清季開始，「愛國」就成為一個廣泛討論甚至引起爭辯的議題。[29]這些討論其實也是怎樣認識這新興的「國家」（或反省國家概念）的進程。當張之洞說「保教必先保國」[30]以及康有為、梁啟超師弟在清季就此進行辯論時，他們說的國基本是country。[31]但陳獨秀到1914年則說，「國家者，保障人民之權利，謀益人民之幸福者也」。故「保民之國家，愛之宜也；殘民之國家，愛之也何居」？[32]這裏的國，顯然已改為state了。幾年後他更明言：「要問我們應當不應當愛國，先要問國家是什麼。原

28　此承清華大學歷史系李欣然博士提示，謹致謝忱！關於「國家」名相的斷裂與傳承，當另文探討。

29　梁啟超在1915年說，「愛國二字，十年以來，朝野上下，共相習以為口頭禪」。梁啟超：〈痛定罪言〉(1915年)，見《飲冰室合集‧文集之三十三》，3頁。

30　張之洞：《勸學篇‧同心》，見《張文襄公全集》，北京：中國書店，1990年影印，第4冊，546–547頁。

31　僅黃遵憲感覺到其間的問題，故特地把多數人所說的教與國的關係落實到「政與教」之上。參見黃遵憲：〈致梁啟超〉(1902年)，見吳振清等編校：《黃遵憲集》，天津：天津人民出版社，2003年，486–488頁。

32　陳獨秀：〈愛國心與自覺心〉(1914年)，見《陳獨秀著作選編》，第1卷，150頁。

來國家不過是人民集合對外抵抗別人壓迫的組織、對內調和人民紛爭的機關」。[33] 這個國仍是 state。這些「先知先覺」者不能代表所有人，仍大致可以看出一個從 country 向 state 轉移的進程。

現在我們已經充分接受外來的國家概念，並習慣了以國家作為觀察和思考歷史事件的單位，從國家的角度來看問題。但在國家觀念剛剛起來的時代，國家是不是有那麼重要？或者說，我們是否可以假設五四時代的當事人都會從國家視角看問題，或在國家立場上想問題？他們在有意無間是否會從更習慣的天下視角看問題，甚至在意識層面從非國家的視角看問題呢？如果昔人確實這樣看了，我們是否因為自身眼光的慣性而忽視了他們的思考呢？

畢竟五四前後的當事人本身面臨着一個對國家的熟悉化進程，處在一個類似於英語語法中「現在進行時態」的過渡時段，在由生疏到熟悉的進程中要用尚未定型的名相來思考和詮釋其所見所聞，必然不像後人那麼駕輕就熟。他們在意識層面或許會努力趨向於產生中的名相，但在下意識層面，無意中恐怕仍延續着新名相產生前的意態。[34]

勒高夫 (Jacques Le Goff) 曾有「駕駛汽車的人仍使用騎馬者的詞彙」的比喻，[35] 五四或許就是一個從騎馬向駕駛汽車轉移的時段。時人尚未完全脫離「騎馬」的時代，卻已提前使用「汽車」時代的詞彙；而他們在

33　陳獨秀：〈我們究竟應當不應當愛國？〉(1919年)，見《陳獨秀著作選編》，第2卷，114–115頁。

34　據周月峰老師對《新青年》詞彙的統計，「國家」一詞出現了三千多次，「社會」達一萬多次，而「天下」僅四百多次，很能看出名相的進退趨勢。惟時人雖未必經常使用「天下」一詞，在他們關於「國家」和「社會」的表述中，仍隱約透出「天下」的意態。與此相對，在可計算的梁啟超文字中，「國家」一詞出現了六千多次，「社會」四千多次，而「天下」則有五千多次，很能體現梁啟超與《新青年》作者的代際差異。我要特別感謝周老師提供他的統計！

35　勒戈夫 (勒高夫)：〈心態：一種模糊史學〉，見勒戈夫和諾拉 (Pierre Nora) 編、郝名瑋譯：《史學研究的新問題、新方法、新對象——法國新史學發展趨勢》，北京：社會科學文獻出版社，1988年，272頁。

使用「汽車」詞彙時的思慮，卻仍留有騎馬時代的色彩。[36] 後人不僅要看到他們使用的時新詞彙，還要留意他們心中遺留的前代色彩。如果用名相大致定型後的標準和指謂來理解過渡中的言說，出現郢書燕說的後果是非常可能的。

借用梁漱溟對中國文化的一個界定，「國家」以及「社會」可以說是一對「早熟」[37] 的概念，因為它們在自身意義尚在形成之中時，就已成為描述時代變遷的詮釋工具了。不僅國家（政治）和社會，文化大概也是一個「早熟」的關鍵詞。五四前後的時人，大體就是在熟悉的進程中使用「國家」、「社會」以及「文化」來詮釋他們的所見所聞。對這些當事人來說，提前使用「早熟」的新名詞，並不稱心如意，而且充滿困擾。

這類名相本身意涵的不夠明晰，也頗讓時人困窘。用報人朱春駒的話說，「因為無所適從，便會人自為政」。[38] 對名詞尤其新名詞的理解和使用，就常因無所適從而人自為政。即使這些名相已經成為人們所說的關鍵詞而被頻繁使用，其意義卻並未達到眾皆認可的程度，故其指謂常隨立說者的使用而各異，卻不排除大家以為是在唱同一首歌而眾皆分享。

那些重要名相在運用中的種種「在地化」演變，對其意義的形成起到了關鍵的作用。可以說它們的意義就形成於使用之中。這「形成」更多是在有意無意之中，往往在使用者不知不覺、亦知亦覺的狀態下逐漸「眾志成城」，進而約定俗成。這個過程可能很長，故這些互動頻仍的名相常常是在一種見仁見智的狀態下被認知和被表述。

36　兩個時代互滲之說，承四川大學周月峰老師提示，謹致謝忱！

37　關於中國文化的早熟，參見梁漱溟：《東西文化及其哲學》，《梁漱溟全集》，濟南：山東人民出版社，1989年，第1卷，525–529頁。

38　按朱春駒原是討論辛亥革命時的衣着。參見朱春駒：〈武昌起義雜憶〉（1936年），見丘權政、杜春和選編：《辛亥革命史料選輯（續編）》，長沙：湖南人民出版社，1983年，176頁。

　　更因那些關鍵詞始終處於關聯互動之中，自身的解說很難單獨界定，且又時存緊張，有時甚或表現為對立，可以說既相生又相克。借用莊子所說的「非彼無我」，這些單一名相的意義，不論是在抽象層面還是在社會實踐層面，都是相互影響，在關聯互動中逐漸確立的。不論這些新名詞之間實際的關聯還是它們在時人認知中的互動，都還需要考察和斟酌，在其發展的動態中認識其界說的形成。[39]

二、連成一串的國家、社會與文化[40]

　　「國家」作為一個概念的興起，是近代中國帶有根本性的變化。然而在外來的新定義下，中國是不是一個國家卻成了問題。從20世紀開始，不僅有中國無史說，[41]也有人以為中國不是國。梁啟超就一面不否認「我黃帝子孫，聚族而居，立於此地球之上者既數千年」為實有其國，一面自認「問其國之為何名，則無有也」。他更反覆說及「吾人所最慚愧者，莫如我國無國名之一事」。從唐、虞到明、清，「皆朝名耳」。朝不是國，故朝名非國名。於是「我中國疇昔，豈嘗有國家哉，不過有朝廷耳」。既然「數千年來，不聞有國家」，說歷史也只能勉強「用吾人口頭所習慣者，稱之曰中國史」。[42]

39　不僅國家和社會，還有相當一些近代中國歷史敘述中常見的關鍵詞，如「文化」、「文明」、「個人」、「人民」、「民族」、「世界」等等，其本身的意義及其相互關聯的程度，也都還需要進一步認識。本文述及的幾個名相，也不過點到為止。要對其普遍抽象的意義及其意義的「在地化」進程進行梳理，也只能另文為之。

40　五四前後國家與社會的纏結是個大問題，將另文探討，下面只簡略述及它們之間以及其與文化的關聯互動。

41　參見馬敍倫：〈中國無史辨〉，《新世界學報》，壬寅第5期（1902年10月31日），史學欄37–59頁。

42　梁啟超：〈少年中國說〉（1900年）、〈中國積弱溯源論〉（1901年），見《飲冰室合集·文集之五》，9–10、15頁；〈中國史敘論〉（1901年），見《飲冰室合集·文集之六》，3頁。

因不符合新來的國家定義，實有其國的中國卻還「不是一個國家」，已深具詭論意味。也因外來學理的影響，這樣的「國家」卻逐漸成為歷史的基本分析單位。過去的中國歷史強調延續，以道正統，並以正閏的區隔來建構整體的歷史。而轉手於日本的西方觀念雖也重視全面的通史，卻以國家為分析單位。[43]中國是一個有着深厚史學傳統的國家，國與史關聯密切，[44]國家成為歷史的基本分析單位，說明「國家」一詞及其新定義已經成為了清末民初重要的概念工具。

梁啟超意向中「立於地球之上」的國家，當然是「萬國並立」時代的國家，的確更多是空間向度的；然而那個「吾人口頭所習慣」的國家，卻因不斷的改朝換代顯出時間的向度。其新舊意思之間，似不無緊張。梁氏說他「萬無得已」而使用「中國」的稱謂，既表明國家這一新名相在當時已有一定氣勢，卻也暗示着其詮釋力並不充足。這樣的語境有意無意間促成其他名相的興起，帶「非國家」意味卻又時空兼顧的「社會」和「文化」，遂成為與國家「競存」的替代選項。

就像「世界」是個體系，[45]西來的各種新事物，其實是「整套的」。與新興的「國家」伴隨而來的，就有群、社會、民族等一系列名相，它們既密切關聯而又獨立「自主」，有時甚至互不相容，呈現出一種「專門化」的意味，國家便給人以一個政治單位的感覺。然而國家不僅是天下的空間壓縮，還同天下一樣意味着不同的生活樣法，後者恰是超越政治的。這個面相經常受到忽視，反因為與社會、文化等新範疇的「分工」，已經空間化的國家明顯被政治化了。

---

43 參見德里克：《後革命時代的中國》，上海：上海人民出版社，2015年，70–71頁。並參閱饒宗頤：《中國史學上之正統論》，北京：中華書局，2015年。

44 關於近代國與史關係的演變，參見章清：〈「有」「無」之辨：重建近代中國歷史敘述管窺〉，《近代史研究》，2019年，第6期。

45 參見沃勒斯坦（Immanuel Wallerstein）著，郭方等譯：《現代世界體系》，北京：社會科學文獻出版社，2013年。

從辛亥到五四時代，明顯可見一條政治（國家）—文化—社會的線索。嚴復早在清季就已注意到，改革是一整套的，而變法之難，即因既存之法「率皆經數千載自然之勢流演而來，對待相生，牢不可破」。想要「有所改革，則一行變甲，當先變乙；及思變乙，又宜變丙」。彼此「膠葛紛綸，設但支節為之，則不特徒勞無功，且所變不能久立」。[46]

按嚴復此文於1898年1–2月連載於《國聞報》，但這段話的意思約在前一年他給梁啟超的信中已述及，梁啟超自己也深感當時待辦各事皆「互為先後，迭相循環」，故很認可嚴復「一思變甲，即須變乙；至欲變乙，又須變丙」的看法。[47]二十多年後，他把這些「迭相循環」的事物進行了鈎玄提要的梳理，指出近代中國士人的「覺悟」是由器物到制度再到文化的階段性演變，而他對「從文化根本上感覺不足」的第三期的描述，是「革命成功將近十年，所希望的件件都落空」，於是廢然思返，「覺得社會文化是整套的，要拿舊心理運用新制度，決計不可能，漸漸要求全人格的覺悟」。[48]

無獨有偶，傅斯年在一篇寫於1919年的手稿中已說，「中國人從發明世界以後，這覺悟是一串的：第一層是國力的覺悟；第二層是政治的覺悟；現在是文化的覺悟，將來是社會的覺悟」。[49]此文未曾發表，不過兩人都注意到國人「覺悟」的階段性。與梁啟超那廣被引用的三段論相比，傅斯年的四段論是把「社會」看作政治、文化之後更進一步的發展階段。而梁啟超那最後階段的「文化」雖指向了全部，卻也落實在「社會文化」之上。兩者成了並聯詞，彷彿是兩位一體。

46　嚴復：〈擬上皇帝書〉（1898年），見王栻主編：《嚴復集》，北京：中華書局，1986年，第1冊，68頁。此承清華大學李欣然老師提示，謹此致謝！

47　梁啟超：〈與嚴幼陵先生書〉（1897年），見《飲冰室合集·文集之一》，107頁。

48　參見梁啟超：〈五十年中國進化概論〉（1922年），見《飲冰室合集·文集之三十九》，43–45頁。

49　傅斯年：〈時代與曙光與危機〉（約1919年），台北中研院史語所藏傅斯年檔案。

　　梁漱溟稍後也説，民國成立之後，原以為「政治改造之要求已屬達到」，事實上乃「大不如此」。當時一般人多責難「強有力者之破壞政治制度」，而他則「深悟到制度與習慣間關係之重大」，制度的建立「依靠於習慣」。西洋政治制度雖好，由於「中國社會、中國人（一切的人）缺乏此種習慣，則此種制度便建立不起來」。[50]按梁漱溟是把文化定義為「生活樣法」的，[51]他所謂「習慣」，大致就是梁啟超口中的「社會文化」，兩位梁先生多少分享着類似的思緒。而摹仿式的政治改造不能在中國成功，也正因「社會文化」還是原來的。

　　把「社會文化」聯起來説並非梁啟超的思考模棱，實最能表現這些看似「獨立」的新名詞之間有着千絲萬縷的聯繫，相生又相克。蓋文化不僅像社會一樣「非國非家」，有時甚至還「非社會」，卻又往往包容着國家與社會，指謂相當廣泛。傅斯年所説的「一串」是歷時性的，就共時性言依然形象地表出從嚴復到梁啟超所見的各事「迭相循環」之特性。其間的連續性體現出在前的政治和在後的社會、文化之間的密切關聯，而其階段性又道出了政治、社會和文化之間存在着不可忽視的緊張。至少在五四後期，對文化、社會的強調多少都表現出對政治狀況的不滿。

　　從顧炎武關於「亡國」與「亡天下」之辨可以看出，他所説的「亡天下」，即今日所謂文化的整體失落，則「天下」亦指文化。[52]到後五四時代，陳嘉異認為顧炎武心目中的國家是一種「天下的國家」，它「非僅政治組織，而實社會組織」。[53]錢穆後來也指出，顧炎武説天下興亡，匹夫

50　梁漱溟：〈自述〉（1934年），見《梁漱溟全集》，第2卷，19–20頁。

51　梁漱溟：《東西文化及其哲學》，見《梁漱溟全集》，第1卷，384頁。

52　顧炎武著、黃汝成集釋，欒保群、呂宗力校點：《日知錄集釋・正始》，上海：上海古籍出版社，2006年，中冊，756–757頁。

53　陳嘉異：〈東方文化與吾人之大任（續）〉，《東方雜誌》，第18卷，第2期（1921年1月25日），15頁。

有責，其「言天下，即猶言社會，其地位尚遠高出於政府之上」。[54]他們都看到一個與「政治」或政府對應的「社會」，提示出「文化」與「社會」的同質性，正表現在其與「政治」（國家）對應的一面。

作為一個名詞，「文化」在五四時人言說中興起的時間大致就在學生運動前後。胡適曾說，在新文化運動進行了幾年之後，「有人想把他的意義確定下來」。他舉出的例子是1919年初陳獨秀先生所寫的〈本誌罪案之答辯書〉和他自己在同年末寫的〈新思潮的意義〉。[55]而陳獨秀隨後寫〈新文化運動是什麼？〉，[56]更應是「確定意義」之努力的一部分。雖然此前也不乏說文化運動者，陳獨秀的正式辨析，仍提示着「文化」在運動中名正言順地走到前台。

「社會」的興起與「文化」的走到前台大約同時。北大學生1920年初的一篇文章說，「現在有些人看着什麼上帝、國、教會、禮法一類的鬼玩藝失了效力了，又橫抬出『社會』兩個字來哄嚇人」。[57]這是一個看到新舊更替的敏銳觀察，而「社會」可以抬出來哄嚇人，又很能體現五四後思想界的權勢轉移。注意這裏「社會」取代的名相之一就是「國」，反映出五四時代的人言社會，多少存在一種與國家對應甚或對峙的傾向。

此所謂「興起」，主要是指社會成了大家共同關注的對象，或眾人言說的「對手方」。從傅斯年在1919年所寫的〈時代與曙光與危機〉一文看，社會用法的確定時間相當晚，大約與他說「中國算有了『社會』」同時。在此文初稿中有兩句是「近代的思想有兩種趨向：一、個性的，二、群性的。前幾個世紀是個性的發展，近幾十年是群性發展」。而修

54 錢穆：〈略論中國社會學〉，見《現代中國學術論衡》，北京：生活·讀書·新知三聯書店，2001年，220–221頁。

55 唐德剛譯註：《胡適口述自傳》，上海：華東師範大學出版社，1993年，173頁。

56 陳獨秀：〈新文化運動是什麼？〉（1920年3月），見《陳獨秀著作選編》，第2卷，217–221頁。

57 不署名：〈女子獨立怎麼樣〉，《北京大學學生週刊》，第5期（1920年2月1日），3頁。

改稿則為「近代的思想有兩種趨向：一、個性的，二、社會性的。前幾個世紀是個性的發展，近幾十年是社會性發展」。[58] 文中兩個「群」字都被改為「社會」了。「群」是西文 society 的早期對譯，對北大學生傅斯年而言仍是更加耳熟能詳的表述；但也就在五四前後，「社會」的對譯已更流行，於是有了這樣的修改。[59]

傅斯年在說他看到「社會」誕生時，或已在打算放棄國家。他那時說過一句廣被引用的話——「我只承認大的方面有人類，小的方面有『我』。」這中間包括國家在內的一切，「都是偶像」。[60] 大約同時，已轉變觀念的梁啟超也說，「中國人所宗尚的，一面是個人主義，一面是世界主義，中間卻不認得有什麼國家主義」。因為「身(個人)是單位的基本，天下(世界)是團體的極量，家(家族)、國(國家)不過是團體組織裏頭一種過程」。[61] 兩人所見略同。而對五四年輕人來說，「偶像」是拿來「打破」的。[62] 我們甚至可以猜測，或許就因為傅斯年有放棄國家之想，他才求仁得仁地從五四運動看到了「社會」的誕生。

社會改造的漸受關注是那段時間一個顯著的傾向，不僅傅斯年等人在提倡「造社會」，[63] 主張新文化運動的重心應轉向社會。連總統徐世昌

58　傅斯年：〈時代與曙光與危機〉(約 1919 年)，史語所傅斯年檔案的整理者特別說明了初稿和修改稿的不同。

59　參見陳旭麓：〈戊戌時期維新派的社會觀——群學〉，《近代史研究》，1984 年，第 2 期；金觀濤、劉青峰：〈從「群」到「社會」、「社會主義」——中國近代公共領域變遷的思想史研究〉，見《觀念史研究：中國現代重要政治術語的形成》，北京：法律出版社，2009 年，180–225 頁。

60　傅斯年：〈新潮之回顧與前瞻〉(1919 年 9 月)，《新潮》，第 2 卷，第 1 號 (1919 年 10 月)，上海書店，1986 年影印，205 頁。

61　梁啟超：〈歐遊心影錄節錄〉，見《飲冰室合集 · 專集之二十三》，126 頁。

62　如羅家倫所說，五四以後，「我們青年的人生觀上發生一種大大的覺悟，就是把以前的偶像一律打破」。志希(羅家倫)：〈是青年自殺還是社會殺青年？〉(1919 年 11 月)，《新潮》，第 2 卷，第 2 號 (1919 年 12 月)，347 頁。

63　關於五四前後的「造社會」取向，參見王汎森：〈傅斯年早期的「造社會」論——從兩份未刊殘稿談起〉。

也認為，要改變不良政治，「首在轉移風氣，使國中聰明才智之士，從事於社會、經濟、實業、教育，以挽此政爭狂熱之潮流」。[64] 需要注意的是，徐世昌提倡轉移風氣針對的是「政爭」的狂熱。「政爭」當然更接近「國家」，或也提示出時人在名相使用中的一個實際傾向，他們說政治的時候，心裏可能想的是國家；而其說社會的時候，心裏想的可能是以去政治為表徵的「非國家」。

這樣的朝野和長幼「一致」或許只是偶然的，卻也提示出一種時代的風潮。在中國傳統之中，文化和政治本互相關聯。五四時代的長幼兩輩人都在天下時代生活了相當一段時間，一身兼具士人和知識人的兩種認同。他們固然非常看重新興的「國家」，卻也時常會從政治聯想到文化，並延伸到社會。我們或可從回溯當年的歷史發展進程來認識這些新名詞如何關聯互動。

先是陳獨秀在1916年致信胡適討論如何改良文學時已指出，「中國萬病，根在社會太壞」。希望胡適能「就所見聞論述美國各種社會現象」撰文以告國人。[65] 可知在文學改良之初，已有社會之思。蔣夢麟隨後注意到，近年以來，「國民漸知社會不良，政治恐難有改良之日，社會事業之思想，漸漸起矣」。[66] 對此吳康堅持思想優先的原則，以為現在要「談到『社會改造』的問題，根本上就要先從『思想改造』起」。[67]

傅斯年稍早已說，清末民初的各種改革，因為是「放開思想去改革政治」，而沒有進行「根本改革」，效果都不怎麼好。如果「以思想的力量改造社會，再以社會的力量改造政治，便好得多了」。[68] 這觀念或已成

---

64 〈總統對新聞界演説（續昨）〉，載《晨報》，1918年12月2日，3版。

65 陳獨秀：〈致胡適信〉，1916年8月13日，見《陳獨秀著作選編》，第1卷，207頁。

66 蔣夢麟：〈過渡時代之思想與教育之關係〉，《教育雜誌》，第10卷，第2號（1918年2月），26頁（欄頁）。

67 吳康：〈從思想改造到社會改造〉，《新潮》，第3卷，第1號（1921年10月），25頁。

68 傅斯年：〈白話文學與心理的改革〉，《新潮》，第1卷，第5號（1919年5月），918–919頁。

為「新潮派」的共識，羅家倫在「五四」後也說，那時各方面的情形「使我們覺悟到以政治的勢力改革政治是沒有用的，必須從改革社會着手；改革社會必須從改革思想着手」。[69]

然而思想改造之後的社會如何改造，甚至「社會」這一名相本身，都是尚需斟酌的問題。前引傅斯年把「社會」看作政治、文化之後更進一步的發展階段，並非「獨特」的見解。[70] 1922年8月蔡元培在招待蘇俄代表越飛宴會上致辭說，此前的辛亥革命是政治革命，現在「已有社會的革命之趨向」，並指出俄國革命在這方面是「先導者」。[71]在一般人眼裏，俄國革命當然更多是一場政治革命，但也確實帶有從政治走向社會的「大革命」特色。蔡元培的意思，似乎俄國革命是畢其功於一役，而中國的革命卻分成了兩步走。但無論如何，他看到的也是先政治革命，然後走向社會革命。

社會本身涵蓋甚廣，與政治未必可以簡單地截然兩分。德里克指出，五四運動之後「『社會問題』作為一個政治現實與思想關注點的出現」，是「城市的群眾運動將一種社會意識逼入中國知識分子的政治思考」，於是「總體社會問題對於政治問題的相關性日益明顯」。他特別提示，此前也多有改變具體社會問題的主張，但和現在要改革整體社會制度有顯著的差異。[72]如果說前者可能有別於政治，後者不僅與政治密切關聯，有時甚至「大於」或「高於」政治，因而也意味着社會與政治之間存在某種程度的緊張。

69　羅家倫：〈近代中國文學思想的變遷〉，《新潮》，第2卷，第5號（1920年9月），878頁。

70　在辛亥革命時加入中國社會黨的顧頡剛，就認為「社會革命」是「最高的階段」，是「在民族革命與政治革命之後」。顧頡剛：〈玉淵潭憶往〉，見《顧頡剛全集·寶樹園文存》，北京：中華書局，2010年，第6卷，308頁。

71　〈京學界招待蘇俄代表〉，載《申報》1922年8月23日，第3張，第10版。

72　德里克：《革命與歷史：中國馬克思主義歷史學的起源，1919–1937》，28–29頁。

「社會」改造既延續了「文化」運動從「政治」之外下手改革的方向，但比起「文化」又與「政治」的關係更緊密。當有人「批評新文化運動的人太偏於社會方面，把政治忽略了」時，陳獨秀答辯說，「我們不是忽略了政治問題，是因為十八世紀以來舊的政治已經破產」；「我們正要站在社會的基礎上，造成新的政治、新的政治理想」。[73]對相當一些人而言，社會改造之所以受到青睞，就因為它既不那麼政治化，又向政治開放，且比文化和思想更具體實在，具有調和甚或綜合政治與文化兩趨向的意味，還常能包容個人與群體兩方面。[74]

傅斯年那時心目中的「社會」有其特定的含義，[75]前引他所說的四層遞進演變中，國力和政治的前兩層與文化和社會的後兩層又相對接近，多少體現出梁啟超所說的「社會文化是整套的」，也分享着不少時人對政治的排拒。傅先生明言：「凡相信改造是自上而下的，就是以政治的力量改社會，都不免有幾分專制的臭味；凡相信改造是自下而上的，就是以社會的培養促進政治，才算有徹底的覺悟了。」[76]

此處所說的「政治」，隱約可見今人喜歡掛在口上的「國家」之身影，與「社會」有着上下的對應關係。[77]或許可以說，後五四的「社會改造」更多提示着一個方向，即一種與「在上」的政治努力有別的「在下」改革嘗試。王光祈的劃分更細緻，他把當時的改革方案分為兩類四種，一是「以政治手段改革政治」的「政治的政治改革」和「以社會勢力促進政治」的「社會的政治改革」；二是「以政治手段改革社會」的「政治的社會改革」

73　陳獨秀：〈我的解決中國政治方針（在南洋公學演說）〉（1920年5月），見《陳獨秀著作選編》，第2卷，237頁。

74　時人的相關思考可參見吳康：〈從思想改造到社會改造〉，25–52頁。

75　參見王汎森：〈傅斯年早期的「造社會」論──從兩份未刊殘稿談起〉。

76　傅斯年：〈時代與曙光與危機〉（約1919）。

77　胡適後來說，「自從五四運動以來，中國的青年，對於社會和政治，總算不曾放棄責任」（胡適：〈五四運動紀念〉，1928年5月，見《胡適全集》，第21卷，372頁）。這裏與社會並列的「政治」，基本可以說是「國家」的同義詞。

和「以社會自力促進社會」的「社會的社會改革」。兩類他皆傾向於後者。[78]

正因是「在下」的努力，試圖「與一般人生出交涉」的新「文化」運動和「社會」的改造表現出某種一致性。那時鄭振鐸等人組織了一個「社會實進會」，要「向着德莫克拉西一方面以改造中國的舊社會」。他們也強調其「改造的方法是向下的」，以「把大多數中下級的平民的生活、思想、習俗改造起來」。[79]這一行動呼應着陳獨秀對「德先生」的擁護，而其「向下」的改造方式也類似於新文化運動那「我們」改造「他們」的意味。[80]它們都因失望於辛亥政治革命未能達成徹底的變革而走向疏離於政治的努力。換言之，文化和社會的一致，是因其皆為政治取向的「反題」。而「在下」的取向，又本是新文化運動的一種運行方式。[81]

「德莫克拉西」一語點出了這類社會改革觀的西來淵源。熊十力在清季讀嚴復所譯《群學肄言》，即「感覺中西政治思想根本不同」：中國自古以來「論治，通同是主張『自上而下』的」；而《群學肄言》表現的「西人言治，是『自下而上』的」。[82]愛言「德莫克拉西」的五四人，或也更多受到

78　按王光祈説「社會的社會改革」應是「吾輩所從事者」，但他所舉的典範都是外國人，並無中國人，似乎更多是一種面向未來的願望。他認為胡適一度有心「從事社會事業」而又「極留心當世政治」，可歸入「社會的政治改革」取向。惟從後來的發展看，胡適不僅可以傾向「政治的社會改革」，也願意嘗試「政治的政治改革」。參見王光祈：〈「社會的政治改革」與「社會的社會改革」〉，《少年中國》，第3卷，第8期（1922年3月），48–49、53–54頁。此承四川大學歷史文化學院周月峰老師提示，謹此致謝！

79　鄭振鐸：〈《新社會》發刊詞〉（1919年11月），見《鄭振鐸文集》，北京：人民文學出版社，1985年，第4卷，3–4頁。

80　參見羅志田《再造文明之夢：胡適傳》（修訂本），北京：社會科學文獻出版社，2015年，140–149頁。

81　此承清華大學歷史系李欣然老師提示，謹此致謝！

82　熊十力：〈英雄造時勢〉，《獨立評論》，第104號（1934年6月10日），11頁。按熊十力的「後見之明」不一定為多數人所分享，但類似的反省心態可能是「九一八」之後相當一些尊西趨新的知識精英開始鼓吹「獨裁」的心理基礎，與稍後的「全盤西化」和「中國本位文化」一類爭論大致同屬一個「時代」，那是後話了。

廣義的「西人言治」之影響，而不必是德里克所關注的蘇俄革命之影響。
不過他們心目中的「社會」的確是整體的，而並非類似家庭革命和婦女解
放這類具體的社會問題。或許可以說，後五四的「社會改造」更多提示着
一個方向，即一種與「在上」的政治努力有別的「在下」改革嘗試。

　　梁啟超在清季指責國人「知有天下而不知有國家」時，是想去掉朝
廷而構建一個新型的國家。但新文化運動一代人所想的，已是「去掉梁
啟超式的『國家』，改為造一種理想的新社會」。惟「社會」的後來居上並
未能持續多久，當各種構建理想新社會的具體嘗試皆不成功時，「許多
人轉向『主義・黨・軍隊』三位一體的所謂『新型力量』，希望靠組織、
紀律的力量來達到建立『新社會』的理想」。[83]那三位一體的新型力量，
顯然更接近國家。

　　概括言，國家和社會是我們今天習以為常的概念，當年卻是外來的
「新名詞」，其含義尚在確立之中（甚至可以說，它們的意義，今天都還
處於半定未定的轉型過渡之中，時有贏縮）。從陳獨秀不知「國家」到杜
威看到「國家」的誕生，從田培林不解「社會」到傅斯年看見「社會」的出
現，也不過就是二十年左右，「國家」和「社會」就從五四重要人物自己
都不甚清楚的概念轉化成為觀察、認識、理解和詮釋五四的「概念工具」
了。[84]當事人大致仍同在，卻像已處於不同的時代，頗有幾分人還是，
物已非的感覺。這樣一種急劇的時代轉變，是認識和理解五四必須注意
的語境。從這些人的不同表述看，五四究竟見證、表述和區分了什麼，
還大有可探索的餘地。

83　參見王汎森：〈從新民到新人 —— 近代思想中的「自我」與「政治」〉，《啟蒙是連
　　續的嗎？》，香港：香港城市大學出版社，2020年，89–138頁，引文在126、
　　128頁。

84　關於「概念工具」，參見王汎森：〈「思想資源」與「概念工具」—— 戊戌前後的幾
　　種日本因素〉，《中國近代思想與學術的系譜》，台北：聯經出版公司，2003年，
　　181–193頁。

五四「愛國運動」出現後不久，便可見各種「非國家」取向的同時出現，特別能提示五四豐富蘊涵中的內在緊張。時人對政治/國家的反思，既有現實中對民初政治的不滿，也反映出觀念中天下崩散後「國家」的不甚適用。他們自下而上地強調文化、社會改造，固有造就 nation 和 country 意義上的中國之意；而對在上維度的政治之不滿，則顯然針對着 state。「國家」名相的模棱所帶來的現實困惑，或許也是時人對新建的民國並不滿意的原因之一。[85] 從時人分歧的言說看，單一的「社會」或「文化」，其詮釋力似也不比國家 (政治) 強多少。[86] 若合三者而共觀，即隱約可見消逝中的天下。要應對連成一串的政治、社會和文化，天下的眼光或更具包容性。實際上，一些人有意無意間已在嘗試從非國家的天下視角探討中國往何處去的基本問題。

三、「超國家」思路的顯現

近代中國一個根本性的變化，就是康有為所說的從「獨立一統之世」進入了「萬國並立之時」。[87] 過去外國人常把古代中國稱為中華帝國，後來我們不少人也喜歡學着這麼說。最近歐立德 (Mark C. Elliott) 教授好

85　在一定程度上，或也是對清季興起的國進民退傾向的一種反應。這方面一些初步的探討，參見羅志田：〈國進民退：清季興起的一個持續傾向〉，《四川大學學報》，2012年，第5期。

86　「國」雖有不少新義，但畢竟與舊義相衛接，普通人尚易領會。而社會則意思全新，既與「人」、「家」、「國」之字義相關聯，然又「非國非家」，確更複雜。且「社會」本身的命運也相當坎坷，從它「誕生」起不過十多年，丁文江在1932年就看到了中國「社會的崩潰」。參見丁文江：〈中國政治的出路〉，《獨立評論》，第11號 (1932年7月31日)，5頁。

87　康有為：〈致袁世凱書〉(約1898年)，姜義華、張榮華編校：《康有為全集》，北京：中國人民大學出版社，2007年，第5卷，39頁。

像又説以前的中國不是帝國，[88]估計這個説法也會逐漸影響我們的學者。如果帝國就是帝制的中國，説古代中國是帝國也問題不大；如果像前些年西方所謂「帝國轉向」(Imperial Turn)所説的帝國，[89]用以説中國或就有些牽強。這個問題當然不是這裏可以討論清楚的，但五四前後的「國家」總要有出處。如若它不是從「帝國」轉化出來的，就要斟酌是從哪裏轉化出來的，「天下」或許是一個解決問題的選項。

國家當然是近代中國人的一個重要追求，但因政治轉型一直不夠「成功」，國家本身也成為一個需要斟酌的「問題」。且因《大學》中「治國平天下」往往作為一個整體出現在言説中，從近於天下的角度思考國家，遂成為思想轉型期中一些人分享的思緒。如張灝所指出的，儘管康有為、譚嗣同、章炳麟和劉師培「都在不同程度上信奉某種民族共同的理想」，但對他們來説，一個民族國家「並不是一個終極的共同體，而僅僅是通到作為他們世界觀核心的世界秩序的一個驛站」。[90]的確，從康有為的《大同書》和章太炎的《五無論》，都可以看出他們尋求的世界秩序正以太炎所謂「超人超國」為特色。[91]這雖然更多是一種面向未來的思緒，卻也逐漸成為一些人心目中當下的選擇。

民初的無政府主義雜誌評論俄國革命説，「俄人做的，系世界的革命、社會的改革，國家思想簡直半點也沒有」。就像觀「西劇，若以舊

88　歐立德：〈傳統中國是一個帝國嗎？〉，《讀書》，2014年，第1期；〈當我們談「帝國」時，我們談些什麼 ── 話語、方法與概念考古〉，《探索與爭鳴》，2018年，第6期。

89　參見 Jane Burbank and Frederick Cooper, *Empires in World History: Power and the Politics of Difference*, Princeton: Princeton University Press, 2010.

90　張灝著，高力克、王躍譯：《危機中的中國知識分子：尋求秩序與意義，1890—1911》，北京：中央編譯出版社，2016年，236頁。

91　章太炎：〈答張季鸞問政書〉(1935年6月)，見湯志鈞編：《章太炎政論選集》，北京：中華書局，1977年，下冊，861頁。而嚮往「超人超國」，正是近代中國民族主義的一大特色。參見羅志田：〈近代中國民族主義的史學反思〉，《學術思想評論》，第10輯(2003年1月)。

劇的眼光批評，玩其唱工，味其嗓子，總覺格格不入，無有是處」。所
以研究俄事，不能「以舊世界的眼光觀察之」，而當「以新眼光觀察
之」。[92]這段話意蘊豐富，首先是「國家思想」已形同「舊劇的眼光」；而
作為對應的，是「世界的革命」和「社會的改革」。兩者的並列正凸顯出
時人心目中「社會」與「世界」的關聯，尤可見「社會」的開放。

　　新文化運動時世界主義流行，上述與社會主義相關那些主義，大都
表現為相對虛懸的世界，帶有不同程度的「超人超國」意味（世界可以是
卻不必是萬國組成的）。周作人就說，「五四時代我正夢想着世界主
義」，試圖「養成一種『世界民』(Kosmopolites) 的態度」，他針對的正是
「偏狹的國家主義」。[93]而國家也是無政府主義攻擊的目標，社會卻是無
政府主義努力的方向。[94]前已說到把國家、社會和文化共觀，便隱約可
見隱退中的「天下」。如今加上世界，「天下」的感覺就更加明顯。

　　民初對「世界」的嚮往，也可從此視角看──那個帶有未來風采的
虛懸「世界」，常暗示着原本不必清楚界定的天下，迎合了一些人未必
自覺的對已逝天下的懷念。與此相類，因對「國家」的困惑而移情於「社
會」，大致也表現出對後天下時代的不適應。這種不適感，包括對國家

92　一純：〈俄國過激派施行之政略〉，《勞動》，第1卷，第2號（1918年2月），轉
　　引自中共中央馬恩列斯著作編譯局研究室編：《五四時期期刊介紹》，北京：生
　　活‧讀書‧新知三聯書店，1959年，第二集，上冊，171頁。

93　周作人：〈自己的園地‧《舊夢》序〉、〈雨天的書‧元旦試筆〉，見《周作人全
　　集》，台北：藍燈文化公司，1992年，第2冊，84、345頁。

94　辛亥時曾入社會黨的顧頡剛就認為，把整個世界重新造過的步驟就是從種族革
　　命到政治革命再到社會革命，「直到無政府、無家庭、無金錢的境界」。顧頡
　　剛：〈外國人的放肆和中國人的不爭氣〉（1925年），見《寶樹園文存》，第6卷，
　　236頁。關於中國的無政府主義，參見 Peter Zarrow, *Anarchism and Chinese Political
　　Culture*, New York: Columbia University Press, 1990; Arif Dirlik, *Anarchism in the Chinese
　　Revolution*, Berkeley: University of California Press, 1991. 此書有中譯本，見孫宜學
　　譯：《中國革命中的無政府主義》，桂林：廣西師範大學出版社，2006年。其第
　　5章對無政府主義與五四期間社會主義思潮的關聯有細緻的討論。

這一新興名相的使用，延續了較長的時間。一些人也曾有突破的嘗試，儘管是在有意無意之間。

在20世紀初年，有些人是從中國還不夠「進步」的意義上認為中國還不是一個國家，於是努力想把中國建成一個國家，卻也總有另一些國人特別想證明中國從來就是一個國家。然而在歐戰影響下思想有了根本轉變的梁啟超，則多次據《大學》之「治國平天下」一語，強調「國人向來不認國家為人類最高團體」，而有天下這一「更高級之團體」。[95]並説中國人因為「從古以來就富於『天下的』理想」，故「對於『超國家』的建設」，要「比別國人較為親切有味」。[96]

那時與梁啟超關係密切的張東蓀在1919年寫了一篇題為〈超國家思想與國家思想〉的文章，針對日本報刊關於中國人「富於超國家的思想」的言論，指出「日本是國家思想的國民，一聽見超國家思想，便害怕起來」，其實「超國家思想的力量是最大的，將來總要流傳到日本去」。[97]他顯然是把「超國家思想」作為一個正面因素來捍衛，雖不一定是受到梁啟超影響，卻也可以説是異曲同工。

到1924年，張東蓀正式反省「國家思想」的利弊，提出了不太有人注意卻非常重要的見解。他認為中國從晚清開始幾十年的改革，所有的努力都是向着西方所謂「近世國家」的一個方向在走，其實可以考慮這是不是一個必須的方向。具體言，

95　梁啟超：〈國際聯盟與中國〉(1918年)，見夏曉虹輯：《飲冰室合集·集外文》，北京：北京大學出版社，2005年，743–744頁；〈歐遊心影錄節錄〉，見《飲冰室合集·專集之二十三》，126頁；〈先秦政治思想史〉(1922年)，見《飲冰室合集·專集之五十》，2頁。

96　梁啟超：〈歐遊心影錄節錄〉，見《飲冰室合集·專集之二十三》，144頁。

97　東蓀：〈超國家思想與國家思想〉，載《時事新報》，1919年10月22日，第2張，第1版。此承周月峰老師提示，謹此致謝！

（中國）近三十年來，無論是練新軍，是興學校，是辦鐵路，是謀立憲，是講共和，要而言之是學外國，希望和外國一樣。這種革新運動於有意識無意識之間行了數十年。其間雖波折無數，失敗重疊，然卻有一個一定的方向：就是向着近世國家而趨。詳言之，即是努力於構成一個近世式的國家。[98]

此所謂「近世國家」，就是近代從外國引進來的國家觀念，以區別於古代國家（這樣或可化解中國是不是一個國家的爭議）。張東蓀給近世國家起了一個「怪名詞，就是『民族戰團』」。亦即以民族為單位結合起來，以侵略他種民族和抵禦外族入侵為目的，以殘苛的武力和狡詐的外交為手段，而「專想以經濟收吸他種民族的汗血以養肥自己民族」。這樣的結合「最初或許是偶然」，但隨着相互的凌辱、侵略和抵禦漸成常態，遂演成「民族間的生存競爭，而國家的組成便是對付這種生存競爭的唯一工具」，結果是「全球上各種民族不能不起而構成近世式的國家」。

從經濟視角看，這種戰團式國家由指揮者和作戰者構成，「前者是資本階級與治者階級，後者是勞工階級與被治階級」。古代的治者與被治者是懸隔的，「治者階級高懸於上，不能與社會打成一片」。近代的經濟發達為民族國家的，「乃把這一個民族國家，用經濟為脈絡而摶為一體」。代議制度成立的一個重要理由，就是「把社會的意思直貫通到政府裏去」，從而打通「治者與被治」者。簡言之，「必定經濟發達到這個地步，而近世國家方能應運而生」。這些簡單勾勒的背後就是一般所謂全國性市場的形成以及交稅就要有代言人的西方近代訴求，如張東蓀所說，「這樣幹法是起於歐洲」的。

而中國的情形不同，在大一統時代，由於沒有自衞兼以侵人的常規需要，故也不曾「把民族摶為一體成一個戰團」。自近代「屢次受外族的欺侮」，感覺到「生存競爭的必要」，於是「發生變法維新的問題」。但「中

98　本段與下數段，見張東蓀：〈中國政制問題〉，《東方雜誌》，12–19頁。

國所以未能構成近世國家，其根本原因即在經濟沒有發達到『國民的』，不能以經濟為脈絡把全民族搏為一個單位」。於是社會與政府截然成為沒有溝通的兩橛，「孤懸於上的政府自漸腐敗，而散漫於下的社會日承其弊」。簡言之，「中國的政治沒有社會化」，仍是一個「古代式的國家」，故「這種國家其實不成為國家」。他「斷定中國不復能安於舊狀，然卻不見得必定能構成這個民族戰團的近世國家」。

張東蓀於是提出一個石破天驚的看法，即中國「強勉學外國而竟學不像，勉強造成近世式國家而竟造不成，這不見得就是中國的大不幸」。國人過去數十年對「民族生存競爭」感到「緊急萬分的壓迫，恨不得立刻解除」中國不是近世國家的問題。其實「國家是和俱樂部研究會一樣的特立團體，這種團體儘管消滅了、改更了、重組了，而仍與人群無傷」。如能「靜心平心地從容考量」，即使「中國組織不成近世式的裝甲經濟團體的『國家』」，也不必悲愁。反當「昂首天外，認定人類在宇宙的本位，謀更合理的生活」。

他強調，「中國不必再執迷不悟定要強勉去製造那種不自然的近世國家」，畢竟現在的「政治制度並沒有生根」，「不妨因其飄搖不定」而嘗試「建立一個更合理的制度」。即以權力下散的方式「使社會各職司得自由發展，在人群上謀進化」；讓「社會促起自覺，由自覺而自動」，然後「重新聯合」成一種新國家。簡言之，就是「建設事業由社會上各部分自動」而「不專靠國家」，終「使社會各職司充分發達了而另成一個職司聯合的新國家」。

除了「民族戰團」這樣的創新表述，張東蓀基本使用的是國家與社會這些當時流行的名相（不過他所說的國家常游移於country和state之間），強調應從社會來改變政治。但當他說中國這種古代式國家「其實不成為國家」並反省「超越政治」或「超越政府」時，不難看出他思慮的背後實有天下的影子。重要的是他直接提出了可以考慮中國不向「近世國家」的方向發展，這就不僅點出了當時需要思考的問題，更提示了一

個思考現狀和歷史變化的非國家思路（他那偏重社會而「不專靠國家」的「新國家」，與其説是國家，毋寧説更近於天下）。

這樣的主張在當年和後來都不多見，似也很少受到研究者的注意。從他的言説中可以看出，張東蓀也在委婉回應和化解中國是不是一個國家的時代問題。到北伐後，或受到對二十年內兩次（尤其第二次）武裝更迭政權的刺激，逐漸有一些人開始中立地看待中國是不是國家的問題，而不像以前那樣視為一個不足。有些外國人對此的觀察，也引起了國人的注意。

羅素（Bertrand Russell）曾於 1920 年訪問中國，據説在上海演説時曾説「中國實為一文化體，而非國家」。這一「驚人之句」給陳嘉異留下深刻印象，他自稱此後「泛觀歐西學者論吾國文化之書，始知此語已有先羅素而道之者」。他據此提出，「吾國國家之本質，實一超國家的文化體」。[99] 到 1933 年，美國社會學家派克（Robert E. Park）也説，「中國是不能用西洋人所謂帝國或政治的個體來稱呼的，它是一種文明，和歐洲或印度一般，而不是一種政治的個體」。在他看來，「一個民族國家所不能缺少的特性」就是人民要「達到休戚相關的程度和成就集合動作的能力」。故把各色的人民「造成一個政治的個體，能集合地而且有效地動作」，仍是「中國最大的問題」。[100]

由於沒有需要證明本國算是「國家」的心理負擔，外國人或更容易有不一樣的觀察。不過派克那時在燕京大學教書，他説自己對中國的瞭解主要來自他的中國學生，則也不排除這樣的看法是受到中國人的影

99　陳嘉異：〈與王鴻一梁漱溟兩先生討論中國文化暨黨治鄉治基本問題（續）〉，載《新晨報》（北平），1930 年 5 月 9 日，第 1 張，第 3 版。按以「超國家的文化體」為「國家之本質」，多少有些矛盾，既表明陳嘉異自己尚存猶疑，又提示出「國家」這一名相還不容易被取代。

100　費孝通譯：〈社會學家派克教授論中國〉（1933 年），見《費孝通全集》，呼和浩特：內蒙古人民出版社，2009 年，第 1 卷，134 頁。

響。幾年後，雷海宗明言，中國歷史上「組成了真正統一的完備國家」的只有戰國七雄，「漢以下的中國不能算為一個完備的國家」。則「二千年來的中國，只能說是一個龐大的社會，一個具有鬆散政治形態的大文化區」。進入民國後進行的建國運動，是在嘗試以「一個整個的文化區組成一個強固的國家」。這是人類前所未有的事業，若能成功就是「人類史上的奇蹟」。[101]

又幾年後，羅夢冊把世界國家「科學地」類分為三，即「帝國」、「族國（民族國家）」和「天下國」：

> 一個民族掌握着國家的主權，或可說通過國家機構而統治着其他之另一個或另一些民族的國家，就是一般人所熟知的「帝國」；一個民族掌握着國家的主權，或可說通過國家機構而單純地管理着自己本民族的國家，就是一般人所熟知的「族國」或「民族國家」。一個民族領袖着其他的一些民族，共同掌握着國家的主權，或可說通過國家機構而治理着一個民族大家庭，或一個「公有天下」的國家，就是向為世人所忽略，到了今日才被我們發現的「天下國」。[102]

這三種「不同類型不同範疇的政治組織、政治生活和國家形態」存在於「不同時空之中」，「帝國」產生於近中東世界和古歐洲世界，「族國」產生於西洋近代，而「天下國」就在中國。三者的「政治作風」不同，帝國走的是「帝國代帝國之路」，族國走的是「國家主義之路」；而天下國走的是「世界主義」或「天下主義」、「王道主義」之路。中國「早已是一個國家」，而且是「超『族國』、反『帝國』的『國家』」。由於既是「一個『國家』，又是一個『天下』」，可以稱為「天下國」。[103]

101　雷海宗：〈中國的家族制度〉，《社會科學》，第2卷，第4期（1937年7月），660–661頁。後以〈中國的家族〉為題收入《中國文化與中國的兵》（1940年），北京：商務印書館，2001年，引文在73–74頁。

102　羅夢冊：《中國論》，重慶：商務印書館，1943年，23–24頁。

103　羅夢冊：《中國論》，11–16頁。

羅夢冊的文字和論證不能說很高明，後梁漱溟幫他總結為「中國一面有其天下性，一面又有其國家性，所以是『天下國』」。[104]所謂既有國家性又有天下性，其實就是國的意思不那麼純粹，而更近於天下的意思。與前引外國人和留學生雷海宗不同，羅夢冊延續了20世紀初年一些國人的心態，特別要強調中國一直就是個「國家」。儘管如此，他還是點出了一個認識中國的關鍵詞——天下。

上述見解後來都被梁漱溟收入囊中，[105]並把這些見解概括為「從前中國人是以天下觀念代替國家觀念的。他念念只祝望『天下太平』，從來不曾想什麼『國家富強』」。故「中國非一般國家類型中之一國家，而是超國家類型的」。與梁啟超在清季指責中國人「知有天下而不知有國家」相比，可以說是個態度的大反轉。

與張東蓀相類，梁漱溟並不直接用「天下」的名相，而仍用「國家」與「社會」來說中國。在傅斯年主張造社會之時，梁漱溟也曾強調「大家來組織國家，共謀往前過活」。[106]但北伐前後的反思使他開始轉變，認為中國從晚清「講富強、辦新政，以至於革命共和」，幾十年都在「想要中國亦成功一個『近代國家』」(這很像張東蓀的意思)。但「試問什麼是『現代國家』？你如不是指蘇俄、那便自然指英法美日」，其實都是西方的「國家」。這些國家的「政治背後，有他的經濟；他的政治與經濟，出於他的人生態度」，都與中國「數千年賡續活命之根本精神」大異其趣。[107]

---

104 本段與下段，梁漱溟：《中國文化要義》(1949年)，見《梁漱溟全集》，濟南：山東人民出版社，1990年，第3卷，26–28頁。

105 先是陳嘉異在批評梁漱溟時引了羅素的話，梁漱溟並不欣賞陳嘉異的批評，但在回應時把引羅素說法的那一段列入「文中亦有為我們很同意處」，梁漱溟：〈敬答陳嘉異先生〉(1930年5月17日)，《村治》，第1卷，第1期(1930年6月)，5頁(通訊欄頁)。後來更友善地表述為「友人陳嘉異先生在民十九年寫給我的信」。派克的意思本是從不足的一面看中國的，但在梁漱溟眼裏，這似乎是一個帶有讚揚意味的肯定。雷海宗明顯帶有不滿的表述也被梁漱溟做了中性的處理。

106 梁漱溟：《東西文化及其哲學》，見《梁漱溟全集》，第1卷，367頁。

107 梁漱溟：〈中國民族自救運動之最後覺悟〉(1930年)、〈主編本刊之自白〉(1930年)，見《梁漱溟全集》，第5卷，106–108、23頁。

梁漱溟因而提出，中國或許不一定要建立一個西式的「國家」，而可以通過改造文化建造一個新的「社會」。[108]在得出與傅斯年和張東蓀相近的認知後，梁漱溟也常申述中國是個「社會」，而非西方意義的「國家」。但他更得意並反覆強調的，是中國二千年來「總介乎天下與國家之間」，實為「融國家於社會，以天下而兼國家」。[109]

從梁啟超的「知有天下不知有國家」，到梁漱溟的「以天下而兼國家」，體現了中國讀書人對「國家」從趨奉到反省的轉變。所謂「超國家」，其實也就是非國家。說中國是一個文明、一個文化體以及一個文化區等超越「國家」的思考，皆依稀可見「天下」的影子，從不同側面揭示出從「天下」到「國家」的轉化。這些或隱或顯的「非國家」傾向，恰表現出國人對「國家」的反省。

從梁漱溟昔年再三強調「融國家於社會」到近年鄭振滿提出「國家內在於社會」，[110]雖然各自的指謂不盡同，且他們對「社會」本身的認知或也各異，但關注國家與社會關係的「中國特色」則一。不過梁漱溟根本認為中國是「以天下而兼國家」，而振滿兄則並不強調作為「國家」的中國有多麼特別。或許這就從一個側面揭示出後天下時代的不適感已基本

108　梁漱溟後來明言：「建國這件事呢，在今天便是改造文化。本來數千年的老中國何待再建？說建國，其意乃在建造一新中國社會。」梁漱溟：《中國建國之路》（1950年），見《梁漱溟全集》，第3卷，370–371頁。

109　梁漱溟：《中國文化要義》（1949年），見《梁漱溟全集》，第3卷，200、204、211–212頁；〈試論中國社會的歷史發展屬於馬克思所謂亞洲社會生產方式〉（1974年），見《梁漱溟全集》，第7卷，251頁。

110　鄭振滿論「國家內在於社會」說：「國家與社會的關係，不僅僅表現為國家機器的直接人身監控，精英文化對地方文化、民間文化的抽換，國家對象徵資源的壟斷和獨享等等，以至於兩者在根本上具有某種必然的張力；而是表現為兩者的相互糅合、相互妥協，是一種我中有你、你中有我的狀態，它是經過長時期的、複雜的『意義協商』的結果。……在社會生活的最基本層面上，人們可以想像『國家』、膜拜各種權威、獲得『正統性』和『文化霸權』，並以此為基礎建構基層社會的權力體系和社會秩序。在這個意義上，我們可以把『內在化』看成是國家與社會的一種『雙贏』或『互惠』關係。」鄭振滿：《明清福建家族組織與社會變遷》，北京：中國人民大學出版社，2009年，251–252頁。

結束，西來的國家與社會觀念大體在中國確立了。然若靜心斟酌，它們詮釋力不足的老問題似乎並未真正解決。

四、餘論：把天下帶回歷史敘述

陳正國最近提出，天下的崩潰是心理的崩潰，這個崩亂的世界出現了很多思想的隙縫亟待填補。[111]隨着天下的崩散，中國人在實行帝制數千年後又嘗試源自西方的共和體制，國家(政府)和社會的關係並未在學理上釐清，其間的緊張曾困擾了五四時代很多中國讀書人。後之研究者也多是在並未釐清時人認知的基礎上，徑用這些在西方其實也處於發展中的理念來分析那個真正屬於「過渡時代」的中國現象。[112]

對許多近代讀書人來說，國家與社會等名相是此前思考不多的「新」問題，因此解釋不一，最後導致一些同人的分道揚鑣，甚至成為競爭對手。[113]作為歷史分析單位的「國家」當然有其主體性，同理也適用於「社會」，以及漸顯優劣之分的「文化」。這些名相似乎都自有其畛域，對自身特性的捍衛割裂了彼此的關聯，帶來不「必要」的對立，導致見仁見智的不同認知。其實以前有一個耳熟能詳的詞，可涵蓋這些有爭議的名相，那就是梁啟超指責中國人所「知有」的「天下」。那個「大一統」的天下包羅萬象，涵容了空間、人群、文化等各種範疇，也消解了這些門類的差異。

---

111 這是陳正國兄在2016年12月清華大學「晚清思想中的中西新舊之爭」研討會的發言，收入〈重估晚清思想：書寫中國現代思想史的另一種可能〉，《思想》，第34期(2017年12月)，295頁。

112 我必須說，我自己就是這些人中的一個，也經常從國家和社會的視角來觀察五四。

113 例如，少年中國學會的分裂，就是因為各成員對究竟學會應側重學術研究、社會工作還是政治鬥爭不能達成共識。參見王波：〈少年中國學會的成立及前期活動〉，北京大學歷史學系碩士論文，2008年5月。

在此前適當的語境中，國家、社會和文化的意思常可以天下一言以蔽之。但在新的語脈中，就像梁漱溟所說，中國「是國家，非國家？有階級？無階級？是封建，非封建？是宗法，非宗法？民主不民主？」這些「在西洋皆易得辨認」的問題，在中國則任何一個都「累數十百萬言而討論不完」。[114]因為這些眾人想要釐清的名相，以前在中國都不是「問題」，大家基本不往那些方向想。[115]在幾乎無所不容的天下淡出後，這些自有其主體性的新名詞不僅成了問題，有時且因捍衛自主性的競爭而遮掩或轉移了人們實際關注之所在。

在沒有國家、社會這類分歧概念之前，說「天下」人人都明白。因為天下的含義豐富，既可以是本朝普天之下的王土，也可以是「天之所覆、地之所在」的廣闊空間，以及人類社會。甚至可以說，「天下」分別對應着日常生活的世界、實際認知的世界和「存而不論」的想像世界。[116]只要放在上下文的脈絡裏，這些意思都無需進一步界定。而在近代「天下」渙然崩解之後，由於迄今為止仍未出現一個可以完全取代「天下」的新詞語，我們不得不去界定究竟是天下轉化成了中國，還是轉化成了世界，以及更內在的國家與社會。

昔年流行的各種超人超國思路，除了擺脫西強中弱的尷尬，或也有幾分思天下的潛在意味。這樣一種持續的「去國家」取向，未必是多數人都在嘗試的，毋寧是一部分人更偏「去」，而另一部分人不怎麼「去」；一些人又「去」又不「去」，另一些人不僅不「去」，還特別重視國家。更重要的是，國家怎樣在試圖「去」之後又返回，而且返回得有些不以人的意志為轉移，地位日高。這方面的進程，還需要進一步的梳理。

---

114 梁漱溟：《中國文化要義》(1949年)，見《梁漱溟全集》，第3卷，288頁。

115 說詳羅志田〈文化表述的意義與解釋系統的轉換——梁漱溟對東方失語的認識〉，《四川大學學報》，2018年，第1期。

116 參考錢穆所說的「心胸之知」和「耳目之知」。錢穆：《晚學盲言·國與天下》(上)，見《錢賓四先生全集》，台北：聯經出版公司，1998年，第48冊，418頁。

如果本就無法説清五四到底產生了社會還是產生了國家，尤其現在
習用的國家和社會概念間又確實帶有緊張衝突意味，或許可以考慮不僅
從這樣的視角來看五四，而引入天下的視角。其實當時的人也不一定都
從國家視角看問題、想問題，反而可能從非國家的角度思考。上引張東
蓀和其他一些人的主張就表明他們確實這樣做了，是我們這些後人因為
自身眼光的慣性而忽視了他們的重要思考。

傅斯年有句名言：「以不知為不有，是談史學者極大的罪惡。」[117]若
以不看為不有，或許是更大的罪惡。今日一些治思想史者仍在重複梁啟
超那「知有朝廷而不知有國家」的指責，而治社會史或文化史者也每從
鄉村徵稅代理人那些基本不入流者身上看到了「國家」在地方的展現，[118]
可知我們思考的慣性實在不弱。既然是我們以不看為不有，則不僅當有
意去看，也可以考慮借鑒他們的思路。

就五四研究而言，部分或因五四本有廣義的新文化運動和狹義的學
生運動兩面，過去的研究向來更注重思想文化，其次是政治。[119]所以楊
念群十年來反覆強調應加強對社會面相的關注。[120]但即使擴展到社會，
研究者關注的，仍然更多是城鎮的讀書人(有時也包括工人)。而如章

117　傅斯年：《戰國子家敘論》，見《傅斯年全集》，台北：聯經出版公司，1980年，
　　第2冊，435頁。

118　像梁漱溟那樣走向下層致力於「社會」建設的人，便已逐漸將中國不是國家視為
　　一個可以依賴憑藉的正面特點，詳另文。

119　Joseph T. Chen, *The May Fourth Movement in Shanghai: the Making of A Social Movement
　　in Modern China*, Brill, 1971, p. 1. Arif Dirlik, "Ideology and Organization in the May
　　Fourth Movement: Some Problems in the Intellectual Historiography of the May Fourth
　　period," pp. 3–19. 有中譯本，德利克(德里克)：〈五四運動中的意識與組織：五四
　　思想史新探〉，見《五四：文化的闡釋與評價 —— 西方學者論五四》，48–68頁。

120　楊念群：〈「社會」是一個關鍵詞：「五四解釋學」反思〉，《開放時代》，2009年，
　　第4期；《「五四」九十週年祭 —— 一個問題史的回溯與反思》，北京：世界圖書
　　出版公司，2009年；〈「無政府」構想 ——「五四」前後「社會」觀念形成與傳播的
　　媒介〉，《開放時代》，2019年，第1期。

清所提示的，對五四不僅要看到「有」，還要注意「無」。[121] 我們不能把城鎮讀書人和邊緣讀書人的聲音看作代表了「中國」，儘管他們可能確實是「中國」的代表。

同樣，我們在斟酌什麼是「全國的聲音」時，也須進行審慎的推敲。例如在我們的史學言說中，「社會」似乎在清末就已成為一個流行的通用語了。實則大體是留日學生和受他們影響的人，會比較快地使用「社會」一詞（意思也基本同於今天我們說的社會）。但前引田培林的回憶告訴我們，內地的情形恐怕很不一樣。我們不能把清季民初日本留學生和受日本影響的聲音視為「全國」的聲音。恰相反，這種聲音雖也算是福柯（Michel Foucault）看重的 discourse，[122] 卻又只是一個較小範圍裏的自述和自聞，不宜擴大到全國。

城鎮讀書人當然更「與國際接軌」，帶進異域風情。我們過去看五四，或太受外國引進來的國家或社會這些概念的影響，從這樣的視角看問題，我們可能不自覺地被帶進某種框架或固定的思維模式，很難理解上述杜威和傅斯年不一致的觀察。蓋不論國家和社會是不是對立的範疇，以前的當事人顯然更多看到它們之間緊張甚至對立的一面。如果兩者更多處於一種對立的狀態，從國家或社會的視角看五四就會給歷史解釋者帶來很大的困擾。

如果五四可能是既不那麼國家也不那麼社會的運動，整個認識就可以不一樣。以前我們基本上自然接受了五四就是在中國這個「國家」發生的故事。假如這個具有特別定義的國家（西方意義的「近世國家」）還處在形成過程中的話，那五四也可以是在一個非國家空間裏的故事。五四本身及其帶來的變化，或不一定要從國家的眼光看。同理，如果西方

121　章清：〈五四思想界：中心與邊緣 ——《新青年》及新文化運動的閱讀個案〉，《近代史研究》，2010年，第3期。

122　說詳 Michel Foucault, *Discipline and Punish: The Birth of the Prison*, New York: Pantheon Books, 1977.

意義的「社會」尚待構建（製造），它與形成中的「國家」是一種什麼樣的關係，也可以重新思考。

國家與社會這類昔人曾感生疏的名相，今已漸成研究者的常情熟路，甚至在不知不覺中淪為後人下意識層面因循固守的模板，或許到了可以嘗試跳出窠臼的時候了。「早熟」的國家與社會之所以詮釋力有限，一個重要原因就在於本文開始處提及的那個更具根本性的變化——天下的崩散。

嚴復昔年曾說，「群有數等，社會者，有法之群也」；而其「最重之義，極於成國」。[123] 可知在嚴復的譯文中，今日所說的國家和社會都可以譯為「群」，這最能說明「天下」的過渡。既然國家和社會（以及世界）裏都含有遺存的天下，我們不必把問題肢解為「天下不是國家／社會」，「天下的結束是國家／社會的開始」一類看似精確的界定，[124] 以避免用單一的眼光來觀察複合的事物。然若國家或社會在認識和解釋五四方面確不那麼有效，或許天下就是一個可以重新引進的視角。

美國社會學家斯嘎琪哀（Theda Skocpol）曾以把國家帶回社會分析（bringing the state back in）而著稱，[125] 近年裴宜理（Elizabeth J. Perry）又提

---

123 嚴復：〈《群學肄言》譯餘贅語〉，斯賓塞著、嚴復譯：《群學肄言》，北京：商務印書館，1981年，xi頁。

124 柯林武德說，歷史過程無始無終，而是相互轉化；如果過程P1轉化為過程P2，此前的「P1從未終止，它轉變為P2的形式繼續前行」。R.G. Collingwood, "An Autobiography," in *R.G. Collingwood: An Autobiography & Other Writings*, eds. by David Boucher & Teresa Smith, Oxford: Oxford University Press, 2013, p. 98. 此書有中譯本：陳靜譯：《柯林武德自傳》，北京：北京大學出版社，2005年，引文在第92頁。此語承四川大學歷史文化學院的博士生徐君玉提示，謹此致謝！

125 參見Peter B. Evans, Dietrich Rueschemeyer & Theda Skocpol, eds., *Bringing the State Back In*, Cambridge: Cambridge University Press, 1985. 按斯嘎琪哀似乎不會中文，然而她曾依據二手研究提出，傳統中國可分為鄉村「社會」和帝制「國家」兩個關聯互滲的「世界」（Theda Skocpol, *States and Social Revolutions: A Comparative Analysis of France, Russia, and China*, Cambridge: Cambridge University Press, 1979, p. 68），可見其眼光的敏銳。

出把革命帶回中國政治研究 (bringing the revolution back in) 的主張。[126]
如果我們也把天下帶回中國史研究 (bringing the Tianxia back in)，轉換視
角看五四，既可以增進我們對運動本身的理解，也有助於認識運動所在
的近代中國。[127]

當然，伴隨着形成中的國家和社會的，是一個正在崩散中的天下，
一個回不去的舊夢，因為散成碎片而失去了許多整體的意義，僅留下星
星點點的文化基因，[128] 還常被新興的名相所遮蔽。也因此，它所遺存的
片段或也帶有德里克所謂「在地化」的兼時空特性（不必是人為的）——
與後人眼中被空間化和政治化了的國家不同，昔人心目中的天下是個時
空兼具的開放人類社會。[129] 儘管它不再為那個時代所追求，甚或被那個
時代所排斥，卻默默地存在於五四師生兩輩人以及其他同時代人的心
中。對於認識五四來說，這仍是一個重要的視角。

而天下的確是個不一樣的視角——從天下的眼光看，五四沒有多
少國家和社會的緊張，甚至沒有太多個人與世界的衝突。當年梁啟超指
責中國人「知有天下而不知有國家」的對應語，就是「知有一己而不知有

---

126 Elizabeth J. Perry, "Studying Chinese Politics: Farewell to Revolution?" *China Journal*
   (Canberra), no. 57 (Jan. 2007), pp. 1–22.
127 我要特別說明，「帶回」是一種加入，不是取代的意思。我們不妨繼續從國家和
   社會的眼光來觀察五四本身及其帶來的變化，也可以從天下的視角來觀察，尤
   其是在前兩者遇到「困難」的時候。
128 一方面，殘存碎片的無序再現，是很難展現整體的（參見 Alasdair C. MacIntyre,
   After Virtue: A Study in Moral Theory, Notre Dame: University of Notre Dame Press, 2nd
   ed., 1984, pp. 1–3. 此書有中譯本：龔群、戴揚毅等譯：《德性之後》，北京：中國
   社會科學出版社，1995年，見3–4頁）。另一方面，飄零散亂的落葉還是帶有樹
   的基因，即使「視之而弗見，聽之而弗聞」，仍「洋洋乎如在其上，如在其左右」
   （《禮記·中庸》）。
129 1906年在巴黎組成的無政府主義團體名為「新世界社」，而他們在1907年開始出
   版的刊物卻名為《新世紀》，兩者共同表現出一種時空俱「新」的追求，與天下的
   意味隱合。

國家」。[130]可知天下本就是一個又世界又個人、而不那麼國家的範疇，作為人類的文化生活區，每一個人都在其中（當然，對認識五四而言，這更多是一個在「平天下」、「澄清天下」的傳統含義中指涉今天意義上「國內」的文化生活區）。

顧炎武所説的天下興亡匹夫有責和孟子所説的「達則兼善天下」，都指向一個與個人密切相關的天下。在這樣的天下中，每一個人始終與整體相關，也有其責任；同時個人既可以「達則兼善」，也可以「窮則獨善其身」（《孟子·盡心上》）。後者意味着個人有逃離於政治（國家）的空間，所以顧炎武將應對「亡國」僅視為肉食者的責任。反而是現代國家的到來，使得個人失去了逃離於國家的空間。[131]

五四人既面臨着國家觀念的強化，也感到國家對個人的壓抑，因而強調「國家為人而設，非人為國家而生」。[132]至少也要「內圖個性之發展，外圖貢獻於其群」。[133]而如上所述，天下就是人人的。在天下時代，個人遠比國家重要，而且是頂天立地的「個人」，不僅是西方個人主義意義的「個人」。[134]

借鑒五四人關於國家為人而設的説法，或可以説五四運動也是為人而起的。不僅天下是人人的，每個人也自有從個體看五四的視角。余英時師曾經説過，從個人的角度言，五四不必是一個籠統的「思想運

---

130 梁啟超：《新民説》（1902年），見《飲冰室合集·專集之四》，21頁。

131 本段意思承清華大學歷史系李欣然老師提示，謹此致謝！顧炎武的話參見《日知錄集釋·正始》，中冊，756–757頁。

132 高一涵：〈國家非人生之歸宿論〉（1915年），見郭雙林、高波編：《中國近代思想家文庫·高一涵卷》，北京：中國人民大學出版社，2015年，45–46頁。

133 陳獨秀：〈新青年〉（1916年），見《陳獨秀著作選編》，第1卷，209頁。

134 在《大學》的「八目」中，涉及個人的凡五，而國僅居其一。這方面的內容當另文探討，一些非常初步的看法，參見羅志田：〈為己或為人：五四期間關於個人的認知與傳統的無意中改寫〉，《文史哲》，2019年，第5期。

動」，而是因人而異的「月映萬川」。同是此「月」，映在不同的「川」上，便自有不同的面目。[135]

　　在月亮從我們視野中的天空消失之後，映照過月亮的萬川仍存留着月的痕跡。科學家或會認為每一條河裏那個月亮不過是宇宙中月亮的倒影，然而每條大河小溪不一樣，水中的那個月亮恐怕也就不一樣了。五四本來是一個，但進入每一個心目中的五四，就不一定是那個五四。其實人人都有自己的五四 —— 當事人也好，解讀者也好，每個人都有自己認知的五四。或許那就是天下的五四。

135　余英時：〈我所承受的「五四」遺產〉，見《現代危機與思想人物》，71–74頁。

第二章

體相與個性：
以五四為標識的新文化運動

　　在很多人心目中，新文化運動與五四運動常常就是同義詞（「五四新文化運動」的說法出現很早，我自己也常用）。蓋五四運動本有廣狹兩義，一般所謂狹義的五四運動即指1919年的學生運動，而廣義的五四運動，常與新文化運動同義，有更寬的上下時限。[1]通常單說新文化運動時，不致與五四學生運動相混；但若說五四運動，則又常指代新文化運動。甚或可以說，五四就是新文化運動的標識。

　　那是一個蘊涵非常豐富的運動，李麥麥在1935年提出，「『五四』運動自身是兩個歷史運動之攜手。『五四』運動，始終是中國的『文藝復興』（Renaissance）運動和『開明』（Enlightenment）運動之合流」。此所謂「開明運動」，現在一般翻譯成「啟蒙運動」，在歐洲與文藝復興並不同時。兩者一前一後，相加約有四五百年之久（從14世紀到18世紀）。遠隔重洋歷時幾百年的外國精神移到中國，濃縮在幾年之間，想不擾亂視聽都不行。故他特別提醒說，「會合的歷史運動是很易混淆人們視力的」。[2]

1　關於廣狹兩義的五四運動，參見周策縱著、周子平等譯：《五四運動：現代中國的思想革命》，南京：江蘇人民出版社，1996年，1–7頁。

2　李麥麥（劉治平）：〈五四整理國故運動之意義〉，初刊於《文化建設》，第1卷，第8期，收入其《中國文化問題導言》，上海：上海辛墾書店，1936年，136頁。按李麥麥是劉治平的筆名，但筆名比本名更響亮，以下仍用此出版時所署的筆名。

　　這裏所說的五四運動，當然是廣義的。用外國的運動來比附五四新文化運動，不是李麥麥的發明，其他人也常用。一方面，這運動畢竟發生在20世紀，是一場中國的運動。參考西洋歷史上的各種運動，會有助於我們對運動的理解，但比附反可能產生誤解。另一方面，李麥麥的提醒很重要，那的確是一個「會合的歷史運動」，不能僅進行單一的、枝節的解讀。

　　關於五四新文化運動的論著，真說得上汗牛充棟了。[3]不過，因為研究的具體入微，或也不免帶些今人所謂的「碎片化」現象。早在抗戰中期，林同濟就注意到，那時已有人把新文化運動看成「一場五花八門的『雜耍』」。他當然不贊成這樣的看法，強調要「在那豐富、複雜以至矛盾的內容中」，「尋出一個顯明的主旨、中心的母題」，以展現「『五四』新文化運動所以成為一個自具『體相』的運動」。[4]

　　這是一個非常重要的提示。林先生此前有專文論「體相」，並界定說：「體相者，構成全體的各局部相互關係間所表現的一整個母題以及綜合作用也。」[5]儘管我認為對五四新文化運動的研究還大有深入的餘地，特別是對其豐富性的彰顯還相當不足，[6]但我們確實需要看到一個有

3　儘管在很多方面已被突破或修正，前引周策縱的《五四運動：現代中國的思想革命》仍是一本較好的參考書。

4　林同濟：〈廿年來中國思想的轉變〉（1941年），見許紀霖、李瓊編：《天地之間：林同濟文集》，上海：復旦大學出版社，2004年，27–28頁。「體相」在書中作「統相」，據刊物原文改。按林先生自己在1943年所編的《文化形態史觀》（1946年出版）中把他一些文章中的「攝相」和「體相」都改成了「統相」，《文集》或據此改，應有所據。但此文不在《文化形態史觀》中，不知是否也當改，暫從刊物。「統相」說是林同濟史學理論的一個要素，他在好幾篇文章中都有所申論，當另文探討。以下所說的「體相」，也都可理解為林先生後說的「統相」。

5　林同濟：〈第三期的中國學術思潮——新階段的展望〉（1940年），見《天地之間：林同濟文集》，20頁。

6　例如，梁啟超等人便自有其新文化運動，這是一場北大師生以外的運動，卻也有相對明確的團體性。參見周月峰：〈激進時代的漸進者——新文化運動中的「研究系」〉，北京大學歷史學系博士論文，2013年5月。

主旨有關聯的綜合性運動。在某種程度上，有了完整的體相，才能真正認識其各自的局部。梁啟超曾指出：

> 凡成為歷史事實之一單位者，無一不各有其個別之特性。此種個性，不惟數量上複雜不可僂指，且性質上亦幻變不可方物。而最奇異者，則合無量數互相矛盾的個性，互相分歧或反對的願望與努力，而在若有意若無意之間，乃各率其職以共赴一鵠，以組成此極廣大極複雜極緻密之「史網」。[7]

很多時候，看似無關甚至矛盾的不同史料「偶然」匯聚在一起，卻也可能證明史事的可信。正如許多想得不一樣的人可能走到一起而共同創造歷史，形成一個「會合的歷史運動」。梁啟超視之為人類的「不可思議」，而史家之職責，則「在此種極散漫、極複雜的個性中而覷見其實體，描出其總相」。此所要描出的「總相」，大體也就是林同濟眼中關聯而綜合的體相。而梁啟超的過人之處，在於他還要據此總相進行「因果之推驗」，以認識那些「個別之特性」。

要展現五四新文化運動那自具體相的主旨，及其所涵括的種種「個別特性」，需要較為詳盡的深入考察。下面的簡單探討無意完成這一任務，但我會盡量從宏觀一些的視角來觀察。文章主要討論幾個與文化相關的面相，先從辛亥革命與新文化運動的關聯認識後者究竟是外來衝擊的反應還是自我的覺醒，繼考察民初新舊之爭怎樣發展為向「文化」開戰，一體兩面的正本清源努力如何兼容破壞與建設，以及學生運動與新文化運動的相互影響，希望能有助於形成整合性的認知。同時也通過檢視新文化運動的遺產，去理解後五四時代。[8]

7　本段與下段，梁啟超：〈中國歷史研究法〉，見《飲冰室合集·專集之七十三》，北京：中華書局，1989年，112頁。

8　我自己關於五四新文化運動的論述已經不少，凡已論及者便不重複。對他人言說中我贊同的部分，也不再申論。且下面的討論較為簡略，有時可能提出問題還多於「解決」問題。

一、革命的延續：從辛亥到五四

　　如果要在近代中國各種「極散漫、極複雜的個性」中描出其「總相」，我會選擇革命。至少在進入20世紀之後，中國可以說邁進了「革命的時代」。我所說的革命，不限於政治層面的暴力行動，更多是指訴諸於非常規的方式，從根本上改變既存狀態。[9]這樣一種行為取向，散見於各種分類範疇之中。不僅在近代開始引領時代風潮的城市，即使在一般以為「落後」、「停滯」的鄉村，也充斥着各式各樣顛覆性的變化。

　　那是一個「泛革命」的時代，從梁啟超在清末提出超越於政治的十幾種革命起，革命早已不限於武力的改朝換代，也不再與「天命」掛鈎。[10]在梁漱溟眼中，中國進入20世紀後，可以說一直是「在革命中」。[11]五四新文化運動，就常被視為一場革命。《大公報》在1929年的五四紀念日發表社評，便說中國國民已「久在革命的輪迴地獄中旋轉無已」。[12]其不欣賞革命的口氣是明顯的，卻也看到了時代的特徵，並反映出五四在時人眼中的符號意義。

　　民初有不少人把辛亥革命與新文化運動關聯起來思考(儘管或見其異，或見其同)，多少體現出泛革命觀的延續。辛亥革命不僅導致清廷的覆亡，也意味着幾千年帝制的終結。對於這樣的歷史大轉變，當時國際國內都未曾予以足夠的重視。部分或因那次革命顯得出人意料的容易，好像才剛剛開始，就已勝利結束了。黃遠庸當時就說，「革命以

9　說詳羅志田：〈士變：20世紀上半葉中國讀書人的革命情懷〉，收入其《近代讀書人的思想世界與治學取向》，北京：北京大學出版社，2009年，104–141頁。

10　梁啟超正式提及的就有宗教革命、道德革命、學術革命、文學革命、風俗革命、產業革命，以及更具體的經學革命、史學革命、文界革命、詩界革命、曲界革命、小說界革命、音樂界革命、文字革命等十多種。參見梁啟超：〈釋革〉(1903年1月)，見《飲冰室合集·文集之九》，42頁。

11　梁漱溟：〈中國哪一天能太平？〉(1949年)，見《梁漱溟全集》，濟南：山東人民出版社，1993年，第6卷，786–787頁。

12　〈五四紀念與青年之覺悟〉(社評)，載《大公報》，1929年5月4日，第1張，第2版。

來，吾清潔高尚之國民，以愛國之熱誠，奔走於義師之下，此所謂人心革命，非一手一足之烈」。[13] 蓋若不是全民人心所向，很難解釋這場革命何以能如此輕易便取得成功。不過這也揭示出民初的一股潛流，即從文化角度認識辛亥革命。

中國讀書人向具超越意識，往往更關注那些相對虛懸而長遠的非物質影響力。稍微高遠一點的名相，如「道」在中國，雖然也有具體的時空意義，更永遠有超時空的意義。用今人熟悉的語彙説，思想的脈絡是長遠的，而政治脈絡更多是一時的。觀念或思緒的流行和不流行可以改變時風，也可能改變政治。反過來，政治的變化也會改變思想。一次大的變革，往往是物質與文質兼具，但具有超越意識的中國讀書人，常更容易看到那文質的一面。

黃遠庸的説法並非無因而至，還在辛亥革命前夕，已出現「以為革政不足以救亡，非改正人心不可」的主張。年輕的張東蓀認為這個看法是錯誤的，他説，「人心之墮落」並非「突然而成」，「其由來者，政治有以司之」。故「改革人心，必自政治、經濟、教育始。而三者之中，尤推政治為先」。若革政成功，並有真正的賢能者，則「其使民也有方，其化民也從理。於是天下之人，皆從而為其所使，固不必一一執人心而正之」。[14]

張東蓀那時的菁英傾向很明顯，傾向於「得君行道」的上層路線，且隱約帶有幾分「民可使由之」的意思。但其設想的革政並未成功，也就無法「使民」和「化民」。人心既未能改正，革政也就被革命所取代了。至少我們知道，在革命前已有人注意到改革人心的重要性。黃遠庸所説的人心革命當然不盡是文化革命的意思（那時文化一詞本身還不十分流

13　黃遠庸：〈平民之貴族、奴隸之平民〉(1912 年 11 月)，見《遠生遺著》，北京：商務印書館，1920 年，卷一，3 頁。

14　聖心 (張東蓀)：〈論現今國民道德墮落之原因及其救治法〉(徵文)，《東方雜誌》，第 8 卷，第 3 號 (1911 年 4 月)，19 頁。

行），但以人心區分於手足，強調的是革命那「非物質」的面相，還是在向文質一面傾斜。

老一輩的陳慶年在民國二年「得劉文卿書，大意謂此次革命，除革清命外，並五千年來中國之命一併革之」。劉氏並「殷殷以著書救世相囑」，被陳慶年視為「大有心人」。[15]陳慶年等歷事更多，看事也更透，其深度的悲觀，與黃遠庸的樂觀成為鮮明的對比。從劉文卿的囑咐看，他們已將注意力轉向「著書救世」的文化層面，多少有放棄政治解決之意，卻也展現了辛亥革命那超越於政治的歷史含義。

年稍長的李盛鐸則沒有那麼悲觀，他在十多年後説：

> 周室繼殷而代之，而殷代文化俱被斬絕無餘，不能不令人驚駭周室為一大革命；由周迄今，雖易姓更代，而文化相續，不得謂為革命。惟此際唯物學説乘時而起，天崩地裂，文化丕變，又不能不驚駭為周後之一大革命。自茲以往，殆不知將來更成何世界也。[16]

所謂由周迄今文化相續，則辛亥革命並未同時革去「五千年來中國之命」。同樣從偏向文化的視角觀察辛亥革命，不過李盛鐸更多看到了延續，而陳慶年等擔憂的則是斷裂。李氏之言晚出，或因時日稍長，人們逐漸發現民初與清末的斷裂並沒有想像的那麼厲害，而延續卻遠多於預想（包括正面和負面的，新文化人便多見負面的傳承）。或也因為李

15　陳慶年：〈橫山鄉人日記〉（明光選摘），1913年3月23日，見政協鎮江文史資料委員會：《鎮江文史資料》，第14輯，1988年，156頁。康有為在民國元年已説，「近者大變，禮俗淪亡，教化掃地。非惟一時之革命，實中國五千年政教之盡革。」康有為：〈與陳煥章書〉（1912年7月30日），見姜義華、張榮華編校：《康有為全集》，北京：中國人民大學出版社，2007年，第9集，337頁。稍後又説，「革清朝者，即將中國數千年文明之經義、典章、法度而盡革之。然則非革清朝也，自革中國數千年文明之命也。」康有為：〈擬中華民國憲法草案〉（1913年），見《康有為全集》，第10集，86頁。

16　李盛鐸：〈徐協貞《殷契通釋》序〉，中國書店1982年影印北京文楷齋1933年刻本，1頁單列。

盛鐸看到了更有力的文化衝擊，於是對照出辛亥鼎革帶來的文化衝擊尚不那麼嚴重。

此前王國維研究殷周制度，強調「殷、周間之大變革，自其表言之，不過一姓一家之興亡與都邑之移轉；自其裏言之，則舊制度廢而新制度興，舊文化廢而新文化興」。在他看來，「古之所謂國家者，非徒政治之樞機，亦道德之樞機也」。而「周之所以綱紀天下」，有其制度、典禮以為「道德之器」，足以「納上下於道德，而合天子、諸侯、卿、大夫、士、庶民以成一道德之團體」。就此意義言，周公所立「制度文物與其立制之本意，乃出於萬世治安之大計」。[17]

這本是所謂學術研究，並未言及當世。然其從文化視角看鼎革，則與上面數人無異。且王先生此文撰於1917年，看似為民國這一新朝背書，或更多是因變局而上條陳，蓋此時恰值袁世凱稱帝失敗而離世，標誌着一個政治時代的結束。若不把談殷、周間之鼎革視為比附民國代清，則文章的一個意思，似可理解為中國已有周公為萬世治安所立之制度文物，只要繼承延續，就可長治久安。然而袁世凱以後的當政者並未將傳承文化列入其議事日程，故民初文化的延續更多是一種自然狀態的「百足之蟲死而不僵」，於是有後來李盛鐸眼中天崩地裂的文化丕變。

同在1917年，《新青年》早期的主要撰稿人高一涵就把辛亥革命和新文化運動並聯思考，以為「往歲之革命為形式，今歲之革命在精神。政治制度之革命，國人已明知而實行之矣；惟政治精神與教育主義之革命，國人猶未能實行」，故應盡快從事其所説的精神革命。[18]這裏的形式革命和精神革命，很像黃遠庸説的手足革命和人心革命，但「人心革命」在1912年時是一種眼前狀態的觀察，幾年後卻成了即將採取的行動目

17　王國維：〈殷周制度論〉(1917年9月)，見謝維揚、房鑫亮主編：《王國維全集》，杭州：浙江教育出版社，2009年，第8卷，303、317頁。

18　高一涵：〈一九一七年豫想之革命〉(1917年1月)，見郭雙林、高波編：《中國近代思想家文庫‧高一涵卷》，北京：中國人民大學出版社，2015年，87頁。

標，折射出時人對辛亥革命認知的轉變——其不成功正在於人心未曾「革命」，所以仍只是手足或形式的革命，而不是人心或精神的革命。

瞿秋白稍後也說，辛亥革命沒有革文化的命，只是革命的「表象」；要到新文化運動，才走向真革命。前者「不過是宗法式的統一國家及奴才制的滿清宮廷敗落瓦解之表象」，而「一切教會式的儒士階級的思想、經院派的誦咒畫符的教育，幾乎絲毫沒有受傷」。要到《新青年》「反對孔教，反對倫常，反對男女尊卑的謬論，反對矯揉做作的文言，反對一切宗法社會的思想，才為『革命的中國』露出真面目」。自五四運動起，「中國社會之現實生活確在經歷劇烈的變遷過程，確有行向真正革命的趨勢」，所以「《新青年》乃不期然而然成為中國真革命思想的先驅」。[19]

福柯曾有一個著名的比喻，說中世紀國王的腦袋被砍下來了，但在思想文化中仍然沒有被砍下來；亦即君主制雖然已經被推翻，但此後文化上一系列的相關概念，仍來自帝制時代，需要繼續將其揭示出來，甚或進行「鬥爭」。[20]福柯若懂中文，便可從瞿秋白的表述中看到類似的意思。五四前後，分享着那樣觀念的，不在少數。

大體上，後人以辛亥革命與五四運動並論，甚至以為辛亥不如五四，既受鼎革之時輕視革命眼光的影響，也因泛革命觀念的吹拂。傅斯年後來提出：「近代的革命不單是一種政治改變，而是一切政治的、思想的、社會的、文藝的相互改革；否則革命只等於中國史上之換朝代，試問有何近代意義呢？」[21]這是在陳獨秀被國民政府抓捕後，要以《新青年》的言說論證陳氏在革命史上的地位，其所謂廣義革命的弦外之音是很明顯的。

19　瞿秋白：〈《新青年》之新宣言〉（1923年5月），見《瞿秋白文集（政治理論編）》，北京：人民出版社，2013年，第2卷，7頁。

20　參見〈米歇爾・福柯訪談錄〉，見杜小真編選：《福柯集》，上海：上海遠東出版社，2003年，437–438頁。

21　傅斯年：〈陳獨秀案〉（1932年），《獨立評論》，第24號（1932年10月30日），2頁。

　　從廣義的眼光看革命，仍會發現辛亥革命的不足。身與辛亥革命的戴季陶在五四當年就説，他的一位朋友以為，「革命幾次」並未顯出什麼好的效果，而戴季陶答道，不一定要「炸彈、手槍、軍隊，才能夠革命，才算是革命」。實則「平和的新文化運動，這就是真正的革命」。因為這是「大創造的先驅運動」，如果不想亡國，就「只有猛力做新文化運動的工夫」。[22]

　　戴季陶所説的真革命，還是在為非暴力的新文化運動正名。20年後，1916年出生的山東邊緣知識青年杜深如則説，因為「辛亥革命沒有成功，所以生在有總統的時代和有皇帝的時代沒有什麼大差池。真的革命還是在歐戰期間展開的，這就是歷史上所謂五四新文化運動」。[23]真革命所指謂的對象未變，但此時已是不成功的辛亥革命的對應語了。

　　似此從廣義的革命觀看兩次革命而論其是否真革命，漸成一種思想套路。梁漱溟後來也説：「辛亥革命，自一方面説，固不同於過去之變法改制而止，但至多亦只算得中國禮俗丕變之開端。必待『五四』新文化運動，直向舊禮教進攻，而後探及根本，中國乃真革命了。」[24]與杜深如基本否定辛亥革命不同，梁漱溟初步肯定了辛亥之舉的革命性，但認為不夠，所以仍不能算真革命。而新文化運動之所以算得上真革命，即在於其探及根本直攻舊禮教，亦即其革命之真，恰表現在文化層面。

　　辛亥鼎革是一次改朝換代的武裝革命，而新文化運動則是一場以文化命名的運動。把文化「運動」視為真「革命」，並質疑武裝革命是否夠「真」，呈現出顯著的詭論意味，卻是當年很多人的共同特點。這樣的並論充分體現出近代中國革命的延續性和廣泛性，是泛革命時代的鮮明表徵。也正因有廣義的文化觀的存在，新文化運動才可以被看成一場全面徹底的革命。

22　戴季陶：〈我和一個朋友的談話〉，《星期評論》，第17號（1919年9月28日），4頁。

23　《杜深如烈士日記》，北京：中國文聯出版社，2002年，1938年1月2日，4–5頁。

24　梁漱溟：《中國文化要義》（1949年），見《梁漱溟全集》，第3卷，225頁。

二、衝擊反應與自我覺醒

從上面的引文可以看出,「文化」正從一個並非共享的概念逐漸變為一個眾皆分享的常用詞,這一進程大體與新文化運動同步(詳後)。本來中國古人一向以為政教相連,互為表裏。但近代西潮衝擊帶來很多新思想和新觀念,包括政治、社會、文化等。到這些外來範疇已經廣為人知也廣為人用的時代,很多人受西方觀念影響,常把政治與文化區別看待,且多見其對立的一面。

同時,儘管「革命」的涵義已不再與武力的改朝換代掛鈎,很多人心目中的革命仍與暴力密切關聯。從那樣的視角看,即使偏向政治的五四學生運動,也與一般意識中的「革命」有較大區別,遑論一度有意要疏離於政治的新文化運動。因此,不少人以為辛亥革命是政治革命,而新文化運動側重文化思想;由於前一次革命的不徹底,後者才起而完成前者未能完成的任務。然而也正是文化的視角,提示人們新文化運動不僅可以看作辛亥革命的延續,還可以追溯到更早的文化努力。

胡適很早就把新文化運動的起源追溯到晚清,以為「中國的新文化運動起於戊戌維新運動」,且文化運動從來就有政治意義,因為「戊戌運動的意義是要推翻舊有的政制而採用新的政制」。如梁啟超提出「新民」思想,「指出中國舊文化缺乏西方民族的許多『美德』」,並「推崇西方文明而指斥中國固有的文明,確是中國思想史上的一個新紀元」。[25]

這是一個過去注意不多卻很重要的見解,即從戊戌維新開始,中國人尋求的改變就已具有根本性。這些努力包括政治,又超越於政治,並與晚清「民」意識(即把國家希望寄託在一般人民之上)的興起相呼應。[26]

25　胡適:〈新文化運動與國民黨〉(1929年11月),見《胡適全集》,合肥:安徽教育出版社,2003年,第21卷,442頁。

26　關於晚清「民」意識的興起,參見柯繼銘:〈理想與現實:清季十年思想中的「民」意識〉,《中國社會科學》,2007年,第1期。

不過，在為國家尋求全面改變的同時，習慣了以天下為己任的讀書人對
人民還是不那麼放心，他們要麼代民立言，要麼重新感覺到智民、覺民
等「新民」需要。從那時起，讓中國變成不一樣的新民族，就成為很多
中國讀書人的夢想。從這個意義言，新文化運動其實就是清末「新民」
努力的延續。

陳獨秀在1916年初就號召新時代的中國青年覺醒起來，承擔民族
更新的大業：

> 當此除舊布新之際，理應從頭懺悔，改過自新。……吾人首當
> 一新其心血，以新人格，以新國家，以新社會，以新家庭，以新
> 民族。必迨民族更新，吾人之願始償，吾人始有與晰族周旋之價
> 值，吾人始有食息此大地一隅之資格。[27]

這明顯是梁啟超「新民」說的衍伸，其所新的面相有所擴大，而目
的則更明確：即「與晰族周旋」，並獲得「食息此大地一隅之資格」，充
分體現出西潮衝擊下中國讀書人的危機感。

自從梁啟超以後，很多人都用器物、政制、文化三段論來詮釋近代
中國對西方的認識以及中國自身的發展，[28] 一般都把新文化運動視為進
入文化階段的表徵。這三次轉變的前提是中國讀書人先接受了以強弱
（戰爭勝負）定文野的思路，故每次都是在中國的不成功後產生進一步
外傾的覺悟。[29] 而其間還有一個不可忽視的差異，即前兩次轉變都是對
外作戰（鴉片戰爭和甲午之戰）失敗之後的「覺悟」，但第三次卻不然。

27　陳獨秀：〈一九一六年〉(1916年1月)，見任建樹主編：《陳獨秀著作選編》，上
　　海：上海人民出版社，2009年，第1卷，197–200頁。

28　參見梁啟超：〈五十年中國進化概論〉(1923年)，《飲冰室合集‧文集之三十九》，
　　43–45頁。並參見陳獨秀：〈吾人最後之覺悟〉(1916年2月)，《陳獨秀著作選編》，
　　第1卷，201–204頁。

29　關於近代國家目標的外傾，參見羅志田：〈國家目標的外傾——近代民族復興
　　思潮的一個背景〉，《近代史研究》，2014年，第4期。

除非是將文化階段提前到庚子後廢科舉和新政，否則新文化運動就更多是一次自我的「覺醒」。

這就提示出一個重要的問題，即新文化運動究竟是一個西潮衝擊下的反應，還是一個更多帶有自我意識的「覺醒」？[30]

從這個視角看，把新文化運動與辛亥革命關聯起來思考，可以有兩個方向，一是中國讀書人從很早就有了全面改變的意願，一是到五四前後才首次脫離了對外戰敗的影響，甚至是受到西方因大戰而反省其自身文化的影響。進而言之，究竟辛亥革命已是一場人心革命，還是它基本是一場政治革命，到新文化運動才轉向文化？或者如梁漱溟所說，辛亥革命已帶有文化革命的痕跡，但要到新文化運動才出現整體性的轉向文化？[31]

如果把辛亥革命視為文化層面的人心革命，即使層次不深，就接近前一方向；如果把辛亥革命視為政治層面的手足革命，就傾向於後一方向。這牽涉到中國讀書人何時開始出現全面的「覺悟」及何時有了自我「覺醒」，絕非小問題，而是一個重要差別，需要進一步的探索、思考和論證。

梁漱溟借鑒了梁啟超的階段論，但又多從文化視角觀察。他也認為中國人在甲午海軍覆沒後有了新的認識，類似「興學校、廢科舉、造鐵路」等主張，以及庚子後的「變法之論」，都是「他們想接受他們當時所見到的西方文化」。光緒末宣統初多數「關心時勢的人，都以政治問題是最重要的；只要政治一改，便什麼都改了」。而「到了革命事起，

30　如果把五四學生運動的民族主義口號算進去，則三次一樣，都可以說是西方衝擊的中國反應。

31　孫中山似乎傾向於辛亥革命乃人心革命之說，他在新文化運動期間還強調：「心之為用，大矣哉！……滿清之顛覆者，此心成之也。」孫中山：《建國方略之一·孫文學說·自序》(1918年)，見《孫中山全集》，北京：中華書局，1985年，第6卷，159頁。

更是一個極顯著的對於西方化的接受，同時也是對於自己文化的改革」。[32]

這裏的基本敘述，與梁啟超的階段論大致相合，但梁漱溟思路的獨特在於，他把所有這些階段性轉變，都視為晚清人接受「當時所見到的西方文化」的一部分。那時「主張立憲論的以為假使我們的主張可以實現，則對於西洋文化的規模就完全有了，而可以同日本一樣，變成很強盛的國家。——革命論的意思也是如此」。[33]故不必到新文化運動才轉向文化，辛亥革命本身就既是對西方文化的接受，也是對自己文化的改革，那就是一次文化革命。

張東蓀也提出，新文化運動的發生，「有正負兩方面做他的發動力」：正的方面是「國人知識漸增，對於西方文化認得清楚了，知其精髓所在，所以主張吸收過來」；負的方面是鼎革「十年以來政治改革的失敗，覺非從政治以外下工夫不可」。兩者的共性是越過政治而直入文化，既因國人認識到歐美不僅火器強盛，在政治組織和法制運用上都超過中國，於是明白必須「改造做人的態度」；也由於這些人中「大部分是曾從事過政治改革的」，故能「一眼看透了政治而直入其背後」。[34]

很多時人和後人都曾說過新文化運動的兩大任務就是引進西方文化和批判傳統文化，張東蓀的視角稍不同，他是從這兩個方面思考運動的發生，即不僅把運動看作對西潮衝擊的反應，也視為自我反省的結果，得出一個相對「綜合」的見解。非常有意思的是，他把對外來衝擊的反應視為「正面的」，而把針對內部經驗的自我覺醒看成「負面的」。

這與張東蓀對當時文化與政治的關聯以及新文化運動本身的界定相關。要知道「文化」雖伴隨着新文化運動而興起，卻也多少因為時人將

32　本段與下段，梁漱溟講、陳政記：〈東西文化及其哲學講演錄〉(1920年)，見《梁漱溟全集》，第4卷，580–581頁。

33　梁漱溟：《東西文化及其哲學》，見《梁漱溟全集》，第1卷，334頁。

34　東蓀：〈文化運動與教育〉，載《時事新報》，1922年4月12日，第1張，第1版。

其對現實政治的失望與固有「文化」聯繫在一起。在張東蓀看來，新「文化運動雖是由政治運動失敗而發生，卻也因為不能離開政治而停頓」。他認為是從事文化運動者自己未曾處理好文化與政治的關係，「有比較上放任政治的傾向」。但「人人的生活總有時是離不開政治，政治既壞了，你不去改良他，他卻來影響於你」。[35]

的確，「不議政」曾是新文化人的一個自覺的主動選擇。他們後來放棄這一主張開始要談政治時，胡適等七位北大教授曾於1920年發表〈爭自由的宣言〉，第一句話就說：「我們本不願意談實際的政治，但是實際的政治卻沒有一時一刻不來妨害我們。」[36]這或許即張東蓀之所本，卻也是他的一貫主張。前引他在辛亥年說「人心之墮落」是「政治有以司之」，故「改革人心」也必自政治始；要「使民」和「化民」，就不能不「革政」。便是類似主張的先導。

張東蓀一面確認「文化運動是這幾年來新起的一個名辭」，一面強調其主要內容就是化民成俗。因為文化運動不僅是「改革文化，就是推翻舊文化而傳播新文化」，更是「思想的改新」，也就是「從思想方面改革做人的態度，建立一種合於新思想的人生觀，而破除固有的一切傳說習慣」。而「所謂運動，就是要把這種重新做人的意義普遍於全國，使人人都沐化於其中」。[37]化民成俗本是讀書人的傳統責任，卻借文化運動而得到現代表述。要「化民」就必須「革政」，所以從事文化運動不能放任政治。

當然，這也與新舊時代看待政與教的不同眼光相關。若據政教互為表裏的傳統看法，政治與文化本是既可分又不可分的，兩者之間可以

35　東蓀：〈文化運動與教育〉。感謝匿名評審人之一提醒我在這一節裏說說文化與政治的關聯！

36　胡適等：〈爭自由的宣言〉，原刊《晨報》，1920年8月1日，《東方雜誌》，第17卷，第16號（1920年9月10日）轉載，引文在133頁。

37　東蓀：〈文化運動與教育〉。

有差別，卻未必存在緊張。而從新引入的範疇看，文化與政治不僅確有差別，而且時常對立，故不能不有所區分。很多新文化運動的當事人，身處過渡時段，有時是新舊觀念兼具也兼用，有時則是用新詞語述說舊看法，需要據上下文小心辨析。

在此觀念轉變的進程中，人們又發現文化的涵蓋面其實很寬，政治也僅是其中的一部分。尤其是進入民國後，

> 革命也革了，西方也總算接受了，但終是東碰西磕，道路不通，沒有法子順順當當地走下去。這個時候有人知道了，以為這問題還在後邊。我們須從那兒着手，就是從思想——真正的文化——上下手。知道政治制度並非文化的根本，只是一點枝葉；我們不懂得根本，如何能運用枝葉？這才明白了文化的全部，要改革就得索性另走一條路，才可以追求着真的問題所在。這是近兩年人的眼光方才看到的，以為要改非統改不可，枝枝節節是不能成功的。[38]

由於政治本是文化的一部分，所以在梁漱溟看來，新文化人不是看到了政治與文化的差別，而是看到了枝節與整體的差別，看到了思想在文化中的重要性。正因思想才是「真正的文化」，以思想為目標的新文化運動也就成了「真革命」。他的言外之意，似乎思想是文化的根本，包括思想的文化才是一個整體。不過這一點他沒有進一步申論，此後也未曾特別強調和堅持。

無論如何，後五四時代很多人都分享着相當寬廣的「文化」涵義。當胡適提出「國學的目的是要做成中國文化史」時，他具體列出的「中國文化史」系統包括民族、語言文字、經濟、政治、國際交通、思想學

38　梁漱溟講、陳政記：〈東西文化及其哲學講演錄〉，見《梁漱溟全集》，第4卷，580–581頁。

術、宗教、文藝、風俗、制度十種史。[39]這樣一種廣義的文化觀與廣義的革命觀是相伴隨的，韓侍桁在十多年後總結說，「五四時代是中國社會的一個整個革命的時期」，涉及「經濟、政治、社會、思想以及一切的學術的部門」。[40]

而據梁啟超的總結，時人因辛亥鼎革後「所希望的件件都落空」，於是「覺得社會文化是整套的，要拿舊心理運用新制度，決計不可能，漸漸要求全人格的覺悟」，遂有新文化運動。[41]此說代表了很多時人的看法，也廣被引用。若按上引張東蓀的正負區分，這就僅僅看到了運動的負面動力。另一方面，如果從戊戌維新起中國人就在尋求根本性的改變，則那一系列階段性轉變，其實可以是對何為文化之「根本」的認識在步步深入，最終形成一種整體文化的認知。

倘若戊戌維新就是一次文化運動，[42]而辛亥革命亦然，則新文化運動與辛亥革命不同的，只是更多側重人心革命，因其伴隨着文化的興起，遂被視為文化的運動。但其特點究竟是尋求整套的文化改變，還是打擊文化的根本，也還需要辨析。從新文化運動的具體表現看，特別是一度提倡讀書人不參政、不議政，似乎更多是以整套文化的認識為基礎，有選擇地打擊其心目中文化的根本。因此，文化怎樣在新舊之爭中興起，並成為鬥爭的目標，還需要簡略的考察。

39　胡適：〈《國學季刊》發刊宣言〉(1922年11月)，見《胡適全集》，第2卷，13–14頁。

40　(韓)侍桁：〈文學革命者的胡適的再批判〉，《中山文化教育館季刊》，第2卷，第2期(1935年4月)，677頁。

41　梁啟超：〈五十年中國進化概論〉，見《飲冰室合集·文集之三十九》，45頁。

42　戊戌維新一項幾乎實現的改革是滿漢通婚，特別能表現那次改革運動既是政治的，又超越於政治的，的確可以說是一次文化運動。從人心革命的視角看，這一舉措有助於凝聚人心，對朝廷最為有利。然而當時很多人的心態是焦慮的，期望並相信即使涉及根本的改革，也是可以速成的。政變導致連這一步也沒實現，成為後來民族主義輸入後民族對立意識興起的一大基礎，吃虧最大的還是清廷自己。

三、文化在開戰中興起

　　前已提到，民初思想言說中文化的興起，與新文化運動相伴隨。更具體言，它首先和文學革命相關。在這次運動中，可以說文化是借文學而興，也可見一條從文學到文化的發展路徑。如韓侍桁所說，五四運動「以文學革命的標語為開端，無論是意識地或非意識地，實是選擇了最正確的途徑」。因為文學包容較廣，「可以作為經濟社會的表現，可以作為政治的宣傳，可以拿它作為討論一切社會問題的工具」。而且，「文學」這名詞在中國歷史上向「未曾有過專門的定義，說是包容一切學術的總名，也未為不可」。[43]

　　實際上，在新文化運動時期，儘管已引進西方的「文學」定義，文學的界定仍在發展之中，並未達到「約定俗成」的程度。胡適在1922年寫了一篇總結性的〈五十年來中國之文學〉，但在朱維之看來，從胡適列舉的人物和作品看，「他所說的文學，不過是『文章』而已，不是近十年來一般青年的文學觀念」。[44]文學革命的始作俑者所說的「文學」，竟然與一般青年的觀念不同，最能說明文學革命雖使文學一詞流行，卻並未對何謂文學達成共識。[45]

　　「文學」在中國歷史上的確包容甚廣，直到清末，張君勱進入江南製造局的廣方言館，那時上課是「四天讀英文，三天讀國文」。[46]此中西兩「文」，其實更多是中學與西學的代名詞。若說到「學」，其在歷史上的包容之廣，又比「文」更勝一籌。從20世紀前二十年間士人的表述中，便可見一個明晰的從「中西學」到「中西文化」的發展進程。

43　（韓）侍桁：〈文學革命者的胡適的再批判〉，677–678頁。

44　朱維之：〈十年來之中國文學〉，《青年進步》，第100期（1927年2月），209頁。

45　例如，也在1922年，胡適在答覆時人對《努力週報》的批評時，在同一短文中使用的「文學」和「文藝」兩詞，基本是同義詞。參見胡適：〈對於《努力週報》批評的答覆〉（1922年5月），《胡適全集》，第21卷，270–271頁。

46　張君勱：〈我的學生時代〉，《再生》，第239期（1948年11月15日），7頁。

　　從19世紀末到20世紀最初幾年的思想言說，大體還延續着清季「中學為體，西學為用」時代的思路，「教」和「學」(甚至一定意義上的「種」)是使用得較為普遍的詞彙。[47]那時輸入的「文明」一詞也曾流行，不過更多涉及全世界的文野之分，稍後才逐漸落實到特定的族群或地域之上。「文化」一詞在20世紀前十年也已出現，多是「文明」的近義詞。[48]近於人類學意義的「文化」一詞，到新文化運動期間逐步確立，此後乃廣泛普及。而「文明」反成為「文化」的近義詞，當然也不時有「獨立」的含義(詳後)。[49]

　　「文化」一詞的流行，與1919年的學生運動有直接的關聯，更為新文化運動本身所推進。[50]據梁漱溟在五四後的觀察：「大約兩三年來，因為所謂文化運動的原故，我們時常可以在口頭上聽到或在筆墨上看到『東西文化』這類名詞。」[51]這方面他自己有着深切的體會：他在1919年夏天寫《東西文化及其哲學》導言時，曾說及「中國國民受東方化的病太深」，要學會經營現代生活，「非切實有一番文化運動辟造文化不可」。其中「文化運動」四字，「當時自疑杜撰」。但到1920年初，不過六個月功夫，「文化運動」一詞「竟成腐語濫套」。[52]

47　例如，後來許多人愛說的「中西文化競爭」，在清季便多被稱為「中西學戰」。說詳羅志田：〈傳教士與近代中西文化競爭〉，《歷史研究》，1996年，第6期。

48　龔書鐸先生較早勾勒了「文明」與「文化」的輸入及其使用異同，他的結論是清季「報刊使用『文明』這個詞要比使用『文化』一詞為多」。龔書鐸：〈近代中國文化結構的變化〉，收入其《中國近代文化探索》，北京：北京師範大學出版社，1997年，14–16頁。

49　這一點在胡適身上就表現的很明顯，觀其留學日記及留學期間的文字，多言「文明」而少「文化」，在1919年所寫的〈新思潮的意義〉一文中，已談及中西和新舊文化，但仍把「再造文明」定為新思潮的唯一目的(胡適：〈新思潮的意義〉，見《胡適全集》，第1卷，691–700頁)。在「五四」以後，他就越來越多地談「文化」，而言及「文明」時往往具有特定的指謂(如辨析精神文明和物質文明)。

50　參見周月峰：〈五四後「新文化運動」一詞的流行與早期含義演變〉，《近代史研究》，2017年，第1期。

51　梁漱溟：《東西文化及其哲學》，見《梁漱溟全集》，第1卷，331頁。

52　梁漱溟：〈唯識述義‧《東西文化及其哲學》導言〉(第一冊)，見《梁漱溟全集》，第1卷，266–267頁。

　　作為一個概念或名詞，外來的「文化」能取代既存的「教」或「學」，表明使用者感覺到既存概念不足以涵蓋或表現他們想要表述的意思。這一方面體現出那時人們想要表達的內容已經有所不同，「文化」一詞更能表出其所欲言，確有應運而生的意味；另一方面，文化的興起本身也意味着梁漱溟後來清楚認識到的一個要點，即從虛體到實體的「中國」，皆已幾乎不能自我表述了。[53]

　　那時「文化」所取代的還不止「教」或「學」一類舊稱。章錫琛在1920年注意到，「一年以前，『新思想』之名詞，頗流行於吾國之一般社會」。但最近則「『新思想』三字已鮮有人道及，而『新文化』之一語，乃代之而興」。[54]可知在一種特定的意義上，那時「文化」所取代的範疇，也曾包括「思想」這一新詞語。

　　蓋「文化」的興起與近代的「道出於二」[55]密切相關。由於「文化」的意義可廣可狹（且視上下文而時廣時狹），又出現「學術」這一日漸流行的新詞，並帶有明顯的西化特徵。惟近代西方的學術以「獨立」為標榜，日益西化的「學術」概念因此而疏離了「道」，於是又有「學術思想」一詞的出現，[56]多少帶有以「思想」來彌補「學術」之「失道性」的意味。[57]「文化」一時取代「思想」，便因它們那時多少都是同義詞。

53　說詳羅志田：〈文化翻身：梁漱溟的憧憬與困窘〉，《近代史研究》，2016年，第6期。

54　君實（章錫琛）：〈新文化之內容〉，《東方雜誌》，第17卷，第19號（1920年10月10日），1頁。

55　「道出於二」語出王國維，具體論述參見羅志田：〈近代中國「道」的轉化〉，《近代史研究》，2014年，第6期。

56　這看似一個複合詞，卻更多是一個不分的整體，梁啟超那篇〈論中國學術思想變遷之大勢〉（《飲冰室合集‧文集之七》）便是一個顯例。

57　這一進程非常複雜曲折，此處不能詳論。一些初步的探討，可參見羅志田：〈經典淡出之後：過渡時代的讀書人與學術思想〉，《中華文史論叢》，2008年，第4期。

　　而文化一旦興起,其革命的能力、目標和範圍都遠遠勝過文學。前引梁漱溟稱許新文化運動是「真革命」,即因其能夠「直向舊禮教進攻」,而探及了文化的根本。這也是新文化運動的劃時代處:在此以前,「無論是立憲派或革命派,從沒有一個人敢與中國文化開戰的,就有也不敢十分堅決」,直到1916年陳獨秀等人「才直截了當從這個地方說起」。且其影響「竟有從前變法論盛行的時那樣普遍」,能在幾年間「引起全國人都注意文化的改革」,可以説「把大家的意思統統改變了」。[58]

　　以讚許的口吻表彰對傳統文化開戰的堅決,似乎揭示了梁漱溟自己的文化態度,實則未必(詳另文)。但他確實看到了問題的關鍵所在:文化雖是借文學而興,一旦進入開戰的層面,其戰鬥力就遠超過文學。因為文學無論怎樣戰鬥,其對象不過是所謂「舊文學」,而且還是範圍正在縮小的文學(據西文literature而界定);而文化的戰鬥對象則直搗根本——從舊禮教到孔子,或時人口中的「孔家店」。也只有這樣觸及根本的全面戰鬥,才能「把大家的意思統統改變」。

　　並非只有梁漱溟這樣看,後來李麥麥也説,「滿清學者所不敢明目張膽反對的孔子,到『五四』時代陳獨秀、吳虞、胡適等卻可以明目張膽地反對他了」。且不管後來的人「怎樣努力來提倡孔子思想,要想再復活『五四』以前的孔子,是萬萬不能了」。在他看來,自「戰國以後,這是孔子第一次受到重大的打擊」。就此意義言,「『五四』時代的非孔運動」,就是「戰國的哲人非孔運動之繼續」。以馬克思主義為武器的李麥麥,遂把隨之而起的整理國故視為「近代中國的第三階級復活春秋戰國時代工商業的哲學表示」。[59]

58　梁漱溟講、陳政記:〈東西文化及其哲學講演錄〉,見《梁漱溟全集》,第4卷,581頁。

59　李麥麥:〈五四整理國故運動之意義〉,見《中國文化問題導言》,140–144頁。

在過去的書籍分類裏，儒家乃是諸子百家中的一家，《論語》和《孟子》都是較晚才從「儒家」中升到經典層次的。但在思想領域，自諸子學在晚清興起後，與儒學確實處於一種競爭的地位。而戰國時已經存在的百家爭鳴，也可以視為其前導。這樣看來，新文化運動中的反對孔孟之道，不論是否回溯到戰國，至少也是晚清學脈內在理路的延續。

在梁漱溟眼中，這樣直搗黃龍式的戰鬥，又更多是一種外力推動的劇變，不是「中國社會自己所能發生的」。若非「世界大交通，從外面引發他變，一而再，再而三，不會有此」。[60]所謂一而再，再而三，即是說新文化運動是從晚清各變革延續而來，但終究是「他變」而非「自變」。不過李麥麥所見略有不同，他以為，

> 思想運動不管是怎樣為外鑠文化所影響，可是他在一開始時，總不得不把固有的先存的思想當作自己的出發點，不能不在自己固有的歷史中找出自己的譜系來。即使「五四」運動是完全的人工的「接生」，但此接生仍不能不借助於先存的思想之根。[61]

這就是說，新文化運動既有「外鑠」的一面，也有「自變」的一面。它不僅是外來衝擊的反應，也是一種自我的覺醒。李麥麥這一認識，有助於理解一個向文化開戰的革命性運動何以會出現看似溫和的「整理國故」，並成為新文化運動一個重要而且持久的特色。

先是胡適試圖為新文化運動定調，提出了「研究問題，輸入學理，整理國故，再造文明」的口號。具體言，研究問題與輸入學理是新思潮的「手段」，主要針對現實人生社會的切要問題，並輸入西洋學理以為研究問題的參考材料；而整理國故是新思潮對於舊文化的「態度」，再造文明是新思潮的「目的」。[62]

60　梁漱溟：《中國文化要義》（1949年），見《梁漱溟全集》，第3卷，226頁。

61　李麥麥：〈五四整理國故運動之意義〉，見《中國文化問題導言》，144頁。

62　胡適：〈新思潮的意義〉（1919年11月），見《胡適全集》，第1卷，691–700頁。

整理國故和反孔有一共性，即都是回向過去。李麥麥所謂以先存的思想為出發點，在固有的歷史中找出自己的譜系來，有今人所謂正本清源的意味。且回向過去既可以是戰鬥，也可以是回歸，就看怎麼理解，怎麼推行。有人可能在戰鬥中不知不覺衍化為回歸，也可能本欲回歸者因看到了傳統的「醜惡」而轉向戰鬥。時人和後人對新文化運動的觀感和態度，往往因此而產生歧義。余家菊很早就說：

> 有甲午一役和庚子一役，國民對於本國武力之信念乃完全打破；有辛亥一役，國人對於本國政治制度之信念乃完全打破；有五四一役，國人對於本國之一切思想學術之信念皆完全喪失無餘。至此，國民自顧其身，乃無復絲毫昂藏之氣、自尊之概；與外人相遇，只覺自慚形穢，無一是處。……如此自暴自棄的民族，還有立足於天地間之餘地麼？[63]

其所分階段與梁啟超的分段論大致相同，但判斷卻非常不一樣。尤其對五四的完全否定，帶有很強的文化民族主義傾向。他正是看到了五四反傳統的一面，然所見過於偏頗，實無法解釋此後相當一段時間中整理國故的風靡。

過去很多人都說，民初袁世凱當政幾年間有不少復古的舉措，是導致新文化運動反孔的直接因素。連後來很多研究者視為保守的杜亞泉那時也觀察到：「辛亥之革命，即戊戌以來極端守舊思想之反動；近日之復古，亦辛亥以後極端革新思想之反響。」[64]這仍體現出那種把新文化運動和晚清舉措連接起來考察的思路，順延下去就可以說：此後反孔的文化革命，亦民初幾年復古之反響也。

---

63 余家菊：〈民族主義的教育〉(1922年)，見《余家菊景陶先生教育論文集》，台北：慧炬出版社，1997年，147頁。

64 杜亞泉：〈論思想戰〉(1915年3月)，見田建業等編：《杜亞泉文選》，上海：華東師範大學出版社，1993年，169頁。

惟對於有新思想武裝的人來說，復古也可以是進步的。李麥麥就把整理國故視為「進步的復古」運動（因為新文化運動是中國的文藝復興，應像西方一樣復古）。前引他說孔子自戰國以來第一次受到重大打擊，便與整理國故掛鈎。與余家菊的看法截然相反，在李麥麥眼裏，整理國故和反孔不僅是有共性，幾乎就是一回事。而且他用「先生」稱國故，說「當時的思想文化中，除了賽、德兩位先生外，確還有一位國故先生」。[65] 五四時以「先生」稱的通常只有民治（德）和科學（賽），整理國故能與其並列為三，地位就相當高了。

在黃日葵眼中，整理國故表明一種新的覺悟和進步，即認識到了「以前的思想改造運動是借用歐洲思想為利器的，這種外來的思想根本就不能使有深根固蒂的中國的傳統文明、傳統思想能夠得到澈底的改造」。現在是「從根本之根本的國民思想之所根據的國故下手做改造的工作」，也就是「離開從前淺薄的改造運動，而從事於根本的改造運動了」。[66]

由於整理國故的字面義偏向中性，可能吸引更多的參與者，於是在反孔中逐漸減弱了鬥爭性，甚或變成了一種對傳統的建設性整合。潘公展就認為，若從晚清以來的改革進程看，新文化運動的進步在於「採取西洋人研究科學之精神與方法，自動的研究一切自然界之現象及中國固有之學問」，以「貢獻於世界」。[67]

在實踐層面，對於當時很多成年人來說，所謂國學其實是他們最為耳熟能詳且得心應手的領域，結果貌似「復古」的整理國故很快成了「最時髦」的活動。王慎盧後來回憶說，從1924年起，「漸漸的有了復古的

65　李麥麥：〈五四整理國故運動之意義〉，見《中國文化問題導言》，135–140頁。

66　黃日葵：〈在中國近代思想史演進中的北大〉，《北京大學廿五週年紀念刊》（1923年），49頁。

67　潘公展：〈從世界眼光觀察二十年來之中國〉，《東方雜誌》，第21卷，第1號（1924年1月10日），35頁（文頁）。

傾向」，原本已經滯銷的古書又大量出版，銷路甚好。到1925年他去南京，「一位著名的中學校長很高興地告訴我說，他們學校已決定從下學期起，將國學列為必修科」，並說「我們要復古了」。王氏回答說：「這才是最時髦的課程啊。」[68]

復古竟然成為最時髦，這讓很多趨新者擔憂。實際上，新文化運動期間引起社會反彈最大的，除白話文外，恰在這兩位一體的反孔和整理國故。所不同的，不過是所謂保守者抗議反孔，而很多趨新者不贊同整理國故。在某種程度上，在20世紀中國思想史上，保守者出聲較大的，也僅此一次。再以後，各類思想論爭基本都是新與新鬥（就思想資源而言即西與西鬥），各類保守者逐漸失聲、噤聲以至於無聲。從後見之明看，向文化開戰的效果是非常顯著的。而在當時，由於整理國故的風靡，趨新者也甚感不安。

整理國故的反對者認識到，不管提倡者意向如何，只要是回向過去，至少就有「脫離現實」的一面。胡適的老朋友陳獨秀便指責說，整理國故是「要在糞穢裏尋找香水」。[69]終導致胡適本人於1926年在北大國學門懇親會上對自己提倡研究國故表示「深深懺悔」，強調「國學是條死路」。[70]到1928年他更以書面形式重申：鑽故紙堆是「死路」，學自然科學才是「活路」；現在「一班少年人跟着我們向故紙堆去亂鑽，這是最可悲嘆的現狀」。[71]

68　王慎盧：〈中國今日之青年問題〉，《東方公論》，第9–10期合刊（1930年1月10日），87頁。

69　陳獨秀：〈國學〉（1923年），見《陳獨秀著作選編》，第3卷，101–102頁。

70　此次懇親會各人的發言，見〈研究所國學門第四次懇親會紀事〉，《北京大學研究所國學門月刊》，第1卷，第1號（1926年10月），143–147頁。

71　胡適：〈治學的方法與材料〉（1928年9月），見《胡適全集》，第3卷，143頁。說詳羅志田：《國家與學術：清季民初關於「國學」的思想論爭》，北京：生活·讀書·新知三聯書店，2003年，334–358頁。

　　然而胡適自己的懺悔並未改變整理國故的風靡，到1932年，有人總結新文化運動，以為可分為「各種新社會思想與哲學之輸入」、「語體的新文藝運動」和「以科學方法整理國故」三類，前兩種那時「大體多已顯示着衰落而集中於社會主義，所以唯物史觀的辨證哲學和所謂『普洛文學』，就成為一時流行之風尚」。而

> 惟有所謂「科學方法整理國故」運動，其「流風餘韻」，卻還相沿未衰。而且在「古色古香」的舊都，正有「方興未艾」之勢。這不能不算是新文化運動中唯一可「慶幸」的事了。[72]

　　作者出以嘲諷的口吻，當然是對此現象不滿。但整理國故成為新文化運動唯一尚未衰落的部分，大致也是事實。又很多年後，事過境遷，羅家倫甚至認為，「從新文學運動範圍的擴大而產生的」新文化運動，「簡單扼要地說，它只是主張『以科學的方法來整理國故』。也就是以科學的方法，來整理中國固有的文化，分門別類地按照現代生存的需要來重新估定其價值」。[73]這當然帶有顯著的後見之明特色，但整理國故竟然成了新文化運動的唯一表徵，也說明歷時較久之後，一個多面的運動在人們記憶中所呈現的面相，可以有很大的差別。

　　在五四時代激烈反傳統的革命性進程中，最不顯激進的整理國故反而流行，並在一段時間裏成為新文化運動最具生命力的成分，其反諷意味甚強。然而這樣看似詭論性的發展，卻也可能是運動的一種自然衍伸，雖有轉折，尚不離正本清源的初衷。讓保守者和趨新者同感不安的回溯取向，恰表現出新文化運動那自我覺醒的一面。

72　中：〈考據漫話〉，《國立北平圖書館讀書月刊》，第1卷，第10號(1932年7月)，1頁。

73　羅家倫：〈蔡元培先生與北京大學〉(1967年)，收入其《逝者如斯集》，台北：傳記文學出版社，1981年，60頁。

　　借用梁漱溟的術語，既然文化是在「開戰」中興起，則戰事一起，就不僅是一國一地的問題，其影響可能在戰鬥中走向四面八方，出現各式各樣超出預想或根本未曾想到的發展，導致時人特別後人對新文化運動產生種種不同的認識。

　　本來新文化運動就不是一場謀定而後動的運動，故既有超出預想的成分，也有根本未曾想到的成分，後者遠大於前者。而其中最大的變數，就是五四學生運動的爆發。要瞭解五四時代，先要認識學生運動與新文化運動的關聯。

四、學生運動與文化運動

　　五四學生運動是現代中國史上劃分時代的一個界標，這是一般都接受的。不僅如此，即使縮小到新文化運動之中，它也曾起過類似分水嶺的作用。陳獨秀自己就坦承1919年的學生運動凸顯和確立了《新青年》在當時的主流地位。[74] 學生輩的羅家倫在一年後總結學生運動，也數次對比五四前後形勢的根本性轉折。[75] 可以說，五四既是新文化運動的標籤，也的確劃分了時代，造成了短期或長期的多方面時代轉變。

　　身與學生運動的羅家倫對五四帶來的轉折有切身感受，最明顯的變化就是五四以前「受了多少壓迫，經了多少苦戰，僅得保持不敗」；而五四以後則「形勢大變，只聽得這處也談新思潮，那處也談新思潮；這處也看見新出版品，那處也看見新出版品」。在五四以前，「談文學革命、思想革命」刊物和報紙不過幾種；而到五四以後，「新出版品驟然增至四百餘種之多」。

74　參見羅志田：〈陳獨秀與「五四」後《新青年》的轉向〉，《天津社會科學》，2013年，第3期。

75　羅家倫：〈一年來我們學生運動底成功失敗和將來應取的方針〉，《新潮》，第2卷，第4號（1920年5月），上海：上海書店，1986年影印本，848–858頁。下面兩段中的引文也出其中，不一一出註。

不過羅家倫不僅看到了學生運動帶來的改變，他也注意到，學生運動就是新文化運動所孕育出來的。故「五四運動的所以成功，並不是一朝一夕的緣故，事前已經醞釀許久了！大家有幾年的鬱積，幾年的休息，正是躍躍欲試的時候，陡然一下暴發出來」。常乃惠後來也認為，「五四運動的前身」是「導源於《新青年》派和《新潮》派」。[76]此所謂「前身」，大體與羅家倫說幾年醞釀相類，都是指新文化運動對學生的培養。

或許可以說，新文化運動培養了五四當年從事運動的學生，而五四學生運動又推動和改寫了新文化運動。[77]也因此，五四逐漸成為新文化運動的標識。

五四學生運動對新文化運動最明顯的改寫，應是走向「政治解決」的所謂轉向。[78]卻也不限於此，如學生行為方式的套路化，就是一個不小的轉折。羅家倫觀察到，「當五四的時候，大家東謀西劃，都有一點創造的精神」；此後則「一舉一動，都彷彿有一定的形式：有一件事情出來，一定要打一個電，或是發一個宣言，或是派幾個代表，而最無聊的就是三番五次的請願，一回兩回的遊街」。[79]運動有了套路，或表現出某種「成熟」，卻也因此改變了風格，減少了「創造的精神」。

對一個以青年為核心隊伍的運動來說，這樣的轉變多少也意味着朝氣的減退。實際上，梁漱溟就從學生在運動中的表現看到了他們與一般人的共相。他那時態度比較理性，主張尊重法治，「縱然是國民公眾的舉動，也不能橫行」。既然學生打傷了人，就是現行犯，應接受司法審

76　本段與下段，見常乃惠：〈從王光祈先生想到少年中國學會〉(1936年)，收入《蠻人之出現》，見黃欣周編：《常燕生先生遺集》，台北：文海出版社，1967年，第7冊，178–179頁。

77　胡適就曾指出，五四學生運動後，學生界的出版物猛增，數以百計的小報「皆用白話文章發表意見，把數年前的新文學運動，無形推廣許多」。胡適：〈五四運動紀念〉(1928年5月)，見《胡適全集》，第21卷，368頁。

78　參見本書〈走向「政治解決」的「中國文藝復興」：五四前後思想文化運動與政治運動的關係〉。

79　羅家倫：〈一年來我們學生運動底成功失敗和將來應取的方針〉，852頁。

理，遵判服罪。不能因其所作所為是正義的，就可以犯法。那種「專顧自己不管別人」的大毛病，「是幾千年的專制養成的」。在這方面，參加運動的學生並不比普通民眾高明。也正因幾年來一些人經常「借着『國民意思』四個大字不受法律的制裁」，才促成中國當時的狀況。[80]

梁氏最後一語非常值得體味，即新文化運動對學生的「培養」是多義的，既有思想方面的提升，也有行為方面不受約束的鼓勵。不僅如此，由於五四運動「實在成功太速」，陡然把「學生的地位抬得很高，而各界希望於學生的也愈大」，出現了學生「虛名過於實際」的現象。尤其是6月3日軍警大批逮捕學生引動社會反應之後，「學生界奇軍突起，恍惚成了一個特殊的階級」。學生自己也產生出「『學生萬能』的觀念，以為我們什麼事都可以辦，所以什麼事都去要過問」，「常常站在監督和指導」其他人的地位，實際卻「什麼事都問不好」。[81]

一方面，學生和普通人一樣有「專顧自己不管別人」的毛病；另一方面，他們又因「虛名過於實際」而感覺「萬能」，於是什麼都要過問。其間的緊張是明顯的。很多年之後，還有人回憶起五四時的青年像「被春雷喚醒了的蟄蟲小鳥一樣，紛紛的在大地上活動，在溫暖的春風裏跳舞」；不僅自己要因應念書和救國的雙重要求，又要同時向舊禮教和帝國主義者進攻，還要「替被壓迫的同胞鳴不平」。[82]的確是什麼都承擔在肩上，也什麼都要過問。

80　梁漱溟：〈論學生事件〉（1919年5月），見《梁漱溟全集》，第4卷，571–572頁。稍後錢玄同也說，如果讓五四運動的主人翁來做總統，也未必比徐世昌更高明，「因為佢們的原質是一樣的」。見錢玄同：〈致魯迅、周作人〉（1921年1月11日），見《錢玄同文集》，北京：中國人民大學出版社，2000年，第6卷，15頁。
81　羅家倫：〈一年來我們學生運動底成功失敗和將來應取的方針〉，851–853頁。按學生這類逾越出課堂的做法曾引起老師輩的憂慮和勸阻，參見本書〈課業與救國：從老師輩的即時觀察認識「五四」的豐富性〉。
82　王慎廬：〈中國今日之青年問題〉，86頁。

不過，五四雖然帶來某種「蓬蓬勃勃的氣象」，身為學生領袖的羅家倫自己卻不太樂觀，他聯想到中國在世界學術界明顯的「失語」，醒悟到過去「中國的社會固然是毀壞學者」，現在那種「忽而暴徒化，忽而策士化」的學生運動，也「一樣的毀壞學者」。故主張學生們應據性之所近有所「分工」，一些人不妨繼續街頭行動，另一些人則可轉而側重於真正與思想相關的「文化運動」。[83]

並非只有他這樣想，陳承澤在大約同時就主張，讀書人應「遵守分業的原則」，選擇「自己相宜的社會事業」全力做去，不能「忽然現身學術界，忽然跑到政治漩渦裏頭」。[84] 鄭伯奇更提出，中國的文化運動已經到了「轉換期」，亦即「文化運動的分業期」，應組織「有明確觀念、共同目的」的團體，使「人人各盡其所長，各發揮其所能」，或獻身藝術，或專攻學業，或到「十字街頭去教化民眾」。[85]

至少一些《新潮》社同人分享了羅家倫的「覺悟」，傅斯年等《新潮》社主要成員都選擇了出國留學之路。然而此舉又讓一些時人感到失望。比他們小幾歲的楊鴻烈，就對那些「瞭解文化運動意義的人大多數出外留學，這樣就丟下了他們未竟的工作」很為不滿。[86]

的確，《新潮》社同人是新文化運動的骨幹成員，他們的成批出國，以及不久後《新青年》同人的分道揚鑣，在很大程度上影響了新文化運動的發展和演變。

當時就讀於北京高師的常乃惪，便從《新青年》和《新潮》同人那裏感覺到了北大人的自我中心意識：由於「這兩派的中堅分子，他們的眼

83　羅家倫：〈一年來我們學生運動底成功失敗和將來應取的方針〉，858–861頁。

84　陳承澤：〈知識階級應有的覺悟〉，《學藝》，第2卷，第4號（1920年7月30日），9頁（文頁）。

85　鄭伯奇：〈致惲代英〉，《少年中國》，第2卷，第1期（1920年7月15日），65–66頁。此「分業」的提法，承王波博士提示。

86　楊鴻烈：〈為新青年社的老同志進一解（續）〉，載《晨報副刊》，1924年2月4日，第1版。

光志氣不出於北京大學系統以外，他們的魄力，他們的公平廣大心，都夠不上網羅領導全國的優秀青年」，於是那些沒被「網羅」的青年們便「自己起來組織成一個『少年中國學會』」。[87]

按少年中國學會雖醞釀於五四學生運動之前，成立實在其後，故常乃惪說其是「五四運動以後一個新興的學術團體」。且如他所說，學會一度成為「當時青年運動的中心」。重要的是，它最初是「一個純粹研究學術並從事社會活動的團體」，故能把「當時青年界中的優秀分子，差不多全網羅在內」。後來學會也恰因不能兼顧學術與社會活動而分裂，那些走向街頭者產生了巨大影響，使少年中國學會成為中國許多「革新運動的發祥地」。[88]

所謂《新青年》和《新潮》兩派人「眼光志氣不出於北京大學系統以外」，雖不排除一些人確有此感覺，卻未必符合事實；但以其不能「網羅領導全國的優秀青年」來論證少年中國學會在當時起到的凝聚作用，則看到了問題所在。不過，正當新文化運動因學生運動的加持而如火如荼之時，為什麼會缺乏中心？新成立的少年中國學會又何以能成為中心？都是必須反思的重要問題。

上述關於街頭行動和文化思想分工、分業的思路，顯然不是主要原因，因為少年中國學會本是兩者兼顧的。在某種程度上是否可以說，學生運動對新文化運動的改寫，不僅是在運動的方向上。學生運動對社會的衝擊促使新舊之爭進一步白熱化，最終迫使陳獨秀離開京城；它也引起師生兩輩人的反省，學生中出現了分工的思路，而老師輩也開始走向分裂。簡言之，文化運動出現「轉換期」，多少與學生運動相關。

87　本段與下段，常乃惪：〈從王光祈先生想到少年中國學會〉，見《常燕生先生遺集》，第7冊，178–179頁。

88　北伐前後中國三大政黨中，青年黨的領袖幾乎全出於此，而共產黨的很多領導人也出於此會。少年中國學會分裂的主要原因，即無法確定究竟是向學術發展還是走政治救國之路。參見王波：〈少年中國學會的成立及前期活動〉，北京大學歷史學系碩士論文，2008年5月。

在老師方面，五四學生運動當年出版的《新青年》7卷1號首次發表了試圖集大成而妥協的〈本誌宣言〉，同期發表胡適的〈新思潮的意義〉、陳獨秀的〈實行民治的基礎〉以及王星拱的〈科學的起源和效果〉，顯然想要「以正視聽」。但這樣的整合嘗試，僅取得了表面的成功。[89]

就學生而言，在羅家倫所説「大家東謀西劃，都有一點創造精神」的時段，彷彿各行其是，卻都是為了相對一致的目標；到了運動出現固定的套路時，反而沒了主心骨，出現了困惑和迷茫，難以維繫各處青年的思想。於是少年中國學會應運而生，一時凝聚了相當廣泛的力量。[90]

學生運動的確改寫了新文化運動，但後來一些發展，也可能是新文化運動的一種自然衍伸，雖有轉折，卻不離初衷。正如回向過去的正本清源努力本有一體兩面的意味那樣，兩方面的結果都可能是歷史邏輯的正常發展，而不必就是什麼轉變。在歷史記憶中，當時最受矚目的，後來不一定受人關注；昔年或只是「空洞」的口號，後日卻成了運動的標識。要理解五四和後五四時代，有必要簡單清理新文化運動的遺產。

五、新文化運動的遺產

今日説到新文化運動，最多提到的是所謂「德先生」和「賽先生」。其實新文化運動真正改變歷史的地方，是我們正在使用的白話文。比較而言，「德先生」和「賽先生」到現在也還是一個發展中的狀態，而白話文已經確立，且在可預見的時間裏還會延續。對中國來說，這是至少三千年的一個大轉變。在新文化運動帶來的所有歷史性轉變中，這恐怕也是唯一具體可見也可持續的變化。因此，百年後回看新文化運動，白話

89　參見本書〈陳獨秀與《新青年》的轉向〉。

90　為什麼是少年中國學會，以及這學會何以能一下子凝聚如此廣泛的力量，非數言可了，只能另外探討。

文的確立，是比「德先生」和「賽先生」更直接也更顯著的後果，具有更持久的影響。

對於這樣一個重要轉變，胡適的貢獻是比較大的。用黎錦熙的話說，他是白話文一方的「總司令」。且胡適「擔任這路總司令，並不是我派的，也不是大家推舉的，尤不是他自己要幹的，乃是敵軍只認他為總司令」。[91] 這個有趣的觀察提示我們，考察一個運動，除了它本身的一面，還可從敵對方的認知入手，且往往能得到意外的收穫。

要說五四前後對讀書人的影響，胡適恐怕是一時之最。他在那些年的開風氣影響是顯著的：繼提倡文學革命之後，又轉向思想革命，同時以「重新估定一切價值」的態度推動整理國故，並以《中國哲學史大綱》示範了新的治學取向，在思想上和學術上都可以說造成了具有庫恩 (Thomas S. Kuhn) 所謂「典範轉移」(paradigm shift) 性質的轉變，建立了新的典範。[92] 且胡適也沒有黎錦熙所說的那麼謙退，從他後來的回憶看，胡適雖未必自居文學革命的總司令，卻也基本自視為這一革命的發起人。[93]

後五四時期就已注意到文學革命之劃時代影響的人不多，黎錦熙是其中之一。他就認為「國語運動」在中國現代史上，是「比辛亥革命更為艱巨的一種革命」。因為辛亥革命雖然「將民族革命與政治革命一氣呵成」，甚至「連國體都變更了，卻也不過換一個名號叫做什麼『民國』，實際上仍是主權的移轉」。在中國歷史上，三千多年「就換了二十多個朝代，平均不過百餘年革一次命」，所以未必有多麼了不得。而國語運

91　黎錦熙：〈1925年國語界「防衛戰」紀略〉(1926年)，收入舒新城編：《近代中國教育史料》，上海：中華書局，1928年，第3冊，78頁。

92　說詳余英時：〈中國近代思想史上的胡適 ——《胡適之先生年譜長編初稿》序〉，見《現代學人與學術》(沈志佳編：《余英時文集》，第5卷)，桂林：廣西師範大學出版社，2006年，242–255頁。

93　參見唐德剛譯註：《胡適口述自傳》，上海：華東師範大學出版社，1993年，第7章。

動則不然，是一次「牽涉了幾千年來的文化和社會生活」的革命。[94] 黎氏在幾年後重申這一觀點時，更特別指出他所說的「國語運動」是「廣義的，連新文學和新文化運動都在一起」。[95]

與黎錦熙將國語 (即白話文) 的推廣使用作為新文學和新文化運動的標識相類，稍後劉大白也以所謂「文腔革命」或「人話革命」來指代五四運動，認為它在中國革命史上的意義，「比辛亥的單純的民族革命底意義重大得多多」。因為這些革命者「敢於大膽地對於在文壇上稱霸了二千多年的鬼話文，豎起叛旗，搖動它底寶座，比對於外族的一姓的佔據中國不過二百六十多年的滿清君主豎起叛旗，搖動它底寶座，意義重大到十倍以上」。[96]

兩人的看法相似，均認識到使用白話文這一革命性變化的重要性在於它是幾千年來的第一次。他們也都延續了前述對辛亥革命的輕視——劉大白僅把辛亥革命視為推翻滿清的種族革命，而黎錦熙雖看到了國體的轉變，但仍強調幾千年一次的革命與三千多年就有二十多次的主權轉移有很大不同。無論如何，兩位都看到了白話文取代文言這一重大歷史性轉變。黎錦熙並且注意到帝制的終結，只是忽略了這也是幾千年來的第一次，多少表現出那種看「人心革命」重於「手足革命」的遺風。

不過，在認識新文化運動的遺產方面，黎、劉等人的認知並未得到多數人的呼應。相較於德先生和賽先生，不論是狹義的文學革命還是廣義的白話文 (國語) 運動，在後來的相關研究中都顯得有些默默無聞。這部分可能與後起的學科分類相關。文學既然成了一個獨立的學

94　黎錦熙：〈1925年國語界「防衛戰」紀略〉，見《近代中國教育史料》，第3冊，75–76頁。

95　黎錦熙：〈國語運動史綱〉(1934年)，見黎澤渝、劉慶俄編：《黎錦熙文集》，哈爾濱：黑龍江教育出版社，2007年，下卷，164頁。

96　劉大白：〈文腔革命和國民革命底關係〉(1928年)，見《白屋文話》，長沙：岳麓書社，2013年，71頁。

科,史學研究者便自覺地將文學革命拱手讓與文學研究者,多少導致了與「文學」相關的內容在關於新文化運動的歷史論述中逐步失聲。不過這更多是技術層面的後起影響,在當日如火如荼的運動中,文學本有其局限性。

文化在新文化運動中原是借文學而興,但在文化興起後,文學似有些功成身退的味道。這是因為,一場革命是必須戰鬥的。文學革命的戰鬥性不可謂不強,但文學本身因外來觀念的引進而界定漸窄,其戰鬥對象乃是新定義下的所謂舊文學,而文化的戰鬥對象則是全面的舊文化。又適逢上面論及的對文化根本和整體的認知,比較之下,文學就不免相形見絀,甚至在與文化的競爭中因向文化靠攏而失語。[97]

所謂遺產,也分已定型或仍在進行中的、長期的和短期的。可以借助後見之明的後人,與五四學生運動後幾年的人,所見未必相同。後五四時代的人能看到的五四遺產,更多是相對短期已定型的。例如前述向文化開戰致使各類保守者長期全面失語,這效果當時的人就不容易見到。其實若從黎錦熙提示的觀察對方認知的視角看,當年守舊者的反擊,主要集中在白話文和「打孔家店」(黎氏能見及白話文的重要,或即因此)。但後五四初期白話文「前程」未定,還在發展之中,所以不容易看到,較能說幾句的是更狹義的文學革命;而整理國故尚在風靡,且孔教會也仍在活動,所以也少見人將此視為新文化運動的遺產。

胡適自己就說,「新文化運動的一件大事業就是思想的解放」,其「根本意義是承認中國舊文化不適宜於現代的環境,而提倡充分接受世界的新文明」。故「新文化運動的大貢獻在於指出歐洲的新文明不但是物質文明比我們中國高明,連思想學術、文學美術、風俗道德都比我們

---

97 參見羅志田:〈文學的失語:「新紅學」與文學研究的考據化〉,《中華文史論叢》,第70輯(2002年12月)。

高明的多」。正是在此意義上，胡適強調，陳獨秀指出了「新文化運動只是擁護兩位先生，一位是賽先生（科學），一位是德先生（民治）」，而吳稚暉後來又「加上一位穆拉爾姑娘（道德）」。[98]

實際上，陳獨秀那段有名的「要擁護德先生，又要擁護賽先生」的名言，直到1919年《新青年》6卷1號的〈本誌罪案之答辯書〉才出現。[99]此前《新青年》言論的一個重心，應當就是文學革命。只是因為時人和後人對新文化運動遺產的認知逐漸朝着特定的方向傾斜，白話文取代文言這個幾千年一次的革命性巨變，才在潛移默化中身不由己地淡出了人們的歷史記憶，而讓德先生和賽先生獨大。

常乃惠甚至以為，「《新青年》雜誌一直到七卷一號才有了系統的主張」，從那時起「才入於完全自覺的意識狀態」，並「揭起了擁護德先生和賽先生的兩面大旗」。[100]在這篇發表於1928年的文章中，他完全不提曾經風靡一時的文學革命，也未及曾經很受關注的反孔，好像那些都算不上「完全自覺的意識」，恰表明一種根據德、賽二先生獨大之後的認知來反觀《新青年》的思路，為我們揭示了歷史轉變的痕跡。

稍後李麥麥總結道，新文化運動之所以「較辛亥以前的思想文化運動徹底」，主要有破壞和引進兩方面，前者在於「第一，它破壞了傳統的偶像；第二，它毀壞了傳統的倫理思想；第三，它廢棄了貴族文字和文學」。後者體現在「介紹方面，它提出了『賽先生』和『德先生』」。[101]與

98　胡適：〈新文化運動與國民黨〉，見《胡適全集》，第21卷，439–440、444頁。按穆拉爾姑娘那時並未達到可以與德、賽兩先生並列的程度，不過胡適此文是在挑戰國民黨新政權，或許特意提到黨國元老吳稚暉的貢獻。關於穆姑娘，參見魯萍：〈「德先生」和「賽先生」之外的關懷 —— 從「穆姑娘」的提出看新文化運動時期道德革命的走向〉，《歷史研究》，2006年，第1期。

99　陳獨秀：〈本誌罪案之答辯書〉（1919年1月），《新青年》，第6卷，第1號，收入《陳獨秀著作選編》，第2卷，10–11頁。

100　常乃惠：〈前期思想運動與後期思想運動〉（1928年），見《常燕生先生遺集》，第7冊，70頁。

101　李麥麥：〈文化運動與民族運動〉，見《中國文化問題導言》，177–178頁。

破壞相比，介紹也是一種建設。或許後來的人無意中更看重新文化運動的建設方面，所以偏重了兩位先生。

值得注意的是，胡適上引關於兩先生、一姑娘的言說，涉及當事人對新文化運動的重新界定。那時胡適與北伐後剛掌權的國民黨關係很不好，他特意撰文梳理新文化運動與國民黨的關係。同在那篇文章中，他非常明確地指出：「新文化運動的最重要的方面，是所謂文學革命。」[102]這話似未引起後來研究者足夠的重視，但當時就有一些人表示了不滿，左派的任卓宣（其曾用名葉青更為知名）就專門反駁了這一說法。

任卓宣以為，「新文化運動」可以直接稱為「文化運動」，而「文學革命」和胡適重視的「思想自由」，都「不足以盡『文化運動』底內容，甚至還沒有把握着『文化運動』底意義」。因為文化包括物質和非物質兩類，文學僅僅是非物質文化的一部分，「而胡適之所謂文學革命，還只是變文言文為語體文，乃文學形式底改變」。在他看來，胡適〈新文化運動與國民黨〉一文的中心，「不外第一白話文，第二白話文，第三白話文，翻來覆去地說」。這是因為「胡適底特長只是白話文。他在五四『文化運動』中所領導的，只是打倒文言文、提倡白話這一文學革命中之文字和文法那種形式的改造運動」。其他各種活動，包括「介紹賽（科學）德（民主），並不是他領導的」。[103]

雖然任卓宣是持一種批判的態度，且其所說的「意義」也有所特指，但是他的觀察卻較為準確。尤其他指出了胡適的領導作用主要體現在文字和文法的形式改造，而對於推介「德先生」和「賽先生」，其貢獻就不比其他人（如陳獨秀）大。並非只有任氏這麼看，梁漱溟在很多年後也

---

102 胡適：〈新文化運動與國民黨〉，見《胡適全集》，第21卷，438頁。

103 任卓宣（葉青、如松）：〈怎樣做「文化運動」——評胡適博士底理論〉，《二十世紀》，第1卷，第2期（1931年3月），1–5頁。

説，胡適推動的「白話文運動是當時新文化運動的主幹」，但陳獨秀提倡的「新人生思想」，則「更屬新文化運動的靈魂」。那運動也只有「借陳先生對於舊道德的勇猛進攻，乃得引發開展」。故「新文化運動自不能不歸功於」胡適，但只有陳獨秀「才能掀起思想界的大波瀾」，造成廣泛的影響。兩人的合作，打開了「今日的局面」，形成了「今日的風氣」。[104]

梁漱溟雖略有保留，其寓意仍比任卓宣正面許多。觀其謹慎地辨析新文化運動的「主幹」和「靈魂」，可知要區分兩人的貢獻，實非易事。正如李麥麥所説，新文化運動本是一個「會合的歷史運動」。又很多年後，日本學者溝口雄三注意到五四的豐富與多元特色，以為在把五四「定義為反帝反封建運動」的一般認知外，還有與「那個『五四』」不同的「另一個『五四』」。他選擇以梁漱溟作為「另一個『五四』」的表徵，而不是胡適等「後來走上與中共對立之路的人士所走過的軌跡」之人。因為梁漱溟代表了「一條與陳獨秀、李大釗等人處於同一條軌道，但卻是相互對立的軌跡」。[105]

儘管溝口雄三的論述多少受到文化大革命時期中國言説的影響，他對五四的豐富性確有獨到的體悟。從他的言説看，所謂「五四」還不止「另一個」，因為胡適等「與中共對立之路」的人，實不能排除在「五四」之外，卻尚未進入其論述的範圍之中。可知五四新文化運動遠不像一般認知的那麼簡明，其所涵括的內容，還大有進一步挖掘的空間。

而對運動遺產的分疏，牽涉到後人對新文化運動的理解和認識。任卓宣看得很明白，新文化運動的內容和意義，都與此相關。如果參考溝口雄三的區分和梳理，並借用任卓宣的意思，把新文化運動大體區分

104　梁漱溟：〈紀念蔡元培先生——為蔡先生逝世二週年作〉(1942年)，見《梁漱溟全集》，第6卷，332頁。

105　溝口雄三著、王瑞根譯：《中國的衝擊．另一個「五四」》，北京：生活．讀書．新知三聯書店，2011年，153–154、163–167頁。

為德、賽兩先生和文學革命兩個陣營，[106]則梁漱溟顯然偏向德、賽兩先生一邊，而不在文學革命一邊。在其相關論述中，梁漱溟也的確更多肯定德、賽兩先生，而不太強調文學革命的作用。

不過事情沒有那麼簡單。在白話文和文言的競爭尚未定案時，梁漱溟用白話文寫其《東西文化及其哲學》，也是一種立場的選擇，等於用實際行動表示了對文學革命的肯定。梁漱溟自己解釋說，他久想作《孔家哲學》、《唯識述義》和《東西文化及其哲學》三本相連的書，因為《唯識述義》用白話寫，「所以都用白話。其實我並非要作新文學的文字，且實在不會作」。[107]但這更多是謙遜的表示，而不是立場的聲明。他在《唯識述義》的〈初版序言〉裏明言，自己既然「來講舊古董」，就先要說明自己的立意，「庶乎一般舊古董家不錯認我們以後所講的話是為他幫腔而益堅其迷惑」。[108]可知他的使用白話文，多少是「謀定而後動」的抉擇。

惟後之研究者有時似更看重時人怎麼說，而看輕其怎麼做。相比而言，「德先生」和「賽先生」已成為普遍歷史記憶中新文化運動的典型標識，而文學革命和白話文運動或更多存在於專業學者的研究之中。以今日的後見之明看，那兩個胡適貢獻不大的標識，仍然處於「發展中」的階段；而這個他貢獻特別大的，竟然就長留下來了。

胡適曾提倡「拿一個學說或制度所發生的結果來評判他本身的價值」，[109]若從這一視角看，他說文學革命是新文化運動最重要的方面，不論當時是基於何種預設，有什麼樣的針對性，還真是一個準確的表述。

---

106 實際當然並非如此，如溝口先生提到的多數人物，都是文學革命的要角。

107 梁漱溟：《唯識述義‧〈東西文化及其哲學〉導言》（第一冊），見《梁漱溟全集》，第1卷，266頁。

108 梁漱溟：《唯識述義‧初版序言》（第一冊），見《梁漱溟全集》，第1卷，251頁。引文中「所講的話」原作「所講話的」，從文義改。

109 胡適：〈杜威先生與中國〉（1921年），見《胡適全集》，第1卷，361頁。

我們如果摹仿任卓宣的語氣，可以說到目前為止，新文化運動留下的真正永久性痕跡，第一是白話文，第二是白話文，第三還是白話文。

任卓宣僅比胡適小幾歲（胡適1891年生，任1896年生），就寫作言他們卻彷彿處於兩個世代。對發動文學革命那一代人來說，用白話文寫作其實比用文言更難。而文學革命興起時任卓宣正進入青年階段。對他們這一代來說，以白話文表述或更容易，似有水到渠成之勢。前引其駁斥胡適的文章寫於文學革命後十多年，那時用白話文寫作大致已成新興刊物的常態。對這些相對「自然」地使用白話文的人，或不覺其重要，後之研究者也並未特別看重。實則對一個數以億計的民族而言，改變其書面表述方式，是一件了不得的大事。

這當然是有了長程視野的後見之明，從時人的言論看，彷彿不經意間就已獲勝的白話文似乎有些勝而不顯，而「德先生」和「賽先生」則不勝卻顯。

另一方面，從社會視角看，新文化運動無意之間造成的一大轉變，是美國留學生在思想界、教育界裏逐漸壓倒了日本留學生，出現了所謂鍍金和鍍銀的差別[110]（但日本留學生在法律、金融以及商界都已穩固立足）；[111]更重要的是，在梁漱溟所謂「生活樣法」方面，各類東瀛的舶來品逐漸為西方事物所取代，在這方面似乎比辛亥革命帶來的改變還大。只有眾多來自日本的新詞語，因其本是漢字，得以借白話取代文言的東風，以「白話」的名義輕鬆「轉型」，幾乎無需「包裝」就自然卸除了附着其上的產地標識。[112]

---

110 王汎森：〈「思想資源」與「概念工具」——戊戌前後的幾種日本因素〉，收入其《中國近代思想與學術的系譜》，台北：聯經出版公司，2003年，194頁。

111 參見羅志田：《亂世潛流：民族主義與民國政治》，北京：中國人民大學出版社，2013年，79–80頁。

112 參見楊國強：〈漫長的認知：中日之間可比也不可比〉，載《東方早報·書評週刊》，2015年8月9日，第5版。

回顧嚴復在譯詞方面那艱難而失敗的鬥爭，[113]勝者那悄無聲息的「華麗轉身」，讓這些中文詞彙的始作俑者吃了個啞巴虧。但「德先生」卻是少見的例外，無論是民初人常用的「民治」還是後來流行的「民主」，在很長時間裏都讓人感覺無法涵蓋democracy的全部意義，不得不繼續使用「德謨克拉西」的音譯。

無論如何，中國需要「德先生」和「賽先生」，的確是五四後思想界獲得的一種共識。有些人對此或許仍有保留，但他們不是自我禁抑，就已處於「失語」狀態。我們很少看到直接反對兩位「先生」的言說，即使有也不太引人注意。從這個意義上言，「德先生」和「賽先生」既是新文化運動的標識，也是其遺產，不過有人把它們視作「西方文化」的代表，有人直接視之為「世界文化」的成就。

所以，作為標識的「德先生」和「賽先生」，其實負載着繁複而歧異的意義。鼓吹接受「德先生」和「賽先生」的人，可能有着很不一樣的憧憬、追求和寄託，因而也常常相互批評。如果以贊同和接受「德先生」和「賽先生」為標準，我們可以看到，很多激烈爭論、相互抨擊的人，其實具有共同的立場。而他們之所以彼此批評，恰因當時有着新舊中西以及世界與中國的區分。前引余家菊對五四那與眾不同的判斷，便揭示出這樣的時代語境，也告訴我們，歷史記憶中的五四，可以很不一樣。

六、餘論：廣狹五四的互動

我們確實需要看到一個有中心主旨並自具體相的五四運動，不僅是基於歷史研究中再現客觀史事的需要，也因其表現為一種史學意義

---

113 參見羅志田：〈抵制東瀛文體：清季圍繞語言文字的思想論爭〉，《歷史研究》，2001年，第6期。

的「事實」，即作為一個同質概念的「五四新文化運動」，並非僅僅是在無意中「形成」，也包括當時人已開始、後人繼續推進的有意「構建」。那些將五四運動與辛亥革命聯繫起來觀察的做法，以及對各種正本清源努力的認知，包括德先生和賽先生最終被視為這一運動的標識，都說明人們很早就在創造一個具有同一性的五四新文化運動，不論是有意還是無意。[114]

同時，一個綜合的體相，有助於我們認識運動各自的局部。上述種種構建努力，已揭示出那時的政治、文化運動本身就有很多「個性」。本文的論述並未側重五四人究竟「怎麼做」，而是更多引用了當事人或同時代人事後的認知。這些接近事件當時的觀察不僅彰顯出運動本身的歧異，也反映出不少人在嘗試彌合運動中出現的各種「歧路」。換言之，通過凸顯、忽視或刪略特定部分而使之「統一」的努力，恰展現出時人感覺到了運動中不小的差異，故不能不為之整合。

這類獲取「統一」體相的努力，不必是有意識的，更多恐怕是在無意中進行。甚至可以說，正因整合者各自的具體「戰役目標」不太一樣，甚至很不一樣，最後才形成了各方都可以「接受」的德、賽兩先生這樣一個本身晚出、從未真正落實，但更具有概括性也顯得「正確」的五四遺產。

由此得到分享的遺產看，在整合的進程中，狹義的五四可以說完敗於廣義的五四，或者說新文化運動完勝了學生運動。因為學生遊行時所喊的標誌性口號是「內除國賊、外抗強權」，而不是什麼「民主」和「科學」。故儘管學生運動改寫了新文化運動，它自己卻被後者所涵蓋，而漸失其基本的標識。另一方面，學生運動成功獲得了冠名權——作為整體的象徵，「五四」成為廣狹運動的標準稱謂；即使持廣義五四說者，

---

114 林同濟對五四體相就有自己的結論，即「個性的解放」。見林同濟：〈廿年來中國思想的轉變〉，《天地之間：林同濟文集》，27–28 頁。又，本段和下段一些看法，承廈門大學歷史系梁心老師提示，謹此致謝！

也和其他人一樣每逢1919年的「週年」便舉行紀念活動，發表紀念言論。只是到了百週年臨近時，一些想要紀念的人才「發現」，被稱為「五四」的運動其實並非始於運動的當年。

從基本標識言，兩個「五四」含義其實各異，卻為大家所共用，從研究者到媒體，都不覺其間的衝突。這樣一種約定俗成反襯出一個實相，即不論是形象、實質或遺產，五四原本就不那麼「一元化」。其「統一」體相的存在，可能不過是經過未必有意的「協商」（negotiations）而產生的妥協。上面所謂大家「接受」，也就是相對多的人這樣看而已。

且這樣的協商仍在進行之中，即使那被接受的五四遺產，也還長期處於某種「競存」的狀態 —— 1923年的「科學與人生觀」之爭，大體代表了國人對賽先生的整體反思；[115]北伐後的「人權論爭」和九一八後的「民主與獨裁」之爭，也可代表國人對德先生的整體反思。兩次論爭表明，作為五四遺產的德、賽二先生，在很長時間裏仍處於一種「任重而道遠」的發展狀態（迄今亦然）。

到1948年，王鐵崖總結說，「五四運動的目標是民主與科學」。但「五四運動縱然不是完全失敗，至少沒有達成其原定的目標」。運動三十年後，「我們還沒有真正的民主，科學也沒有發生其真正的作用」。民主和科學「變成裝飾品，完全失去意義」；反倒是「白話文與學生運動，延續了五四運動的反傳統、反權威與追求真理的精神」。因此，「五四運動只限於文化的局部」，還應當「從文化的局部，走到政治、經濟、社會的各方面」。[116]

王鐵崖恰是在狹義五四的週年述說廣義的五四。在某種程度上，他所看到的就是五四的實際遺產和象徵性遺產的差距。王氏自己還在鼓

115　一些初步的看法，可參見本書〈從科學與人生觀之爭看學生運動後對五四基本理念的反思〉。

116　王鐵崖：〈五四運動與新五四運動〉，《北大半月刊》，第4期（1948年5月1日），3頁。

吹一個「新五四運動」，其實所謂以民主和科學為原定目標的五四運動本身，就已然是個「新」的五四運動了。或許從1920年起，五四就開始被「新」，幾十年間已經被「新」了很多次，後來仍在繼續。在此被「新」的進程中，五四也在逐漸定型中模糊了原型，失去了鮮活。

從上文可以看到，對年稍長的任卓宣而言，五四還是感性的，所以胡適還是挑戰對象；而對更年輕的李麥麥，五四基本就是可以通觀的歷史了。在李麥麥討論五四的同時，與其年相若的郭湛波，已經在寫近幾十年的思想史。[117] 大體上，任卓宣可能還算一個五四人，而李麥麥和郭湛波已是後五四人。對他們而言，以五四為標識的那個時代已經結束了，其所身處的，是後五四時代。

不少人以為五四新文化運動已無多少剩義可探尋，其實對那場運動的經過及其參與者、反對者和旁觀者的言與行，我們的瞭解還不能說充足。因為此不足，我們對五四究竟在何種程度上書寫了歷史、影響了後人，仍缺乏深入的體悟。考察新文化運動的淵源、體相和遺產，有助於我們認識後五四時代；由於後五四人的歷史記憶參與了五四的形塑，從後五四時代返觀，也有助於理解以五四為標識的新文化運動。

---

117 郭湛波的《近三十年中國思想史》初版於1935年，後修改更名為《近五十年中國思想史》於1936年再版，現有上海古籍出版社的簡體字新版（2010年）。

第三章

多重的複調：五四的特異性與多歧性

2019年是五四學生運動一百週年。五四的內容和意涵本來相當豐富，對五四的詮釋和解讀也歷久不衰。我們比以前更瞭解五四的體相和個性，然而隨着時間推移，五四的遺產被不斷重估，又促成了五四形象的波動。

五四向有廣狹兩義，兩種五四不僅運動時間長短不同，就連其象徵性的口號也各異。隨着時間的積累，兩種五四的並用已經約定俗成。從研究者到媒體，大家都共同使用含義其實各異的概念，而不覺其間的衝突。[1]這反襯出一個我們可能注意不多卻實際存在的事實，即「五四」的形象原本就不那麼「一元化」，還需要繼續探索（以下說五四，凡不特別註明，皆廣義的，惟用以斷時的「五四後」和「後五四」，則多為狹義的）。

林同濟曾提出，「每個時代有每個時代特具的中心現象」，亦即「時代的『體相』」（gestalt）。明乎此，也就知曉了「那時代的意義」。五四就可說是一個自成一體、自具其相的自足時代。[2]不過，自具體相的五四

---

1 實則即使1919年的運動，也還可以細分，我們若回看時人的文字，當年很多人是把「五四」和「六三」視為兩個運動的。

2 參見林同濟：〈戰國時代的重演〉，《戰國策》，第1期（1940年4月1日），2頁；〈廿年來中國思想的轉變〉，《戰國策》，第17期（1941年7月20日），45–46頁。

卻表現出與整個近代大趨勢不同的特異性（詳後）；而在整體的五四之中，還有着許多獨具特色的個體（不僅是所謂組成整體的局部）。[3] 尤其那是一個充滿矛盾、衝突和激情的時代，發生在當時的任何事情，多少都帶有時代的烙印。我們需要正視五四那多元複雜而感情洋溢的時代特色，充分認識五四外在的整體特異性和內在的多歧個性，以複調的取向來研究五四的人和事。

一、五四的延續與轉折

說到對五四的認識，運動究竟何以發生，就還需要進一步的探索。張東蓀在學生運動兩年後就指出，「在五四以前，可以發生和五四相同的事件的機會不知凡幾，而卒無一件」發生；「五四以後，可以繼起的名義又不知凡幾，而竟繼起不成」。[4] 他說的更多是狹義的五四，卻也適合於廣義的五四。

五四學生運動當年的危機並不是近代中國前所未有，何以幾千人的遊行就造成那麼大的影響，的確需要深入分析。我的一個感覺，很可能是此前大家都太輕鬆樂觀了些，缺乏「出事」的思想準備所致。[5] 但這只是導致學生運動的一個具體因素，此前新文化運動的興起，卻更多是危機感所致，方向恰相反。可知學生運動的前幾年是一個希望與失望並存的短時段，或以物喜，或以己悲。不同的人有不同的感受，百感交集，而又激情四射。

3　林同濟特別強調，「全體不是一切局部的總和」，也「不是某一局部的放大或延長」。所以問題應當要總體地看，而不是從局部的各角度去看。參見林同濟：〈第三期的中國學術思潮——新階段的展望〉（1940年），許紀霖、李瓊編：《天地之間：林同濟文集》，上海：復旦大學出版社，2004年，19–25頁。

4　東蓀：〈創造群眾〉，載《時事新報》，1921年5月29日，第1張，第1版。

5　參見本書〈希望與失望的轉折：五四學生運動前一年〉。

　　張東蓀所謂有繼起的名義而竟繼起不成，特別適合於廣義的五四。常乃惪稍後即説，《新青年》6卷1號發表宣言，「明白表示他們主張是擁德先生和賽先生」，把「文化運動的方向和內容都規定得更清楚了。不過可惜《新青年》以後並沒有切實向這個主張去發揮，新文化運動以後也沒有切實往這個方向去走」。[6]他那意思，新文化運動以後還在延續，卻未必是沿着此前設計的方向走。

　　這就提示出一個重要的問題，即五四在中國近代史上所表現的，更多是延續還是突破？史華慈 (Benjamin I. Schwartz) 不止一次強調，五四不是「一座從平川上突兀拔起的山峰，而只像是一脈連綿叢山中的一座更高的山巒」。康有為、梁啟超、嚴復和章太炎那一代人，早年深受傳統影響，「生活在中國文化的長流之中」，各種「來自西方的新元素，仍然被嵌入由19世紀中國思想的意識框架所形成的精神世界中」，他們才是近代「突破性的一代」或「轉型一代」。而五四師生那一代人則是在一個新的時代推進了上一代人的突破，在他們眼裏，「中國傳統」與「現代西方」已「絕然兩分」。[7]

　　史華慈強調了兩代人的延續，認為五四一代[8]不過是推進了前人的突破。但若從他所説的西方衝擊下傳統對人的影響和人對傳統的感受言，顯然又表現出一種斷裂。可見延續與斷裂是並存的，深受史華慈影

6　常乃惪：〈中國思想小史〉(1930年)，見黃欣周編：《常燕生先生遺集補編》，台北：文海出版社，1967年，183頁。按常乃惪原説的是7卷1號，應是6卷1號。

7　史華慈：〈《「五四」運動的反思》導言〉、〈「傳統—現代模式」的局限：中國知識分子的情形〉，見《思想的跨度與張力：中國思想史論集》，鄭州：中州古籍出版社，2009年，206–207、225–227頁。

8　若嚴格説，五四師生對傳統的態度還是有些差異的。我們不必一説傳統就遠及先秦的孔子和諸子，所有「統」都是一代一代傳續下來的，則對在世者而言，前一代人也可算是傳統。若從對康有為和章太炎那一代前輩的態度，五四老師和學生還是不同的。陳獨秀要駁康有為，還先説些尊敬的話。而胡適至少在學問上，可以説對章太炎充滿恭敬。若到傅斯年這一輩，抨擊康、章都更不留情，也基本不説什麼客氣話了。

響的許紀霖兄，就把1918至1919年視為兩代知識分子世代交替的轉折點。[9] 既言交替，似乎五四一代也有自己的突破乎？

更廣義地說，兩代人的差異與天下的崩散直接相關。晚清一代生於天下尚存之時，仍是所謂天下士，具有「澄清天下」的責任，天下和他們的身世是共存的 (不僅生死與共，個人的道德完形也涵容於其中)。而五四一代則生於後天下時代，徘徊於世界與中國、國家與社會之間，探尋其歸屬而不得。他們一方面深感自己受到文化、政治、社會關係的全方位壓迫，試圖從這些既抽象又具體的桎梏和羈絆之下解放出來；另一方面又因為天下已去，有一定程度的自我異化，從國家到所謂「傳統」，都可以質疑甚或排拒。所以他們可以把自己的傳統視作「客體」，也可以嚮往全盤徹底的西化。[10] 從這個意義言，兩代人的異多於同。

其實歷史之流永遠是連續的，就像逝者如斯的流水，抽刀難斷。晚清到五四，當然也是連續的。但在王汎森兄看來，這種連續的方式跟一般所想的大不相同，就像行進的火車，前進的動力固在，韋伯所說的「轉轍器」卻使火車轉換前進的方向。這是一種「竹節」式的跳躍發展，彷彿火箭發射，一節節推進，每一節自成一個結構。過去的研究不免依據後見之明，抹除了那些頓挫、斷裂、猶豫的痕跡，強化了思想發展為單純延續的印象。其實五四至少有五個方面與前不同：

一是晚清以來公理、公法、公例所明示或暗示的中西、古今在同一平台上的想法變了，更強調中西或東西的對立；二是晚清那種追求一國富強的取向淡出了，不再以為中國將來也要成為像帝國主義那樣的強

---

9 許紀霖：〈五四新文化運動中「舊派中的新派」〉，《華東師範大學學報》，2019年，第1期。

10 這個問題太大，只能另文探討。一些初步的看法，參見本書〈把「天下」帶回歷史敘述：一個民國前期隱退的視角〉。關於視傳統為「客體」的一些初步探討，參見羅志田："Understanding Chinese History in the Context of World History: An Interview with Luo Zhitian," *Journal of Modern Chinese History*, vol.10, no. 2 (Dec. 2016);〈文化翻身：梁漱溟的憧憬與困窘〉，《近代史研究》，2016年，第6期。

者，而偏向於普世的人類和世界主義；三是政治概念的代謝，許多從傳統脫胎出來的政治詞彙沒落了，而日系詞彙大勝，以科學為主的知識論和形而上學詞彙大量出現；四是以前分散的民主與科學漸被綁在一起，形成整體性的影響，白話文也成為一個放之四海而皆準的表述方式；最後，基於以上不同，人們看待事物的方式也發生了變化，其影響廣及方方面面，並延伸到後來。[11]

我們知道，民初有相當一些人從革命和文化的雙重角度，強調五四超過辛亥，因為後者未曾帶來人們嚮往的「人心革命」。[12]這或者帶有時代的偏見，但改朝換代的辛亥鼎革尚不如承平時代的五四，也說明時人多麼看重人心的轉變。正是在此意義上，武裝的革命可以表現出時代的延續，而文化的運動卻因改變了人們看待事物的方式而成了時代的轉轍器。

從大趨勢言，或可說五四之前延續多，五四之後轉折多。晚清開始的物質化、集團主義軌道並未發生大的轉變，但五四的特異性卻悄悄轉換了行進的方向。以文化為表徵的運動最終促成了再次的武裝革命，而「行動時代」的出現也逼退了與讀書相關的方方面面。五四孕育了後來的行動時代，卻也終結了特異的自己。即使認為從晚清到五四是一個延續的大格局，因轉轍器作用而變換的方向，已遠非始料所及。對最看重人心轉變的五四人來說，這就是劃時代的變化，而五四就是分水嶺。

二、劃時代的分水嶺

傅斯年在1919年曾提出一個近代中國人覺悟的四段論，即「中國人從發明世界以後，這覺悟是一串的：第一層是國力的覺悟，第二層是政

---

11 本段與下段，參見王汎森：〈啟蒙是連續的嗎？〉，《近代史研究》，2019年，第5期。

12 說詳本書〈體相與個性：以五四為標識的新文化運動〉。

治的覺悟，現在是文化的覺悟，將來是社會的覺悟」。[13]不過這個說法當年沒有發表，不為人知。最常為人引用的，是梁啟超稍後總結的三段論，即近代士人的「覺悟」有一個由器物到政制再到文化的階段性演變。而第三期的開端正在五四前後，其特徵就是「從文化根本上感覺不足」。由於辛亥「革命成功將近十年，所希望的件件都落空，漸漸有點廢然思返，覺得社會文化是整套的，要拿舊心理運用新制度，決計不可能，漸漸要求全人格的覺悟」。此時「恰值歐洲大戰告終，全世界思潮都添許多活氣」，國內也有新人物的努力，故能「劃出一個新時期來」。[14]

兩人都把五四看作分段的界碑，也都看重外來影響。陳獨秀更把中國的轉變與世界大勢關聯思考，以為歐洲「此次大戰爭，乃曠古所未有。戰後政治、學術、一切制度之改革與進步，亦將為曠古所罕聞」。這樣的大變勢必影響到中國，國人必須有相應的「覺悟」。[15]或受此影響，杜亞泉稍後也強調，歐戰改變了世界，需要引起國人的充分注意：

> （歐戰既終）吾人對此時局，自不能不有一種之覺悟，即世界人類經此大決鬥與大犧牲以後，於物質精神兩方面，必有一種之大改革。凡立國於地球之上者，決不能不受此大改革之影響。[16]

這個改變既是泛指，也有所特指。中國人當一方面「實行政治上、精神上之社會主義，以紓未來之禍」；一方面「留意於世界改革之大勢，明其真相，悉其主旨，詳其利害，以為適應之預備」。[17]其中以社會主義「紓未來之禍」一語，特指如何應對新俄的社會革命。

13　傅斯年：〈時代與曙光與危機〉（約1919年），台北史語所藏傅斯年檔案。

14　參見梁啟超：〈五十年中國進化概論〉，《飲冰室合集·文集之三十九》，北京：中華書局，1989年，43–45頁。

15　陳獨秀：〈俄羅斯革命與我國民之覺悟〉（1917年4月），見任建樹主編：《陳獨秀著作選編》，上海：上海人民出版社，2009年，第1卷，322–323頁。

16　杜亞泉：〈大戰終結後國人之覺悟如何〉（1919年），見田建業等編：《杜亞泉文選》，上海：華東師範大學出版社，1993年，384頁。

17　杜亞泉：〈大戰終結後國人之覺悟如何〉（1919年），見《杜亞泉文選》，390頁。

　　上引各位都使用了同一個關鍵詞——覺悟。這就提醒我們，至少在認知層面，他們都感覺到了時代的轉變(具體所「覺悟」到的未必相同)。其他很多人，不論是否發聲，估計也分享着相近的感觸。

　　杜亞泉並提出一個以特定時段的「時勢」來劃分新舊的主張，而這個時段又以標誌性事件來確定，實即據事件以分新舊。由於「時勢」在變遷之中，所以新舊不是固定的，而是相對的。蓋新舊與時代相關，「時代不同，意義亦異」。如戊戌時代和歐戰後現時代之新舊，意義就不同。兩者不能混為一談，亦不能相互否定。具體言，戊戌時代「以主張仿效西洋文明者為新，而以主張固守中國習慣者為舊」；但歐戰改變了整個世界局勢，西洋先知先覺者已「深知現代文明在現時已無維持之法，惟有創造未來文明，以求救濟」。則戊戌時代想要仿效的「西洋之現代文明，乃不適於新時勢，而將失其效用」。[18]

　　最後的意思才是杜亞泉的真意所在，即過去歐洲的「現代文明」，是「以權利競爭為基礎」；而世界將生的「新文明」，將「以正義公道為基礎」。這其實與中國的「舊文明」相近，如歐洲的「平民政治」與中國的民本主義、歐洲的世界和平運動與中國的大一統主義，都「忻合無間」，易使固有文明固結於心的中國人產生「共鳴之感」。故歐洲「新文明產生」實即中國「舊文明復活」。而此前想要仿效的西方「現代文明」，則不能不讓其「死滅」，以結束因權利競爭而生的「近二十年來之紛擾」。[19]

　　這個看法既展現了前瞻的眼光，又提出了返回傳統。前者是針對世界的，後者則面向自己的本土。從更寬廣的脈絡看，近代中國不能不有重大變革是多數「有識之人」的共識，但中國的出路究竟在於割斷歷史的延續還是出新意於固有文化之中，亦即應當推陳出新還是溫故知新，是從晚清就出現而延伸到民國的一個基本問題。越來越多的民初人

18　杜亞泉：〈新舊思想之折衷〉(1919 年)，見《杜亞泉文選》，408–409 頁。

19　杜亞泉：〈大戰終結後國人之覺悟如何〉(1919 年)，見《杜亞泉文選》，387 頁。

日漸傾向於前者（《新青年》就是一個代表），也有一些人因對前者不相信而傾向於後者，但感覺説不出口。[20]杜亞泉是相信並公開申論後者的少數人之一，但他又不是一般所説的復古派，而以前瞻性的世界眼光為其主張護航。

無論如何，根據以事件為表徵的「時勢」觀來看，強調歐戰的世界性轉折意義意味着同時的五四也劃時代的。就中國自身而言，五四的確像是一個分水嶺，將此前和此後的時代潮流大致區隔。毛澤東甚至認為，「自有中國歷史以來，還沒有過這樣偉大而徹底的文化革命」。在「全部中國史中，五四運動以後二十年的進步，不但賽過了以前的八十年，簡直賽過了以前的幾千年」。[21]

這可能是迄今為止對五四劃時代意義的最高認可。且不論五四帶來的變化是否賽過了幾千年，但相對「以前的八十年」和以後的幾十年而言，五四的突破顯然超過了延續。梁漱溟就説，新文化運動影響深巨，「是歷史上不可磨滅的事」。如果「將來要有個新中國出現；那麼，後來作史的，一定要從那時敘起」。新文化運動雖以白話文的風行著稱，其實還表現出「一種新人生、新政治、新經濟的要求」，因此而「不到創造出新中國不止」。[22]

梁先生所説的新中國當然是較為廣義的，而點明它的歷史要從新文化運動敘起，確是一個睿見，也與五四當時一些人的觀察相吻合。

20　陳寅恪稍後所謂「論學論治，迥異時流，而迫於事勢，噤不得發」，就是一個典型的表徵。參見陳寅恪：〈讀吳其昌撰《梁啟超傳》書後〉，見《寒柳堂集》，北京：生活‧讀書‧新知三聯書店，2001年，168頁。

21　毛澤東：〈新民主主義論〉，見《毛澤東選集》（一卷本），北京：人民出版社，1968年，660、664頁。

22　梁漱溟：〈蔡先生與新中國〉（1940年），見《梁漱溟全集》，濟南：山東人民出版社，1993年，第6卷，75頁。

　　五四時正在中國的杜威描述進行中的學生運動說：「我們正目睹一個民族／國家的誕生（the birth of a nation）。」[23]這大概是那時不少在華外人的共識，法國公使也認為五四運動表現出「一種前所未有的、最令人驚異的重要現象，即中國為積極行動而形成了一種全國性的輿論」。[24]而當年6月的《北華捷報》引用復旦公學校長李登輝的話，以為「五四運動見證了中國『輿論』的誕生」（不過李先生審慎地把範圍限定在「上海和許多其他城市的中國人」）。[25]我們不好說此前中國就沒有「輿論」，至少從此時起，所謂輿論代表了更多人，成為一個更有影響的因素。而「誕生」一詞的使用，同樣表現出劃時代的意謂。

　　法國公使所謂「全國性的輿論」，或是基於中外的視角。其實從中國內部看，在新興的「國家」和「社會」之間，輿論或更偏向於社會一邊。這一點時人已有所覺察，1918年創刊的《學燈》在宣言中明確表示，這副刊「非為本報同人撰論之用，乃為社會學子立說之地」。[26]而北大學生傅斯年從五四運動所看到的，恰是「從五月四日以後，中國算有了『社會』了」。[27]傅先生所說的「社會」有其特定的含義，[28]但從此開始的「有」和此前的「無」，當然彰顯出一個劃時代的界碑。

23　"John Dewey from Peking," June 1, 1919, in John Dewey and Alice C. Dewey, *Letters from China and Japan*, ed. by Evelyn Dewey, New York: E.P. Dutton & Co. , 1920, p. 209.

24　Paul S. Reinsch, *An American diplomat in China*, Garden City: Doubleday, 1922, p. 373. 徐中約顯然同意杜威等的看法，他以為五四運動標誌着作為一種「新力量」的民族主義在中國的「出現」。Immanuel C.Y. Hsu, *The Rise of Modern China*, 2nd ed., New York: Oxford University Press, 1975, p. 605.

25　"Public Opinion in China," *The North-China Herald*, 21 June 1919, p. 747. 轉引自方德萬（Hans van de Ven）：〈現實政治中的五四運動〉，林立偉譯，《二十一世紀》，2019年，第6月號。

26　東蓀：〈《學燈》宣言〉，載《時事新報》，1918年3月4日，第3張，第1版。

27　傅斯年：〈時代與曙光與危機〉，台北史語所藏傅斯年檔案。

28　參見王汎森：〈傅斯年早期的「造社會」論〉，《中國文化》，第14期（1996年12月）。

關於那個時代與此前的差異，其他人還有更細緻的觀察。張東蓀在學生運動前夕就注意到，時人之間充滿了相互不信任：「青年對於前輩懷疑，社會對於社會中樞懷疑，人民對於政府政客懷疑，政客對於軍人懷疑。對於統一，對於護法，固然已懷疑了；就是對於議和，也是懷疑。」小到食糧研究，大到國民制憲，同樣是提倡也懷疑，反對也懷疑。故「現在的中國，大可名為『懷疑時代』」。[29]

懷疑時代或許意味着懷疑一切，然其一個重要表徵，是對舊有的東西都要問為什麼。許德珩觀察到，與過去因襲、崇拜古人的風氣不同，「自從有了這回運動，大家覺得舊有的東西合於現在的人生與否，要發生個重要問題。所以對於社會、家庭和人生的生活，要發生個『為什麼』的問題」。[30]這大概就是後人所說的反傳統，並因質疑傳統而延及當下的人生。而他所說的「這回運動」，指的是五四學生運動。

五四的影響不僅在反傳統一面，也見證了新偶像的誕生。在何浩若眼中，當時「知識界醉心時尚」的一個表徵，就是「年來竟欲以尊崇孔孟之心理，轉而崇陳獨秀諸人」。他顯然對此不滿，以為「孔孟之道固未合時，陳氏之言亦何嘗盡對」。[31]惟何氏只說「陳氏之言亦何嘗盡對」，則他雖對此現象不滿，也不得不對陳獨秀有所尊崇。這樣一種溫和的反對，最可表現那時的權勢轉移。

時人類似的觀察還有不少，從各個側面展現出時代的不同，此不一一引述。但還有一種不同，需要後見之明才能辨識，即歷史的節奏好像變快了。德里克即由此而看見一種劃時代的轉變。他敏銳地觀察到，五四不僅塑造了「自我形象」，並產生出一種對歷史敘述有影響力的「運動政治」觀，使「五四運動成為中國近代史上的分水嶺」——「在它之

29　東蓀：〈政治上懷疑論之價值〉，載《時事新報》，1919年2月4日，第1張，第1版。

30　許德珩：〈五四運動與青年的覺悟〉，《國民》，第2卷，第1號(1919年11月)，7頁。

31　何浩若：〈中國之歧途與末路〉，《大江(季刊)》，第1卷，第1期(1925年7月)，14頁。

前，有起義、改革和革命；從那以後，中國歷史似乎由一個接一個的連續運動所組成。」[32]

　　與接二連三的運動相比，起義、改革和革命當然是更宏闊的主題，似乎五四後歷史的動盪變得更急劇也更顯細微了。借用史華慈所謂「一脈連綿叢山」的比喻，歷史走向細化意味着一座座山巒的分佈比前更加密集。在技術層面，這牽涉到對「運動」指謂的界定。如果思想界一次次的辯論也算運動，就五四後十多年的史事看，運動頻仍所展現的歷史細化，確是有跡可循的。

　　當然，一連串的運動鏈條，似乎與後五四時代的歷史不完全吻合。因為五四後不到十年，國民革命就又一次改朝換代。其間長留在歷史教科書中的運動，只有五卅一次。而其後的新生活運動，至少也可算是改革。故對一系列運動的強調，可能遮蔽了各種運動之外的其他面相，不一定能成功地敘述那段歷史，甚或模糊了整體的歷史。但這仍是一個值得反思的睿見，它提醒我們思考，究竟是歷史本身細化了，還是五四這「分水嶺」的出現使歷史敘述細化了？

　　至少在某一方面，各類運動的模式與此前的歷史銜接。五四前更大的「分水嶺」是辛亥鼎革，那之前其實中國已經是事件頻仍，但從甲午、戊戌到庚子的一連串大事件，以及此後帶有「在朝革命」性質的新政，基本是自上而下的行事；而從辛亥革命開始，此後的運動基本是自下而上的，五四正開其端。這是延續，卻也是一種轉換了軌道的劃時代。

　　而五四後歷史的節奏變快，更是毋庸置疑的。五四後的十餘年，是一個激變頻仍的時段。那時的世局幾乎可以說是年年翻新，一年一個

32　Arif Dirlik, "Ideology and Organization in the May Fourth Movement: Some Problems in the Intellectual Historiography of the May Fourth Period," *Republican China*, vol.12, no.1 (Nov.1986), p. 3. 有中譯本，德利克（德里克）：〈五四運動中的意識與組織：五四思想史新探〉，見王躍、高力克編：《五四：文化的闡釋與評價 —— 西方學者論五四》，太原：山西人民出版社，1989年，48–68頁。

樣。[33] 更重要的是，帶有「分水嶺」意味的事件，也在短期內頻繁出現。我們常看到，當事人自己甫感覺到新時代的來臨，旋又發現時代已不同了。歷史「轉轍器」的頻繁出現，使連環式的竹節變得更短，彷彿即將進入一個承平時期的動盪尾聲。然而不然，這種一個接一個的運動和事變，反使五四更像是從文化邁向武化的前奏。

三、漸入行動時代：五四的延展和終結

如果以五四後第一個顯著的五卅運動為計算單位，學生運動後似乎還有幾年的相對平穩。但也正是在這看似平穩的時間裏，發生了一些影響此後中國歷史的大事——首先是中國共產黨的成立，然後是國共兩黨的正式合作。兩事初起時並不十分引人矚目，而一些有眼光的人逐漸認識到其間體現的時代轉變痕跡。胡適在1933年曾對中國現代思想分期，約以1923年為界：前一段是「維多利亞思想時代，從梁任公到《新青年》，多是側重個人的解放」；後一段則是「集團主義時代，一九二三年以後，無論為民族主義運動，或共產革命運動，皆屬於這個反個人主義的傾向」。[34]

這兩個對應的標籤有一定的代表性，也不無一廂情願的一面，因為整個近代中國的大趨勢更多是強調所謂「集團主義」的，而清末為「群」大聲疾呼且聽眾最廣的，應當就是梁啟超。說他一直側重個人解放，或有些勉強。真正一度強調個人，除了清季影響很小的章太炎、魯迅師徒的見解外，就是五四時期。而現在一般都承認，從學生運動開始，確實

33　關於政治的變化，參見羅志田：〈「有道伐無道」的形成：北伐前夕南方的軍事整合及南北攻守勢易〉，《中國社會科學》，2003年，第5期。

34　曹伯言整理：《胡適日記全集》（台北：聯經出版公司，2004年），1933年12月22日，第6冊，730頁。

存在個人逐漸淡出以及對群體日益重視的趨勢。因此，五四時期個人從興起到退隱，其實也就那麼幾年。[35]

如果重群體的傾向在學生運動當年已開始興起，我們或可將1919至1925年間看作兩種傾向並存而競爭的時期，瞿秋白以為是「新文化思想」與鼓吹社會主義、研究勞動社會問題兩者的「混流並進」。[36]雖然是並存並進，畢竟「集體」漸佔上風，到五卅後，「個人」基本喪失競爭力，終不得不讓位於「集團主義」。[37]更因帝國主義侵略威脅下中外競爭的激烈，此後強調集團主義的趨勢長期是主流，故胡適的說法仍有可參考處。

後來梁漱溟論「中國的政治改造運動」，也採用了相似的分期界線。他把幾十年的改造分為兩期，「前期運動蓋感受西洋近代潮流而來，其所嚮往者為英國式之憲政」；「後期運動，則感受歐戰後共產革命潮流而來，其所嚮往者為蘇聯式之黨治」。前者「起自清季之變法維新」，以1923年曹錕憲法之公佈為結束；後者起自1924年國民黨改組容共，迄於抗戰前後為止。[38]

胡、梁二位一說思想一論政治，但分期點如此接近，很能提示那時轉折的存在。且兩位都特別看重國民黨聯俄改組的意義，固然都借助了後見之明，很可能也因為他們都是中共誕生的早期知情人。[39]中共的誕生和國共合作，恰意味着杜亞泉擔憂的「未來之禍」已正式進入中國，

35　關於五四時期的個人，尚有不少待發之覆，當另文探討。

36　瞿秋白：〈國民革命運動中之階級分化 ── 國民黨右派與國家主義派之分析〉（1926年1月），見《瞿秋白文集（政治理論編）》，北京：人民出版社，1989年，第3卷，460頁。

37　參見魯萍：〈「德先生」和「賽先生」之外的關懷 ── 從「穆姑娘」的提出看新文化運動時期道德革命的走向〉，《歷史研究》，2006年，第1期。

38　梁漱溟：〈預告選災，追論憲政〉（1947年），見《梁漱溟全集》，第6卷，700–701頁。

39　按胡適與陳獨秀關係很深，而梁漱溟與李大釗關係密切，兩人都曾有知悉中共創建的記述。

並帶來新的政治運作和組織動員方式。這的確是個劃時代的轉變，而且影響深遠。

有意思的是，一些讀書人已預測到、甚至期盼着進一步的動盪局面。聞一多在1923年說：「二十世紀是個反抗的世紀。『自由』底伸張給了我們一個對待威權的利器，因此革命流血成了現代文明底一個特色了。」簡言之，「二十世紀是個動的世紀」。[40] 1923年恰是胡適和梁漱溟的分期點，若以今日的後見之明看，真正厲害的「革命流血」還沒開始，聞一多的表述或更多是「預言」而已。不過，因嚮往自由而反抗威權是當時讀書人的基本心態，儘管他們認知中的「自由」和「威權」都不免帶有幾分想像的色彩。

新政治運作方式的第一次顯著表現，就是五卅運動。敏感的瞿秋白立即把五卅運動視為五四時代的終結，其最具象徵性的變化是：「五四時代，大家爭着談社會主義；五卅之後，大家爭着辟階級鬥爭。」[41] 五卅運動對時人的衝擊是顯著的，那時不少人或許都分享着同樣的轉折感。此前處於競爭中的各傾向基本有了結果：群體壓倒了個人，政治壓倒了文化，行動壓倒了言論，的確可以說開啟了一個新的時代。

作為一個新的分水嶺，五卅把不久前的分水嶺五四推入了歷史。「到民間去」的西來口號在五四前後已開始在中國傳播，五卅後有了更明確而直接的意蘊：國共兩黨的工農運動以及「村治」派的出現，都可視為與工農相結合這一大趨勢的不同側面。人們很快見證了更直接也更具根本性的政治變動——中國現代史上又一次以暴易暴的武裝革命，即國民黨領導的北伐戰爭。北伐不僅是普通意義的改朝換代，也標誌着

40　聞一多：〈《女神》之時代精神〉，見《聞一多全集》，武漢：湖北人民出版社，1993年，第2卷，110–111頁。

41　瞿秋白：〈國民革命運動中之階級分化——國民黨右派與國家主義派之分析〉，《新青年》(我所用是人民出版社1954年影印本)，第3號 (1926年3月)，21–25頁。

一種新統治方式的出現，改變了國人對政黨政治的認識。作為一個新的分水嶺，北伐又把不久前的分水嶺五卅推入了歷史。

從五四學生運動到北伐，也不過十年而已，在時人心目中卻已三歷時代的轉變。今日學界對（廣義）五四運動的下限看法雖各不同，但大體就在從1923年到北伐期間。胡適和梁漱溟借助後見之明，看到了轉變始於1923年，儘管相對潛移默化；瞿秋白把五卅運動視為五四時代的終結，卻是因為沒有後見之明。到拿槍的北伐這一國民的革命，才真正終結了一個時代。

據朱自清1928年的反思，五四後的十年經歷了三個階段：「從自我的解放到國家的解放，從國家的解放到Class Struggle。」其間可以「看出顯然不同的兩種精神」：前一段「我們要的是解放，有的是自由，做的是學理的研究」；後兩段「我們要的是革命，有的是專制的黨，做的是軍事行動及黨綱、主義的宣傳」。而後兩者「只包括近一年來的時間」，也可以說「前九年都是醞釀的時期」。具體言，「新文學的誕生」標誌着「新時代的起頭」，那是「文學、哲學全盛的日子」。到五卅前後，「社會革命的火焰漸漸燃燒起來」，社會科學書籍壓倒了文學和哲學。而根本的轉折是國民「革命爆發」。從此進入「革命的時期，一切的價值都歸於實際的行動」，也無需任何書籍了。[42]

這是一個親身經歷者的當下寫實，大體涵括了胡適、梁漱溟和瞿秋白所見的階段性特徵，相對更全面，特別能表明中國已從坐而言的時代進入了「行動的時代」。[43]當一切言說都顯得無力，一切書籍都不需要，也就宣告了一個以文化為表徵的時代真正成為歷史。

42　朱自清：〈哪裏走〉（1928年2月），見朱喬森編：《朱自清全集》，南京：江蘇教育出版社，1990年，第4卷，229–231頁。

43　參見羅志田：《激變時代的文化與政治——從新文化運動到北伐》，北京：北京大學出版社，2006年，135–145頁。

　　大體上，在第二次直奉戰爭之前，讀書人眼中的「民不聊生」其實頗具構建的成分。聞一多1923年關於「動的世紀」之感嘆，很可能就是基於這樣的想像。不幸他的説法變成了準確的預測，此後的二十多年，連年的征戰使動亂深入到了基層百姓的生活，朱自清後來説「這是一個動亂時代。一切都在搖盪不定之中，一切都在隨時變化之中」，[44] 恰好呼應並詮釋了聞一多的預測。「動亂時代」有一個由虛入實的過程，即從讀書人想像中的「動」成為真正影響社會生活的「動」。而五四既是「傳動軸」，又是從思想到行動的「轉轍器」。

　　有意思的是，即使在北伐之後，周予同仍以五卅為時代分界點，似乎無視北伐的存在，或以為兩者同屬一個「時期」。他提出，自「辛亥革命前後以迄現在」，可以「劃分為三大時期」，即以「『辛亥』前後為第一時期，『五四』前後為第二時期，『五卅』前後為第三時期」。這三個時期「自有其不同的學術的背景，自有其不同的表現的方式，自有其不同的代表的人物與集團，也自有其不同的反動的現象」。周先生特別強調，第三期的特點在於「世界政治思想之有計劃的實際的嘗試」和「有組織的集團之力的表現」。[45]

　　以這樣的特點概括新時代，可知周予同與前引胡適和梁漱溟一樣，特別看重新政治方式的引進，不過把中間的分界點移後了兩年。也因此，他把從坐而言到起而行的轉變視為一種從「思想的表白」到「力的表現」的進步，故對北伐帶來的改朝換代視而不見。但周先生和前面幾位一樣，都把五四看作一個已經過去的時代標識。

　　上面引述的一些見解並不專門針對五四，卻也不妨視為五四時代結束的一種看法。一旦進入歷史記憶，作為運動的五四，或者歷史中的五四時代，也就結束了。

44　朱自清：〈動亂時代〉(1946年7月)，見《朱自清全集》，115頁。

45　天行(周予同)：〈第四期之前夜 —— 向青年們公開着的一封信〉(1928年10月)，《一般》，第6卷，第1期(1928年9月，實際出版於1929年1月)，4–5頁。

四、五四認知的形成和發展

　　一個時代總結的出現，多少意味着那個時代的結束。還在1922年，張東蓀就從出版物的現狀看出文化運動已從全社會「大家的興會」轉為「教育界」少數人的「孜孜不倦」，表現出「落潮的趨勢」。不過他對此「不抱悲觀而反抱樂觀」，因為就像「一個河流漸漸由闊的河面而流入狹的河面中」，河面「闊則淺而弱，狹則厚而強」，反可能「由浮泛而趨於切實，由表面而變為根底」。[46]他的樂觀可能過於理想化，在一個行動的時代，以文化為表徵的運動若非偃旗息鼓，也不過苟延殘喘。後來的發展似乎看不出多少「由浮泛而趨於切實」的樣子，然而張東蓀確實敏銳地感覺到了時代的轉變。

　　就在同一年，梁啟超已在為「所謂新文化運動」下總結。他看出當時「最流行的莫過於講政治上、經濟上這樣主義、那樣主義，我替他起個名字叫做西裝的治國平天下大經綸；次流行的莫過於講哲學上、文學上這種精神、那種精神，我也替他起個名字叫做西裝的超凡入聖大本領」。與張東蓀的樂觀態度不同，梁啟超對此顯然是不滿的。在他眼中，整個世風仍是大家不肯腳踏實地，而「最愛說空話的人最受社會歡迎」。[47]

　　當然，由於梁啟超等人自己也在推動他們的「新文化運動」，[48]他說的新文化運動顯然是特指，即我們一般言說中的新文化運動。這個特定的指謂是一個重要的提示，既表明「新文化運動」的豐富和多元，也展現出時人對此已有所認定。儘管梁啟超也在無意中倒放了電影——在他所說那個「新文化運動」中，最先流行的應是文學、哲學，然後才是

46　東蓀：〈文化運動與教育〉，載《時事新報》，1922年4月12日，第1張，第1版。

47　梁啟超：〈科學精神與東西文化〉（1922年8月），見《飲冰室合集・文集之三十九》，2頁。

48　參見周月峰：〈激進時代的漸進者——新文化運動中的「研究系」〉，北京大學歷史學系博士論文，2013年5月。

政治、經濟。而他又有着預見的眼光——「主義」在他說話時不過剛剛開始興起，但確有後來居上的趨勢。

　　即使是嘗試性的總結，也表現出某種認知的開始定型。五四時代的結束，象徵着一個同質性的「五四運動」認知的大體形成。王造時後來說，「這個時代有兩個根本出發點」：「一是德謨克拉西（民主），一是賽恩斯（科學）。如果全個新文化運動有內容，這兩位德、賽先生便是它的內容。」[49] 他所說的「全個」的運動，應即是今人所謂廣義的五四運動，[50] 而具體的「內容」則代表着時代的精神。

　　大體上，經過未必有意的「協商」（negotiations），廣狹兩義的運動產生出一種奇特的妥協——學生運動獲得了冠名權，「五四」成為運動的標準稱謂；而新文化運動的口號「民主」和「科學」則成為五四的基本標識。[51] 當然，這個定型或許仍是暫定的，一旦說及具體，時人和後人都見仁見智。我們也可以說，歷史的協商仍在進行之中。

　　張灝先生注意到，除民主、科學這兩點外，以前中國大陸的史家較多注重五四那反帝、反封建的面相，而海外史家則更強調五四的民族主義和反傳統主義。這些觀念「似乎代表五四的核心思想」，也「構成了五四的基本形象」。[52] 隨着改革開放的推進，海外學界的一些觀念明顯影響到國內的研究，如五四反傳統的一面就受到廣泛關注，成為五四形象的一部分，儘管對其激烈的程度和是否「全面」還有爭議。

　　不過，這些基本形象的確立，似也簡化了五四本身。實際上，從五四當時開始，對不同的人來說，五四的影響就是頗不相同的。而五四

49　王造時著、章清編：《中國問題的分析》（1935年），上海：復旦大學出版社，2015年，126頁。

50　王造時自己明確把五四學生運動包括在新文化運動之中。參見王造時：〈復興新文化運動〉，《主張與批評》，第3期（1932年12月1日），23–24頁。

51　說詳本書〈體相與個性：以五四為標識的新文化運動再認識〉。

52　張灝：〈重訪五四——論五四思想的兩歧性〉，收入其《幽暗意識與民主傳統》，北京：新星出版社，2006年，200頁。

對後來的影響，或也沒有我們所想的那樣大。忽視五四的傾向很早就開始了，與看重五四的傾向長期並存。在1922年的五四週年時，老師輩的譚熙鴻已感覺「一年一年的紀念，而在實際上並不見得有甚影響，似乎倒反覺得一年不如一年的景象」。[53] 而學生輩的錢用和則感嘆道：「冷落呀！這次的『五四紀念』! 寂寞呀！這次的『五四紀念』!」[54]

　　同年北京大學入學考試的預科國文試卷作文題是「述五四以來青年所得的教訓」。有個奉天高師附中的學生問監考的胡適：「五四運動是個什麼東西，是哪一年的事？」胡適對此感到「大詫異」，初尚「以為這大概是一個特別的例外」。不料他走出試場，其他監考的人告訴他，「竟有十幾個人不知道五四運動是什麼」。[55] 他們雖然僅佔考生的百分之一，但這些人可都是青年學生！另據他人的觀察，考試中把五四運動「當作『五月四日開運動會』解釋的，聽說也很有幾位」。[56]

　　不過三年，五四在歷史記憶中已開始變得模糊。到那年晚些時候，北大一些學生發現，「現在社會上都論『五四』為過去歷史上的陳跡了」。[57] 儘管每逢五四的週年仍有人紀念，也逐漸顯出一些黯然消退的意味。到1935年5月，胡適已感覺「這年頭是『五四運動』最不時髦的年頭。前天五四，除了北京大學依慣例還承認這個北大紀念日之外，全國的人都不注意這個日子了」。[58] 胡適可能比別人更珍愛五四，然而這卻不

53　譚熙鴻：〈紀念「五四」〉，載《晨報》，1922年5月4日，第2版。按譚熙鴻時任北大生物系教授，校長室秘書。

54　錢用和：〈這次「五四紀念」的社會心理〉，載《晨報》，1922年5月4日，第6版。錢用和時為女高師學生。

55　《北京大學日刊》，1922年8月5日，第3版；《胡適日記全集》，1922年7月24日，第3冊，682頁。

56　嘉謨：〈青年生活與常識〉，《學生雜誌》，第11卷，第9號(1924年9月)，45–46頁。

57　李國瑄等：〈北京大學學生會有組織必要的意見書〉，載《北京大學日刊》，1922年11月2日，第3版。

58　胡適：〈個人自由與社會進步 —— 再談五四運動〉，《獨立評論》，第150號(1935年5月12日)，12頁。

是他的偏見。余英時師生於1930年，抗戰時避居安徽潛山縣官莊鄉，到抗戰結束前，他便「根本不知道有所謂『五四』其事，更不必説什麼『五四』的思想影響了」。[59]

有些人雖也紀念，卻流於空洞的形式。如1933年《北平晨報》一篇署名「紀念五四」的文章，僅説「北京學生喚醒了沉迷不醒的中國國民，喚醒了腐敗無力的中國民族。五四運動實在是中國國民的覺醒運動」，然後就是些今不如昔的感嘆。[60]

或許那時關於五四已形成一套「政治正確」的話語，似乎必不可少，説的人卻也有些心不在焉；紀念者好像知道該説什麼，實則不知説什麼好。既感覺到紀念的必要，又不過説些口號式的套話，是五四在歷史記憶中變得模糊的又一表徵。

進而言之，不少人無意中似還願意接受一個相對含糊的五四。如前所述，在很長的時間裏，從研究者到媒體都分享着廣狹兩個含義各異的五四運動，對其間的衝突可以視而不見，彷彿很多人都自覺地並不追求標準化。這最能表現五四認知「定型」那種約定俗成的發展特色。尋求精確、嚮往標準劃一是現代性的基本要素，在一個曾以現代化為目標的時空中，卻隱存着帶幾分後現代意味的取向，是可以深長思的。從清末開始，多數史家一直在意識層面追尋着史學的「科學」化，卻在無心之中得到了史學的多樣化。歷史邏輯的展現，就這樣不明不白，又並非無緣無故。

看重和忽視五四的兩種傾向長期並存，説明對五四的認知一開始就有「各取所需」的一面（不必是有意的）。時人如此，後人亦然。通常比較看重五四的見解更多被研究者引述，而看輕的則易被忽視。[61]這樣一

59　余英時：〈我所承受的「五四」遺產〉，收入其《現代危機與思想人物》，北京：生活·讀書·新知三聯書店，2005年，71–72頁。

60　冰森：〈紀念五四〉，載《北平晨報》，1933年5月4日，第12版。

61　我自己也和許多人一樣，有意無意間更多使用那些重視五四的史料。

種五四認知的歷程清楚地告訴我們，關於五四形象的歷史協商，仍在進行之中。這就使人不能不問，我們對五四的瞭解已足夠深入、足夠充分了嗎？答案恐怕不樂觀。[62]認知的多樣化，源於史事本身的多姿多彩。那個豐富多元的五四，還需置於歷史長河（以及世界格局）中繼續體味和理解。而這樣的認識，仍基於對史事的進一步探索。

我們不僅需要知曉五四的體相，還要摸清五四的個性。前者論述較多而仍有待發之覆，後者尤缺乏足夠的重視。其實五四的個性多彩多姿，最應探討。這裏無意也無法一一論及，僅就其中兩點略作申述，一是五四在中國近代史上具有一些明顯的特異性，不宜僅以常態視之；二來那是一個激情四射的年代，又特別強調個體人的解放，各種非理性的表現層出不窮。五四個性的這兩個方面，都需要進一步認識。

五、五四個性的特異面相

中國的近代確是一個特殊的時代，在此時的中國界域之中，產生了很多此前和此外很少見到的現象。其共性是帶有梁啟超所謂的「革命性」，即史事「最難律以常軌」，而事情的結果往往與預定的計劃相反。[63]那時許多洋溢着激情活力的面相，往往不能以常態視之，也不宜以常理度之。

一個與常理相悖的顯例，即「革命」那超乎尋常的特異表現：在精神物質兩層面皆已確立菁英地位的既得利益階層之中，仍有不少人長期嚮往和憧憬着一個可以帶來根本變化的革命，並不斷倡導和鼓勵着各式

62　例如，民初不少人認為近代中國的革命是一個過程較長的廣義「大革命」，又秉持一種從文化看革命的思路（參見羅志田：〈與改良相通的近代中國「大革命」〉，《社會科學研究》，2013年，第5期）。如果文化是革命的要項，則近代歷史中的五四，就需要重新認識。

63　梁啟超：《中國歷史研究法》，見《飲冰室合集·專集之七十三》，117頁。

各樣的革命。[64]另一個典型例子，則是「家庭」這一多數人類社會歷來最看重的「溫暖港灣」，在近代中國卻忽然失去了護佑其成員的社會功能，變為一個阻礙國家民族發展的負面象徵，成了革命的對象。[65]

上述兩點近代中國與古今中外不同的特異性，在五四時期都表現得很顯著。然而五四本身又可以說是近代一個相當特殊的短時段，具有與整個近代中國頗不一樣的特異性。張東蓀就曾說「五四是冷鍋裏的一個熱泡兒」。[66]這樣的雙重特異性，當予以足夠的重視。

由於中外競爭的激烈，整個近代中國的大趨勢更多是強調胡適所謂「集團主義」的。而面對晚清以來重群、重國、重社會的大潮流，新文化運動一度特別強調個人，側重個人解放，體現出一種「反動」，實在是個「例外」。同樣，整個近代的大語境是注重物質和「學要有用」，以圖富強；而五四時代的主流學人卻特別強調科學的「精神」和「方法」，明顯與晚清以來重力輕學的大潮逆流而行，也是一個顯著的「異數」。

如果從這視角看新文化運動，清季的魯迅就是開風氣者。章太炎早在1894年即寫過〈明獨〉一文，提出中國人唯有從親族團體的「小群」中解放出來成為「大獨」，才有可能達成全國的「大群」。[67]這個見解當時反響似不大，卻可能影響了他的弟子魯迅。魯迅在1907年明確提出了「非物質」和「重個人」的口號，強調要「掊物質而張靈明，任個人而排眾數」，以促邦國的興起。[68]這樣的救國方案與近代重群、重物質的大趨勢相反，卻在民初得到發揚。

64　說詳羅志田：〈士變：二十世紀上半葉中國讀書人的革命情懷〉，《新史學》，第18卷，第4期（2007年12月）。

65　關於家庭革命，參見趙妍杰：《家庭革命：清末民初讀書人的憧憬》，北京：社會科學文獻出版社，2020年。

66　東蓀：〈創造群眾〉，載《時事新報》，1921年5月29日，第1張，第1版。

67　參見王汎森：〈「群」與倫理結構的破壞〉，附錄在其《章太炎的思想》，台北：時報文化出版公司，1985年，243–248頁。

68　魯迅：〈文化偏至論〉（1907年），見《魯迅全集》，北京：人民文學出版社，1981年，第1卷，50、46頁。

　　依照前引杜亞泉的看法，五四這種特異性反與中國傳統接近，甚至可以說是中國「舊文明復活」的表徵。他並推測歐洲將來的「新文明」會接近於中國舊文明的一些特色。就西方而言，這或者有些一廂情願。若就中國言，至少魯迅曾提倡的，倒還可以說是回向傳統。五四期間一度彰顯的非物質和重個人，的確是中國文化的表徵。[69] 就此而言，新文化運動還真有點文藝復興的味道。

　　「重個人」和「非物質」在五四時期得到不同程度的發揚，但魯迅那時好像對自己曾經的主張淡然置之，尤其少見他在提倡文質方面有什麼大聲疾呼。我猜他並非忘了初衷，起初或是不想與人爭論，後來則被時代裹脅，說些與同人相協調的話。如胡適所說，一個人若成了所謂「公人」（public man），就不得不說公人應說的話，而不一定能說自己想說的話。[70]

　　我們知道魯迅當年參加文化運動是有些勉強的，他的一度沉默可能有各種原因，但其中之一或與陳寅恪的感觸相近，即因自己的一些見解異於時流，只好噤而不發。而魯迅比陳寅恪更痛苦的是，代表時流的這些人所主張的大方向又接近於他的嚮往。五四時很多人的共識，是中國這個國家必須改變，需要往一個新的方向走。魯迅即其中之一。可是不少《新青年》同人提倡的，恰是「重物質」的一面——那時在非物質方面和魯迅有共性的，是陳獨秀攻擊的杜亞泉；而在「重物質」方面與新

69　關於傳統中國文化那非物質的一面，參見羅志田：〈物質的興起：20世紀中國文化的一個傾向〉，《裂變中的傳承：20世紀前期的中國文化與學術》（修訂本），北京：中華書局，2019年，328–363頁。而傳統中國文化對個人的看重，不幸長期被誤會，當專文探討。一些非常簡約的初步看法，可參見羅志田：〈為己或為人：五四期間關於個人的認知與傳統的無意中改寫〉，《文史哲》，2019年，第5期。

70　「胡適致湯爾和」（1936年1月2日），見中國社會科學院近代史研究所中華民國史組編：《胡適來往書信選》，北京：中華書局，1979年，中冊，294頁。

文化人接近的，是於1919年重刊〈物質救國論〉的康有為。[71] 這樣一種多歧互滲的狀態，[72] 或使魯迅不能不保持沉默。

讓事情更複雜的是，《新青年》同人一面表現出「非物質」的特異性，一面又延續着「重物質」的晚清傳統，以為國家的富強應先於文化的傳承。魯迅仍是其中之一。他曾把「保存國粹」和「保存我們」列為對立的選項，強調後者才是「第一義」。[73] 這裏的「我們」，大體指與傳統文化對應的實體「中國」。幾年後他進一步指出，「目下的當務之急，是一要生存，二要溫飽，三要發展」，而無暇「保古」。[74] 所以他也在逐漸疏離於自己過去的主張。

且魯迅當時是「食君粟」的政府僱員，按舊理是不應出來說話的。這些多方面的複雜原因，或使他那時不得不欲語還休。在五四那種激情洋溢的時代，如果選擇不發聲，與時流保持距離，既可能被認為跟不上時代，更可能被視為有損於「集體的事業」。而參與眾所矚目的話題，立言者有意無意之間可能是被各種因素「召喚」的——既可以是友朋的直接呼籲，也可能是被想要澄清天下的責任心驅使，去發出時代需要的聲音。後來魯迅在朋友敦促下站出來說話，很可能就是作為一個社會的公人而代時代立言，所說的更多是「時流」以為當說的，未必是他自己心裏想說的。

71　杜亞泉在1913年連發三篇〈精神救國論〉，就是與康有為的〈物質救國論〉對着幹。見杜亞泉：〈精神救國論〉、〈精神救國論（續一）〉、〈精神救國論（續二）〉（1913年），見《杜亞泉文選》，88–112頁。

72　當時新舊之間的多歧互滲表現在很多方面，如前引梁啟超所說中國嘗試的「新制度」，在杜亞泉眼中卻是世界的「舊制度」，而與杜亞泉辯論的陳獨秀，在這方面實與杜的思路暗合。陳獨秀那時曾把西方思潮分為「古代思潮」、「近代思潮」和「最近代思潮」，以為「近代思潮是古代思潮底反動」，而最近代思潮又是「近代思潮底反動」。具體所指雖與杜亞泉不盡同，但都注意到西方出現了比既存之新更新的變化。參見陳獨秀：〈自殺論——思想變動與青年自殺〉（1920年1月），《陳獨秀著作選編》，第2卷，154–155頁。

73　魯迅：《熱風·隨感錄三十五》（1918年），見《魯迅全集》，第1卷，305–306頁。

74　魯迅：〈忽然想到〉（1925年4月），見《魯迅全集》，第3卷，44頁。

　　魯迅真正開風氣的一面，揭示出五四的整體特異性。而他與時流若即若離的一面，又展現出當時的趨新群體本各有其個性。然而，其成員態度不一的《新青年》又多被用以代表五四。這本應彰顯出五四的豐富一面，可惜我們無意中常把《新青年》群體看成思想一致的整體。一個原本複調的表徵被視為單調的，也就多少遮蔽了五四的多歧個性。

　　五四的趨新群體向為研究者看重，而魯迅更是研究中着墨較多的。如果他與五四的關聯也還有待發之覆，就提示我們，不僅五四認知的定型和簡約化可能遮蔽了那段歷史的特色，既存研究在幫助我們理解五四之時，無意中確可能增添了一些「作霧自迷」[75]的詮釋。

　　如五四常被比附為歐洲的啟蒙運動，這對認識五四是有相當推進的。然而啟蒙運動背後的一個關鍵詞是理性，五四人卻更偏於感性。如果中國的20世紀是個「動的世紀」，五四更是一個激情四射的動盪時代。那時的許多言和行，最難以理性來概括。

　　聞一多在1923年曾說出一段很像狄更斯《雙城記》裏的話：「二十世紀是個悲哀與奮興底世紀。二十世紀是黑暗的世界，但這黑暗是先導黎明的黑暗。二十世紀是死的世界，但這死是預言更生的死。這樣便是二十世紀，尤其是二十世紀底中國。」[76]對身處中國的讀書人來說，20世紀是一個充滿矛盾和緊張的時代，許多人正是在各式各樣的希望和失望伴隨下蹣跚前行，與時俱往。在那「一切都在搖盪不定之中」的時代，一個人要是理性十足，怕比別人更覺難以適應，也未必為他人所認可。

　　例如我們都知道《新青年》之前特別有影響也有代表性的刊物是《甲寅》。羅家倫曾說，《甲寅》「可謂集『邏輯文學』的大成」，是民初幾年

75　熊十力語，見熊十力：《讀經示要》(1944年)，《熊十力全集》，武漢：湖北教育出版社，2001年，第3卷，840、853、874頁。

76　聞一多：〈《女神》之時代精神〉(1923年6月)，見《聞一多全集》，第2卷，114–115頁。

「一種代表時代精神的雜誌」。[77]胡適同意這個看法，但也指出，《甲寅》那種引經據典的謹嚴文字，要十分用氣力才讀得懂，故讀者「只限於極少數的人」，在當日「實在沒有多大的效果」。[78]這一論斷甚可思考。若是由於文章太偏重邏輯而難以吸引讀者，就意味着羅家倫所說的「時代精神」正在轉變——「邏輯文學」的不受歡迎表明，理性未必能代表變動中的時代精神，一個「激情時代」已經來臨。

杜亞泉當時就觀察到了這種時代的轉變，他曾以「知識」對應「情感」，將五四時人分為四類，一是「知識明敏、感情熱烈」者，他們「常為革新之魁」；二是「知識蒙昧、情感冷淡」者，則「常為守舊之侶」；還有「知識明敏、情感冷淡」者，貌似守舊，實則穩健，「為革新之中堅」。而「知識蒙昧、感情熱烈」者，則屬於「所謂暴亂派」。[79]杜亞泉的本意是探討新舊分野——第一類或指新文化人，第三類則近於夫子自道，並暗示兩類人其實傾向接近，卻點出了「知識」和「情感」這兩種相互交織的時代亮色。

很多年後，張灝先生提出，五四有多重兩歧性，其中一個兩歧性，就是理性主義與浪漫主義的對應：

> 就思想而言，五四實在是一個矛盾的時代：表面上它是一個強調科學，推崇理性的時代，而實際上它卻是一個熱血沸騰、情緒激盪的時代；表面上五四是以西方啟蒙運動重知主義為楷模，而骨子裏它卻帶有強烈的浪漫主義色彩。[80]

77 羅家倫：〈近代中國文學思想的變遷〉，《新潮》，第2卷，第5號（1920年9月），上海：上海書店，1986年影印本，872–873頁。

78 胡適：〈五十年來中國之文學〉（1922年），見《胡適全集》，合肥：安徽教育出版社，2003年，第2卷，308頁。

79 杜亞泉：〈再論新舊思想之衝突〉（1916年），見《杜亞泉文選》，211–212頁。

80 本段與下段張灝：〈五四運動的批判與肯定〉、〈重訪五四：論五四思想的兩歧性〉，見《幽暗意識與民主傳統》，182–183、200–206頁。張先生已說明，關於浪漫一面，他主要受到李歐梵先生著述的影響。

這樣的兩面大體近於杜亞泉所說的「知識」和「情感」。我們過去的研究，或許更重視張先生所說的「表面」現象，而相對忽視「骨子裏」的本色，遂和五四人一樣迴避了「時代問題的複雜性」。一般情形下，「骨子裏」的面相當然勝於「表面上」的，所以五四應是一個「情感」超過「知識」的時代。[81] 而「激情時代」的開始，又多是由於人們對現狀的不滿和不高興，於是出現了浪漫的一種特殊表現，即一些時人注意到的「漫罵」。

還在學生運動前夕，在美國留學的張奚若就給胡適寫信說：《新青年》中人說話「有道理與無道理參半，因他們說話好持一種挑戰的態度——漫罵更無論了」。結果是「人家看了只記着無道理的，而忘卻有道理的」。[82] 其實何止《新青年》，那時許多立言者都有出言不遜之風，不過程度不同而已。其中一個顯例，就是張東蓀和《新潮》的「對罵」。

當年張東蓀曾稱讚學生輩辦的《新潮》超過他們老師辦的《新青年》，說《新潮》「的作者個個都有誠實的態度與研究的精神，不像《新青年》一味亂罵。蓋罵人不過表現出一種「淺薄心理」，可以稱為「自慢的輕狂」。[83] 結果自討沒趣，主持《新潮》的傅斯年引了一段張東蓀的話，以為「似是而非，不通的很」，並暗示張有些「鄉愿態度」。[84] 張東蓀馬上回應說這是和《新青年》一樣的「罵人派」，指責他們具有「帝王主義的人性觀，也可以名為私塾的人性觀」。[85] 按張東蓀先前曾說「罵人是人人都會的。你罵人，人也會罵你，那罵人的結果不過教人還罵就罷了」，特別

81　當然也有不同的看法，如李長之從文藝的視角觀察，就認為「五四時代」是「理智主義」的，而「浪漫主義是這一個時代所不能容的」。故「唯一標榜浪漫主義的創造社，不久也就從文學到革命文學」，連「自己也不承認」浪漫主義了。李長之：〈五四運動之文化的意義及其評價〉，載《大公報》，1942年5月3日，第2版。

82　「張奚若致胡適」，1919年3月13日，見《胡適來往書信選》，上冊，31頁。

83　東蓀：〈《新潮》雜評〉，載《時事新報》，1919年1月21日，第1張，第2版。

84　孟真：〈破壞〉，《新潮》，第1卷，第2號（1919年2月），349–350頁。

85　東蓀：〈破壞與建設是一不是二〉，載《時事新報》，1919年2月6日，第1張，第1版。

指出這很不可取。[86]結果自己因為被「罵」生氣，[87]果然「還罵」，[88]或也未能免除「自慢的輕狂」。

我必須指出，那是一個斯文尚未掃地的時代。與後來特別是今日相比，那時的讀書人足以稱得上文質彬彬。他們說的「漫罵」，其實不過帶有胡適所謂「正義的火氣」，[89]態度顯得咄咄逼人，在批評對方時出語有些不敬，斥責不加掩飾，時或語含輕蔑，甚或出以「惡聲」。以今天的標準看，所謂「不通」和「私塾」一類，幾乎算不上「罵」，即使算罵也遠不到「漫」的程度。但我們不能以後之標準看待昔人，他們互相都認為「罵」了，就表明彼此都感覺到對方的情緒過激，已經逾越了平常的言說準則。簡言之，依照當時的對話標準，言說雙方都不那麼理性，而更帶感性。

不過，也就在十多年前的清末，梁啟超恰靠「筆鋒常帶情感」能動人而眾皆欣賞。可知這不純粹是「情感」的問題，而是因為對現狀的不滿和不爽的人越來越多，時人的情感明顯「惡化」。身在國外的張奚若或許還存留着往昔的君子之風，所以看不慣，卻也可能是他的觀感「落後於時代」了。而他那句「人家看了只記着無道理的，而忘卻有道理的」很有提示意義，揭示出當日的時代風向 ——

> 所謂「人家」，應即是今日所謂的受眾。他們容易記着的，當然是更覺親近的。可知廣大受眾的態度，明顯偏向於主動挑戰甚或漫罵的「無道理」一邊。實際也是這樣，在那時杜亞泉與陳獨秀的論

86　東蓀：〈《新潮》雜評〉。

87　張東蓀的文章結尾說，「如不我信，記者敢以頭顱為保證」，顯然是動氣了。東蓀：〈破壞與建設是一不是二〉。

88　傅斯年的再回應，便一再說張東蓀罵人，既貶低了報刊身價，也有傷個人身格，並特別聲明自己不是「還罵」。見傅斯年：〈答《時事新報》記者〉，《新潮》，第1卷，第3號（1919年3月），523–529頁。

89　「胡適致蘇雪林」（1961年10月10日），引自胡頌平編：《胡適之先生年譜長編初稿》，台北：聯經出版公司，1990年校訂版，第10冊，3768–3769頁。

戰中，陳獨秀的風格顯然更加咄咄逼人，而試圖表現「情感冷淡」的杜亞泉卻被商務印書館解除了《東方雜誌》主編職務。商務這樣做，當然參考了決定其生意的讀者態度，故此結局很能表現「謾罵」反易得同情的時風。

上面陳述的僅是小例子，卻很能反映那個時代的非理性特色。一方面，五四有着與整個近代大趨勢不同的特異性；另一方面，那是一個充滿了矛盾、衝突和激情的時代。五四本身，也特別需要作為一個同樣感性的豐富歷史活動來理解和認識。這樣一種雙重特性的存在，增強了認識五四的難度，卻也指明了努力的方向。

或可以說，五四的整體特異性是全球範圍內綱常解紐的一個局部結果。而在一個充滿了矛盾、衝突和激情的時代，一旦個體開始思想解放，又使得整體進一步呈現特異性。在這裏，宏觀和微觀是一種互相激發、相互促進的關係。不深入理解中歐古今皆難維持現狀的大背景，很難理解五四個體的感性和浪漫；反之，不充分體會當時個人思想解放的程度，也不足以認識整體的特異性。所以對於複調的五四，不妨循「非碎無以立通」的取向，進行複調的研究。[90]

六、五四需要複調的研究

針對五四當時的新舊之爭，張東蓀曾提出：「現在流行的新思想是單調的，我們應當將他化為複調的。」[91]他對那時新思想的觀察或有失片面，但他提出的轉換取向，恰是五四研究需要參考的。如方德萬（Hans

90　此承《近代史研究》的薛剛老師提示，謹致謝忱。「非碎無以立通」是錢穆的話，出自他為《古史辨》第 4 冊寫的〈序言〉，參見羅志田：〈非碎無以立通：簡論以碎片為基礎的史學〉，《近代史研究》，2012 年，第 4 期。

91　東蓀：〈我輩對於新思想之態度〉，載《時事新報》，1919 年 4 月 7 日，第 3 張，第 3 版。

van de Ven) 所説,「在五四運動這個時刻,沒有人能完全掌控事件。各種力量以不可預測的方式互相影響」,可能讓「局勢發展為一種無人想見到的結局」。所以他主張最好還是以見之於行事的方式「還原某些行動者和涉及其中的各方勢力複雜、曖昧和常常互相矛盾的動機」,以避免五四的「物化」(reification)。[92]

史學本是一個非常開放的學科,治史取徑尤應趨向多元,而不是畫地為牢,株守既定的藩籬。《淮南子‧泛論訓》所説的「東面而望,不見西牆;南面而視,不睹北方;唯無所向者,則無所不通」一段,最足揭示單一思路和視角的弊端,也最能喻解複調的研究可能帶來多麼豐碩的收穫。

我們可以説,過渡時代的中國,就是一個複調的時空。以五四時期那種「古今中外」的氛圍,思想不論新舊,都決不會單調。特定的「主義」或思想傾向,可能影響具體人物的歷史選擇,卻不一定足以解釋其言動。凡事有主必有從,有左必有右。不論我們處理的是主是從、是左是右,都不宜望東不見西,視南不睹北,當為對應一方留有餘地。特別需要注意那些本來存在而被我們視而不見的面相,勿以不知為不有。

從研究對象的選擇到材料的使用都盡量讓歷史的失語者發聲,本是民國新史學一個代表性的取向。林紓在五四時攻擊新文化人幾乎要讓引車賣漿者流進大學教書,雖稍誇張,大體也反映出他們的傾向性。如鄭振鐸所言,民眾「表現着另一個社會,另一種人生,另一方面的中國」。[93]當然,新文化人為了撥亂反正,確實帶有故意矯枉過正的特

---

92 方德萬著、林立偉譯:〈現實政治中的五四運動〉,《二十一世紀》,2019年,6月號。

93 鄭振鐸:《中國俗文學史》(《鄭振鐸全集》,第7卷),石家莊:花山文藝出版社,1998年,14頁。

點。[94]胡適專從文學史上旁行斜出的材料去構建文學正統，[95]就是一個典型體現。不過，這樣的努力仍可說是複調的一個表現，因為他們注重並強調了過去視而不見的一面。

新史學的這個取向，不幸在五四研究中較少得到體現。與一般近代中國研究相比，五四研究更多受政治史和思想史傾向的影響，這樣一種未必是有意的人為選擇，在確立後影響相當大。儘管史學的社會科學化長期得到提倡，社會史也一向被視為新史學的正確方向，真正從社會史角度研究五四的，卻相當少見。把本來豐富多彩的五四表現得異常簡明扼要，的確是我們五四研究的一個特色，頗有些單調的意味。

且不說新文化運動的對立面和協同者，就是《新青年》群體，真正受到關注的人就那麼幾位，還多偏重特定的方面。而學生運動的領導者，不僅他們在運動中的具體作為仍待釐清，甚至其整體形象也尚顯模糊。個體的人如此，群體的人則往往以抽象整體的面貌出現，他們當下的喜怒哀樂皆少見具體的描述，遑論其日常生活(運動前、運動中和運動後一日三餐與平日的異同，可以說明很多)。

而個體和群體人的喜怒哀樂，更是一個動盪時代不可或缺的要項。瞿秋白說得好，「欲瞭解一國的社會生活，決不能單憑幾條法律幾部法令，而要看得見那一社會的心靈」。[96]

一方面，言為心聲，社會的心靈當然需要從人的具體言行(行為也是言說)去看。心聲的表現又是多面的，有時直白，有時婉轉。從所欲言到所言，以及隱伏其後的所以言，在在不能忽視。正如當年參與時流

94　魯迅曾說「要上下四方尋求，得到一種最黑，最黑，最黑的咒文，先來詛咒一切反對白話，妨害白話者」。這樣一種他所謂「最惡的心」，就是矯枉過正心態的一個顯著表現。見魯迅：〈二十四孝圖〉，《魯迅全集》，第2卷，251頁。

95　胡適：《白話文學史》(上卷)，見《胡適全集》，第11卷，216–217頁。

96　瞿秋白：《赤都心史·引言》(1923年)，見《瞿秋白文集(文學編)》，北京：人民文學出版社，1985年，第1卷，115頁。

可能是被各種因素「召喚」，很多人的言行，往往也都有不得不如是的一面，不宜僅據「字面義」去認識，而要挖掘他們所以言所以行的初衷，然後考察其實際的言行。

如魯迅與文學的關係，就頗具詭論意味。從創作層面看，魯迅是新文學的傑出代表，當年新小說的成績遠遠超過新詩，他有着不可磨滅的貢獻。而在整理國故的風潮下，後來新文學走向了考證，被一些人視為游離出思想運動的逃遁。魯迅在心裏可能更傾向於非考證的文學，但他又陰差陽錯地做起了近於考證的文學史。結果，一位以創作見長的小說家卻與文學創作分道揚鑣，後來竟寫起了雜文，恐怕也有些不得已而為之，不全是言為心聲。我的感覺，魯迅從創作到文學史再到雜文的歷程，是不是有意為之，還大可斟酌。

又如梁啟超等人的「新文化運動」，據舒新城的觀察，他們「也想把握着一些青年，以期造成一種新的勢力」，實際也曾「鼓舞着一般青年」。但「他們對於新文化之努力，不完全是由於內心苦悶所發出的呼號，而有點『因緣時會』，所以在言論上是附和的，在行為上則不大敢為先驅」。[97] 這個分析似不無所見。梁啟超等人當然也有其「內心苦悶」，惟他們的「苦悶」或不與許多青年同調，故其努力很難搔着青年的癢處，不容易得到廣大青年的呼應。

換言之，可能就是在喜怒哀樂層面，梁啟超等人與年輕人產生了距離。而青年的「煩悶」是五四時的一個重要現象 (並延續到五四後很長時期)，是否能與青年「同心同德」，或許是對那些想要「把握」青年之人的一個重要考驗。也算梁啟超群體一員的張東蓀曾注意到青年的「煩悶」，並指出「一部分人專為反對之言論，以掃青年之興趣。此輩之言論雖不見於出版物，而交際場中固屢屢聞之」。[98]

97　舒新城：《舒新城自述》，合肥：安徽文藝出版社，2013年，198頁。

98　東蓀：〈青年之悲觀〉，載《時事新報》，1921年5月5日，第1張，第1版。

這是否影響到他們「把握」青年的努力還需探討，但在研究方法上是一個重要的提醒。所見、所聞和所傳聞所反映的精確程度可以不同，卻各有其自身的重要性。後之研究者不能不多看立言者的言說及相關出版物，同時也須盡量瞭解當時當地交際場中傳播的言說，儘管這不得不多依靠間接的史料和史料的間接表述。蓋即使道聽途說，亦不妨時有所得。如魯迅在北伐時瞭解到，傅斯年「近來頗罵適之，不知何故。據流言，則胡於他先有不敬之語云（謂傅所學之名目甚多，而一無所成）」。[99] 這一信息便主要靠道聽途說，當日不是與胡適和傅斯年親近的人不能知此，非細心如魯迅者不易得出這樣綜合流言的觀察。

另一方面，若不教亦教，則不言亦言。仍以魯迅為例，他並非總是隨順時流，有時是否發聲以及如何發聲，也是有選擇的。例如很多新文化人預流的科學與人生觀論戰，他就沒參加（此承王德威教授提示）。雖然很難確定這是有意的迴避，卻也不能排除。為什麼魯迅總是與（有特定走向的）時流保持某種若即若離的關聯，似還可以繼續探討。尤其是五四後期（1923年至北伐）的思想史，如果側重魯迅及其活動圈，展現出來的恐怕會是另一種圖景。

實際上，就是那時魯迅眼裏和心裏的「中國」，也和很多新文化人的認知有所不同。當時多數新文化人（及其追隨者）所思考和討論的「中國」，往往夾雜着以尚未成氣候的城市為基礎的想像，而魯迅則是少數關注鄉土中國的五四人。他筆下的中國，更多建立在鄉村和小城鎮的基礎之上（也包括城市的中國，相對更少）。如果以魯迅所見所述來再現當年的「中國」，恐怕會是很不一樣的圖景。蓋不僅民眾表現着「另一方面的中國」，長期受到忽視的鄉鎮亦然。

茅盾就認為，收進《吶喊》的魯迅小說，表現的是「老中國的暗陬的鄉村，以及生活在這些暗陬的老中國的兒女們。但是沒有都市，沒有都

99　「魯迅致章廷謙」（1927年6月23日），見《魯迅全集》，第11卷，550頁。

市中青年們的心的跳動」，因而也就「沒曾反映出彈奏着『五四』的基調的都市人生」，僅在《彷徨》中可以找到「彈奏着『五四』的基調的都市的青年知識分子生活的描寫」的兩個例子（即〈幸福的家庭〉和〈傷逝〉）。故《吶喊》不過在「攻擊傳統思想」方面「表現了『五四』的精神」，卻「並沒反映出『五四』當時及以後的刻刻在轉變着的人心」，因而也未能「反映這個偉大時代」。[100]

當時許多人或許就分享着類似的見解。所謂「五四的基調」，可能真由那時的都市知識青年在彈奏；但那個「偉大時代」的中國，不能不包括遠更遼闊的鄉村。既然未莊切葱的方式都和城裏不一樣，則阿Q在多大程度上可以代表「中國人」，是需要斟酌和界定的。而魯迅對閏土的感喟，多少表現出他對「城市化」中國的幾分不滿。我們時常概括性地引述魯迅對中國和中國人的見解，卻忽略了那個「中國」未必是當時人以及我們自己心目中的「中國」。倘若把魯迅對鄉鎮中國人的批判（以及不多的讚揚）看作是針對城裏人的，而形成郢書燕說式的領會，這誤會可不淺鮮。[101]

儘管魯迅備受關注，他對鄉土中國的矚目並未引起多少注意，也很少影響到我們的研究。包括我自己在內的既存五四研究，有着與整體近代中國研究同樣的特色，就是關注和書寫的基本都是城裏人的經歷，而對廣大的鄉鎮視而少見，不管那裏是否有類似的活動發生。對鄉鎮那「另一方面的中國」的長期忽視，是我們史學從業者的責任，必須予以

100 茅盾：〈讀《倪煥之》〉（1929年5月），見《茅盾全集》，北京：人民文學出版社，1991年，第19卷（《中國文論二集》），197–199頁。

101 我自己少時多受魯迅文字的影響，也一直準備寫一篇五四與魯迅的文章，卻始終難產。因為魯迅心細如髮，為人既敞亮又有些深藏不露。他的所思所行，頗費思量。上面多次提到魯迅，所述雖不無佐證，也不免帶些猜想意味。惟關於魯迅的既存研究甚多，若我的猜想已被他人述及，請恕我孤陋寡聞，自當以他人更有理據的論述為準。

糾正。至少我們當讓歷史本身的邏輯彰顯自己的力量，而不是基於我們的偏向而構建出一個充滿選擇性的歷史。

其實傅斯年很早就注意到，中國當時不僅有嚴重的城鄉疏離，就是「大城市的一般社會」也以「互不接觸」為特徵：

> 職業一有不同，生活上便生差異，思想上必不齊一。在一個大城裏，異樣的社會，很少社交的關係。至於聯合起來，而營社會的共同生活，造出一個團結的組織，又就着這組織活動去，更是談不到的。[102]

這一觀察寫出而沒有發表，但認識相當深刻。傅先生之所見，既與認為中國沒有「社會」、不善「組織」的眾多感嘆相應，卻也指出了即使在那時的大城市裏，各種群體之間仍以相互疏離為表徵。很多既存研究都強調當時的社會轉變導致不少人，特別是年輕人，開始走出封閉的家門而進入互聯互動的社會，與傅斯年的觀察顯然不一樣。

毋庸置疑，民初中國人的生活方式出現了帶根本性的典範轉移。梁漱溟在1930年描述説：三十年前的北京「完全是一個極靜的社會，大家都靜守在家裏」。而「今日的人，男男女女整天在街上跑」。以前沒有後來那樣的學校，也沒有公園、公共圖書館，「各人在各人家中求學讀書，各人在家中休息玩樂，各人在家中作一切事。一切公共組織，均不發達，大家簡直都不上街，婦女更不上街」。[103] 簡言之，普通人的生活中心從家中移到了街上，出現了名副其實的「社會生活」。

這樣一種生活方式的改變，的確可以用翻天覆地來形容。認識到並表現出這樣的轉變是非常必要的，但也不能忘記北京是中國的首都。儘管類似轉變在少數口岸城市或更早發生，在一般的縣城以及廣大的鄉

102　傅斯年：〈時代與曙光與危機〉，台北史語所藏傅斯年檔案。

103　〈形成民主勢力的基礎條件·梁漱溟昨在學術講演會講演〉，載《新晨報》（北平），1930年8月18日，第1張，第3版。

村，這樣的轉變可能剛剛開始，甚或尚未開始。同時更要注意傅斯年對大城市生活的反向觀察，即那些已經上街的人，可能也還生活在相對固定也狹小的圈子裏。聯繫到當時新村運動和互助團體的一度風行（嚮往正提示出缺失的存在），我們是不是把人們的憧憬當成了時代的現狀？

一方面，那時中國的社會已經不是孤立的，與世界各國發生了密切的聯繫。另一方面，城市中普通人的生活也變得不「孤立」而更社會了，一些人（如前引許德珩）因此提出生活規矩也要改變。然而究竟是生活變了，還是某些人的生活觀念變了，仍需探求。能夠走出家門的是哪些人？實際走出家門的又是哪些人？想要修改生活規矩的言說是針對他們，還是針對所謂蚩蚩之氓，更有必要辨析。那些已發生和進行中的變化固然是事實，然一味言變或顯單調，若複調則當表述出對變化嚮往和擔憂的雙重現狀，以及同時存在甚或更普遍的不變一面。

城鄉疏離更是非常重要的背景。四民社會的解體導致了生活本身及生活觀念的變化，卻也有一個不短的過程。走出家庭的喧嘩正發生於五四時期，如果廣大鄉村的蚩蚩之氓較少被五四觸動，則五四的劃時代影響就要打個折扣。反過來，我們也不能因為影響沒有這麼廣泛，就小視五四對時代的影響。畢竟中國一向是個「分工」的社會，與朝廷相忘於江湖的蚩蚩之氓，一直尊重和承認讀書人的引導作用。而生活觀念最先變化的，正是後者。

我們若真以「民史」為目標，就要以「見之於行事」的方式更多展現民眾的生活。如顧頡剛所說，「民眾的東西一向為士大夫所壓伏，所以不去尋時，是『無蹤無影』」；但若有心搜求，所得便可能「無窮無盡」。[104] 民眾的生活展現出來了，總欲化民成俗的士大夫與他們的互動，包括當時和後來是否「壓伏」他們，怎樣「壓伏」他們，也就昭然若揭了。

---

104 顧頡剛：〈孟姜女故事研究集自敘〉，《民俗》，第1期（1928年3月21日），15–16頁。

　　民眾如此，鄉鎮亦然。具體到廣狹兩義的五四，在某種程度上，縣城以下的運動可能更多是我們所說的愛國主義運動，而較大城市裏的或更偏於趨新的文化運動。具體是否如此，尚待有心的搜求和表現。我們不必非在小鎮鄉村中去尋找「運動」的痕跡不可，只要展現他們的日常生活，運動與否、運動多少與怎樣運動，自然會浮現出來，不求而自得。

　　對五四本身及其在歷史上的意義，我們的認識和理解可能還要經歷一個很長的過程。複調的五四需要複調的研究，以及複調的表述。述史如史，文如其事。應當讓讀者看到一個複調的五四──史事本身是豐富的，寫出的故事就不必太簡約；對一個激情四射的年代，研究者自己可以冷靜處之，但表述出的五四卻不妨顯得更感性。我們展現出的五四越有現場感，或許就越接近那個捉摸不定的歷史真相。

第四章

本事與言説的糾纏：再論複調的五四[*]

　　2019年是五四學生運動一百週年，從學界到媒體，都有不少的關注。[1]我自己比較成形的討論，是關於五四「多重複調」的探討。[2]而在「複調的五四」中，無論是本事還是言説，都有一個在發展中成型的進程。其間可見兩個顯著的特點，一是運動就像一曲自塑旋律的交響樂，發起就有些突如其來，參與也多在不知不覺之中；二是運動的記憶幾乎與發生同步，形成本事與言説的持續糾纏，使五四的意義不能脫離「言説」而僅以其「本事」存在。

　　甚至可以說，五四就是一個本事與言説糾纏的運動，一直處於發展之中──以本事言，尚未完全定型就到了下限，[3]被置入「歷史」了；以言

[*]　本文使用的不少材料，承趙妍杰(中國社科院近代史研究所)、周月峰(華中師範大學近代史研究所)和梁心(廈門大學歷史系)三位協助搜集，梁心、李欣然(清華大學歷史學系)和周月峰並對初稿提出了非常好的修改建議，特此致謝！

[1]　五四向有廣狹兩義，而今人說五四，多半是廣義的。如我們言五四必稱科學與民主，其實賽先生和德先生都是狹義五四之前的口號。本文除特別註明外，所言均指廣義的五四。

[2]　參見本書〈多重的複調：五四的特異性與多歧性〉。

[3]　廣義五四的下限，從1923年、1925年到北伐，各說不一。我自己過去也有些游移，現在更傾向於以北伐為下限，因為那真是一個「行動時代」的表徵，不論口手的言説，都不得不退居二線了。

説論，則始終未曾定於一尊，即使到了有一個大致眾皆認可的看法時，不同的認知仍在出現，迄今亦然。[4] 不僅本事與言説各自如此，就是兩者的糾纏，也同樣處於發展的態勢中。再加上五四時代那種公言與私言並存的複調，以及賡續記憶中不斷加上新意義的異辭，在在表明五四就是一個構建的進程；其層累的記憶和塑造，還有「積」與「填」的區分。

簡言之，五四是在發展中逐漸成型，雖成型而仍在發展，而且它在發展中也不那麼自主，所以五四並不是一個自足的體系。我們需要接受、熟悉、理解一個並不自足的五四，進而表述出這樣的五四。下面的探討，更多偏向言説一面的「講道理」（也僅點到為止），至於「擺事實」的部分，當以另文鋪陳。

一、引言：五四的「積」與「填」

今日我們面對的五四，是由多因素多面相逐漸構成的。借鑒安德森（Benedict Anderson）關於想像就是一個構建進程的思路，[5] 五四可以說是一個典型的「想像的共同體」，不過更多是歷時性的而已。辛亥鼎革後，國人對新的共和充滿了期待，然而從民國二年開始，不滿情緒就逐漸累積。就此而言，五四學生運動是一個蓄勢待發而被瞬間點燃的運動，其「一觸即發」的特色，可謂名副其實。關於在「發展中成型的五四」，當另文探討，下面僅非常簡略地陳述這一構建過程的一些特點。

---

4   有意思的是，對一個可選擇的多面五四，很多人是大體接受而相安無事的（一個最典型的例子就是每逢狹義五四的週年，媒體和學界必有一系列的紀念活動，然而這些紀念又多半説的是廣義的五四），而另一些人卻總欲有個固定的認知，兩者形成不小的反差。

5   安德森著、吳睿人譯：《想像的共同體：民族主義的起源與散佈》，上海：上海人民出版社，2003年。

　　五四的構建更多是無意之中的，卻也不排除有意的。張東蓀在學生運動的當月就指出：

> （五四精神）有二個根本要素，一是縱的持久性，一個是橫的普遍性。持久性是關於時間的，故是縱的；擴張性是關於空間的，故是橫的。縱的持久性不是沒有底止，乃是達到要求而止；橫的擴張性也不是沒有界限，乃是普遍全國而止。[6]

　　此持久和擴張「交相為用」，它們的一個共性即發展。張東蓀自己曾積極參加了五四在上海的活動，[7]他的看法最能提示當事人具有的發展意識。具體言，橫的擴張性「以北京學生為起點，擴張到全國的學界，再擴張到學界以外的所有一切國民」。而縱的持久性「不指一部分而言」，須得人人都有，其實也是一種擴張。「持久是基於個人的決心，擴張是出於群眾的模仿」。相較而言，「群眾的模仿比較的困難。所以我願學界熱心的人對於橫的擴張宜特別去用力」。其縱橫兼具的擴張意圖是很明顯的，這樣一種意識層面的發展意圖，似可以說是有意的構建。

　　仍在學生運動當年，沈仲九已言及一般國民因這運動「於無形中得了許多新教訓，養成了許多新精神」。這「無形中」三字是需要圈點的，特別能體現一種非目的論的自然特色。同時他也提出，應「保守這新教訓，發展這新精神」，使五四運動「日益發達」，成為「『中華民國』的『新運動』的開幕」。[8]如果說沈仲九的發展觀還是介於有意無意之間，李大釗在1921年的一篇「紀念」文章中則明白提出，不要把五四運動紀念日

6　本段與下段，東蓀：〈「五四」精神之縱的持久性與橫的擴張性〉，載《時事新報》，1919年5月27日，第1張，第1版。

7　參見周月峰：〈五四運動與張東蓀「總解決」方案的形成〉，《華中師範大學學報》，2019年，第1期。

8　仲九：〈五四運動的回顧〉，《建設》，第1卷，第3號（1919年10月），610頁（卷頁）。

「僅僅看做一個狹義的愛國運動的紀念日，我更盼望從今以後，每年在這一天舉行紀念的時候，都加上些新意義」。[9]

他們三位所說的「發展」不甚同：張東蓀主張的發展是要讓五四精神在時間和空間上發展其影響，卻不必改變精神的內涵；沈仲九的發展已經涵括了精神的轉變，而李大釗則明言要給五四「加上些新意義」，亦即要改變五四精神本身。三人的共同點是都希望五四精神不止於當下，隨時代的前進而發展。

這樣的思路提示了一個從史學角度考察五四的取向。從1919年以後，每年五月四日差不多都會有一些關於五四的紀念文字發表，而我們關於五四的歷史記憶也果然隨時代的前進而變化，不斷「加上些新意義」——在一些面相因不斷「再生」而得到加強的同時，也有一些面相被淡忘；但不論具體內容是增是減，五四的「意義」本身同樣被「更新」了。

五四的本事及關於五四的言說（包括歷史上形成的和今人發展中的論述），或多或少都處在不斷發展的變化之中。巴赫金認為，在陀思妥耶夫斯基的世界中，意識「不是作為形成發展過程寫的」，因此他也就「沒有歷史地寫」，故不能「集中寫它內在的邏輯發展」。[10]循此思路，如果是歷史地寫一種意識或一個事件，即作為形成發展的過程寫，就要展現其內在的邏輯發展。五四變化的史事，需要發展的理解。似也只有能夠展現其內在邏輯的敘述，才可獲得發展的理解。

昔張東蓀論局部和全體的關係說，「集合局部而成全體」的方式有兩種，「一種是『積』，一種是『填』」。兩者有很大的不同，「積是沒有格式而只從一小地方堆積起來的，填是先有一個格式而後把他填滿

9　李大釗：〈中國學生界的May Day〉，載《晨報》，1921年5月4日，第3版。

10　巴赫金（Михаил Михайлович Бахтин）：〈陀思妥耶夫斯基詩學問題〉，見白春仁、顧亞鈴譯：《巴赫金全集》，石家莊：河北教育出版社，2009年，第5卷，42頁。

了」。[11] 從這個視角看，後人研究中的五四，越來越像是「填」出來的；而實際的五四（包括本事與言説），恐怕更多是「積」起來的。

這樣的堆積既可以是水到渠成的，也可能是某種倒放電影式的人為堆積。我們都知道魯迅很早就不認可「新文化運動」的説法，他認為這一運動原本沒有那麼大的目標，是因為看上去成功而被他人「擴大」，堆積出更廣闊的目標。[12] 如果可以確認廣義的五四就是以五四為標識的新文化運動，[13] 魯迅所見提示出，後來成型的「五四運動」不僅整體化地表述了此前相關的各種新運動，也在此進程中發展壯大了自己，使其含義越來越「廣闊」。

或許可以説，五四的形象或關於五四的認知，有一個從「積」到「填」的發展趨向。在此構建進程中，互不相同的「積」與「填」卻也交相為用，層累地形塑成一個涵容寬廣的五四。如果説有意的「填」更多是後起的，相對自然的「積」則從一開始就在作為，順其自然地形成一種多旋律的複調。

二、無意中自塑旋律的樂章

張愛玲曾把大規模的交響樂比作五四運動，以強調其聲勢浩大（詳後）。其中個人的聲音就像「在初睡醒的時候聽見人向你説話，不大知道是自己説的還是人家説的」。她知道交響樂是有意編排的，需要把各種樂器「一一安排佈置，四下裏埋伏起來，此起彼應」，就像一種「有計

---

11 東蓀：〈我對於改良中國文字的意見〉，載《時事新報》，1919年12月10日，第3張，第3版。

12 魯迅：《熱風・題記》（1925年11月）、〈寫在《墳》後面〉（1926年11月），見《魯迅全集》，第1卷，292、285頁。這一點多年前承劉桂生先生提示，我在〈歷史創造者對歷史的再創造：修改「五四」歷史記憶的一次嘗試〉（《四川大學學報》，2000年，5期）中已略作説明。

13 參見本書〈體相與個性：以五四為標識的新文化運動〉。

劃的陰謀」，使人畏懼。而中國的鑼鼓雖然喧嘩吵鬧，卻是「不問情由，
劈頭劈腦打下來的」，反讓她喜歡。兩者的差別，就在於前者「格律的
成分過多」，而後者更為「自然」。[14]

這裏當然有「故意說」的成分，實則中國的鑼鼓也自有其編排，並
非「不問情由」就來；惟其「格律」的含量，確與交響樂有差。而鑼鼓的
喧鬧程度，同樣可以把個體樂器的聲音遮蔽到「不知道是自己說的還是
人家說的」狀態。這一兩者共有的效果，凸顯出五四運動的一個重要特
點，即它本不是一個謀定而後動的運動，而是在發展中成型。

從文學革命到後來的學生運動，起初都不是一個有意、自主的運
動，其主體意識是在運動中逐漸確立的。就是運動的倡議者，在發起時
也未必是當作一個「運動」來推進的。而很多人的參與，也常在不知不
覺或半知半覺之中。也因此，不論是廣義還是狹義的五四運動，往往呈
現出一種「無序」的發展態勢。

如關於文學革命的發生，陳獨秀曾提出一個看法，「中國近來產業
發達，人口集中，白話文完全是應這個需要而發生而存在的」。對此胡
適不同意，自己構建了一個文學革命偶然源起於美國留學生的說法。[15]
兩說的對錯且不論，卻都指出了一個重要事實，即文學革命起初並非一
個有明確意向的運動，而是在運動中逐漸確立出某種共性。文學革命如
此，整體的新文化運動（即廣義的五四）亦然。

就五四學生運動的本事言，當天參與遊行的田炯錦後來說：「五月
四日當天遊行的人，誰也不曾想到他們的行動會被稱為『五四運動』。」[16]

---

14 張愛玲：〈談音樂〉(1944年)，見王偉華編：《張愛玲全集》，海口：海南出版
　　社，1995年，第1卷，215–216頁。此承趙妍杰老師提示。
15 說詳羅志田：《再造文明之夢：胡適傳》，北京：社會科學文獻出版社，2015
　　年，131–150頁。
16 田炯錦：〈「五四」的回憶與平議〉，《傳記文學》(台北)，第15卷，第3期(1969
　　年9月)，44頁。

這是一個重要的提醒，後人心目中可能有一個大致完型的五四，實則五四是一個在發展中完型的運動，很多當事人很可能是相對隨意地參加了當時的活動，並未意識到他們正在創造歷史。且對身與運動的當事人來說，參與也並不意味着就知曉定義，或先知曉定義然後參與；他們其實各想不一，基於各種不同的因緣（可能是偶然地）就參加進來了。

據瞿秋白次年的觀察，五四、六三等「種種運動」，如果「從事實上、表面上看去，的的確確是從個人的畢業運動、飯碗運動裏解放出來，發展到社會的某種運動」去的。儘管「這些參加運動的人都有一個共同的目標」（他認為這個目標就是「新社會」），「也許他們自己並不知道，並沒有一定的意志；也許他們自己知道，可是不能具體的說出來」。就是立於觀察角度的瞿秋白自己，對這些運動也不過「略略可以看得出」一些端倪。[17]

與田、瞿二人相類的當下感受和觀察，不時可見。揭示出學生運動的參與者多半是朦朦朧朧而半知半覺的。當然，不少參與者可能由半知半覺而逐步自覺。且因有心的觀察者多少可以看出一些頭緒，對五四的認知也漸由朦朧而清晰。但有一點是確定的，即這種認知始終沒有定於一尊，達到真正眾皆認可的程度。即使在一般認知確立後，仍有各種不同的見解存在。簡言之，不論廣義狹義，五四都不是一個可成一統的自足運動，而是先後不一的「我們」用來表述那個有意無意間形成的「事件」。

胡適後來在討論五四學生運動對新文學的影響時說，因為這一運動，「學生界的出版物，突然增加。各處學生皆有組織，各個組織皆有一種出版物，申述他們的意見」。而這些出版物「皆用白話文章發表意見，把數年前的新文學運動，無形推廣許多。從前我們提倡新文學運

17　瞿秋白：〈文化運動──新社會〉（1920年3月），見《瞿秋白文集（政治理論編）》，北京：人民出版社，2013年，第1卷，69頁。

動，各處皆有反對。到了此時，全國學生界，亦顧不到這些反對，姑且用它一用再講。為此『用它一用』的觀念的結果，新文學的勢力，就深深佔入學生界的頭腦中去了。」[18]

這個分析有些故意說得輕鬆隨意，那些年輕人對白話是不是「姑且用它一用」，其實非常重要。然而胡適若真是實述，恰揭示出那種「不大知道是自己說的還是人家說的」意思。他的觀察更提示了一個重要信息，即此前反對新文學的，似也包括學生。在贊成或反對新文學的學生中，後之研究者容易關注到那些有文字留存的參與者，而默默無聞的就常被忽略。換言之，那時的學生群體也分為兩類，一是願意站出來說話的，一是所謂「沉默的大多數」。後一群體本身及其所作所為，需要特別予以注意。

進而言之，一些人是構成群體而跟着時代走，以群體的方式發聲。而那些「並沒結會立社，只單身地跟着一個一個時代的潮流往前走的無名氏，正不知有多少」。就是「這些無名氏，便湊合成了時代的社會的活力」。[19]由於這類個體的聲音更容易被群體的聲音所遮蔽，遂成為等同於沉默者的「無名氏」。然而「他們雖不是社會舞台上的主角，回過來，卻做了社會細微習尚的影響者」。一些「呼吸了一點新文學空氣的青年」隨着時代風尚而逐漸進入「社會的稍上層」，反更能「把白話文和白話文學的空氣搬到馬路」之上。[20]

這些各式各樣的沉默者中，很多人是以實際行動在參與（不管是贊成還是反對），雖多做事卻不怎麼發聲。這樣的人甚至可能是當時參與

18　胡適：〈五四運動紀念〉（1928年5月），見《胡適全集》，合肥：安徽教育出版社，2003年，第21卷，368頁。

19　茅盾：〈讀《倪煥之》〉（1929年5月），見《茅盾全集》，北京：人民文學出版社，1991年，第19卷（《中國文論二集》），205頁。

20　周煦良：〈論文壇上的「惡勢力」〉，載《大公報》，1934年12月5日，第3張，第12版。

者的多數。而時人和後人構建出的各種「派別」，卻多是指那些站在檯面常發聲的人，他們逐漸代表了所在的「派」，也遮蔽了那些做事而不發聲的人。其實沉默者雖不直接發言，後人仍可通過其他方式間接瞭解他們的態度。還有一些既不參與行動也不發言的，或許才是最難觸及卻也不可忽視的真正「沉默者」。各種不同的沉默者對五四的研究非常重要，然而包括我自己在內的研究者，常常用那些不沉默的代表了沉默的，也就是用少數遮蔽甚或替代了多數。

　　是否發聲只是如何參與運動的一個表現，別的表現也需要考察。五四當天參加遊行的數千學生在當時可以說是眾多了，很多參加者可能平時並不參加各種新運動。這些人在參與遊行後反而接受白話文，轉入了漸成一體的新文化運動，是一個不可忽視的轉變。換言之，在具體的場域和個體的人身上，後之所謂廣狹兩義的五四，其實有些緊張——一些人可能參與「愛國」活動而不欣賞新文化（包括白話文），或者相反，贊同新文化而不一定參與某些「愛國」活動。

　　進而言之，即使是單一的廣義或狹義五四，具體的參與既可能是有意選擇的，也可能是隨意的。而當事人這種選擇性的贊同或反對，有時也帶有排他的意味，即僅參與某一項或兩三項，但反對其他某一項或兩三項。也就是說，當時儘管有一些人表現出整體的趨新和守舊，不少其他的人可能只是在特定的場合表述了對「運動」某一部分的贊同或反對，並非做出整體的取捨。各種不甚相同甚至帶有排他意味的個性選擇，不啻各異的單調，它們與複調的和聲並非嚴絲合縫的重合，而是交匯成為複調的五四，也展現出五四的開放性。這樣的人過去多被我們界定為新文化人或反新文化的人，其實他們的新和舊都是不完全的，與那種具有整體傾向的人很不一樣。[21]

21　我要特別說明，即使這樣的趨新、守舊者，也不必（甚至也未必能夠）對運動的所有「局部」都支持。故此所謂「整體」，是指傾向性而言。

　　錢穆後來説，新文化運動「實由一批人你説你話、我説我話，各説各話拼湊而成；非由一人深思遠慮，獨具見解，發為主張，以形成此運動，而由此一人為之主腦」，胡適也不過陰差陽錯地扮演了「梁山泊上之托塔天王晁蓋」的角色。[22] 不過，運動雖拼湊而成，仍然形成了一個大致相近的旋律。當運動需要一個人物表徵時，晁天王式的人物就應運而生；當運動需要一個代表性聲音時，這樣的旋律也很容易被「聽到」。

　　就數量而言，五四期間人數最多的可能是所謂沉默的大多數，其次就是上述並不全新全舊的人，那種在新舊之間表現出明確整體傾向的人，恐怕是最少數。而少數能成功地表述多數並成為多數的代表，很大程度上恐怕是因為後人特別願意看到一個帶有一統色彩的運動，而時人也確曾嘗試尋求某種共同的方向。

　　常乃惪在學生運動十年後曾回顧説，《新青年》6卷1號發表宣言，明確了「擁德先生和賽先生」的主張，把「文化運動的方向和內容都規定得更清楚了」。可惜的是「《新青年》以後並沒有切實向這個主張去發揮」，新文化運動以後也沒往這個方向走。[23] 新文化運動的方向和內容是否因此而「更清楚」，還可以斟酌。不過這個「更」字表明，此運動本就是一個發展的進程，原來也已有些方向和內容，只是不那麼清楚，所以想有所「規定」。

　　常先生所説的定向文章，即陳獨秀那篇〈《新青年》罪案之答辯書〉。[24] 他的感覺是敏鋭的，不過在他眼裏面向未來的定向，當事人胡適則視為針對過去的定性。胡適稍後曾説，「我們在民國八九年之間，就

22　錢穆：〈維新與守舊——民國七十年來學術思想之簡述〉(1980年)，見《錢賓四先生全集》，台北：聯經出版公司，1998年，第23冊，26頁。

23　常乃惪：〈中國思想小史〉(1930年)，見黃欣周編：《常燕生先生遺集補編》，台北：文海出版社，1967年，183頁。按常乃惪原説的是7卷1號，應為6卷1號。

24　陳獨秀：〈《新青年》罪案之答辯書〉(1919年1月)，見任建樹主編：《陳獨秀著作選編》，上海：上海人民出版社，2009年，第2卷，10–11頁。

感覺到當時的『新思潮』、『新文化』、『新生活』有仔細說明意義的必要」。[25] 晚年他更明言，陳獨秀這篇文章和他自己同年稍晚所寫的〈新思潮的意義〉，都是在新文化運動已經進行了好幾年之後，「有人想把他的意義確定下來」，而這兩篇文章就是這一努力的代表。[26]

不論是定向還是定性（定性也可以是為了更好地繼續前行），這樣的嘗試都表明時人已經感覺到運動的不足，即缺乏共同認可的方向，或某種可以分享的公意。他們正是想要區分「什麼是自己說的，什麼是別人說的」，以確認「自己在說什麼和作什麼」。

這種試圖定義的努力與學生運動大約同時，其間是否有直接的關聯，還需要斟酌。重要的是，照常乃惠的意思，德、賽二先生提出後，新文化運動仍在延續，卻未必沿着這次設計的方向走。一方面，運動的領導者的確具有一定的主體意識，卻也未必一致（胡適所說顯然與陳獨秀不同，至少也是一種「補充」）；另一方面，有心的設計未能成功，揭示出運動的進行並不以當事人的「主觀意志」為轉移，而是部分被時勢所裹挾，部分因追隨者的參與而轉向。

與經過有意設計組合的交響樂不同，歷史的和聲更多是無意的聚集。五四就像一曲由參與者自塑旋律的樂章，兼具大規模交響樂的效果。各種因素有意無意間的關聯互動逐漸形塑出一個五四，而其形象始終未曾完全定型。它就是一個不那麼自主的運動——不僅此前初起的活動並非謀定而後動，即使主事者一度有意的設計也不太成功。一個不夠自主的運動，當然也並不自足，因而也充滿了開放性。

然而不僅時人曾經嘗試尋求某種共同的方向，後人尤其想要看到一個主旨明晰的運動。故實際的情形是，開放的五四不知不覺就「定調」

25　胡適：〈個人自由與社會進步——再談五四運動〉（1935年5月），見《胡適全集》，第22卷，283頁。

26　唐德剛譯註：《胡適口述自傳》，上海：華東師範大學出版社，1993年，173頁。

了，雖仍多紛歧，卻日漸偏於單調。其實五四就是一個複調的運動，它的豐富性無論怎樣強調都不過分。一方面，不能否認和忽視當年確有某種大致相近的「公言」[27]在；另一方面，也要承認並重視當時各式各樣帶有個性的「私言」。兩者皆不可或缺，共同構成了複調的五四。

三、公言與私言：再論五四的複調

張東蓀在五四學生運動前夕曾提出：「現在流行的新思想是單調的，我們應當將他化為複調的。」[28]他所說的複調可能更多是字面義。作為音樂術語，「複調」似乎是指把兩個以上各自獨立的曲調疊置起來，形成協調的音律。前面說到張愛玲曾以大規模的交響樂比喻五四，現在我把她的說法剪輯如下：

> 五四運動「浩浩蕩蕩」地「衝了來，把每一個人的聲音都變了它的聲音」。那種與世共同發出時代聲音的感覺，讓人「一開口就震驚於自己的聲音深宏遠大」。然而「又像在初睡醒的時候聽見人向你說話，不大知道自己說的還是人家說的」，讓人「感到模糊的恐怖」。[29]

張愛玲可能無意於詮釋五四，這一比喻卻對理解五四非常有啟發，更切近於五四的複調特性：五四匯聚並提升了個人的聲音，大家的言說形成一種「公言」，甚或大家都在說一種「公言」，而這樣的涵容卻也混同甚或遮蔽了個人的「私言」，難辨每個人發出的究竟是自己的聲音，還是大家的聲音。

27　此所謂「公言」是套用章學誠的說法，參見章學誠著、葉瑛校註：《文史通義校詮·言公》，北京：中華書局，1985年，上冊，169–198頁。

28　東蓀：〈我輩對於新思想之態度〉，載《時事新報》，1919年4月7日，第3張，第3版。

29　張愛玲：〈談音樂〉，見《張愛玲全集》，第1卷，215–216頁。

「公言」有許多種，其中一種是因自己成為「公人」而有意無意說一些非個人的「公言」，如胡適；[30] 還有一種即如張愛玲所說，因特定時代的共性匯聚並提升了個人的聲音，使個人的表述在不知不覺中成為一種眾皆所述。兩者都多少代表着個人聲音的隱去。但由於當年對個性解放的推崇，或也因「言有物」取向的長期影響，五四時明顯可見一種對言論獨特性的追求，特別反對人云亦云式的「模仿」（詳另文）。在這樣的時代卻形成了遮蔽言說個性的「公言」，頗有些詭論的意味，也揭示出五四運動那「浩浩蕩蕩」的衝擊力。

當時確曾出現大量相近甚或相同的聲音，可以是卻不必是有意的模仿，許多人或許就是想要呼應罷了。蓋任何一個有思想的「運動」，必須包括甚或要求大量的呼應，以形成共同的表述。立言本有先後，呼應可能是模仿，卻也是必有的成分——如果人人特立獨言，就不可能形成一個運動。同時，那些被視為模仿的呼應，也都有各式各樣的大同小異。故雖為共同的表述，又並非異口同聲。

前引胡適言及五四時各處學生組織皆有出版物「申述他們的意見」時指出，僅「民國八年一年之內，我個人所收到的學生式的豆腐乾報，約有四百餘份之多」。[31] 類似說法那時相當常見，僅具體的刊物數量略有不同。這些刊物所表述的，恐怕半是「公言」也半為「私言」，可知當時帶有個性的「私言」數量其實不少。故「公言」也是層累地構成，除了即時的遮蔽，後之觀聽者也可能因各類私言已匯聚而成「浩浩蕩蕩」的態勢，遂把原本各異的私意往共同方向理解，視為公言的一部分，於是在我們的研究中不顯其「私」。

30　胡適曾說：「一切在社會上有領袖地位的人都是西洋人所謂『公人』(public man)，都應該注意他們自己的行為，因為他們的私行為也許可以發生公眾的影響。」見「胡適致湯爾和」(1936年1月2日)，《胡適來往書信選》，北京：中華書局，1979年，中冊，294頁。他自己在成了特定的「胡適」後，就常常不得不說那個「胡適」應該說的話。參見羅志田：《再造文明之夢：胡適傳》，11–12頁。

31　胡適：〈五四運動紀念〉(1928年5月)，見《胡適全集》，第21卷，368頁。

似此背後隱伏着眾多私言的公言，正是一種複調。據巴赫金的定義，「複調的實質恰恰在於：不同聲音在這裏仍保持各自的獨立，作為獨立的聲音結合在一個統一體中，這已是比單聲結構高出一層的統一體」。可以說「複調結構的藝術意志，在於把眾多意志結合起來」，以「形成事件」。由於這種結合，複調結構得以「超出了某一人意志的範圍」。換言之，真正的複調是由「眾多的各自獨立而不相融合的聲音和意識，由具有充分價值的不同聲音」所組成；是「眾多的地位平等的意識連同它們各自的世界，結合在某個統一的事件之中」。[32]

巴赫金的複調理論常被史學界引用，不過多借鑒其「眾聲喧嘩」的一面，而不甚注意其涵容性的多聲部一面。五四那「公言」式的複調未必是今人愛說的「眾聲喧嘩」，而是一種類似曠野教堂鐘聲的（和諧）共鳴，可遠觀而不可近褻玩。如布克哈特所說，距離可以產生美感，使雜亂變得和諧。[33]反過來，如果走進教堂的鐘樓近距離地凝聽，在震耳欲聾的喧嘩聲中辨析那嘈雜的「眾聲」，卻也可能逸出和諧而聞悉獨特。

前引張愛玲的文字寫於1944年，若以觀空而觀時，[34]或許就是時間的距離使原本複調的五四逐漸呈現出單調的意味，成為一種眾聲同調的「公言」。後之研究者可能為了形成貫通的言說，以凸顯其想要表述的主題，遂讓那些各異的個性湮沒在後人有意無意的選擇之中。故「公言」也是一種歷時性的存在，不僅有當時的匯聚，也因後人的傾向性而固化，遂從一種歷史本身的「公言」轉化為歷史著述的「公言」。

在有意組合的交響樂中，每一樂器的演奏要服務於整體；而歷史的複調更多是無意間匯聚而成，其中每一個單聲部雖未必自足，卻更為獨立。由於五四那種當時就被記憶、被概念化的特性，其構建過程需要更

32　巴赫金：〈陀思妥耶夫斯基詩學問題〉，見《巴赫金全集》，第5卷，26–27、4頁。

33　布克哈特著，劉北成、劉研譯：《歷史講稿》，北京：生活·讀書·新知三聯書店，2009年，179–180頁。

34　「以觀空者而觀時」是陳寅恪的話，見於陳寅恪：〈俞曲園先生病中囈語跋〉，見《寒柳堂集》，北京：生活·讀書·新知三聯書店，2001年，164頁。

清晰的認識和陳述。但若希望瞭解更近原狀的五四，可能又要跳過那構建的距離，回到五四人的當下。倘若不能感受到震耳欲聾的嘈雜聲響，可能就還沒到能夠辨聲析調的情境之中。

一個時代的言説出現一種公私莫辨的模糊，對張愛玲而言是可以讓人「感到恐怖」的。她的感覺或許承續着五四時代對個性的看重，卻也提示出分辨公私的必要。實際上，儘管絲竹可以亂耳，在鬧耳的絲竹中仍可辨析出各種絲或竹的獨立聲音。知音者不僅聽到多聲部的和聲，也能聆取各個單聲部的音韻，在辨析出不同管、弦樂器甚至打擊樂器獨立「私聲」的基礎上，欣賞交響樂的整體「公聲」。

對歷史中「公言」和「私言」的辨析，或可以此法通之。在特定的時世中確有「公言」在，而「公言」背後又潛存着許多帶有個性的「私言」。對五四的研究和表述，當注意這些「私言」因何及怎樣構成了「公言」，以及各「私言」原本的獨立性在此進程中是否損耗甚或喪失。若在表現時代的「公言」時能呈現眾多獨特的「私言」，則可謂知言。

假如五四可以被視為一曲自塑旋律的交響樂章，它的本事或已不止一個主旋律。而五四的特殊性在於，它是一個幾乎從發生當時就開始被傳頌、記憶和詮釋的特殊事件。在其逐漸定型的過程中，本事與言説的糾纏，是一個與生俱來又從不離棄的現象。對於這一特點，應有更進一步的認識。

四、與發生同步的記憶：本事與言説的糾纏

在五四學生運動兩年後，張東蓀指出：「在五四以前，可以發生和五四相同的事件的機會不知凡幾，而卒無一件」發生；「五四以後，可以繼起的名義又不知凡幾，而竟繼起不成。」[35] 稍後曾琦也説，「自民國

35　東蓀：〈創造群眾〉，載《時事新報》，1921年5月29日，第1張，第1版。

成立以來，先五四發生之種種運動，不知凡幾；後五四發生之種種運動，又不知凡幾。然吾人均不復憶之，而獨念念不忘五四運動」。這都是因為五四運動「有其可貴之價值與夫特有之意義在」。[36]

五四在歷史上的特殊性，由此可見。從用語的近似看，不排除曾琦借鑒了張東蓀的說法。關鍵是他明確提出了歷史記憶的問題。[37]一般所說記憶，若非蓋棺論定，也要事過境遷，而五四恰是一個幾乎從發生當時就開始被記憶的特殊事件，頗有些海明威（Ernest Hemingway）所說還沒有離開就已開始懷念的意味。[38]且與發生同步的不僅有記憶，還有上文所說定性的努力，以及下將陳述的歷史定位的嘗試。

故本文所說的歷史「記憶」有兩層意思，一是與發生幾乎同步的記憶，一是較為「常規」的賡續記憶，即事情結束以後才有的記憶。兩者都涵括詮釋的意思，從一開始就要界定，隨後又有不斷更新的持續解讀。從這個意義言，兩者都是言說。惟前者更為特殊，與普通意義的「言說」不甚同。所謂尚未離開的懷念，與本事若即若離。這樣的言說不僅可以「看成」本事，它就是事件本身。

是知五四的本事與言說，既相別又相生。這一特性在「五四運動」的得名上就可看出。如李里峰所指出的，近代史上洋務、維新等歷史事件都是後來才被人稱為「運動」的，而「五四運動」的稱謂則在當年遊行

36　曾琦：〈五四運動與國家主義〉（1926年5月4日），見楊琥編：《民國時期名人談五四：歷史記憶與歷史解釋》，福州：福建教育出版社，2011年，473頁。

37　我自己過去也關注對於五四的記憶，不過僅是抹去或修改五四歷史記憶的個別事例，未曾進行稍更全面的探討。參見羅志田：〈歷史記憶中抹去的五四新文化研究〉，《讀書》，1999年，第5期；〈歷史創造者對歷史的再創造：修改「五四」歷史記憶的一次嘗試〉，《四川大學學報》，2000年，第5期。

38　Ernest Hemingway, *Green Hills of Africa*, London: Jonathan Cape, 1936, p. 98. 這句話中譯本各譯不同，比較接近的是馬永波等譯的〈非洲的青山〉，附在海明威：《流動的盛宴》，南京：鳳凰文藝出版社，2017年，204頁。此承梁心老師提示。

活動發生後不久即已出現。[39]胡適、周策縱和楊琥三位先後指出了「最早」
使用「五四運動」一詞的文獻。且不論究竟是誰最先提出，據他們的考
察，還在1919年5月中下旬，「五四運動」之說至少已三次出現。[40]

沈仲九在運動當年就指出：「北京的新聞紙上，替這個運動定一個
專名詞叫做『五四運動』。」[41]實則這說法不過是「出現」在報紙上，未必
即為報紙所定。而提出這一名詞的人，本身可能就具有歷史意識。據
一位參與者回憶，五四運動時學生會的文書科主任康白情有一天「擬了
一件快郵代電稿子，說他已給這回運動定下一個歷史名詞了；又用英文
說一個 historical term。這就是『五四運動』」。[42]

前引楊琥的考證，大體可與這個當事人的回憶相印證。借用沈仲
九的術語，這個「專名詞」在運動當年就已基本確立，應無多少疑義。
在史料不完全足徵的狀態下，我們不一定要準確對號入座，確定那份
〈致各省各團體電〉就是康白情所擬。但這再次凸顯出五四的特殊，即
事件尚在進行中，人們就開始對其進行某種「總結」——不僅「五四運
動」之說已數見，且很可能有人已從歷史角度看待這一運動了。

前引陳獨秀和胡適那種定性的努力，與學生運動大約同時，雖不見
得有直接關聯，卻也進一步提示出從學生運動的當年開始，對五四的記

39　李里峰：〈「運動時代」的來臨：「五四」與中國政治現代性的生成〉，《中共黨史研究》，2019年，第8期。

40　參見胡適：〈紀念「五四」〉（1935年4月29日），見《胡適全集》，第22卷，269頁；周策縱著、陳永明等譯：《「五四」運動史》，北京：世界圖書出版公司北京公司，2016年，1、372頁；楊琥：〈「五四運動」名稱溯源〉，《北京大學學報》，2006年，第2期。三人所說一個比一個早，楊琥考定的北京中等以上學校學生聯合會所發的〈致各省各團體電〉是在1919年5月14日。

41　仲九：〈五四運動的回顧〉，《建設》，第1卷，第3號（1919年10月），599頁（卷頁）。

42　知微：〈五四瑣記〉，載《大公報》，1935年5月5日，第3張，第11版。

憶、解讀和詮釋就開始了。[43]這樣一種即發生即記憶、即發生即詮釋的特徵，類似於英語語法中的「現在進行時態」。界定和詮釋一個尚未定型的運動，以「把他的意義確定下來」，本身就意味着意義的不確定。後之研究者如果用運動大致定型後的標準和指謂來理解進行中的言說，不啻以「過去完成時態」來反觀「現在進行時態」，非常可能出現郢書燕說的後果。[44]

就整個五四而言，試圖定義的努力其實一直存在。五四本是一個崇尚個性的時代，運動的當事人顯然更提倡各言其志的獨創；然而說五四的後人，有意無意間卻希望運動有一個清楚的主題。有的當事人後來也不免受此影響，參與五四遊行的北大學生田炯錦晚年就說：「敘述『五四』的真實，使閱者免除有矛盾衝突的感想，當先分清楚什麼是所謂『五四』，什麼是所謂『五四運動』。」[45]他顯然認為，五四運動可以也應當有一個「標準答案」。

實則如上所述，不論五四的本事還是不斷發展中的五四言說（包括歷史上形成的和今人的論述），都是複調的。那是一個「各種力量以不可預測的方式互相影響」，任何因素都可能讓「局勢發展為一種無人想見到的結局」的時段；[46]有矛盾有衝突，才是最真實的反映。對其理解如此，詮釋亦然。而複調的開放性，恰體現在能夠涵容。我們既不必把

---

43 就學生運動本身言，從1919到1920年，李大釗一再強調它既不是排日運動也不是愛國運動，而是反抗強權的人類解放運動，也表現出一種明顯的界定意識。參見李大釗：〈在《國民》雜誌社成立週年紀念會上的演講〉(1919年10月12日)、〈亞細亞青年的光明運動〉(1920年4月)，李大釗研究會編：《李大釗全集》，北京：人民出版社，2006年，第3卷，67、181頁。

44 關於五四歷史的「現在進行時態」，參見本書〈把「天下」帶回歷史敘述：一個民國前期隱退的視角〉。

45 田炯錦：〈「五四」的回憶與平議〉，44頁。

46 方德萬著、林立偉譯：〈現實政治中的五四運動〉，《二十一世紀》，2019年，6月號。

五四看成是一以貫之的，更不必把五四説成是一以貫之的。如果弄成一
以貫之且涇渭分明，便反成單調了。

　　如果五四的本事未必僅有一個主旋律，對運動的認識自然很難定於
一尊。更因五四那本事與言説糾纏的特性，後人恐怕不宜剝離這些當事
人已開始在進行的清理和詮釋，來「客觀」地看待和討論本事。然而，
或許因為「科學」態度在近代的引入，五四人就曾有定位於客觀的嚮往，
後亦持續。

　　如學生運動的次年，因不滿於以北大為中心的人「壟斷」了新文化
運動，一些人在上海組織了新人社，對「壟斷」者提出了嚴厲的批評。
他們承認，要説「批評的態度，我們自信不好的態度多，好的態度少」。
但表示「我們批評人的不好，是我們理想中有比較更好的一種情形。而
我們只是代表那更好的情形説話，並不是以我們自己的資格批評人的不
好」。但這樣一種試圖客觀的意願未曾付諸實踐，因為「有許多魔鬼，
天天將醜態給我們看，天天造出令人憤怒不平或令人惶恐疑惑的事實，
使我們墜入黑暗無明的絕境，不能保持平常的態度」。[47]他們試圖想要
「客觀」卻發現很難做到，即因自己就是當事人，無法置身事外。

　　五四時期的整理國故運動，頗提倡「以漢還漢、以唐還唐」一類還
原傾向，但那所謂「還」，卻是剝除性的。最典型的表述就是錢玄同所
謂「決心要對於聖人和聖經幹『裂冠、毀冕』、撕袍子、剝褲子的勾
當」。[48]在顧頡剛等人的努力下，如童書業所説，逐漸把附着於從黃帝到
禹的「神話傳説剝去，他們的真相也就所剩無幾了」。[49]童先生説這話是

47　仝人：〈文化運動批評號引言〉，《新人》，第1卷，第4號（1920年8月），1–2頁
　　（文頁）。

48　錢玄同：〈致胡適〉（1921年12月7日），收入《錢玄同文集》，北京：中國人民大
　　學出版社，2000年，第6卷，104頁。

49　童書業：〈《古史辨》第7冊自序〉，見呂思勉、童書業編：《古史辨》，海口：海
　　南出版社，2005年，第7冊，17頁。

頗有些自豪的，卻也點出了另一方面的問題 ── 面對「所剩無幾」的「真相」，附着於這些重要人物的歷史記憶，似乎也會變得更加虛幻飄渺。

中國新史學這個影響是長遠的，今天或仍有人會想，不妨依循當年的取向，剝去五四身上纏繞的「言說」，就能顯現出五四的「本事」。然而由於五四那從發生當時就被傳頌、記憶和詮釋的特性，其本事與言說的糾纏幾乎是共生的。一旦剝去關於五四的言說，其本事恐怕也會如童書業所說的「所剩無幾」了。實際上，即使去掉所有與五四有關的言說，我們得到的也未必是五四的「原貌」。正因五四從一開始就夾雜着記憶，那樣一種剪去所有「樹葉的禿樹幹，其實是一種裁剪，也是一類建構」，甚至可能是「最貧瘠的」建構。[50]

巴赫金曾說，「思想如果被人從不同意識在情節上的相互作用中抽取出來，再塞到獨白體系的上下文中去，不管這上下文是如何的辯證」，思想都會失去附着於個人的獨有特色，而「變成一種很蹩腳的哲理議論」。反過來，「一種思想一旦被納入所寫事件之中，它本身就具有了事件性」。在事件中，思想「就獲得了『感情的思想』、『威力的思想』這種特殊品格」。[51]

是知在相對抽象的敘述層面，言說也屬於事件，甚至可以成為「事件」。就具體言，五四當然有本事與言說之別，但由於五四的記憶和詮釋都始於海明威所說的尚未離開之時，所有的相關言說，本都在事件之中。如前引新人社難以置身事外的窘境，就表明當事人的言說即事件。兩者既互相區別，又相互生成，不能剝離而獨存，亦即五四的意義不能脫離「言說」而僅以其「本事」存在。

實際上，在本事與言說之間，還存在一種另類的「事實」。研究社區政治的蔣旨昂曾指出，「事實有的是真的，有的是大家『以為』的。這

50　參見孫隆基：〈公元1919年：有關「五四」的四種不同的故事〉，見《歷史學家的經線》，北京：中信出版社，2015年，93頁。

51　巴赫金：〈陀思妥耶夫斯基詩學問題〉，見《巴赫金全集》，第5卷，9頁。

以為的事實，雖未必合乎自然的『真實』，但是對於人生，其重要性並不稍減」，因為「社區政治活動很多以它們為根據」。[52] 這是段位極高的認識。不僅社區政治，各種範圍的歷史活動，恐怕都不乏依據一些「大家『以為』」的「事實」而發生，而推進的事例。三人成虎 (《戰國策‧魏策二》) 和曾參殺人 (《戰國策‧秦策二》) 的典故，都揭示了傳言可以影響行事。在被認知以前，它們或近於言說；一旦經過大家的「以為」而成為行事的依據，也就成了本事。它們或許缺乏「自然的『真實』」性，卻因影響了事件的實際進程而成為具有歷史意義的「事實」。[53]

　　而五四的特別之處在於，除了尚未離開就已開始的記憶，事後的賡續記憶也接踵而來。更因五四在歷史上的重要，不少記憶本是呼喚而出 (如每逢週年的紀念)，實已帶有詮釋的意味。各種意識層面有意的詮釋，同樣絡繹不絕，不斷加上新的意義。這些生成原因和方式各異的言說，累積出形形色色的「異辭」，進而成為運動的本事，需要進一步的考察。

五、異辭：不斷加上新意義的賡續記憶

　　五四的本事是發展的，不僅學生運動可見由對外轉向對內的發展，文化運動也可見由繁而簡的轉變 (詳另文)。而關於五四的言說，與時俱變的特色就更為顯著。布洛赫 (Marc Bloch) 曾指出，「我們稱之為集體記憶的東西，是一種淘汰和改造的絕妙工具」。[54] 對五四的記憶，就充滿了不斷的「淘汰和改造」，包括有意的和無意的。

52　蔣旨昂：《戰時的鄉村社區政治》，重慶：商務印書館，1944年，7頁。

53　我自己過去也較少注意這類「事實」，把他們發掘出來，探索其產生的實際影響，或是一個大有可為的方向。

54　馬克‧布洛赫著、張緒山譯：《封建社會》，北京：商務印書館，2004年，上卷，202頁。

茅盾在學生運動二十多年後説，如果「能找全這二十三年來各式各樣的紀念文」，便可從中大概「窺見二十三年文運之起落以及對於『五四』之評估之『早晚市價不同』」。例如「有些本來倒不見得怎樣對這運動起過勁，或者有什麼關係的人士，後來卻頗為這運動的真理而仗義執言，乃至殺身成仁」；有些「躬與其盛的人士，後來卻懷了『自悔其少作』的心情，或沉默，或顧左右而言他，或 —— 不惜前後抵牾」。所謂「早晚市價不同」，形象地表出了不斷「淘汰和改造」的進行。如果説這更多是當事人自身的轉變，有一些當初未必參與的人，卻能「張皇幽妙，把這運動初期所提出的一些課題，給了明確的解答」。當然也還有「喜歡把調子提得很高的人士，聲言『五四』的時代已經過去，或者説『五四』早已『無疾而終』，甚至謂『五四』的『任務已經終了』」。在他的記憶裏，這些議論在「八九年前，時復有之」。[55]

茅盾此文撰於1942年，關於五四的歧見是否始於他説的八九年前，還可再斟酌。但那的確是個外來的「揚棄」[56]觀念較為流行的時代。[57]周煦良在1934年感覺到，不過「短短的多故的十餘年」，「五四創造的生命」就已「已消耗於新的生命之中」；同樣，「五四否認的也不能説沒有一點變動，一些消長。那時候要伐的樹木，有些已被伐去，有些已長成樹林」。重要的是，「若沒有新的認識，我們便會只看見原來幾棵樹木，而看不見樹林」；於是「攻擊也就不免和愛護一樣，同是抱缺守殘」。[58]

周煦良似乎希望時人和後人都能看見後五四時期那長成的樹林，而不僅是讓五四原初的幾棵樹木在心中徘徊。陶希聖晚年則説，「今日許

---

55 茅盾：〈仍是紀念而已〉（1942年3月），見《茅盾全集》，第22卷（《中國文論五集》），301頁。

56 即aufheben，時人常音譯為「奧伏赫變」。

57 那時胡秋原、張申府等從不同角度表述了對五四應當「揚棄」的主張，詳另文。

58 周煦良：〈論文壇上的「惡勢力」〉。

多人的心目中的五四運動，大抵是他們的假想。由於假想而易生誤解，所以或替五四辯護，或對五四攻擊，若是由假想而生的誤解，都不公平」。[59] 他顯然認為，正是後起的假想導致了誤解。

在近代思想世界中，「變」的思路常蘊含積極正面的價值意向，五四也帶着這種鮮明的時代特色。不僅運動的本事跌宕起伏，就連言說一面，也不斷有像周煦良這樣的讀書人，主張以求變更新的眼光看五四，反對「抱缺守殘」。五四那本事與言說的糾纏，正是在這樣一種「變」的時代語境中發生，故其發展也千變萬化。晚年的陶希聖或許與時代拉開了一定的距離，所以把周煦良眼中歷時性的變異，看作共時性的「誤解」。

儘管兩人立言的時間不同，所見也各異，但都注意到對五四的兩種不同態度。攻擊和維護的對峙就這樣延續了幾十年，說明五四很早就處於一種見仁見智的狀態。其實直到今天，兩種態度仍然存在，不過維護的更佔上風，而攻擊的漸趨隱晦。可以肯定的是，不論是識力不足導致的「抱缺守殘」還是源於假想的「誤解」，都改變了五四，卻也是發展中的五四言說之一部分。

昔公羊家很注意區分「所見異辭，所聞異辭，所傳聞異辭」（《春秋公羊傳・隱公元年》）。過去的學者對此都耳熟能詳，說經者更有持續的系列解讀。以研究五四而著稱的周策縱，在晚年特別提到此語對他的啟發，認為對「寫『五四』歷史，最為適合」。那是一個過渡時代，人們的「思想、感情和行為，尤其是政治黨派立場和人生觀，變動得格外快速和突兀，連他們自己也始料未及」。不僅「各人說法不同」，甚至「親歷者自己說的也前後不一致」。他「看過許多當下和後來的報道或回憶，也認識接觸過許多當時的人物，自然大多數是善意者、誠實人，可是多不免『前後異辭』」。包括「親身參與者、所見者、所聞者、所傳聞者，

59　陶希聖：《潮流與點滴》（1964年），北京：中國大百科全書出版社，2009年，41頁。

前後的回憶往往自相矛盾，或添油加醋，或畸輕畸重，或無中生有，或抹殺事實，或誇張減料，或塗黑抹紅，幾乎無所不有」。這樣的異辭恐怕「連他們自己也始料未及」，即不必是有意的。而「間接傳聞者更不消說了」，故「無論所見、所聞或所傳聞的，報道起來，都不會完全相同，都將各有『異辭』」。[60]

周先生當年寫專書的時候更多還是追求那種一以貫之 (coherent) 的西式敘述，承續民國新史學對史料的排他傾向，以為「最先的、當下的說辭較近於事實」，因此「大量採用當時報刊的記載和個人『當下』的回憶」，而對「後來的說法和解釋」則取「審慎懷疑」的態度。而他老年的體悟，尤切中肯綮。傳播途徑和傳播條件當然影響着史料的可據性，且時空的「距離」雖也經常影響觀察的準確性，卻也可能產生處於同一時空中所不能得到的體會和領悟 (詳另文)。

當然，時勢轉變的因素是不能忽視的。北伐期間魯迅敏銳地注意到，「革命的勢力一擴大，革命的人們一定會多起來」。於是「慶祝、謳歌、陶醉」皆應運而生，不免「使革命精神轉成浮滑」。[61]這與他眼中新文化運動被對手方「擴大」，頗有些異曲同工。一件事成功而使參與的人多起來，勢力自然擴大，卻也可能使原有的精神轉變。「浮滑」不過是其中之一，陶醉之餘，「轉成」誇大甚或更加激進，都是可能的。成功之事如此，失敗之事亦然。

時勢的轉變不僅會影響後來的詮釋者，同樣影響着先前的當事人。周策縱對「親身參與者」那種未必有意的「前後異辭」的留意，頗能印證前引茅盾對「躬與其盛」者事後轉變態度的觀察。實際上，在茅盾所說的那段時間裏 (以及此後)，頗有一些因個人傾向性而經常語及五四的

60　本段與下段，周策縱：《「五四」運動史．繁體再版自序》(1995 年)，12–13 頁。
61　魯迅：〈慶祝滬寧克復的那一邊〉(1927 年)，見《魯迅全集》，第 8 卷，197 頁。此承周月峰老師提示。

人，例如瞿秋白，也包括茅盾自己。只要對他們的言說進行稍詳細的檢核，就會發現他們在不同時間對五四的「估價」常不一樣（詳另文）。不論這些人是後來迴避還是其回憶變形，都成為眾多「異辭」中的一種。

對於本事與言說糾纏的五四而言，恐怕有「異辭」才是常態，異口同聲反而是變態。當年那些參與眾所矚目話題的人，本未必眾口一詞。他們的參與和呼應可能基於各種緣由，被不同的因素所「召喚」，故雖無意立異，仍不免言人人殊。而其後來的追憶，就更可能眾說紛紜了。在這方面，「當下的說辭」與「後來的說法和解釋」大體相類，其差別不過在五十步與百步之間。

五四時的趨新群體以及對立面中人，皆各有其個性。他們本各想不一，各說不一。除了那些有特別針對性的言說外，很多不過就是「我手寫我口」一類的「自然」表述，往往就是隨口一說，初無多少明確的指向性。這樣的表述當置於其言說語脈理解，不宜泛視之，更不必以為何者就是代表公眾的「定論」。後人說五四，同樣有脫口而出的隨意一面；有的或許目的性更強，卻也可能在有意無意間把五四當成箭垛，藉以言事（詳另文）。既然五四的本事和言說都是在不斷發展的，則時人和後人各種看法的「正確」與否，不必是非此即彼的，也未必是排他的。

尤其在廣土眾民的中國，區域發展的不同步是近代一個顯著的現象。[62]即使在一個固定的年代，各地的人可能生活在不同的「世界」中。[63]這意味着對身處不同地方的特定個體來說，廣狹五四的具體面向，在他們的感知中可能不一樣，甚至很不一樣，而其「反應」亦然。直接的當事人如此，旁觀者、距離稍遠之人和時間稍後之人的言說就更是如此。

62　參見羅志田：〈近代中國思想與社會發展的時空不同步現象〉，收入《變中前行：二十世紀中國學術掠影》，北京：北京師範大學出版社，2015年，3–7頁。

63　據戴季陶1920年的觀察，「湖州的社會，從近代文明史的意義上看來和上海要差一百年」。戴季陶：〈到湖州後的感想〉（1920年7月），見唐文權、桑兵編：《戴季陶集（1909–1920）》，武漢：華中師範大學出版社，1990年，1275頁。

對時人這些說法，都需要仔細辨析。研究者據此而做出概括普遍的表述，更要非常謹慎，留有餘地。

五四那本事與言說的糾纏是與時俱進的，前引李大釗所說讓五四的紀念不斷「加上些新意義」，真可謂「不幸而言中」。各式各樣的「異辭」，也是有意無意間加上的「新意義」。承認並注重這些「異辭」，進而「返其舊心，不思近世，平意求索」，[64] 必有助於我們理解當時的「運動」。茅盾當年即認為，關於五四的歧見各出，不啻「新問題的提出」，反而「使得我們對於『五四』的理解更加多方面」了。[65] 這是一個很有啟發的提醒，豐富的史事需要多元的理解。正是各種不同看法的存在，向我們展現了五四的豐富特性，使我們對於五四的理解更加多元。

六、餘論：認識一個並不自足的五四

從上面所說可知，五四運動是一個從發生當時就開始被傳頌、記憶和詮釋的特殊事件。五四有其不約而同、眾皆呼應的主題，然也確實頭緒紛紜。從文學革命到後來的學生運動，起初都不是一個有意、自主的運動，其主體意識是在運動中逐漸確立的。本事與言說的糾纏，在運動逐漸定型的過程中，彷彿與生俱來，而又從不離棄。今日我們面對的五四，是各種因緣際會逐漸混成的匯聚結果。且五四並非謀定而後動，乃是在發展中完型，雖成型而仍在發展。成型後的五四不僅整體化地表述了此前相關的各種新運動，而且也在此進程中發展壯大了自己。

史事本身的多姿多彩，導致了五四認知的多樣化。若仔細斟酌，「五四」可以說有多種，一是歷史上發生的五四，一是歷史中形成的五四，兩者應當都是不那麼自足的；倒是從一開始就出現並且持續延展的

64　魯迅：〈科學史教篇〉（1907年），見《魯迅全集》，第1卷，26頁。

65　茅盾：〈仍是紀念而已〉（1942年3月），見《茅盾全集》，第22卷，301–302頁。

五四言説，卻表現得越來越自足，反可能是一種疏離於本相的「表象」。三者都是五四整體的一部分，在研究中可能需要在區別看待的基礎上統合觀察，以體會五四歷史的複調特性。

據前引張東蓀關於「積」和「填」的區分，起先有無「格式」，是一個決定性的因素。「積」顯然是歷時性的，而「填」則可以接受一種共時性的認識。像五四那樣的「整體」，更多是一個歷時性的構建。但林同濟有不同的看法，他似乎傾向於把五四看作「填」出來的。我曾數次引用林同濟關於「每個時代有每個時代特具的中心現象」的體相（統相）之説。在他看來，五四就是一個自成一體、自具其相的自足時代。[66]

不過，在整體的五四之中還有着許多獨具特色的局部，然依林同濟的意思，「全體不是一切局部的總和」，也「不是某一局部的放大或延長」。所以問題應當總體地看，而不是從局部的各角度去看。[67] 那意思，這些局部不過是同一整體的各自表述。然而這些局部顯然也有各自的個性，且這些個性也都有自身的主體性。[68]

林同濟關於「體相」的見解對理解五四非常重要，然似更偏於共時性，而不甚計及時間的遠近，多少帶有倒放電影的味道。如果承認五四的主體意識是在運動中逐漸確立，有一個與時俱進的構建進程，這個運動就是既不自主也不自足的。它確有一個略顯微茫的整體形象，然而從一開始就不曾循規蹈矩，實際也沒有多少章法可循，而是充滿了開放性。後人認識和表述這樣的運動，也應當持開放的態度。

66　參見林同濟：〈戰國時代的重演〉，《戰國策》，第1期（1940年4月1日），2頁；〈廿年來中國思想的轉變〉，《戰國策》，第17期（1941年7月20日），45–46頁。

67　林同濟：〈第三期的中國學術思潮 —— 新階段的展望〉（1940年），見許紀霖、李瓊編：《天地之間：林同濟文集》，上海：復旦大學出版社，2004年，19–25頁。

68　梁啟超就主張，史家不僅要在各種「極散漫、極複雜的個性中而覷見其實體，描出其總相」，更要據此總相進行「因果之推驗」，以認識那些「個別之特性」。梁啟超：《中國歷史研究法》，見《飲冰室合集‧專集之七十三》，北京：中華書局，1989年，112頁。

如果像林先生主張的那樣一味從整體看個別，真可能造成誤解。[69]
因為在歷時性中的每一個別，僅在一個短暫的共時性之中。[70] 而那短暫
的共時性，和五四那整體的共時性，其實是有別而不那麼「共」的。亦
即每一個別的主體性，在歷時性和共時性中的表現，未必是同一的。胡
適曾說：「沒有那無量數的個人，便沒有歷史；但是沒有歷史，那無數
的個人也決不是那個樣子的個人。」[71] 它們的確是一種辨證的關聯，惟
「歷史」和「個人」各有其主體性。故除了整體地看，可能還是需要將個
別置於那個有意無意的歷時性構建進程之中，就個別看個別。

五四那種自塑旋律的複調特性，特別是複調中那各具特色的「私
言」，使五四本事具備「積」的色彩；而那具有整體化意味的「公言」，以
及後世傳頌、記憶和詮釋等試圖給五四賦予各種意義的言說，又使其兼
有「填」的特性。「積」的生成性一面與「填」的體相式一面也是一種辨證
的關聯，對理解五四都很重要。後來「填」的一面在研究中日趨顯著，
可能使人忘掉其生成性的一面。實際上，承認五四有一個整體性的統
相，與展示其中各具特色的個性化表現，並無明顯的衝突。

且即使一個粗略的整體，也會有不同的各自表述。尤其在整體狀
態處於形成中的時候，每一各自表述的整體性可能就要打折扣——雖
仍有整體的意味，卻又相對「獨立」，甚至與後來大體定型後的整體有
些緊張，有所衝突。[72] 對一個自足的系統而言，即使各有特色的個體表
述，也是一個有機整體的各自表述，因而也同時表述了整體；然而在一

69　如林同濟認為五四新文化運動的主旨就是「個性的解放」，就明顯是一種倒放電
　　影式的單調認知。參見林同濟：〈廿年來中國思想的轉變〉，45頁。

70　可參閱本雅明所說的「辯證的靜止」，見 Walter Benjamin, *The Arcades Project*, trans.
　　by Howard Eiland and Kevin Mclaughlin, Cambridge: Harvard University Press, 1999,
　　pp. 462–463.

71　胡適：〈不朽——我的宗教〉(1919年)，見《胡適全集》，第1卷，663頁。

72　具體就五四言，個性化的特定「局部」之間出現緊張甚或矛盾，恰是複調的自然
　　表現。

個系統處於發展之中而尚不自足之時，個體確實可能「不約而同」地表述整體，卻不必是一個有機整體的各自表述。

　　一般以為，整體來自遠觀，局部則需近看。惟距離的不同可以影響觀聽和理解，有時觀察者也可以人為調節與觀察對象的距離。著名物理學家費米（Enrico Fermi）認為，「物理學發展的方向必須要從近距離的瞭解開始，才能得到大的規律」。若「從近距離變成遠距離，然後從遠距離得到規則再回到近距離來」，那就更好。因為那些具體細部「奧妙的結構」每一個都不同，「沒有這種瞭解，就不可能理解物理學的真正的精神」。但僅僅把「許許多多近距離的瞭解加起來」是不夠的，還要走遠了去看，以獲得「宏觀的瞭解」，認識到「一個大的結構」。故最好是「既要對大的結構有瞭解，又要對細緻的結構有瞭解」。[73]

　　這是一個「非碎無以立通」[74]的取向，整體瞭解是從細部的具體瞭解開始，但不是把這些具體瞭解加起來，而是走遠了去獲得「宏觀的瞭解」，然後返觀各不相同的細部那「奧妙的結構」。這樣的瞭解既是空間的，也是時間的，最好以觀空而觀時，又以觀時而觀空。故距離既是史家的不足，也是史家的優勢。它給予史家一個更高遠的位置，既可以從雜亂中感受到和諧，因而獲取對歷史力量和精神的整體把握；也可以通過對各個不同細部的近距離辨析，以「得到大的規律」，強化對整體的領悟。在這樣的基礎上，各鳴其異的單調就融入並形成了未必喧嘩的複調，與時世共鳴，長留於天地之間。

　　進一步的問題是，我們怎樣來表述這個整體。在操作層面，就是領悟到了，也未必能表述出來。所以梁漱溟認為，要辨識一家文化，

73　楊振寧：〈費米的故事〉，見《楊振寧文錄》，海口：海南出版社，2002年，216–217頁。

74　錢穆：〈序言〉，見羅根澤主編：《古史辨》，上海：上海古籍出版社，1982年影印，第4冊，4頁。説詳羅志田：〈非碎無以立通：簡論以碎片為基礎的史學〉，《近代史研究》，2012年，第4期。

「求一家文化的根本或源泉」，可以從文化根原的意欲去看「這家的方向如何與他家的不同」。能「從這一家文化的特異彩色推求他的原出發點」，就可瞭解特定文化那「根本的方向」。而一個文化的特異「彩色」或「色彩」，就是一文化「特別的精神」。[75] 後來他與胡適辯論時進而說明，色彩亦即精神、趨向和風氣。所謂「某民族或某社會為某種風氣」，雖「不能於此風氣下無例外，亦初不必限於此處不見於他方」。但從「大體上看去，對照看去」，則「雖有例外，雖或亦見於他方，而猶不失為此民族此社會之風氣」。[76]

　　換言之，色彩不是整體，卻又能表述甚或代表整體。當然，色彩在表述整體時究竟能在多大程度上代表整體，還要再斟酌。然梁漱溟的思路仍可以給我們啟發，我們恐怕永遠無法全面表出一個整體，實際所表出的，不過是有代表性的色彩而已。一個發展而不「固定」的運動，或許也只能多從「色彩」的視角探討。我自己以前的研究皆無意於系統全面，更偏於特色、表徵一類。然也可以嘗試表現得更「全面」一些，至少表出其基本的「體相」。

　　比較理想的，或是表現出完整性而不失原有的多樣性。不僅需要呈現「不同思想的相互關係」，而且要展現出「眾多意識在思想觀點（也不只是思想觀點）方面的相互作用」。[77] 畢竟「對不同的人而言，五四始終是也仍舊是很多不同的事物」。[78] 注重當時置身事外的人，辨析他們和

75　梁漱溟：《東西文化及其哲學》，見《梁漱溟全集》，濟南：山東人民出版社，1989年，第1卷，347–348、352–354、382、458頁。按梁書中多數時候表述為「采」字，今改為現在通用的「彩」字，下段同。

76　梁漱溟講、陳政記：〈答胡評《東西文化及其哲學》〉（1923年10月，陳政筆記），見《梁漱溟全集》，第4卷，747–748頁。

77　巴赫金：〈陀思妥耶夫斯基詩學問題〉，見《巴赫金全集》，第5卷，42頁。

78　余英時：〈文藝復興乎？啟蒙運動乎？——一個史學家對五四運動的反思〉，見《文化評論與中國情懷（上）》（沈志佳編：《余英時文集》，第7卷），桂林：廣西師範大學出版社，2006年，183頁。

參與者的異同，進而在參與者中尋找那些多做事而不怎麼發聲之人偶有的聲音，應可幫助我們以複調的方式呈現複調的史事，把歷史的豐富性表現出來。

如余英時師所說，五四本處於「一個文化矛盾的年代，而矛盾則注定是多重面相的(multidimensional)，也是多重方向的(multidirectional)」。不應「把它看作是一個單純而又融貫的運動，導向某一預定的結局」。儘管不排除在廣義的五四運動中可以「模糊地看出若干較大的思想類型和某些理念模式」，但不論是五四的本事還是言說，都以「不斷變動又經常彼此衝突」為特徵。因此，「五四必須通過它的多重面相性和多重方向性來獲得理解」。[79]

昔李鴻曾說：

> 思想之為物，由其內言之，則為人人心理上同具之作用，未嘗有一時一息之不在；由其外言之，則又往往因事物上之感觸，而無一時一息不在變化之中；若更由其效用言之，則又或見或不可見，未能等量以齊觀。[80]

歷史本是探跡之學，[81]文字所記者「豈獨其跡也，並與其深微之意而傳之」。[82]史事的變化雖無時無息，或見或不可見，卻也並非無緣無故，仍有可循之跡。梁漱溟曾說：

79　余英時：〈文藝復興乎？啟蒙運動乎？——一個史學家對五四運動的反思〉，見《文化評論與中國情懷(上)》(沈志佳編：《余英時文集》，第7卷)，183頁。

80　李鴻：〈《新中國》發刊詞〉(1919年9月)，見中共中央馬恩列斯著作編譯局研究室編：《五四時期期刊介紹》，北京：生活‧讀書‧新知三聯書店，1959年，第3集，下冊，516頁。

81　蔡元培曾說：「編纂為探跡之學。凡所看記敘之書(日本人所謂歷史的)，皆屬之。」蔡元培：〈南洋公學特班生學習辦法〉(1901年)，見高平叔編：《蔡元培全集》，北京：中華書局，1984年，第1卷，134頁。

82　曾鞏：〈南齊書目錄序〉，見陳杏珍等點校：《曾鞏集》，北京：中華書局，1984年，上冊，187頁。

古人往矣！無從起死者而與之語。我們所及見者，唯流傳到今的簡冊上一些字句而已。這些字句，在當時原一一有其所指；但到我們手裏，不過是些符號。此時苟不能返求其所指，而模模糊糊去說去講，則只是掉弄名詞，演繹符號而已；理趣大端，終不可見。[83]

五四恰是近代中國一個充分符號化的運動，甚或已成為一個符號。符號亦史蹟，必返求其當時所指，而後可見理趣大端，使符號不再僅僅是符號，成為可以「說話」的史料。

巴赫金在斟酌陀思妥耶夫斯基的歷史定位時，也曾為史學思考。在他看來，看似混亂的世界是由「駁雜不一的材料」構成的，「存在多個中心、多個意識」，但其中仍具有「深刻的必然性、一貫性和完整性」。要表現出這樣一貫的完整性，或需要某種定向，即使是初步的，以「融匯性質極為不同、相互極不協調的材料」。如果沒有，「歷史的研究便會流於一連串並無聯繫的偶然的對比」。簡言之，如果史事中本有「眾多各自獨立的意識在相互交鋒」，就必須考慮到「這裏有着眾多的互不融合的意識」，而不宜「把這些思想見解歸結成一個系統的完整的獨白」。[84]

然而那個夾雜了眾多時人和後人言說的五四，在變得更為「系統」的同時，不幸也漸趨於單調。豐富的史事需要多元的理解，變化的史事需要發展的理解。對一個不夠自足而開放的運動，必須注重其與生俱來的本事與言說之糾纏，探究當時公言與私言的關聯互動，把握運動那波瀾起伏的發展態勢，在攝取五四整個的文化體相（cultural configuration）[85] 的同時，展現其豐富內涵中歧異的個性。我們需要摒棄單調的取向，以複調的方式呈現複調的史事，盡量呈現歷史本身固有的豐富性。

83　本段和下段，梁漱溟：〈《人心與人生》自序〉（1926年），見《梁漱溟全集》，第1卷，327–328頁。

84　巴赫金：〈陀思妥耶夫斯基詩學問題〉，見《巴赫金全集》，第5卷，19、6–8頁。

85　林同濟：〈第三期的中國學術思潮——新階段的展望〉（1940年），見《天地之間：林同濟文集》，19頁。

　　百多年來，關於五四的言說與日俱增，的確被不斷加上「新意義」，充滿了各異的色彩。幾代人的樂此不疲，充分表明了五四的生命力，卻也意味着我們對它的認識仍處於「進行時態」之中。如孫隆基所說，「每一次對史蹟的重新敘述都是一次新『發明』。這類『發明』並非對原史蹟的扭曲，而毋寧是它的生命還沒終止的表示，它是一個還沒有完成的認識對象」。[86]五四就是這樣一個生生不息的認識對象，它本身的不那麼自足，反促成其保持發展的態勢而內涵豐富、異彩紛呈，要求後人持續地理解和認識。

86　孫隆基：〈清季民族主義與黃帝崇拜之發明〉，見《歷史學家的經線》，23頁。

第五章

文學革命的社會功能與社會反響

　　如果從廣義言五四新文化運動，其開端就是當年影響甚廣的文學革命。關於文學革命，學界已有的研究不可謂不多，但以當事人胡適晚年的看法，文學革命「這一運動時常被人誤解了」。周作人則更早就指出：對民國初年的文學革命，「世上許多褒貶都不免有點誤解」。[1] 他們所說的誤解，到今天仍不同程度地存在。一般對文學革命的成功一面，似乎都有偏高的評估，[2] 卻又不怎麼言及其真正劃時代的長遠結果——全民改用白話文。

　　胡適早年曾說：文學革命「所以當得起『革命』二字，正因為這是一種有意的主張，是一種人力的促進。《新青年》的貢獻，只在他在那緩步徐行的文學演進的歷程上，猛力加上了一鞭。這一鞭就把人們的眼珠子打出火來了。從前他們可以不睬《水滸傳》，可以不睬《紅樓夢》，現在他們可不能不睬《新青年》了。」[3] 這更多是從立說者一面看問題。在接收者的一面，立說者的鞭子打得再猛，他們也不見得就要理睬。為什麼胡適、陳獨秀一提倡，舉國就能和之？

1　唐德剛譯註：《胡適口述自傳》(以下徑引書名)，上海：華東師範大學出版社，1993年，137頁；周作人：《看雲集·論八股文》，長沙：岳麓書社，1988年，82頁。
2　參見羅志田：〈林紓的認同危機與民初的新舊之爭〉，《歷史研究》，1995年，第5期。
3　胡適：《白話文學史》，上海：新月書店，1928年，上卷，7頁。

　　據陳獨秀當時的解釋，這是由於「中國近來產業發達、人口集中，白話文完全是應這個需要而發生而存在的。適之等若在三十年前提倡白話文，只需章行嚴一篇文章便駁得煙消灰滅」。[4] 這一說法是否正確且不論，但至少提示了一個從接收者一面考察以認識文學革命的重要路徑。

　　《新青年》已使人「不能不睬」這個歷史事實，提示着世風的明顯轉移。而世風的轉移，又與清季廢除科舉以後的社會變化，特別是讀書人上升性社會變動的大調整有關。這一社會變動與思想發展的互動關係，是理解文學革命和新文化運動的一個重要途徑。反之，對文學革命這一層面的瞭解，也能增進我們對近代中國社會變動與思想發展互動關係的認識。全面考察文學革命的社會功能與社會反響，非一篇短文所能為，本文僅試從思想史的社會視角入手，對當時的立說者和接收者進行簡單考察分析，希望能對這一運動有深入一步的理解。

一、引言：《新青年》的溝通作用

　　在立說者這一面，文學革命如胡適後來總結的，就是要把「大眾所酷好的小說，升高到它們在中國活文學史上應有的地位。」[5] 用余英時師的話說，就是要「把通俗文化提升到和上層文化同等的地位上來」。[6] 而在接收者一面，小說的地位升高，看小說的「大眾」（大眾中的多數人，那時恐怕不看小說）的地位當然也跟着升高。文學革命無疑給看新小說的邊緣讀書人提供了方向和出路。當他們從茫然走向自覺時，也必定要想發揮更大更主動的作用。而立說接受雙方的共同點，是表達或適應了近代以來邊緣向中心挑戰的大趨勢。

4　陳獨秀：〈答適之〉（1923年12月），見任建樹主編：《陳獨秀著作選編》，上海：上海人民出版社，2009年，第3卷，168–169頁。

5　《胡適口述自傳》，229頁。

6　參見余英時：〈中國近代思想史上的胡適〉，收在胡頌平編：《胡適之先生年譜長編初稿》，台北：聯經出版公司，1990年修訂版，第1冊，24頁。

　　余英時師已注意到，文學革命以至新文化運動的迅速成功，與胡適和陳獨秀這兩個安徽籍老白話作家的配合是分不開的。蓋「胡適對中西學術思想的大關鍵處，所見較陳獨秀為親切」；而陳則「觀察力敏銳，很快地便把捉到了中國現代化的重點所在」，故能提出「民主」與「科學」的口號。兩人在態度的激進與穩重上，也頗能互補。胡適原本預想白話文運動「總得有二十五至三十年的長期鬥爭」才能成功，所以出語較為平和，在發表其主張時，不說文學革命而說是什麼「文學改良芻議」；而陳獨秀則有「必不容反對者有討論之餘地」的氣概，明言要進行文學革命。[7]

　　胡適自己稍後也說，「當日若沒有陳獨秀『必不容反對者有討論之餘地』的精神，文學革命的運動決不能引起那樣大的注意」。[8]不過這主要是指立言的態度，真要說到對文學的態度，胡適開始遠比陳獨秀更激烈。我們若回向原典看看原初的具體主張，胡適提出的八條主張幾乎全是否定，[9]而陳提出的「三大主義」，[10]還一一都有推倒和建設兩面。所以陳雖有不允對方反駁的氣概，其實際主張仍是破壞與建設並列。胡適自稱

7　余英時：〈中國近代思想史上的胡適〉，見《胡適之先生年譜長編初稿》，第1冊，13–14頁；《胡適口述自傳》，149、164頁。

8　胡適：〈五十年來中國之文學〉（1922年），見《胡適全集》，合肥：安徽教育出版社，2003年，第2卷，332頁。

9　這八條是「一曰須言之有物；二曰不摹仿古人；三曰須講求文法；四曰不作無病之呻吟；五曰務去濫調套語；六曰不用典；七曰不講對仗；八曰不避俗字俗語。」嚴格說有兩條可以算是正面的建議，而有六條「說不」。但胡適在次年就把第一條改為「不做『言之無物』的文字」，把第三條改為「不做不合文法的文字」（列第六），明言「這是我的『八不主義』，是單從消極的、破壞的一方面着想的」。他後來的記憶也說自己「當時提出了八不主義，就是〈文學改良芻議〉」。胡適：〈文學改良芻議〉（1917年），見《胡適全集》，第1卷，4頁；〈建設的文學革命論——國語的文學，文學的國語〉（1918年），見《胡適全集》，第1卷，52–68頁；〈陳獨秀與文學革命〉（1932年10月），見《胡適全集》，第12卷，228頁。

10　這三大主義是：「曰推倒雕琢的阿諛的貴族文學，建設平易的抒情的國民文學；曰推倒陳腐的鋪張的古典文學，建設新鮮的立誠的寫實文學；曰推倒迂晦的艱澀的山林文學，建設明瞭的通俗的社會文學。」陳獨秀：〈文學革命論〉（1917年），見《陳獨秀著作選編》，第1卷，289頁。

他回國以後，「在各處演說文學革命，便把這『八不主義』都改作了肯定的口氣」，化為四條「一半消極一半積極」的新主張，而成為「建設的文學革命」。[11]故胡適在口號上和具體主張上，恐怕都受了陳獨秀的影響。兩人的協作，可以説是文學革命的天作之合。

胡陳合作的意義遠不限於文學革命的提出，從思想史的社會視角去考察立説者與接收者的關係，兩人的合作更意味着留美學生與國內思想言説 (discourse) 的銜接。民初的中國，不僅存在知識菁英與一般平民疏離的現象，還有自晚清以來西洋留學生與國內思想言説的疏離。梁啟超在《清代學術概論》中説：「晚清西洋思想之運動，最大不幸者一事焉，蓋西洋留學生殆全體未嘗參加於此運動；運動之原動力及其中堅，乃在不通西洋語言文字之人。」由此生出種種弊端，「故運動垂二十年，卒不能得一堅實之基礎，旋起旋落，為社會所輕」。從這一點看，過去的西洋留學生，「深有負於國家也」。[12]

胡適其實早就認識到梁所指出的弊病，也知道要「輸入新知識，為祖國造一新文明，非多著書多譯書多出報不可」。但留美學生中許多人「國學無根底，不能著譯書」。在胡適看來，這就是中國「晚近思想革命、政治革命，其主動力多出於東洋留學生」的根本原因。東洋留學生的學問並不見得高於西洋留學生，就西學言肯定還要差許多，但東洋留學生都能「著書立説」，所以有影響；而不能「著書立説」的西洋留學生，在中國這些思想政治運動中，就只能「寂然無聞」了。[13]

梁啟超所説，當然更多是晚清的現象。入民國後，西洋留學生對推廣西學的參與，顯然比前增多。問題在於，像胡適這樣有意想要參與

---

11 胡適：〈建設的文學革命論 —— 國語的文學，文學的國語〉(1918年)，見《胡適全集》，第1卷，53–54頁。

12 梁啟超著、朱維錚導讀：《清代學術概論》，上海：上海古籍出版社，1998年，98頁。

13 胡適：〈非留學篇〉(1914年)，見周質平主編：《胡適早年文存》，台北：遠流出版公司，1995年，356–363頁。

的西洋留學生，也常覺參與無由。他曾深有感慨地指出：「美留學界之大病，在於無有國文雜誌，不能出所學以餉國人。」[14] 其實雜誌不是完全沒有，但印數少而流傳不廣。胡適與朋友們的討論，即使發表在《留美學生月報》(*Chinese Students' Monthly*) 上，也只有留學生自己看。

這樣，就算有參與的願望和行動，也多是自說自話，不僅不能像黃遠庸所說的「與一般之人生出交涉」，[15] 就是與國內的知識菁英，也沒有多少溝通。從這個角度言，陳獨秀創辦的《新青年》，無意中起到了使胡適和其他學生「能出所學以餉國人」的作用，從而改變了留美學生自說自話的狀態，從此留美學生就成了中國思想言說中的一支生力軍。新文化運動時胡陳合作的一個重要社會意義，正在於此。

胡適的〈文學改良芻議〉就是在《新青年》上發表後頗得「轟動效應」，於是一舉成名。對國內的人來說，文學革命的口號應是陳獨秀提出的，但陳既然將胡適許為文學革命「首舉義旗之急先鋒」，許多人也認同於這一觀念。在胡適歸國前，南社的柳亞子在給楊杏佛的信中，已說胡適「創文學革命」。[16] 這個認知出自不太喜歡胡適的人，可知他在國內已是聲名遠播了。但胡適同時一稿兩投，也將文章刊登在《留美學生季報》上，卻幾乎無人理睬。這最能說明接收一面對文學革命興衰的重要。

當然，西洋留學生與國內思想言說的疏離並未完全彌合。到 1926 年，留美學者湯茂如仍在說：「中國的學者有一種共同的遺憾，就是沒有機會發表他們的所有。不識字的人，自然沒有資格聽他們的言論；即一般所謂智識階級，亦不能完全明白領會。」其原因，就在「民眾的知識程度太低」。結果，「學者自為學者，很難與社會交換意見」。[17]

14　曹伯言整理：《胡適日記全編》(以下簡作《胡適日記》)，合肥：安徽教育出版社，2001年，1914年6月29日，第1冊，307頁。

15　黃遠庸：〈釋言 (致甲寅雜誌記者)〉，《甲寅》，第1卷，第10號 (1915年10月)，2頁 (通訊欄頁)。

16　《胡適日記》，1917年6月所附〈歸國記〉，第2冊，612頁。

17　湯茂如：〈平民教育運動的使命〉，載《晨報副刊》，1927年1月25日，10–11頁。

這裏區別於「一般智識階級」的「中國學者」，實即留學生，那種疏離感仍清晰可見。而更重要的，仍是西化知識菁英與「沒有資格」作聽眾的老百姓之間的疏離。這對非常認同「與一般人生出交涉」這一取向，並將其視為「中國文學革命的預言」[18]的新文化諸賢來說，不能不說是一個詭論性的結局。其原因，恰蘊涵在文學革命自身之中。

二、「我們」與「他們」的困擾

近代士人講開通民智，以白話文來教育大眾，早已不斷有人在提倡，陳獨秀和胡適都曾身與清末的白話文活動。但晚清和民初兩次白話文運動，也有很大的區別。胡適說，前者的最大缺點是把社會分作兩部分：「一邊是應該用白話的『他們』，一邊是應該做古文古詩的『我們』。我們不妨仍舊吃肉，但他們下等社會不配吃肉，只好拋塊骨頭給他們吃去罷。」[19]

以前的人提倡白話，是為引車賣漿者流說法，是要去「啟」別人的「蒙」。啟蒙者自身，既然不「蒙」，自然可不用白話。所以一般的士大夫，完全可以置之不理。[20]今胡適所倡導的白話，是為士大夫自身說法，是要「啟蒙」者先啟自己的「蒙」，這就與以前有根本的區別了。可以作古文的士大夫自己，包括部分留學生，當然不會贊成，後者尤其反對得非常厲害。正因為如此，胡適的白話文主張在美國留學生圈內才幾

18　胡適：〈五十年來之中國文學〉(1922年)，見《胡適全集》，第2卷，309–310頁。

19　胡適：〈五十年來之中國文學〉，見《胡適全集》，第2卷，329頁。

20　那被「啟」的「蒙者」一邊，自己是否承認被「蒙」，或其承認的「蒙」是怎樣一種「蒙」(很可能只承認不識字而被「蒙」，卻並非缺少新知識那種「蒙」)，及其是否想要或願意其「蒙」被「啟」，恐怕都是要打個很大的問號的。但這個問題不是這裏所能說清楚的。關於中國讀書人在清末「啟蒙」方面的努力，可參閱李孝悌：《清末的下層社會啟蒙運動，1901–1911》，台北：中央研究院近代史研究所，1992年。

乎完全得不到支持。後來文學革命以及新文化運動最有力的反對者，即
是留學生唱主角的《學衡》派。

余英時師以為，胡適答案中關於「我們」和「他們」的分別，「恐怕也
包括了他自己早年的心理經驗」。但胡適「在美國受了七年的民主洗禮
之後，至少在理智的層面上已改變了『我們』士大夫輕視『他們』老百姓
的傳統心理」。[21]余先生這裏強調的「理智的層面」是一個關鍵。在意識
層面，胡適的確想要借「國語的文學」這一建設性的革命達到整合「他們」
與「我們」而融鑄中國之「全國人民」的目的；但其潛意識仍不脫「我們」
的士大夫意識，他要為「國人導師」的自定位決定了他最多不過做到變
輕視「他們」為重視「他們」（沒有做到當然不等於不想做到）。

實際上，胡適不過是依其認知中的「一般人」的標準（實即他自定的
標準）來做出判斷，他那以白話文學為活文學的主張，在相當長的時間
裏並未得到真正老百姓的認可。最接近「引車賣漿者流」的讀者，反而
在相當時期內並不十分欣賞白話文學作品（詳後）。

就連新文化人中的周作人，對胡適的「活文學觀」也頗有保留，並從
影射攻擊發展到點名批評。[22]胡適的《國語文學史》出版後，周作人在
1925年說：「近年來國語文學的呼聲很是熱鬧，就是國語文學史也曾見
過兩冊，但國語文學到底是怎麼一回事，我終於沒有能夠明瞭。」因為
「國語普通又多當作白話解」，所以，「凡非白話文即非國語文學。然而
一方面界限仍不能劃得這樣嚴整，照尋常說法應該算是文言的東西裏邊
也不少好文章，有點捨不得，於是硬把他拉過來，說他本來是白話。這
樣一來，國語文學的界限實在弄得有點糊塗，令我覺得莫名其妙」。這

21　余英時：〈中國近代思想史上的胡適〉，見《胡適之先生年譜長編初稿》，第1冊，
　　26–27頁。

22　周作人對胡適白話文學主張的批駁，當然不完全是就文學主張而論，大約與新
　　文化人中「英美派」與「留日派」的內鬥、具體說就是周氏兄弟和陳源的爭戰相
　　關。此事已為多人討論，此不贅。

裏語氣不像周氏通常文章那麼平和，顯然是在攻擊胡適。周作人自己説他洗手不談文學已兩年，寫這篇文章是「不得已攘臂下車」，信非虛言。[23]

周氏更進而論證説：「古文作品中之缺少很有價值的東西，已是一件不可動移的事實。其理由可以有種種不同的説法，但我相信這未必是由於古文是死的，是貴族的文學。」實際上，古文「所用的字十之八九是很普通，在白話中也是常用的字面。你説他死，他實在還是活着的。……或者有人説所謂死的就是那形式——文體，但是同一形式的東西也不是沒有好的；有些東西很為大家所愛，這樣捨不得地愛，至於硬説他是古白話，收入(狹義的)國語文學史裏去了。那麼這種文體也似乎還有一口氣。」這雖未點名，已明確是專門針對胡適而言了。

在文章最後，周作人用一句話「警告做白話文的朋友們」，要大家「緊防模擬」。並進一步點出了攻擊胡適的主題。他説：「白話文的生命是在獨創，並不在他是活的或平民的。一傳染上模擬病，也就沒了他的命了。模仿杜子美或胡適之，模仿柳子厚或徐志摩，都是一樣的毛病。」[24]的確是「攘臂下車」了。到1932年，周作人在其系列演講〈中國新文學的源流〉中，仍就以上諸點正式提出不同意胡適的看法，語氣反較平和；蓋那時已事過境遷，與胡適的關係也改善了。[25]

但是，作為新文化運動主要人物之一，周作人也面臨與胡適相同的「我們」與「他們」問題。在有意的層面，他也像胡適一樣強調新文化人與清季人的區別，故指出：清季的「白話運動是主張知識階級仍用古文，專以白話供給不懂古文的民眾；現在的國語運動卻主張國民全體都

23 本段及下兩段，參見周作人：《藝術與生活·國語文學談》，上海：中華書局，1936年，121–129頁。

24 這裏説到徐志摩，提示了周作人不滿的出處，顯然是在繼續與所謂「東吉祥胡同」諸人戰。不過胡、徐二位恰都是「英美派」中與他關係較佳者，所以也的確是有點「不得已」。

25 周作人：《中國新文學的源流》，長沙：岳麓書社，1989年，18、55–56頁。

用國語」。在下意識中，周作人自己也仍有明顯的「我們」與「他們」之分。他說：對於國語，一方面要「盡量的使他化為高深複雜，足以表現一切高上精微的感情與思想，作藝術學問的工具；一方面再依這個標準去教育，使最大多數的國民能夠理解及運用這國語」。這意思，也就是先由「我們」來提高，再普及給「他們」。[26]

普及與提高孰先孰後，是文學革命發展到更具建設性的國語運動後越來越受到注意的問題。主要的趨勢顯然是先要普及。周作人在1922年觀察到：那時已有人認為民初的白話文仍「過於高深複雜」。他認為，國語運動中這種專重普及的趨勢看上去似乎更大眾化，其實正體現了清季白話運動由菁英面向大眾這一取向的遺緒。那種「准了現在大多數的民眾智識的程度去定國語的形式的內容」的態度，恰是仍在分「我們」與「他們」的心態，以為國語也不過是「供給民眾以淺近的教訓與知識」。用一句大陸二三十年前通行的話說，這很有些「形左實右」的味道。

周氏提出，國語更主要是作為「建設文化之用，當然非求完備不可」。而民初白話文的缺點，正「在於還未完善，還欠高深複雜」。要建設，就要改造，而改造的主要方向仍是提高。他說：「我們決不看輕民間的言語，以為粗俗，但是言詞貧弱，組織單純，不能敘複雜的事情，抒微妙的情思，這是無可諱言的。」因此，「民間的俗語，正如明清小說的白話一樣，是現代國語的資料，是其分子而非全體。現代國語須是合古今中外的分子融和而成的一種中國語」，除民間現代語外，還要「採納古代的以及外國的分子」。

到1925年，周作人的心態仍徘徊於既想要不分而實則仍在分「我們」與「他們」之間。他說：「我相信古文與白話文都是漢文的一種文章語，他們的差異大部分是文體的，文字與文法只是小部分。中國現在還有好些人以為純用老百姓的白話可以作文，我不敢附和。我想一國裏當

26　本段及以下兩段，參見周作人：《藝術與生活·國語改造的意見》，107–115頁。

然只應有一種國語，但可以也是應當有兩種語體，一是口語，一是文章語。口語是普通説話用的，為一般人民所共喻。文章語是寫文章用的，須得有相當教養的人才能瞭解；這當然全以口語為基本，但是用字更豐富，組織更精密，使其適於表現複雜的思想感情之用。這在一般的日用口語，是不勝任的。」不過，周氏強調，文章語要「長保其生命與活力」，其「根本的結構是跟着口語的發展而定」的。[27]

觀此可知，胡適、周作人那輩新文化人，一方面非常認同於「與一般人生出交涉」的觀點(這裏仍有我們與他們的區別)，一方面又要保留裁定什麼是「活文學」或「國語文學」這個裁判的社會角色。關鍵是，一旦「與一般人生出交涉」成為宗旨，什麼是活文學便不是胡適等所能憑一己之愛好而定，而實應由「一般人」來定。換言之，面向大眾成了目標之後，聽眾而不是知識菁英就成了裁判。在胡適等人的內心深處，大約並未將此裁判的社會角色讓出。胡適關於歷代活文學即新的文學形式總是先由老百姓變，然後由士人來加以改造確認，即是保留裁判角色的典型表述。

這就造成了文學革命諸人難以自拔的困境：既要面向大眾，又不想追隨大眾，更要指導大眾。梅光迪、任鴻雋、林紓都在不同程度上意識到了這一點。梅氏以為，如用白話，「則村農傖父皆是詩人」。任鴻雋有同感，他在給胡適的信中説，「假定足下之文學革命成功，將令吾國作詩者皆京調高腔」。[28]而林紓則對「凡京津之稗販，均可用為教授」這種潛在可能性深以為戒。[29]

在這一點上，「舊派」比「新派」更具自我完善性。傳統的士大夫的社會角色本來就是一身而兼楷模與裁判的，分配給大眾的社會角色是追

27　周作人：《藝術與生活·國語文學談》，123–124頁。

28　《胡適日記》，1916年7月22日、30日，第2冊，440、450頁。

29　「林紓致蔡元培」，附在高平叔編：《蔡元培全集》，北京：中華書局，1984年，第3卷，274頁。

隨；追隨得是否對，仍由士大夫裁定。兩造的區分簡明，功能清晰。但對民初的知識人——特別是有意面向大眾的知識人——來說，事情就不那麼簡單了。所有這些士大夫的功能，現代知識人似乎都不準備放棄；但他們同時卻又以面向大眾為宗旨。這裏面多少有些矛盾。關鍵在於大眾如果真的「覺醒」，自己要當裁判時，知識人怎樣因應。假如稗販不再是「可用為教授」，而竟然「思出其位」，主動就要作教授，那又怎麼辦？林紓已慮及此，新文化人卻還沒來得及思考這一問題。

整個五四新文化運動期間及以後相當長一段時間裏，這是努力面向大眾的知識菁英所面臨的一個基本問題，也是新文化人中一個看上去比較統一而實則歧異甚多的問題。魯迅似比一般新文化人要深刻，他已認識到「民眾要看皇帝何在，太妃安否」，向他們講什麼現代常識，「豈非悖謬」？[30] 正如湯茂如在 1926 年所說：「梁啟超是一個學者，梅蘭芳不過是一個戲子。然而梁啟超所到的地方，只能受極少數的知識階級的歡迎；梅蘭芳所到的地方，卻能受社會上一般人的歡迎。」所以魯迅乾脆主張「從智識階級一面先行設法，民眾俟將來再說」。[31]

這裏還有着更深層的因素——「文學」本是一個近代才引進的新概念，那時正發生着雙重的改變。如朱維之所說：「從前的小說與戲劇，不過是消閒品或娛樂品；而今卻於娛樂中發揚時代的精神，以藝術為發揮思想與感情的工具，且為批評人生、指導人生的工具。其使命之重大，和從前相去更不可以道里了。」進而言之，「從前的文字是貴族的，是知識階級的專有物，平民不能顧問」。現在剛好反過來，大家「不重視貴族文學，而重視平民文學了」。[32]

---

30 「魯迅致徐炳昶」（1925 年 3 月 29 日），見《魯迅全集》，北京：人民文學出版社，1981 年，第 3 卷，24–25 頁。

31 湯茂如：〈平民教育運動的使命〉，載《晨報副刊》，1927 年 1 月 25 日，10–11 頁。

32 朱維之：〈最近中國文學之變遷〉，《青年進步》，第 117 期（1928 年 11 月），36 頁。

　　中國傳統最重讀書，對讀書識字的推崇，幾乎已到半神話的「敬惜字紙」程度：凡有字之紙皆具象徵性的神聖地位，不能隨便遺棄，須送到專門的容器中焚燒，而不是作為「資源」回收。今日已不多見的「字紙簍」，在民初是個與「故紙堆」相關聯的概念，常用來指謂「落伍」；[33] 其實也是「敬惜字紙」傳統的延續，即「字紙」必須與其他廢棄物有所區分。這樣對文字的推崇，透露出對學問（或今人愛說的知識）的特別尊重。高本漢（Bernhard Karlgren）對此深有體會，他說，中國人「對於文字特別的敬愛」，是「西洋人所不能理會的」。這是因為，「西洋文字是由古代遠方的異族借得來的」，而「中國文字是真正的一種中國精神創造力的產品」。[34]

　　在這樣的文化傳統裏，當文學是文字之學甚至「經國之大業、不朽之盛事」（曹丕語）的時候，它既是「載道」的工具，也常常是讀書人身心的寄託。到近代成為 literature 意義的「文學」時，其社會地位已大不相同了。以前廣義的文學還可能是貴族的，同時也可以具有某種指導性的功能；當文學從廣義變為近代西方那種狹義時，排除了貴族性，也揚棄了曾經的指導功能。

　　問題是，在文學從廣義變為狹義的同時，它的功能卻又在發生根本的質變。小說、戲曲一類狹義的文學，乃是過去上層讀書人不齒、或雖參與（包括創作和欣賞）卻不標榜的內容；如今其功能又從消遣上升到指導，轉變不可謂不大。而這類「文學」的作者和讀者，又都在發生類似的從「貴族」到「平民」的轉變。且此轉變不僅限於「文學」層面，也表現在思想和社會層面。

33　如許德珩就曾主張「把舊時讀死書的書呆子從字紙簍裏拖出來，放到民族自救的熔爐裏去」。許德珩：〈「五四運動」的回憶與感念〉，《世界學生》，第1卷，第5期（1942年5月），9–10頁。

34　高本漢著、張世祿譯：《中國語與中國文》，北京：商務印書館，1933年，84頁。

　　胡適曾自稱他的新詩像一個纏過腳又放大的婦人，[35]後來也多次引用這一比喻。則其對自己的文學定位，似乎也有所自覺（雖不一定方位準確）。他在推動文學「革命」的同時，潛意識中確實暗存傳統的菁英觀念。朱維之就注意到，胡適在其〈五十年來中國之文學〉中，把嚴復、林紓、譚嗣同、梁啟超、章太炎、章士釗等人的文章作為「近二十年來文學史上的中心」。其實「他所說的文學，不過是『文章』而已」，並不是「近十年來一般青年的文學觀念」。[36]

　　這裏「文學觀念」的不同，正隱含甚至明示着代際的差別。胡適比喻中的那些「天足」女子，其實已是另一代人。很多白話文的作者，從思想到社會的認同，都更接近「平民」，並有自己的「文學觀念」。他們一面追隨着「貴族」，一面又對其「指導」心存疑慮。其結果，就像梁啟超當年所說的「新民」——「新民云者，非新者一人，而新之者又一人也，則在吾民之各自新而已」。[37]既不很願意接受「貴族」的「指導」，便只能自己指導自己，在游泳中學習游泳。

　　轉變中的文學，又遇到了革命，其多重的尷尬，還不止此。所謂的新「文學觀念」，正像胡適等提倡「國語」，本受到外在的影響。胡適主張「國語的文學，文學的國語」，其思想資源正是歐洲文藝復興以國語促民族國家的建立的先例。[38]但他在具體的論證中，明顯是重「白話」而輕「文言」。朱經農看出了其間的緊張，以為「『文學的國語』，對於『文言』、『白話』，應該並採兼收而不偏廢」。其重要之點，「並非『白話』，亦非『文言』；須吸收文字之精華，棄卻白話的糟粕，另成一種『雅俗共賞』的『活文學』」。[39]

35　胡適：《嘗試集・四版自序》（1922年3月），見《胡適全集》，第10卷，43–44頁。

36　朱維之：〈十年來之中國文學〉，《青年進步》，第100期（1927年2月），209頁。

37　梁啟超：《新民說》，見《飲冰室合集・專集之四》，3頁。

38　胡適：〈建設的文學革命論——國語的文學，文學的國語〉（1918年4月），見《胡適全集》，第1卷，52–68頁。

39　「朱經農致胡適」（1918年6月），收入〈答朱經農〉，見《胡適全集》，第1卷，80頁。

　　當年意大利的方言，針對着大一統的拉丁文；而中國的「白話」和「文言」，卻皆是本土的。朱經農看出胡適因新舊之爭而無意中帶有些「去國」的意味，故強調應把「國」置於新舊之上。當「過去是外國」時，學文言略近於學外文。這「外文」確有非我（非當下之我）的一面，也承載着某種超越特性。且其「非我」僅體現在時間上，那異己程度遠非真正的外文可比。這樣，以前中國人的教育，類似於從小學外文，又借助這超越的文字，克服空間和時間之方言的隔閡。如高本漢所說：在中國「這個大國裏，各處地方都能彼此結合，是由於中國的文言，一種書寫上的世界語，做了維繫的工具」。中國歷代「能保存政治上的統一，大部分也不得不歸功於這種文言的統一勢力」。[40]

　　在士為四民之首時，讀書人本是社會的榜樣，於是通過能夠運用此「超越文字」的群體，形成思想和社會的重心，以凝聚整個的民族。近代民族主義學理傳入，基本在讀書人中討論，因早有書面文字的一統，中國不像歐洲那樣特別需要一個獨立的口語。但當一部分士人想要跨出傳統論域而訴諸菁英以外的追隨者時，白話和國語（統一的口語）的重要性隨之而增；而白話和國語的興起，又進一步使民族主義走向下層。然從更具體的層面細看，更本土的「國語」，功效反而不如帶有歐化色彩的「白話」。因前者面向大眾，而後者更多針對邊緣知識青年。那時頗具理想主義且真想做點什麼的，是邊緣知青而不是大眾。換言之，新文化人想要生出交涉的「一般人」，並非一個整體。

　　過去研究文學革命，雖然都指出其各種不足，但一般尚承認其在推廣白話文即在試圖「與一般人生出交涉」方面的努力和成功。其實恰恰在這一點上，文學革命只取得了部分的成功。胡適晚年自稱：「在短短的數年之內，那些〔白話〕長短篇小說已經被正式接受了。」[41]實際上，

40　高本漢：《中國語與中國文》，49–50頁。

41　《胡適口述自傳》，164頁。

最接近「引車賣漿者流」的讀者反而在相當時期內並不十分欣賞白話文學作品，張恨水就同樣用「古文」寫小說而能在新文化運動之後廣泛流行，而且張氏寫的恰是面向下層的通俗小說。這很能說明文學革命在白話方面的「成功」其實還應做進一步的分析。

從銷售的數量言，二三十年代文言小說恐怕不在白話小說之下。美國學者林培瑞 (Perry Link) 已作了很大努力去證實讀文言小說的那些人，就是以上海為中心的「鴛鴦蝴蝶派」早已生出交涉的「一般人」。[42] 不過，文言小說在相當時期裏的風行雖然可用統計數字證明，文學革命許多人自己的確沒有認識到，恐怕也不會承認，他們在「與一般人生出交涉」方面竟然成功有限。很簡單，他們自己的文學作品也確實很能賣，同樣是不斷地再版。這就提出一個新的問題，文學革命者們到底與什麼樣的「一般人」生出了交涉呢？或者說，究竟是誰在讀文學革命者的作品呢？

三、新文學作品的實際讀者

後來的事實表明，在相當長的一段時間裏，接受白話小說者只是特定的一部分人。他們中許多是從林譯文言小說的讀者群中轉過來的，有的更成了後來的作者 (如巴金)。另一些大約也基本是嚮往新潮流或走向「上層社會」的知識青年，如魯迅所曾見的以帶着體溫的銅元來買新小說的學生。[43]

新文學作品的實際讀者群，就是處於大眾與菁英之間的邊緣讀書人，主要是年輕人。前引陳獨秀所說「中國近來產業發達，人口集中，

42　Perry Link, *Mandarin Ducks and Butterflies: Popular Urban Fiction in Early Twentieth-Century China*, Berkeley and Los Angeles, 1980.

43　魯迅：〈寫在《墳》後面〉(1926年)，見《魯迅全集》，第1卷，285頁。

白話文完全是應這個需要而發生而存在的」一段話，余英時師已用來對新文化運動的社會基礎進行了簡明的考察分析。[44]若仔細觀察，陳獨秀所說白話文的社會背景，實際上就是指謂那些嚮往變成菁英的城鎮邊緣知識青年。[45]以白話文運動為核心的文學革命，無疑適應了這些介於上層讀書人和不識字者之間、但又想上升到菁英層次的邊緣讀書人的需要。

像孔子一樣，胡適希望能夠向學的人都有走進上等社會的機會，所以他特別注重教育與社會需求的關聯。他剛從美國回來時就注意到：「如今中學堂畢業的人才，高又高不得，低又低不得，竟成了一種無能的遊民。這都由於學校裏所教的功課，和社會上的需要毫無關涉。」[46]且不管胡適所說的原因是否對，他的確抓住了城市社會對此類中學生的需要有限這個關鍵。而高低都不合適，正是邊緣知識人兩難窘境的鮮明寫照。

自己也從基層奮鬥到上層的胡適，非常理解那種希望得到社會承認的心態。他後來說：「小孩子學一種文字，是為他們長大時用的；他們若知道社會的『上等人』全瞧不起那種文字，全不用那種文字來著書立說，也不用那種文字來求功名富貴，他們決不肯去學，他們學了就永遠走不進『上等』社會了！」[47]

所以他有意識地「告訴青年朋友們，說他們早已掌握了國語。這國語簡單到不用教就可學會的程度」。因為「白話文是有文法的，但是這文法卻簡單、有理智而合乎邏輯，根本不受一般文法轉彎抹角的限制」，完全「可以無師自通」。簡言之，「學習白話文就根本不需要什麼

44 余英時：〈中國近代思想史上的胡適〉，見《胡適之先生年譜長編初稿》，第1冊，25頁。

45 關於邊緣讀書人社群及其與新文化運動的關係，說詳羅志田：〈近代中國社會權勢的轉移：知識分子的邊緣化與邊緣知識分子的興起〉，收入其《權勢轉移：近代中國的思想、社會與學術》，武漢：湖北人民出版社，1999年，216–230頁。

46 胡適：〈歸國雜感〉，《新青年》，第4卷，第1號（1918年1月），26頁。

47 胡適：〈《中國新文學大系·建設理論集》導言〉（1935年9月），見《胡適全集》，第12卷，271頁。

進學校拜老師的」。實際上,「我們只要有勇氣,我們就可以使用它了」。[48]

這等於就是說,一個人只要會寫字並且膽子大,就能作文。這些邊緣讀書人在窮愁潦倒之際,忽聞有人提倡上流人也要做那白話文,恰是他們有能力與新舊上層菁英在同一起跑線競爭者。一夜之間,不降絲毫自尊就可躍居「上流」,得來全不費工夫,怎麼會不歡欣鼓舞而全力支持擁護!到五四學生運動後,小報小刊陸增,其作者和讀者大致都是這一社會階層的人。從社會層面看,新報刊也是就業機會,他們實際上是自己給自己創造出了「社會的需要」。白話文運動對這些人有多麼要緊,而他們的支持擁護會有多麼積極,都可以不言而喻了。

據鄧廣銘先生回憶,1923至1927年間他在濟南的山東第一師範念書時,參加了「書報介紹社」。該團體「主要是售書,但出售的都是新文化方面的書,如北邊的新潮社、北新書局、未名社,南方的創造社、光華書局出的書,我們都賣。我自己每天或隔一天利用業餘時間在校門口賣書兩點鐘」。這就是「新文學」的讀者群。鄧先生自己因此「對北大特別崇拜,特別嚮往」,最後終於輾轉考入北大念書。[49]但這些趨新邊緣知識青年中未能考上大學的,當大有人在,他們當然支持白話文運動。

胡適曾指出,外界對文學革命的一個誤解,是他本人「發明了一種簡單化的中國語」(a simplified Chinese language)。不過這誤解其實只在「發明」二字。使中國語言「簡單化」,正是文學革命的主要力量之所在。如胡適自己所說:文學革命之所以能很容易取得成功,其「最重要的因素」就是「白話文本身的簡捷和易於教授」。[50]

48　《胡適口述自傳》,166、163頁。

49　鄧廣銘:〈我與胡適〉,收在耿雲志主編:《胡適研究叢刊》,北京:北京大學出版社,1995年,第1輯,213頁。

50　《胡適口述自傳》,137、154、166頁。注意胡適所說的「最重要」是數個並列,而不是通常的唯一之「最」。

　　胡適自己寫文章，素來「抱定一個宗旨，做文字必須要叫人懂得」；[51]為此而改了又改，就是「要為讀者着想」。胡適關懷的不止是我自己是否懂，而且是「要讀者跟我的思慮走」。這樣努力使自己的文章「明白清楚」的結果是「淺顯」，而淺顯又適應了邊緣知識青年的需要。同時，與一般作者不同，他作文不是「只管自己的思想去寫」，而是「處處為讀者着想」。[52]這樣一心一意從讀者角度出發的苦心，在民初思想接收者漸居主動地位時，也給胡適帶來了意想不到的正面回饋。

　　前已引述，胡適曾明確指出，文學革命就是要提高「大眾所酷好的小說」的地位；而看小說者的地位，當然也隨之升高。如今不僅讀者的地位提高，作者的門檻又大幅降低，能寫字者幾乎人人都可以成為「作家」。這樣的主張既然適應了近代社會變動產生出的這一大批邊緣知識人的需要，更因為反對支持的兩邊都熱烈參與投入，其能夠一呼百應（反對也是應）、不脛而走，就不足為奇了。

　　但邊緣知識人雖常常代大眾立言，卻並不是「大眾」本身。從接收者一面整體看，可以說，原有意面向「引車賣漿者流」的白話小說，只在上層菁英知識人和追隨他們的邊緣知識青年中流傳；而原被認為是為上層菁英分子說法的「文言」，卻在更低層但有閱讀能力的大眾中風行。

　　這個極具詭論意味的社會現象說明，胡適提出的「白話是活文學而文言是死文學」的思想觀念，其實不十分站得住腳。孔子說，我欲仁而斯仁至。那些關心「皇帝太妃」也歡迎梅蘭芳的「一般人」，因其本不嚮往新潮流，也就不怎麼感受到文學革命的「衝擊」，自然也就談不上什麼「反應」了。

51　胡適：〈四十自述〉（1931–1932年），見《胡適全集》，第18卷，71頁。
52　胡頌平編：《胡適之先生晚年談話錄》，北京：中國友誼出版公司，1993年，23、240、66頁；唐德剛譯：《胡適雜憶》，北京：華文出版社，1990年，70頁。

　　這就揭示出，關於文學革命「成功」的認知，從新文化運動的當事人開始，就已有些迷思(myth)的成分。胡適等人在意識的一面雖然想的是大眾，在無意識的一面卻充滿菁英的關懷。文學革命實際是一場菁英氣十足的上層革命，故其效應也正在菁英分子和想上升到菁英的知識青年中間。新文化運動領路人在向着「與一般人生出交涉」這個取向發展的同時，已伏下與許多「一般人」疏離的趨向。這個現象在當時或尚隱伏，然其蛛絲馬跡也已開始顯露了。

第六章

希望與失望的轉折：
五四學生運動前一年

　　1918年11月，第一次世界大戰以協約國戰勝而結束。中國雖號稱
參戰，其實只派出一些勞工，卻因此而成了戰勝國，國人頗有些喜從天
降的感覺。北大文科講師崔適當月賦詩誌慶，其中一首說：「重瀛西去
有威風，不費糇糧不折弓，戰勝居然吾國與，大勳成自段新豐。」[1]梁啟
超當時也觀察到，自歐戰告終「喜報傳達以來，官署放假，學校放假，
商店工場放假，舉國人居然得自附於戰勝國之末，隨班逐隊，歡呼萬
歲，采烈興高，熙如春釀」。[2]兩人不約而同地使用了「居然」一詞，特別
能表述時人那種不戰而勝的意外驚喜。

　　曾因鼓吹參戰而被政敵詬罵的梁啟超並不特別分享這「熙如春釀」
的陶醉狀態，他相當精準地指出，這一次「普天同慶的祝賀」，不過是
「因為我們的敵國德意志打敗仗」；[3]換言之，敵國被他人打敗未必即中國
真正戰勝。但朝野放假歡慶祝的場面是實在的，很多人顯然是真正地興
奮起來了。當時的北大學生許德珩晚年還記得那時「公理戰勝強權」等

1　崔適：〈協約戰勝誌慶詩四首〉之三，載《北京大學日刊》，1918年12月5日，第
　　4版。

2　梁啟超：〈對德宣戰回顧談〉(1918年)，見夏曉虹輯：《飲冰室合集‧集外文》，
　　北京：北京大學出版社，2005年，730頁。

3　梁啟超：〈歐戰結局之教訓〉(1918年)，見《飲冰室合集‧集外文》，756頁。

口號「激動了每一個青年的心弦，以為中國就這樣便宜的翻身了」。從
1918年11月到1919年4月，「這一期間學生們真是興奮得要瘋狂」，而
各種「名流們也勤於講演」。[4]

　　胡適就是其中一位參加講演的名流，他有着與許德珩相類的記憶。
胡適說，當1918年11月11日「停戰的電報傳出之夜，全世界都發狂了，
中國也傳染着了一點狂熱」，他自己也是那些狂熱者中間的一個。[5]然而
高興的時間不長，如許德珩所說，「大家眼巴巴地企望着巴黎和會能夠
給我們一個『公理戰勝』，哪曉得奢望的結果是失望」；絕望的後果則是
眾所周知的「五四」運動。[6]在胡適看來，「正因為有了那六個月的樂觀與
奢望，所以那四五月間的大失望能引起有熱力的反動」；學生的行動固然
是因為「大家都深刻的感覺那六個月的樂觀的幻滅」，但「若沒有那種樂
觀，青年不會有信心，也決不會有『五四』、『六三』的壯烈運動起來」。[7]

　　兩位北大師生共同指出了興奮或樂觀的期間大約有六個月，也同樣
使用了「奢望」一詞來指陳那狂熱甚至瘋狂情緒背後的期盼。儘管那時
一般人很少看到青年的「信心」，胡適對那一系列活動的回憶在細節上
也稍有小誤，但他的事後分析是有所見的：如果沒有前一階段的奢望，
後一階段的絕望和幻滅感不會那樣強烈。

　　對北伐前的民國而言，五四運動像是一個分水嶺，大致區隔了時代
潮流。過去較多注重「五四」帶來的變化，但「五四」前夕中國社會各界
從希望到失望的急劇轉折，揭示了不少影響深遠的面相。當時的政治和
思想走向呈現出特別明顯的內外纏結、由外及內的傾向，朝野新舊共同
感覺到世界新潮流排山倒海般蕩激而來，「過激主義」的流行伴隨着上

4　許德珩：〈「五四」運動六十週年〉，見《文史資料選輯》（我所用的是北京：中國
　　文史出版社1986年合訂本，下同），第61輯，19頁。

5　胡適：〈紀念「五四」〉（1935年4月29日），見《胡適文集》，北京：北京大學出版
　　社，1998年，第11冊，576頁。

6　許德珩：〈「五四」運動六十週年〉，見《文史資料選輯》，第61輯，19頁。

7　胡適：〈紀念「五四」〉，見《胡適文集》，第11冊，578頁。

層知識精英的激進，以會議方式解決問題的嘗試最終失敗，學生作為一個社群在政治生活中逐漸興起，這些因素在不同程度上影響了後來的政治取向和政治行為，還可以進一步探索。[8]

下面側重考察當時的讀書人群體，擬採「見之於行事」的方式，希望如陳寅恪所云，在研求史料文本時「旁採史實人情，以為參證」；[9] 即不僅寫實，亦兼寫意，在史事重建的同時，更從情緒和心態視角擷取時人關注的重點，特別是那些帶有傾向性而又往往為我們既存史學言說所忽略的面相，試呈現史事神韻之一二，[10] 期對認識後五四時期的政治走向稍作鋪墊。

一、公理戰勝的樂觀

前引梁啟超使用的「普天同慶」一語，相當傳神地表述出大戰結束後北京的歡慶場面。陳獨秀眼中「萬種歡愉」的場面是「旌旗滿街，電彩

8　追溯「五四」淵源的研究其實已經不少，各種五四運動史都涉及之，而最直接的有陳萬雄的《五四新文化的源流》(北京：生活‧讀書‧新知三聯書店，1997年)，然對這一「近因」多點到為止，僅彭明的《五四運動史》(北京：人民出版社，1984年) 所述稍詳 (244–250頁，其中還有兩頁是討論威爾遜的「十四條」主張)，更具體的論述似尚不多見。徐國琦關於中國與第一次世界大戰關係的新著有專章討論巴黎和會及中國人對新世界秩序的探尋，參見 Xu Guoqi, *China and the Great War: China's Pursuit of a New National Identity and Internationalzation*, Cambridge: Cambridge University Press, 2005, pp. 244–277. 衛金桂的《歐戰與中國社會文化思潮變動研究》(香港：香港拓文出版社，2003年) 專論一戰對中國思想界的影響，此書雖是據作者2001年畢業的博士論文改寫，然表述風格相當獨出心裁，全書與既存研究基本不發生關係，除轉引史料外幾乎未見引用近二三十年的論著，連列在參考書目中作者導師的相關論文也未見一引。

9　陳寅恪：〈「薊丘之植，植於汶湟」之最簡易解釋〉，見《金明館叢稿二編》，上海：上海古籍出版社，1980年，262頁。

10　金毓黻曾說，「論學首貴析理」，而論事則「需兼及情與勢；情浹而勢合，施之於事，無不允當矣」。見金毓黻：《靜晤室日記》，1920年3月18日，瀋陽：遼瀋書社，1993年，第1冊，11頁。

照耀，鼓樂喧闐，好不熱鬧；東交民巷以及天安門左近，遊人擁擠不堪」。[11]北大學生張厚載看到「連日各方面歡呼慶祝，一片歌舞承平之聲浪」；他自己「躬逢其盛」，也感到「莫大之光榮」。[12]而且這是一次民間推動、政府主導並與民間熱情及時互動的慶賀活動。從11月14日起，教育部特令京中各校放假慶祝，由半天而延長到數天；中央政府本身也不落人後，在總統府開大會慶祝，並在天安門舉行閱兵式。[13]

先是世界性的歐戰協濟會發起全球募捐，以解決軍人和勞工的善後問題，並請中國參與。中國方面旋即由「有勢力之中國士夫」組成歐戰協濟會中國委員會，以協和醫學校的顧林 (Roger S. Greene，中文名又作顧臨) 為會長。其〈勸捐緣起〉說，中國「對於歐戰，迄未能大有為力之處」，而此等捐助與派兵派工人等相類，「均足使外邦視中國民族，同起敬愛之心；且於和會時討論關於中國所有利益問題，亦足以增加其民族代表之尊嚴」；故不僅樂善好施所當為，「中國為自謀起見，亦應慷慨輸將」，對此捐助「倍加盡力」。[14]

在顧林和基督教青年會步濟時 (John S. Burgess) 的具體推動下，北京學界定於11月14日 (星期四) 下午舉行遊街大會，「以助歐戰協濟會慶典」。這一本是捐款的行為實際變成中國方面慶祝戰勝的一項活動，得到教育部大力支持，教育總長特允各公立學校放假半天以參加遊街會，並在天安門附近搭建一高台，供檢閱和演講之用。而北大主動將放

---

11 陳獨秀：〈克林德碑〉(1918年)，見任建樹等編：《陳獨秀著作選》(以下徑引書名)，上海：上海人民出版社，1993年，第1卷，409頁。

12 謬子：〈最近北京劇界之樂觀〉，載《晨報》，1918年12月1日，第7版。

13 〈連日慶祝戰捷之盛況〉，載《晨報》，1918年12月1日，第3版。慶賀當然不止在北京，如「開封舉行慶祝世界和平大會，參加的學生兵士有三千多人」，會場上不乏「重見青天，載歌載舞；奠世界和平於萬年」一類非常樂觀的祝詞。參見張朋園等：《郭廷以先生訪問紀錄》(以下徑引書名)，台北：中央研究院近代史研究所，1987年，83頁。

14 〈歐戰協濟會勸捐緣起〉，收入〈本校極力贊助之歐戰協濟會〉，載《北京大學日刊》，1918年11月12日，第2–3版。

假時間延長為一整天，要求學生與會時「一律身着乙種禮服（袍子馬褂），以示整齊」。[15]

由於會議效果出乎意料的好，北大決定延長停課，「要求教育部把此臨時講台，借給北大師生，繼續演講」兩天。故15和16日兩天，北大在天安門外單獨舉行了演講大會。校長蔡元培兩日均有演講，而文理科學長等教授也都有演講。據胡適的回憶，「演講時間，每人限以五分鐘；其實，每人亦只能講五分鐘，因為彼時風吹劇烈，不到五分鐘，講員的喉嚨，已發啞聲，雖欲繼續，亦無能為力了」。由於演講「大受聽者歡迎」，北大進而決定利用政府和教育部當月28至30日舉行慶典的機會，再次停課三天，參加中央公園舉行第二次演講大會，各科教職員和學生均可加入演講。[16]

中央政府定於11月28日在總統府舉行歐戰勝利慶典，並在天安門行閱兵式。教育部大概也感覺前次遊街大會效果甚佳，故決定各校派學生二百人參與28日的慶典，而全體學生都參加30日的提燈大會。據說參加慶典遊行的學校有六十餘所，至少上萬人，是歷來「得未曾有之盛況」。總統徐世昌馬車入天安門時，圍觀之「商民及各校學生鼓掌歡呼，聲如雷動」。28日晚中央公園所開演講大會，「環繞會場者何止萬人」，由眾議院議長王揖唐主持，總統府秘書長吳笈孫代表徐世昌演說，總理錢能訓和參戰督辦段祺瑞等要人也都有演說，尤其後者「引人奮發歡呼」到「其勢若狂，此殆從來所僅見之景象」。[17]

15　參見〈顧、步二君為歐戰協濟會事致校長函〉，載《北京大學日刊》，1918年11月13日，第4版；〈本校佈告〉，載《北京大學日刊》，1918年11月13日，第1版。

16　胡適：〈五四運動紀念〉(1928年5月4日)，見《胡適文集》，第12冊，724–725頁；〈本校將舉行第二次演講大會〉，載《北京大學日刊》，1918年11月27日，第2–3版；〈本校特別啟事〉，載《北京大學日刊》，1918年11月27日，第1版。

17　按參加人數各說不一，《晨報》說約萬人，《大公報》說約三萬人，還有說達五六萬人者。見〈北京學界遊行會誌盛〉，載《大公報》，1918年11月15日，第1張；〈慶賀協約國戰勝大會參觀記〉，載《大公報》，1918年11月30日，第1張；〈中央公園之國民慶祝大會〉，載《大公報》，1918年11月30日，第1張；〈連日慶祝戰捷之盛況〉，載《晨報》，1918年12月1日，第3版。

北大對此活動的具體規定頗有意思：凡因參與閱兵式和提燈大會之
籌備、演習者，缺課均「不記曠課」；而不參與提燈會演習者，則反「以
曠課論」。[18] 這類稍顯反常的規定，與一再停課的舉措，既體現出學界對
「戰勝」的興奮和熱情，也顯露出因好消息來得突然而有些不知所措，
甚或反映出某種因過去「參戰」不力而急於對世界局勢做出更多貢獻的
彌補心態。[19] 積極參加慶賀的李大釗便在反思「學界舉行提燈，政界舉
行祝典」的活動，多少有些「強顏取媚，拿人家的歡笑當自己的歡笑，
把人家的光榮做自己的光榮」。[20] 而陳獨秀則明言不欲參加活動，因為他
「覺得此次協約戰勝德國，我中國毫未盡力，不便厚着臉來參與這慶祝
盛典」。[21]

但多數人顯然是喜出望外的，11月中下旬的北京已近嚴冬，在凜
冽的寒風中站立高台之上，又沒有今日的音響設備，還要讓盡量多的聽
眾實有所聞，的確會在短時間內就聲嘶力竭。以每人五分鐘的時間而能
連續兩次演講數天，參與者的踴躍可以想像。如果胡適的回憶不錯，當
時蔡元培「興致最高」，他「最熱心，也最樂觀」，正是他「向教育部借了

18 〈未來之慶賀協商國戰勝大會〉，載《北京大學日刊》，1918年11月22日，第3–4
版；〈本校佈告〉（數件），載《北京大學日刊》，1918年11月27日，第1版。而
且，北大對學生缺席以「連坐」方式懲戒之，即並不點名，「僅記何班是否全到。
苟有規避不到者，請本班同學自檢舉之，然後施以相當之懲戒」。參見蔡元培：
〈對北大學生全體參與慶祝協商戰勝提燈會之說明〉（1918年11月），見高平叔
編：《蔡元培全集》（以下徑引書名），北京：中華書局，1984年，第3卷，224
頁。

19 中國朝野稍早對於是否「參戰」曾有較大的爭議，那固然受國內政爭的影響，但
也表現出一種相對隔膜的心態；今日表述為「世界大戰」的這一戰事，在當年基
本是以「歐戰」出之，顯然更多視為「他人之事」。在這段時間中，一些人已開始
用「世界大戰」來取代「歐戰」。在某種程度上或可以說，這次「戰勝居然吾國與」
拉近了中國與「世界」事務的距離。

20 李大釗：〈Bolshevism的勝利〉（1918年12月），見李大釗研究會編：《李大釗文
集》（以下徑引書名），北京：人民出版社，1999年，第2冊，241頁。

21 陳獨秀：〈克林德碑〉（1918年），見《陳獨秀著作選》，第1卷，409頁。

天安門的露天講台，約我們一班教授做了一天的對民眾的『演說大會』」，體現出這些知識精英「政治興趣的爆發」。[22]

蔡氏為演講定調說：「我們為什麼開這個演說大會？因為大學職員的責任並不是專教幾個學生，更要設法給人人都受一點大學的教育，在外國叫作平民大學。這一回的演說會，就是我國平民大學的起點。」[23]胡適注意到，「這是他第一次借機會把北京大學的使命擴大到研究學術的範圍以外」；從此「北京大學就走上了干涉政治的路子，蔡先生帶着我們都不能脱離政治的努力了」。

兩週後蔡元培以校長身份解釋北大何以用「連坐」方式懲戒缺席提燈會的學生時說：人是群性動物，不能孤立生存。像學校這樣的小群，「不能外於較大之群之國家，尤不能外於最大之群之世界。世界之休戚，國家之休戚隨之；國家之休戚，學校之休戚隨之；學校之休戚，學生之休戚隨之」。校外活動「無形之訓練」，比三天的校內課程更重要，可使參與者「得以放開世界眼光，促起國家觀念」。[24]這與那個一再強調大學僅是研究高深學術機關的蔡元培，顯然有不小的差異。

北大校長這樣公開號召學生走出校園，和國家、世界休戚與共，對後來的事態發展應有不小的推動。當時這些知識精英已相當激進，用北伐後流行的話就是「左傾」。在11月16日的演講中，蔡元培提出「勞工神聖」的口號，並宣佈：「此後的世界，全是勞工的世界。」[25]約兩週後，李大釗在中央公園的演講中重申「今後的世界，變成勞工的世界」；他希望順應世界潮流，「使一切人人變成工人」。[26]

22　本段與下段，胡適：〈紀念「五四」〉，見《胡適文集》，第11冊，576–578頁。

23　蔡元培：〈黑暗與光明的消長〉（1918年11月），見《蔡元培全集》，第3卷，215頁。

24　蔡元培：〈對北大學生全體參與慶祝協商戰勝提燈會之説明〉，見《蔡元培全集》，第3卷，223–224頁。

25　蔡元培：〈勞工神聖〉（1918年11月），見《蔡元培全集》，第3卷，219頁。

26　李大釗：〈庶民的勝利〉（1918年11月），載《北京大學日刊》，1918年12月6日，第4–5版。

　　當然，在慶祝「戰勝」時勞工地位的提升與中國參戰者惟勞工這一事實直接相關，連康有為那時也説，「吾國參戰之功，惟工人最大；則我國所爭議約之事，應以保護華工為最大事」。[27] 但「勞工神聖」出自於蔡元培之口，仍有極大的象徵意義和影響力。[28] 如胡適所説，「那『普天同慶』的樂觀是有感動人的熱力與傳染性的。這種樂觀是民國八年以後中國忽然呈現生氣的一個根苗，而蔡先生就是散佈那根苗的偉大領袖」。[29]

　　胡適後來説，「這樣熱烈的慶祝協約國的勝利」，不一定意味着「我們真相信『公理戰勝強權』」。其實「我們大家都不滿意於國內的政治和國際的現狀，都渴望起一種變化，都渴望有一個推動現狀的機會」。大戰結局似為「一個世界大變局的起點」，我們「也想抓住它作為推動中國社會政治的起點」。這樣的分析或不免稍過理性，而低估了時人那種由衷的歡欣鼓舞；但他反覆説出的「渴望」卻很能代表時人的感覺，畢竟他們「不免都受了威爾遜大總統的『十四原則』的麻醉，也都期望這個新世界可以使民主政治過平安日子」。

　　樂觀、興奮甚至反常後面隱伏着對未來的無限希望，對多數人而言，「新世界」不僅指國外，他們也期待着國內局勢隨之好轉。這些願望表現在當時一系列的「新」名稱之上，如新生命、新時代、新紀元等，具體説得最多的可能是新潮流，總起來當然就是「新希望」。

27　「康有為致陸徵祥」，〈康南海最近之言論〉，載《晨報》，1919年1月9日，第3版。按李永昌已指出「勞工神聖」口號與中國參戰之勞工的關聯，參見其〈覺醒前的狂熱──論「公理戰勝」和「勞工神聖」兩個口號〉，《近代史研究》，1996年，第4期。

28　許德珩便記得「蔡元培校長也在天安門前廣場搭起台來，講演『勞工神聖』」。許德珩：〈五四回憶〉，見中國社會科學院近代研究所《近代史資料》編譯室主編：《五四運動回憶錄》，北京：知識產權出版社，2013年，20–21頁。不過，許德珩在大體相同的回憶文章説的是「蔡元培在中央公園搭起台來，講演『勞工神聖』」。參見〈「五四」運動六十週年〉，《文史資料選輯》，第61輯，19頁。

29　本段與下段，胡適：〈紀念「五四」〉，見《胡適文集》，第11冊，576–578頁。

二、新紀元和新潮流

「渴望起一種變化」的心情對近代中國士人來說可能太熟悉了，而世界大戰的確提示了這樣的可能性。嚴復早在1915年就預言說，「歐戰告終之後，不但列國之局將大變更，乃至哲學、政法、理財、國際、宗教、教育，皆將大受影響」。[30] 到戰爭真要結束時，類似的見解已相當普遍了。張東蓀即說，「歐戰將了，世界潮流一新，吾國之地位，亦漸由不確定而入於確定，是世界易一新生命，吾民族亦必易一新生命」。不過他審慎地表明，所謂「新生命」不過進化之一變相，並不「含可喜之意於其中」。[31]

同樣持審慎態度的還有《晨報》社，該報以為，1918年可能是民國「開國以來最不祥之年」，其間「外憂內患，更起迭乘」，幾無一事「足以稍慰吾人之希望」。但轉折也已出現：「世界大戰既終，國內爭鬥亦息，平和之聲，瀰漫大地。由此而新思想、新潮流、新團體、新事業風起雲湧，氣象萬千；在世界開一新紀元，在吾國闢一新生命。果能順應時變，力圖自新，則起死回生之機，又未必不在今日。」當然，這麼多的「新」不能是表面刷新而內容不變，更須防止「以新名目以行舊罪惡，以新手段達舊目的」。故「吾人之新希望」是「一洗從來舊染，實行表裏革新」。[32]

「新希望」的基礎何在？《晨報》的梁秋水可能代表了很多人的想法，他說，「世界大戰告終，和平會議開幕」，從歐洲到遠東的「一切國際問題，胥將由此會議而解決之」。美國總統威爾遜提出了國際平等、各民

30　嚴復：〈與熊純如書〉（1915年3月4日），見王栻主編：《嚴復集》，北京：中華書局，1986年，第3冊，619頁。

31　張東蓀：〈新生命（一）〉，載《時事新報》，1918年11月7日，第1張，第2版。

32　〈送歲詞〉，載《晨報》，1918年12月31日，第2版；〈祝新〉，載《晨報》，1919年1月5日，第2版。

族自主等正大光明之宣言,「際茲千載一時,世界無論何種民族,皆得表示其民族之希望;我中華民族,抑何獨不然。故吾人對於此空前絕後之和平會議,自不能不有相當希望」。他期待着「從此將入國際歷史之新時代」。[33] 與胡適等人一樣,梁氏的希望與威爾遜相關聯。

這一「新時代」顯然更多是外在的或外來的,至少是時人所謂「世界」的。梁啟超提出,「互助之精神,將為世界之新精神;世界文化,將由此闢一新紀元」。且這是一種與前不同的新互助,「非為私利,非為權力,而為自由平等博愛之協約與聯合,為愛和平重公理之民族之協約與聯合,誠人類互助之一大進化也」。[34] 很多人從德國武力主義的失敗看到中國國內和平的可能(詳後),還有不少人從新紀元中看到了世界「大同」的希望。

蔡元培前述演講中證明黑暗與光明消長的一個例子就是「種族偏見消滅,大同主義發展」。協約國一方為戰爭盡力的包括各色人種,因「義務平等,所以權利也漸漸平等」。而「美總統所提出的民族自決主義」已佔勝利,最體現「大同主義發展的機會」。[35] 與大同最接近的,即是擬議中的「國際大同盟」。梁啟超「信其必為二十世紀中最有光榮之產物」,[36] 蓋其「足以抑止強大國對於弱小國之政治的野心」,中國「自應表示贊成」並促成之,以「託於大國家團體之下,保其地位,圖其發達,以求效用於人類社會也」。[37] 他特別指出,國際大同盟既是「目前最有價值之新問題,而亦多年最有興味之宿題」。[38]

33　梁秋水:〈庚子賠款問題(我國民對於和平會議希望之一)〉,載《晨報》,1918年12月1日,第2版。

34　梁啟超:〈在協約國民協會之演說詞〉(1918年),見《飲冰室合集·集外文》,799頁。

35　蔡元培:〈黑暗與光明的消長〉,見《蔡元培全集》,第3卷,218頁。

36　梁啟超:〈為請求列席平和會議敬告我友邦〉(1918年),見《飲冰室合集·集外文》,725頁。

37　梁啟超:〈歐戰議和之感想〉(1918年),見《飲冰室合集·集外文》,728頁。

38　梁啟超:〈國際同盟與中國〉(1918年),見《飲冰室合集·集外文》,742頁。

「宿題」一詞帶出了與往昔的關聯，梁啟超説，「我國人向來不認國家為人類最高團體，而謂必須有更高級之團體焉，為一切國家所宗主，是即所謂天下也」。故中國思想中所謂政治，「非以一國之安寧幸福為究竟目的，而實以人類全體之安寧幸福為究竟目的。此種廣博的世界主義，實我數千年來政治論之中堅」。他樂觀地指出：「論文明之極致，必以我國古代所謂大同主義為究竟。一切歷史，無非向此極修遠崇高之前路，節節進行。」歐戰證明，「以武力消滅群小，使成一大」的手段已最後失敗；則大同之實現，只能「以『民約』的精神擴而大之，使各國由聯合而漸成為化合」。所以，梁氏對「大同」的新解即是「人類全體大結合共同活動」。[39]

這樣理解「大同」或更多是所謂「現代詮釋」，他的老師康有為未必同意。但康氏那時也從國際大同盟看到了實現大同之可能，他興奮地説：「此次議和，外之為地球大同之漸，內之為中國自由之機，天下古今大事，未有比於此次和議者也。吾昔二十七歲著《大同書》，期世界之大同，三十餘年矣。不意今美總統威爾遜倡國際大會，欲令各國平等自由，以致天下太平，竟見實行之一日，歡喜距躍，不能言狀。」[40]

康有為指出，「孔子立太平大同之義，輕於言治國，而重於言天下」。他以公羊三世説解釋國際關係進程説，「內其國而外諸夏」的亂世講究「國家學」，即「以己國為親而視異國為仇，故日爭奪異國之權利而殺刈異國之人民」；若歐美通過「國際聯盟以求列國之和平」，則是「內諸夏而外夷狄」的升平世，然其對「教化未立」的野蠻小國，仍「不能一視同仁而欺凌之」；只有「今美總統威爾遜發國際同盟之議，求世界之和平，令天下各國，無大無小，平等自由；此真太平之實事，大同之始

39　梁啟超：〈國際同盟與中國〉，見《飲冰室合集・集外文》，743–744頁。

40　本段與下兩段，〈康有為致陸徵祥書〉，〈康南海最近之言論〉；〈康南海最近之言論（二）〉，載《晨報》，1919年1月12日，第6版。

基」。這才是沒有夷狄、天下內外大小若一的太平世。他樂觀地推測此「國際大會必成，而世界永久和平，可望至矣」。[41]

但康氏的樂觀是有保留的，他區分升平世和太平世的一個重要標準在於是否存在「夷狄」：凡因教化、政制等因素視他人 (the other) 為「夷狄」者，仍只是升平世而非太平世。故若「一國交涉之中有不能平等自由者，則必含憤蓄謀，以求必至於平等自由；若不得至，則不憚磨刀枕戈，以求其必至。若是，則和平裂矣」。其具體所指，即「欲救天下百國，先宜救吾中國」。原因很簡單：「中國受列強侵凌，其不平等自由，蓋亦甚矣！吾國人之深怒大憤，蓋亦久矣！」若「吾國中有一事不平等自由者，則國際永久之和平必不得成」。

在這一點上李大釗和康有為觀念接近，他認為，「今日的 Democracy，不僅是一個國家的組織，乃是世界的組織；這 Democracy 不是僅在人類生活史中一個點，乃是一步一步的向世界大同進行的一個全路程」。且「現在全世界的生活關系，已經是脈絡相通」：從前是德國的軍國主義影響世界民主政治，今後亞洲若有一國行軍國主義，「中國的民主政治，總不安寧」；反之，「我們的政局若是長此擾亂，世界各國都受影響」。[42]

因此，擁護民主政治的人，不能只管自己國內的事，「必要把世界作活動的舞台，把自國的 Democracy 作世界的 Democracy 一部分去活動，才能有成功的希望」。他相信國際大同盟可以「蛻化而成」將來的世界聯邦，具體即各國各洲先逐步改組成聯邦，再進一步「合世界人類組織一個人類的聯合，把種界國界完全打破，這就是我們人類全體所馨香禱祝的世界大同」！只有「把那受屈枉的個性都解放了，把那逞強的勢力

41　按康氏口中的「國際聯盟」當為一般所說的「協約國」，而其所謂「國際同盟」才是另一些人所說的「國際聯盟」。

42　本段與下段，李大釗：〈《國體與青年》跋〉(1918年12月)、〈聯治主義與世界組織〉(1919年2月)，見《李大釗文集》，第2冊，248、269頁。

都摧除了，把那不正當的制度都改正了，一步一步的向前奮鬥，直到世界大同，才算貫徹了Democracy的真義」。

由小及大逐步形成「世界大同」是李大釗那段時間反覆申論的主題，他也曾主張中國各階層各社群先組成橫的聯合，直至「各行各業都有聯合，乃至超越國界種界而加入世界的大聯合，合全世界而為一大橫的聯合。在此一大橫的聯合中，各個性都得自由，都是平等，都相愛助，就是大同的景運」。[43]與此相應的新道德也趨向大同：「這次的世界大戰，是從前遺留下的一些不能適應現在新生活、新社會的舊物的總崩頹。由今以後的新生活、新社會，應是一種內容擴大的生活和社會——就是人類一體的生活，世界一家的社會。我們所要求的新道德，就是適應人類一體的生活、世界一家的社會之道德。」亦即「美化的道德、實用的道德、大同的道德、互助的道德、創造的道德」。[44]

其他一些人也思及大同，但沒有康、梁、李那樣樂觀。陳獨秀說，「現在縱然不說大同主義，不說弭兵主義，照德國戰敗的情形看起來，就算將來戰爭仍不能免，也不是軍國主義軍閥執政的國家能得最終勝利的了」；蓋「用兵力侵略土地鎮壓人民的時代，已經過去了」。[45]而國民外交協會幹事陳介也認為，自歐洲會議提倡國際聯盟，「此後雖非世界大同，而於國家與民族之區別，已不似前此之嚴」。[46]他們的具體關注各異，也不那麼樂觀，但都把大同視為一個未來的目標。

至少梁啟超所說的以「互助」為基礎的「新紀元」是那時不少人分享的觀念。李大釗就說，1919年後的時代是「人類生活中的新紀元」，世

43　李大釗：〈由縱的組織向橫的組織〉(1920年1月)，見《李大釗文集》，第3冊，165頁。
44　李大釗：〈物質變動與道德變動〉(1919年12月)，見《李大釗文集》，第3冊，116頁。
45　陳獨秀：〈歐戰後東洋民族之覺悟及要求〉(1918年12月)，見《陳獨秀著作選》，第1卷，431頁。
46　〈國民外交協會講演會補誌〉，載《晨報》，1919年3月8日，第6版。

界大戰和俄、德革命的血好比一場大洪水,「洗來洗去,洗出一個新紀元來。這個新紀元帶來新生活、新文明、新世界,和一九一四年以前的生活、文明、世界,大不相同,彷彿隔幾世紀一樣」。從前都說是優勝劣敗、弱肉強食,現在「知道生物的進化,不是靠着競爭,乃是靠着互助」;今後更「曉得生產制度如能改良,國家界線如能打破,人類都得一個機會同去作工,那些種種的悲情、窮困、疾疫、爭奪,自然都可以消滅」。[47]

李大釗眼中的「人心漸漸覺醒」與「世界革命」相關,取代戰爭的是「生產制度起一種絕大的變動,勞工階級要聯合他們全世界的同胞,作一個合理的生產者的結合」,以罷工為武器「去打破國界,打倒全世界資本的階級」。這「新紀元的曙光」表現為「要求人民的平和,不要皇帝,不要常備兵,不要秘密外交,要民族自決,要歐洲聯邦做世界聯邦的基礎」。他斷言:「這個新紀元是世界革命的新紀元,是人類覺醒的新紀元。」對「黑暗的中國,死寂的北京」而言,這曙光就像「沉沉深夜中得一個小小的明星,照見新人生的道路」。不過李大釗雖注意到革命的流血,他所說的「革命」基本是非暴力的「無血的社會革命」(詳後)。

時人並不諱言革命,蔡元培在天安門首次演說中即提出,百多年前的「法國大革命,把國內政治上一切不平等黑暗主義都消滅了;現在世界大戰爭的結果,協約國佔了勝利,定要把國際間一切不平等的黑暗主義都消滅了,別用光明主義來代他」。[48]總統徐世昌也有類似的看法,他認為協約國在這次戰爭中付出巨大代價,「所博得者,實不外一切思想之更新」。就像「法國革命以後,而自由平等之說大興」一樣,他預料「今後歐美學術言論,恐必有振辟突進之觀」。中國也要引進西方「高尚優

47　本段與下段,李大釗:〈新紀元〉(1918年12月),見《李大釗文集》,第2冊,249–251頁。類似觀點他至少堅持了半年,參見其〈階級競爭與互助〉(1919年7月),見《李大釗文集》,第2冊,335–337頁。

48　蔡元培:〈黑暗與光明的消長〉,見《蔡元培全集》,第3卷,216頁。

美之言論」，以「思想界之更新」而「為國運興隆之左券」。[49]

　　兩位晚清的翰林都提到法國革命，而北大學生羅家倫則看到「一股浩浩蕩蕩的世界新潮」正由西向東，「進太平洋而來黃海、日本海」，其「一定要到遠東是確切不移的」。他明言，1917年的「俄國革命就是二十世紀的世界新潮」。在此新潮衝擊下，「現在的革命不是以前的革命了！以前的革命是法國式的革命，以後的革命是俄國式的革命」；「以前法國式的革命是政治革命，以後俄國式的革命是社會革命」。凡所謂「潮」都是阻擋不住的，中國遲早會被「世界的新潮捲去」。[50]

　　羅家倫關於西來潮流不可拒的說法不必是他自己的創造，梁啟超在清末論述「中國改革之動力，非發自內而發自外」時，就說「世界之風潮，由西而東，愈接愈厲。十八九世紀所演於歐美之壯劇，勢必趨而集於亞東」。利而導之，則功成名立國家安；逆而拂之則身敗名裂國家危。[51]李大釗稍後也說，德國人和日本人已經在討論那不可阻擋的「社會革命的潮流」。這一潮流「雖然發軔於德、俄，蔓延於中歐，將來必至瀰漫於世界」。西方有憲政經驗的國家，對此已早作準備。但他們「不是準備逆着這個潮流去抵抗他，乃是準備順着這個潮流去迎合他」，嘗試以「無血的社會革命」來避免「有血的社會革命」。[52]

　　羅家倫和李大釗的表述很有影響力，傅斯年就曾特別讚賞朝鮮獨立運動那種「非武器的革命」：由於日本不許朝鮮人家藏武器，他們「只能發宣言書，開大會；口咬日本警察」。這精神「看起來好像愚不可及」，然而只要「世界的革命未已，這精神自必續繼下去」；且「順着這世界的

49　〈總統對新聞界演說（續昨）〉，載《晨報》，1918年12月2日，第3版。

50　羅家倫：〈今日之世界新潮〉（1918年11月），《新潮》，第1卷，第1號（1919年1月），19–23頁。

51　梁啟超：〈敬告當道者〉（1902年），見《飲冰室合集・文集之十一》，29頁。

52　李大釗：〈戰後之世界潮流 —— 有血的社會革命與無血的社會革命〉（1919年2月），見《李大釗文集》，第2冊，270–273頁。

潮流，必得最後的勝利」。[53] 在湖南的毛澤東稍後一面歡呼「世界的大潮
捲的更急了！……浩浩蕩蕩的新思潮業已奔騰澎湃於湘江兩岸了」！一
面又「主張群眾聯合，向強權者為持續的『忠告運動』，實行『呼聲革命』」
和「無血革命」，以避免「張起大擾亂，行那沒效果的『炸彈革命』、『有
血革命』」。[54]

蔡元培先已説，「世界的大勢已到這個程度，我們不能逃在這個世
界以外」，只能「隨大勢而趨」。[55] 類此關於世界新潮流只能順而因應、
不能逆反的主張也為很多人分享，《晨報》一位專欄作者説，「大戰既
終，十九世紀文明告一段落，而二十世紀文明方從茲發展。換言之，即
世界由舊時代移入於新時代」。中國「果欲為適應時勢之國，我國民果
欲為適應時勢之國民，第一須求得有方針之教育，第二須其方針無背於
世界之新潮，否則惟有自歸淘汰而已」。[56] 陳博生也認為，「自俄德革命
以來，社會思潮為之一變」。他借日本人之口説：現代世界日趨民主這
一「潮流行將波及東亞，大勢所至，無可幸免。吾人不獨順受之，當進
而歡迎之」。[57]

不過也有人試圖抵禦，陳氏稍後注意到，「近來『危險思想』四個大
字，忽然大流行起來。政府天天在那兒辦防堵的事情，弄得滿城風雨，
大有不可終日的樣子」。[58] 時在成都高師讀書的張秀熟後來回憶説，該校
保守教員就對新潮流「如臨大敵」，他們「天天叫嚷洪水猛獸，教課時間

53　傅斯年：〈朝鮮獨立運動中之新教訓〉(1919年)，《新潮》，第1卷，第4號 (1919
　　年4月)，687–688頁。

54　毛澤東：〈《湘江評論》創刊宣言〉(1919年7月)，見中共中央文獻研究室、中
　　共湖南省委《毛澤東早期文稿》編輯組編：《毛澤東早期文稿》，長沙：湖南出版
　　社，1990年，292–295頁。

55　蔡元培：〈黑暗與光明的消長〉，見《蔡元培全集》，第3卷，218頁。

56　以芬：〈歐戰雜感 (六)〉，載《晨報》，1918年12月23日，第2版。

57　淵泉 (陳博生)：〈警告守舊黨〉，載《晨報》，1919年3月30日，第3版。

58　淵泉：〈什麼叫做危險思想？〉，載《晨報》，1919年6月29日，第3版。

也要來個政治附加，做到他們的『辭而辟之』。我班的主任教師龔煦春，
給我們出了一道『新潮流之捍禦策』的作文題，要我們捍禦」。[59]老先生
在上課時不忘「捍禦」，提示着其暗中或也閱讀新雜誌，反從一個側面
提示出新潮流的影響力。

　　西來的新潮流不僅在思想方面，黃郛和梁啟超等人一直從不同角度
提示國人，一旦歐戰結束，原來無暇東顧的列強會將注意力東移到中
國，在政治、軍事、經濟等方面形成難以逆轉的實質性影響。另一方
面，畢竟新潮流是西來的，一些知識精英試圖溯流而上，到歐洲考察新
思想；而巴黎和會對中國可說是命運攸關，很多人擔憂中國被排斥於正
在進行大改造的「世界」之外，欲順應「國民外交」這一世界新潮而群趨
巴黎，外交問題導致政治重心一度外移。故在列強注意力可能東移之
時，不少中國人的注意力卻在西移（這些內容當另文探討）。

　　而新紀元所包含的一個主題，可能是時人最關注也最為後之研究者
忽視的，就是梁啟超等大力提倡的弭兵。據那時進入開封二中讀書的郭
廷以回憶，1918年「使我們學生很興奮」並使「全國上下對國家前途都抱
着莫大的希望」的事不止歐戰告終，還有「徐世昌當了總統」。中學生們
雖「不知徐世昌是何許人也，但知道他是翰林，是文人；美國總統大多
是文人，現在中國文人居然也可以做總統，當然是可喜的現象」。而「文
人總統當然是主張和平的，因此我們對徐世昌印象好極了」。[60]這又一次
「居然」的使用凸顯出1918年確實有些特別，也很能表現尚武時代「文
治」的不易，文治的可能與對和平的企盼是相互關聯的，確曾給不少人
帶來希望。

59　張秀熟：〈二聲集〉，成都：巴蜀書社，1992年，409頁。
60　《郭廷以先生訪問紀錄》，82頁。

三、對文治的憧憬

先是1918年夏，處於南北戰爭最前線的吳佩孚主動與對面的湘軍聯絡，確立了局部妥協。不久吳氏更連續通電，反對段祺瑞提倡的武力統一，而贊成南北和議。在南北軍事對抗之時，相對少壯的北洋軍人吳佩孚公開反段，其實際意義和象徵意義都不小。[61] 其間的背景雖複雜，一個重要原因是直系馮國璋的代總統任期將滿，因皖系反對而繼任的可能性不大；而以聲望和勢力最可能繼任的段祺瑞又遭到直系的強力反對，也難上任。兩強對峙的局面最終導致雙方都可接受的北洋老文人徐世昌出任總統，開啟北洋時期一個特殊的階段。

作文治總統的困難是明顯的，徐世昌先是通電推辭，在各方勸進後於9月11日通電宣佈同意就任。梁啟超當即上書獻策，其基本建議為二，一是旗幟鮮明地宣示裁兵，以因應「今日全國人所痛心疾首者」；二是從政治到借債的外交重心應由日本轉向英、美、法。他提出，「古今成大業者，在善察群眾心理而利用之」，蓋「群眾心理，政治家之空氣也，可禦之而不可嬰」。而此時「察國內之空氣既甚要，察國外之空氣尤要」。[62]

梁氏分析說，當時「南北問題，戰不能戰，和不能和，形勢已洞若觀火」。徐之通電「於此不落邊際，深為得竅」。但這還不夠，必須有自己的主張「以新天下之耳目，系天下之希望」。最好「勿遽謀統一全國，先謀統一北洋」，此其「下手第一要着」；只要「能統一北洋，全國之統一可立而待也」。而統一北洋的方法在「能禦之而不為所禦」，具體即提出裁兵。「有此倡議，則空氣一變；變而後可以有所乘」；若「不設法造成一種可禦之空氣，則坐成涸鮒而已」。

61　參見李品仙：《李品仙回憶錄》，台北：中外圖書出版社，1975年，47–48頁。

62　本段與下三段，「梁啟超致徐世昌」，1918年9月15日，見《北洋軍閥史料·徐世昌卷》，天津：天津古籍出版社，1996年影印，第8冊，587–598頁。薛剛的碩士論文〈梁啟超與五四運動〉（清華大學歷史系，2005年）先引用了此文。

　　在梁啟超看來，對擁兵自重的軍閥，要像賈誼對付漢之諸侯王的建議，只能以「權勢法制」處置，不宜再加以「仁義恩厚」。只有正式提出裁兵，「堂堂旗鼓播之於天下，以懾南北群雄之氣而杜其口」，然後有調和可言。「必義正詞嚴，示以非如此則吾不能為若輩主。陽剛之氣一伸，或有所懾而就範」。且公開「宣明主義」，可「博中外之同情」，使「舉國輿望增高十倍」；那些「跋扈將軍，雖中或不懌，斷不敢反唇相稽」。若其公然對抗，徐即不就職，彼亦難有人代。他強調，「此着實國家存亡、我公榮辱成敗之絕大關鍵」。

　　且「自今夏西戰場戰勝後，世界形勢大變」；今後外交形勢，「非博英、美、法之信用，則國決無以自存」。一方面，「裁兵之舉，我不倡之，歐戰終後，各國必越俎為我行之，此無可逃避者也。不自動而被動，國不國矣」；另一方面，「今後財政仍非借債不辦」，借債而「仍欲如一年來以東鄰為外府」，也決不可行。曾任段祺瑞派內閣閣員的梁啟超常被人視為親日，但這次他顯然看到了「世界形勢大變」帶來的新選擇。

　　也曾提倡「尚武」的梁啟超稍後公開反省說：中國人本以「愛和平、輕武力」著稱，但「前清之末，鑒於他國武力之發達，亦思效之，而有練新兵之舉。民國以來，益添增軍隊，以為非此不足以立國也」。後來發現「武力主義終不適合中國之國情」，故「今日中國人之所渴望者，為恢復其數千年偃武修文之舊主義」。歐戰結局提供了契機，「德國之武力主義完全失敗，武力主義從此不適用；世界人心，皆已悔悟；今後各國，皆將偃武修文；中國毋庸恐懼，可以實行其主義矣」。[63]

　　他進而明言，過去「眩於德國、日本之驟強，欲效其顰」，致使強國這一「名義為武人所利用」，是「一切俶擾之根原」。故「現在擁兵弄兵之人及將來謀擁兵弄兵之人，實我國民公敵，其運命與國家之運命不能並存」。如今「歐戰將終，世界思潮劇變，即彼真正有力之軍國主義，

63　梁啟超：〈在協約國民協會之演說詞〉，見《飲冰室合集・集外文》，799–802頁。

亦已為世界所不容」，中國那些「竊取名號以營其私」的「偽軍國主義」更不在話下。「武人運命終必隨歐戰完結而消滅」已無疑問，問題在於「我國人自消滅之耶？抑外人代我消滅之耶」？[64] 也就是他曾對徐世昌所說的「自動」或「被動」的選擇。

　　胡適在天安門演講的內容也是「弭兵」，他強調，這次協約國的大勝，「不是『武力解決』的功效，乃是『解決武力』的功效」。前者以為「武力強權可以解決一切爭端。德國就是打這個主意的，我們中國也有許多人是打這個主意的」；後者則認「武力是極危險的東西，是一切戰爭兵禍的根苗」。現在各國主張的對付辦法是「把各國私有的武力，變成世界公有的武力」；具體即各國「組織一個和平大同盟」，公舉一個大法庭，「各國有爭論的問題，不許用武力解決」，而是送請此大法庭審判。如有不聽法庭判決者，「由同盟各國聯合武力去懲罰他」。[65] 這類半帶想像的表述那時相當流行，且均從德國軍國主義的失敗看中國軍閥的末路，頗能反映社會的企盼。

　　徐世昌於10月10日就大總統職，前引梁啟超的分析和建議既凸顯了他將要面對的困難，也揭示了他眼前的機遇。當月25日徐就借助美國總統威爾遜的建議發佈了和平命令。11月歐戰結束，即將召開的巴黎和會讓全世界看到了建立世界新秩序的希望。南北和議在各方推促下迅速進入實際操作階段，終於次年2月20日在上海開幕。儘管「跋扈將軍」的勢力並不那麼容易應對，外交重心由日本轉向英、美、法更不簡單，但中外兩個和會的出現還是讓很多人充滿了希望。

64　梁啟超：〈與《國民公報》記者問答紀〉（1918年10月），見《飲冰室合集·集外文》，722–723頁。

65　胡適：〈武力解決與解決武力〉（1918年11月16日），見《胡適文集》，第12冊，711–713頁。

　　徐世昌在見人談話時，常不忘表示自己也曾「投身軍務，歷有年所」，早年就是「軍界」之一員。[66]同時他更盡量建樹自身的「文治」認同。徐家的世交子弟張達驤後來回憶說，「徐為了迎合人民的心理，標榜自己是文治派，以區別於北洋軍閥」。他定期與名流飲酒賦詩，研究書畫，[67]也注意到新聞界這一近代新興因素的力量。

　　用徐自己的話說，「戊戌以來，每次政治上變革之功，咸歸於報章鼓吹之力」；當時「報紙在社會上之權威，儼有凌駕官吏之趨向」。[68]這並不全是面對新聞記者所說的客氣話，這位文治總統確實希望動員和凝聚各種可能的社會資源來增強自己的力量。報紙當時就注意到，「東海就任以來，對於新聞記者異常注意」。先邀請京滬報界代表談話，以示「尊重輿論之誠意」。又在總統府「特設接待新聞記者之機關，訂於每星期二五兩日派專員接待各報記者」。[69]

　　新總統也多次利用中外記者招待會發表自己的政見，他提請記者注意戰後即將召開的和平會議，因為「歷來國際上種種懸案，其解決挽救，胥於此會議是賴」。雖「折衝之責」在政府，但輿論是「外交最大之後援；樽俎應付之所窮，端賴筆舌以為救濟」。尤其「戰後民族自決主義既已盛行」，他希望各記者能「提撕警覺我國民，勸勉扶持我政府，以貫徹吾國力保權利之主張」。[70]

　　徐世昌以為，「戰後西洋社會之經濟，亦必大有變遷」。各國會將原用於戰事的資本「移以擴充社會，故戰後社會主義之經濟，必日見發舒」。這是中國的機會，「以吾國勞動之眾多，原料之盈足，農產之豐

66　〈總統對外國記者之談話〉，載《晨報》，1919年3月3日，第2版。〈補誌山東代表見大總統詳情〉，載《晨報》，1919年6月26日，第6版。
67　張達驤：〈我所知道的徐世昌〉，見《文史資料選輯》，第48輯，232頁。
68　〈昨日懷仁堂盛會〉，載《晨報》，1918年12月1日，第6版；〈總統對新聞界演說（續昨）〉。
69　〈府中設新聞記者處〉，載《晨報》，1918年12月11日，第3版。
70　〈昨日懷仁堂盛會〉。

饒，苟能使教育普及，常識日充，從致富強，寧云難事」。[71]在次年2月接見外國記者時，他強調，「余之目的乃欲特別注重實業及人民生計之發展；一俟實業振興，則財政自必大有起色」。借歐洲、國內兩個和平會議之東風，「中國國家必能重新改造，求得穩善地位，財政必能恢復原狀。此為余之最大希望」。[72]

這樣的政見的確表現出文治的特色，而新總統注重新聞界、研究書畫的舉措也具有正面象徵；彼時作為道統代表的北大正有著新聞學研究會、畫法研究會等組織，都曾得到校長蔡元培的鼓勵。[73]《晨報》在評論西人對徐世昌的觀感時說，「中國文官為總統者，徐氏為第一人。徐氏生平服膺孔訓，待人接物，和易近人」。雖其「短處在小心過甚，寬大失度，乏堅決之力」；然「喜納人言，素不固執」，且「待友忠善，禦下寬和，能與新舊兩派人融洽，如歐美日留學生皆能與之結交」。[74]

不少人對徐的期許態度也正基於這「文官為總統之第一人」，據沈亦雲回憶，當這位「提倡文治」的總統想借重其夫黃郛撰寫《歐戰後之中國》一書時，黃頗躊躇。嚴修對他說，徐「東海是民國第一次文人當政，無論如何他不至於主戰，宜多輸以新知識，促成其文治主張」。黃乃往北京助徐完成該書。[75]陳獨秀也曾對「文治主義」有所期望，他說，「現時東洋各國的當局，像中國的徐總統，像日本的原內閣，都從文人出身，總算是東洋和平的一線光明，也就是東洋各國國民的真正親善種子」。但若有「軍閥出頭推翻文治主義的當局，那時國民的親善，東洋的和平，便成畫餅了」。[76]

71　〈總統對新聞界演說 (續昨)〉。

72　〈總統對外國記者之談話〉。

73　參見蔡元培：〈北大畫法研究會旨趣書〉(1918年4月)、〈北大新聞學研究會成立演說詞〉(1918年10月)，見《蔡元培全集》，第3卷，156–157、198–199頁。

74　〈西人之徐東海觀〉，載《晨報》，1919年3月11日，第6版。

75　沈亦雲：《亦雲回憶》，台北：傳記文學出版社，1968年，155–156頁。

76　陳獨秀：〈歐戰後東洋民族之覺悟及要求〉(1918年12月)，見《陳獨秀著作選》，第1卷，432頁。

　　而且，這次文人政治的出現是在帝制嘗試和「復辟」失敗之後不久，對文治的憧憬可能依稀帶回一些「民國」剛取代清廷時的那種積極向上的記憶，也可能喚起一些曾經的期待。彼時上層知內幕者或感覺新總統不過掙扎着盡量不作軍人傀儡，不少研究者也憑藉後見之明做出類似的分析；而下面一般人則對文人當政這一形式非常看重，也對文人總統可能起到的作用寄予厚望。

　　前引郭廷以的回憶就很能反映下層讀書人的期待，他並説，「我們最不喜歡看到國家分裂，不喜歡內戰，而徐世昌是反對南北戰爭的」。文人總統的和平命令印證了知識青年的願望，在開封慶祝徐任總統的大會上，他們心裏「充滿了快樂」。隨後歐戰告終，「學生們又大為高興，彼此大談公理戰勝強權，大談威爾遜如何如何主張，這一來世界各國可以平等了，至少我國可與日本平等了，不受日本人的氣了，而世界也將保持永久的和平」。再加上南北即將和談，「不僅國與國間沒有戰爭，眼看國內也將和平統一，全國上下對國家前途都抱着莫大的希望」。[77]

　　這類「充滿了快樂」的心情與北京慶祝「戰勝」的愉悦遙相呼應，一般讀書做官者的心態似乎也較寬鬆。在清代和民國長期為官的何剛德那時觀察到，「近年景德鎮瓷器盛行，大花瓶、大魚缸尤為人所爭購」。他感覺對這些人「無理可喻」，只能警告説：你們「買許多大瓷器，要想到革命時如何搬運」。[78]通常是亂世蓄黃金，盛世才玩器物。可知何氏雖不那麼輕鬆，當時一般人感覺尚不錯。

　　當然看到問題的也還有人在，李大釗較早就曾表示對「文治」的失望，他揶揄説：「武人專制的政治——也可以叫作武亂——已經把我

77　《郭廷以先生訪問紀錄》，82–83頁。國內和平的希望也體現在4月下旬頗多南北軍人自身通電提倡軍人不干政。參見陳獨秀：〈干政的軍人反對軍人干政〉（1919年4月），見《陳獨秀著作選》，第1卷，529頁；〈人云亦云之軍人不干政電〉，載《晨報》，1919年5月8日，第6版。

78　何剛德：〈客座偶談〉，收入其《春明夢錄·客座偶談》，上海：上海古籍書店，1983年影印，卷四，11B頁。按此書序署1922年，據此則這一條大約作於稍前。

們害得很苦。好容易有一位文治派的總統出來，掛了文治主義的招牌，吾儕小民以為一定可以有點希望了，一定可以免『武亂』的痛苦，享『文治』的幸福了。但是盼到如今，只看見了兩件大事，就是秋丁祭孔，國慶日不閱兵。大概文治主義作到這樣，也算是盡其能事了！」[79]但這只是小不滿，且還是先有希望之後的失望。

真正損毀了「文治」形象的，仍與「新思潮」相關。在以蔡元培和林紓辯論為表徵的新舊之爭中，因教育總長傅增湘對北大師生鼓吹「離經叛道」過問不力，乃有參議員張元奇以對教育部提起彈劾案相威脅，一時盛傳要封閉《新潮》雜誌、驅逐北大的趨新教員等。[80]陳獨秀先是引《中華新報》之語說：「大學校非所謂神聖之學府乎？今之當局者非以文治號召中外者乎？其待士也如此，嗚呼！我有以知其前途矣。」繼而他自己更指責說：「在段內閣武治時代，大學倒安然無事。現在卻因為新舊衝突，居然要驅逐人員了。哈哈！文治主義原來如此！」[81]

文治主義而待士尚不如武治時代，「文治」的正當性就此大打折扣。章太炎先就表示對局勢不樂觀，他致某人函說：自己其實也希望「國事清夷，南北衡勢」，但當時「論大法則不可言和，論人材則不可言戰」。南北雙方皆「一之丘貉」，若「中土果有人材能戡除禍亂者，最近當待十年以後，非今日所敢望也」。[82]可見太炎已看出徐世昌之才尚不足以「戡除禍亂」。還有更悲觀者在，即前清中小京官梁濟在大家最快樂的前夕以自殺警示國人。按梁濟在清末曾得到徐世昌的賞識，而他在徐就任一

79　李大釗：〈文治國慶〉（1919年10月），見《李大釗文集》，第3冊，64頁。

80　〈北京大學謠言之無根〉，載《晨報》，1919年3月10日，第2版；〈異哉彈劾教育總長之傳說〉，載《晨報》，1919年3月29日，第2版；淵泉：〈警告守舊黨〉，載《晨報》，1919年3月30日，第3版。參見羅志田：〈林紓的認同危機與民初的新舊之爭〉，《歷史研究》，1995年，第5期。

81　陳獨秀：〈關於北京大學的謠言〉（1919年3月）、〈文治主義原來如此〉（1919年4月），見《陳獨秀著作選》，第1卷，503、519頁。

82　〈章太炎之言論〉，載《晨報》，1918年12月5日，第3版。

個月後自殺，似表出他對新總統的文治不抱很大希望，至少此事未改變
他對世道人心的失望。[83]

四、對共和體制的失望

　　梁濟自殺一事過去也曾為一些學者所論及，然多據《新青年》上陳
獨秀節錄的梁濟遺文抒發議論，林毓生是少數認真研讀梁濟文字之人，
他從中看到了「五四」時期道德保守主義內在的難局。艾愷（Guy Alitto）
對梁濟的討論或最詳細，然也略有誤解。[84]因為梁濟明言自己「系殉清
朝而死」，當時和多數後來人大都由此認知其行為。不過，梁氏曾用了
數年的時間來計劃和安排他自己的棄世，他顯然希望世人按照他之所設
計來認識他的自殺，故應比過去更仔細地考察梁濟遺言中想要表達的意
思。從他反覆的申述看，一個非常明確的主題是他對共和體制的絕望。

　　梁濟一開始就說明，他「系殉清朝而死」，但又並非「以清朝為本
位」，而是以其所學之先聖綱常和家傳遺教為核心的「義」為本位。他進
而說，「效忠於一家一姓之義狹，效忠於世界之義廣。鄙人雖為清朝而
死，而自以為忠於世界」。換言之，他的自殺既是殉清又不止是殉清。
這至少在技術層面是需要說明的，因為清非此時而亡，梁濟自問「殉節
之事，何以遲至數年」？又自己解釋說，當初若死，「純然為清朝亡國，

83　梁濟在清末曾被徐世昌奏調入其主持的巡警部，他的遺言之一即希望時任警察
　　總監的舊同事吳炳湘向徐世昌解釋自己為什麼始終未到徐私宅干謁，希望徐諒
　　解。在他留給袁珏生等五友人的遺書中，也希望吳炳湘代向徐總統舉薦天津人
　　林墨青，是知他對徐世昌也還有所希望。參見梁濟致趙秉鈞書後附頁、梁濟致
　　袁珏生等五人書，梁煥彪、梁煥鼎編：《桂林梁先生遺書》（以下徑引書名），台
　　北：文海出版社影印，159–160、170–171頁。
84　林毓生：〈論梁巨川先生的自殺——一個道德保守主義含混性的實例〉，收入
　　其《中國傳統的創造性轉化》，北京：生活‧讀書‧新知三聯書店，1988年，
　　205–226頁；艾愷著，王宗昱、冀建中譯：《最後的儒家——梁漱溟與中國現代
　　化的兩難》，中譯本，南京：江蘇人民出版社，2003年，10–47頁。

目的太小」；他不能「糊糊塗塗犧牲此身」，要「看明世局弊害」，特別是「觀察明白民國是何景象」，而後有所行動。[85]

最後一語才是關鍵。本來「中華改為民主共和，系由清廷禪授而來」。清之兵力非不能戰，以不忍民生塗炭，乃「以統治權移轉於民國。原謂此為最良政體，俾全國人民共得乂安也」。假如「因禪讓而得民安，則千古美談，自與前代亡國有異」，似乎也可以不必殉節；倘若「徒禪讓而民不安」，則「清朝即亡於權奸亂民之手」，就不能不殉了。梁氏七年來觀察到的現象是「南北因爭戰而大局分崩，民生因負擔而困窮憔悴，民德因倡導而墮落卑污，全與遜讓之本心相反」，故其結論是「清朝亡於權奸賣國」。[86]

在辛亥革命之前，梁濟已看到「近十年來，朝野上下人心風俗敗壞流失，至於不可殫述」。當時的問題是「人敝」而非「法敝」，後者可更改制度以救治，前者只能「從品行心術上認真砥礪，使天下回心向善」。故「救亡之策，必以正心為先」。[87] 正是在此基礎上，他一度以為「革命更新，機會難得」，可借機舒緩社會矛盾。[88] 雖說「國粹莫大於倫常」，不能輕易更改；但若使「全國人民真得出苦厄而就安舒」，則價值相抵，可以「不惜犧牲倫常以行變通之策」。這樣，「辛亥革命如果真換得人民安泰，開千古未有之奇，則拋棄固有之綱常，而應世界之潮流，亦可謂變通之舉」。[89]

他強調，共和與專制應該是平等競爭的關係，「因乎時世，各就其宜而用之」；而不必「作仇敵之勢，互相嫉忌」。民國代清，「吾國開天闢

85 梁濟：〈戊午敬告世人書〉、〈甲寅敬告世人書〉，見《桂林梁先生遺書》，81–83、85、92–93、105頁。按梁氏口中的「世界」多是世道、社會之同義語，未必是地理意義的。

86 梁濟：〈戊午敬告世人書〉，見《桂林梁先生遺書》，86–89頁。

87 梁濟：〈擬呈民政部長官請代遞疏稿〉，見《桂林梁先生遺書》，290頁。

88 梁濟：〈別竹辭花記〉，見《桂林梁先生遺書》，438頁。

89 梁濟：〈《上內務部懇准退職書》書後〉，見《桂林梁先生遺書》，343–344頁。

地之新共和」乃是「數千年一改革之好機會」，若當政者能利用之以「為民造福」，便不「辜負清廷因愛民而犧牲大位之心」；反之，則「此番大舉動」實得不償失。[90]且「以本無共和程度之國，既已改建共和，不能反汗，惟有抱定不忍妨害社會共同生活之心」，視此「數千年改革之大機會」為「可重可珍」，據「以民為主」的「共和之原理」，盡可能「稍分人民之痛苦，減輕人民之憤怒，勿授人民以革命之口實」，或「可以杜再來革命流血慘禍」。[91]

最重要的是，清廷之上還有更為根本的「中國」在；清既禪讓，就是民國在代表中國。故「清國者，數百年一改之國也；民國者，我三古遺傳萬年不改之國也」。此語的確表述得不是特別清晰，[92]然意思還是很容易理解的。梁濟以為，國之長遠存在，必賴有立國之道，即「摶挽國民使不離析之一種信條」以維繫之。從「中國立國之本根」看，曾經「斷送清國」者，也「可以斷送民國」。今「清國已亡，無須戀惜；民國未亡，若不重此立國之道，促使其國不國，豈不大可痛乎」！[93]

這裏最後所說可能不國之「國」，就是超越於政治體制和統治實體變更之上的「中國」。或許梁濟有着比同時代許多人更清醒的國家意識，下面引其文字中所說的「國」，很多時候是指這「三古遺傳萬年不改之國」，有時又是指此「中國」在那前後的階段性表現實體「清朝」或「民國」，解讀之時可能需要注意區分，只要不是特別不清晰，一般不再特別說明。

90　梁濟：〈戊午敬告世人書〉、〈甲寅敬告世人書〉，見《桂林梁先生遺書》，91–92、112–113頁。

91　梁濟：〈甲寅敬告世人書(1918年補寫部分)〉，見《桂林梁先生遺書》，117–121頁。

92　按梁濟在其遺書中曾數次說自己不長於表述，梁漱溟也說他父親「天資不高，所見未免着重事物，稍涉虛渺處即不能知之，於是所見者皆甚簡單」，或不長於理論思考。參見梁漱溟：〈自述〉(1934年)，見《梁漱溟全集》，濟南：山東人民出版社，1990年，第2卷，5–6頁。但從下文可知，梁濟的表述能力雖不能算太高，而其對社會的認識和思考有時則相當深入，超過一般的時人。

93　梁濟：〈甲寅敬告世人書〉，見《桂林梁先生遺書》，109–112頁。

梁濟以為，「欲使國成為穩固之國，必先使人成為良好之人」。[94]正義、真誠、良心、公道等「吾國固有之性，皆立國之根本」。他承認「清季秕政醞釀，風俗日媮」；若民國「有人提倡正義，注重民生，漸漸向好處做去，則世道有人補救維持，不至於黑暗滅絕」，他或可不死。「無奈民國以來，專尚詭謀，不由正義，自上下下，全國風行，將使天理民彝喪失淨盡」，至「全國人不知信義為何物」；若「國性不存，國將不國」，只有以身作則，「以誠實之心對已往之國」，望世人亦「以誠實之心對方來之國」。故其死「非僅眷戀舊也，並將喚起新也；喚新國之人尚正義而賤詭謀，然後舊國性保存一二」。此雖「可以謂之殉清，亦可以謂之殉中國」。[95]

梁濟的棄世經過長時間的預備，他也預測了世人可能的各種反應，如「極端立新」的陳獨秀等，必然會大罵他「頭腦太舊、眼界不高、奴性太深、不知世界大勢」等，惟因新舊「各有是非，我自甘心受之」；而他「最感激」的，是「中下級商賈鄉農勞動窮苦諸色人等」，大多會「極口誇獎」其忠於清廷，其實「未知我心」；只有那些「注重須先有良好人民而後國可以立，不專靠死板法律以為治者」，才是「真能知我心者」。[96]

從其預測中「大罵」和「極口誇獎」這最為對立的兩群體看，至少在梁濟心中，當時趨新知識精英和大眾仍疏隔甚遠。上引最後一語則反映出梁氏對社會問題的觀察相當深入，遠過常人。他曾指出：「今世風比二十年前相去天淵，人人攘利爭名，驕諂百出，不知良心為何事，蓋由自幼不聞禮義之故。子弟對於父兄，又多有持打破家族主義之說者，家庭不敢以督責施於子女，而云恃社會互相監督，人格自然能好，有是理乎？」[97]

94　梁濟：〈戊午敬告世人書〉，見《桂林梁先生遺書》，86頁。

95　梁濟：〈戊午敬告世人書〉、〈留示兒女書〉、〈甲寅敬告世人書〉，見《桂林梁先生遺書》，85–86、96、194–201、112頁。

96　梁濟：〈戊午敬告世人書〉，見《桂林梁先生遺書》，95–96頁。

97　梁濟：〈別竹辭花記〉，見《桂林梁先生遺書》，442頁。

　　這是一個相當深刻的觀察，「家庭不敢以督責施於子女」的現象說明，清季興起的「打破家族主義之說」至少在城市趨新社群中已形成某種思想霸權，並衍化為有力的社會約束和自我禁抑，使督責子女成為「政治不正確」的行為，[98]而拱手將教育的責任委諸社會。在社會責任大增之日，卻適逢思想和行為的「解放」大受提倡之時；社會本身或表述出的「社會輿論」似乎也不便太多干預所謂「私人行為」，於是約束的職責又讓位於法律。如梁濟所見，「今高談法治，先使人放蕩不加拘束，專恃法律萬能，且曰自入軌道，即成大治」；與「先聖治國，必先使人有良心，又敬慎而成事業，所以納民於軌物」的方式大相徑庭。[99]

　　這樣一種將培養教育「人」的職責一層層向外推移的走向，或始於清季的「毀家」之說，使「家庭」或「家族」成為代表「舊」的主要負面象徵之一，形成中國「現代社會」與傳統社會的一大差異（這卻不必是受西潮影響，蓋彼時西方社會中家庭並非負面象徵），是人類歷史上少見的現象，也產生出一系列的社會問題。而法律即使在最理想的狀態，也並無責任和能力來處理那些不到「作奸犯科」程度的社會問題。在民初「自我」得到大力揄揚的時代，卻又實際流行着這樣一種外向的逃避責任取向，不識者固安然無憂，看到問題所在的梁濟卻難得安寧，只好帶着「世界會好嗎」的疑問告別人世。[100]

　　從後見之明看，梁濟棄世的時機選擇實在不佳，幾天後第一次世界大戰以協約國戰勝而結束。他的棄世並未達到其警世目的，甚至沒能影響到多數人的愉快心情。但在多數人普遍樂觀之時，也不應忘記還有一些人具有相當不同的心情。

98　梁漱溟似乎不知父親心中這一層自我約束，在他記憶中，父親對他「完全是寬放」的，甚至「很少正言厲色地教訓過我們」。他「只記得大哥挨過打，這亦是很少的事」，他自己則「一次亦沒有過」。梁漱溟：〈我的自學小史〉（1942年），見《梁漱溟全集》，第2卷，664頁。

99　梁濟：〈戊午敬告世人書〉，見《桂林梁先生遺書》，93頁。

100　梁漱溟：〈自述〉，見《梁漱溟全集》，第2卷，18頁。

其實從一開始報紙上也曾有一些相當審慎的言論，勸告國人不要抱過高的希望。[101] 然而有時思想之禁抑不必皆來自高壓，一片樂觀之聲無形中也刪略了不那麼如意的消息。2月間《晨報》一位署名作者討論「威爾遜主義之勝利」，該文連載三日，而無一語涉及中國事，已是不妙的兆頭。[102] 3月中張東蓀說他已「好幾天不評論時局了，實在是因為『無可說』：說他太高，他不能如我的期望；說他太低，又似乎絕之過甚」；故不如不說。[103] 與此同時，報紙也開始追索和聲討「賣國賊」（詳另文）。這些都反映出部分人的感覺已逐漸向不妙過渡，但似未曾引起足夠的注意，多數人還是充滿了希望。

五、餘論：局勢和情緒的逆轉

可以說，即使在身歷者的認知中，「五四」前一年所意味的實有相當大的差異。儘管章太炎早就不樂觀，而梁濟更看出了社會潛存的大問題，那一年的「民國」在不少方面看起來仍給人以企盼和憧憬的餘地。正因前景似乎不錯，更多人還是寧願看到希望並寄予了希望，於是有次年的大失望。

在當時的中學生郭廷以記憶中，「民國七年年底，思想界彷彿在動了」。在《新青年》發行三年的基礎上，「曾琦等籌辦《救國日報》，言論激烈，影響青年頗大」；同年稍後《每週評論》出刊，其言論較《新青年》

---

101 參見張東蓀：〈新生命〉，載《時事新報》，1918年11月7–9日，皆第1張，第1版；〈發刊詞〉，載《晨報》，1918年12月1日，第2版（按該報曾一度停刊，這是重新出版時的發刊詞）；〈送歲詞〉，載《晨報》，1918年12月31日，第2版；〈祝新〉，載《晨報》，1919年1月5日，第2版。

102 某公法家：〈威爾遜主義之勝利〉，載《晨報》，1919年2月21–23日，均第6版。

103 東蓀：〈虛偽與衝動〉，載《晨報》，1919年3月17日，第3版。

更激烈，「煽動性大極了」。[104]而當年還有一個正逐漸浮出水面的新動向，即學生輩的興起。1918年初，傅斯年和羅家倫以北大「文科學生」的身份在《新青年》4卷1號分別發表〈文學革新申義〉和〈青年學生〉，顯示出學生一輩不論思想和學養或皆不在老師輩之下，而行文之流暢似尚過之。

同年秋，與歡慶「戰勝」和憧憬「文治」約略同時，傅斯年等開始籌辦學生自己的刊物《新潮》，於1919年出版。[105]這份刊物再次表明弟子不必不如師，江南一位青年學生施存統便認為，當年風行的文學革命，「《新青年》雖早已在那裏鼓吹，注意的人還不多」，這塊「招牌也是有了貴誌才豎得穩固的」。在他眼裏，「民國八年有一件極好的現象，就是出了許多新的東西；這個新的東西，是實行一切革命的基礎」。其中當然包括《新潮》，「喚起多少同學的覺悟，這真是你們莫大之功」。他把這一年看作「上學的時代」，各處同學「一天進步一天，這真是中華民國的大希望」。[106]

與青少年的充滿希望相比較，成年人的樂觀要審慎一些，《晨報》一開始就對「舉國上下，方且嬉嬉昏昏於賀戰勝、講和平之空氣中，以為從此無事，可以優然各安其私」的現象提出警告：在外交上，中國此前「藉以苟息於國際」的是「門戶開放、機會均等」，這個局面「是否可以恢復不變」？在思想方面，歐洲「軍國主義覆而社會主義大張」的趨勢所向披靡，「吾國民之思想能力，是否能與之因應而受其益」？兩者皆無把握。不過，儘管過去常有失望的經歷，「希望之心，人情所不能自已」，

---

104 《郭廷以先生訪問紀錄》，81頁。按郭廷以的回憶很能印證蕭純錦稍後所說，言論「愈激烈則愈足以聳觀聽」。見蕭純錦：〈中國提倡社會主義之商榷〉，《學衡》，第1卷，第1期（1922年1月），1頁（文頁）。

105 李小峰：〈新潮社的始末〉，見《文史資料選輯》，第61輯，82–85頁。

106 施存統：〈致《新潮》雜誌〉（1919年），《新潮》，第2卷，第2號（1919年12月），368頁。

且1918年末可望者「猶有幾希之尚存」，故仍希望中國能從此「一洗從來
舊染」。[107]

　　審慎者的希望已是這樣的根本性大轉變，很能體現時人那種畢其功
於一役的心態。結果，如郭廷以所回憶：「巴黎和會有關山東問題的決
定對滿懷希望的國人不啻潑了一盆冷水。」曾經高興的「學生們十分憤
慨」，大家爭看言論最激進的報紙，「每當一件不幸的消息傳來後，我們
同學就在操場三三五五、議論紛紛，大談國家大事」，終隨北京學潮而
「動起來了」。操場既成「交換情報和意見的場所」，聚在那裏的學生之心
思自漸疏離於課業。信如郭氏所言，「『五四運動』實在不是偶然的」。[108]

　　以前梁啟超曾自感情緒過熱而思「飲冰」以降之，這次的「一盆冷水」
則是外來的，且因樂觀太甚而顯得突然。前引許德珩所説「大家眼巴巴
地企望着巴黎和會能夠給我們一個『公理戰勝』」，是非常傳神的描述。
胡適後來也説，當年陳獨秀和蔡元培這些「威爾遜主義麻醉之下的樂觀
者」帶動「一般天真爛漫的青年學生也跟着他們渴望那奇蹟的來臨」。一
旦壞消息傳來，「這個大打擊是青年人受不住的。他們的熱血噴湧了」，
結果是「一個壯烈的愛國運動」。[109]

　　梁啟超次年反思道：「我們中國人一年以前期望國際聯盟未免太奢
了，到了如今，對於他的失望又未免太甚了。」當初「威爾遜一班人調
子唱得太高，我們聽着了，以為理想的正義人道霎時可以湧現，以為國
際聯盟這個東西就有鋤強扶弱的萬能力，不獨將來的和平靠他保障，便
是從前的冤抑也靠他伸理。其實天下那裏有恁麼速成的事」。[110]

　　希望霎時解決將來和從前的所有問題，正是那時很多人的共同心
態。而「畢其功於一役」還不僅體現在時間的「速成」之上，時人根本是

107 〈發刊詞〉；〈祝新〉。

108 《郭廷以先生訪問紀錄》，83頁。

109 胡適：〈紀念「五四」〉，見《胡適文集》，第11冊，579頁。

110 梁啟超：〈歐遊心影錄節錄〉，見《飲冰室合集‧文集之二十三》，149頁。

希望借歐洲戰勝的東風，由外及內，一舉解決中國的全部問題，從此進入大同境界。[111]這揭示出五四前中國政治走向的一個特點，即內外纏結：先是朝野群趨巴黎，思想、政治的重心外傾，旋由外轉回內，輿論開始追索「賣國賊」便是一個明顯的轉折。

由於樂觀和興奮更多是外來的，國內的希望也因外在因素而消逝。4月下旬南北眾多軍人通電反對軍人干政，本顯露出「文治」的一線光明，巴黎傳來的消息旋即促起五四學潮，南北和議隨後正式破裂。本來「外事」和「南方」兩因素都是文人總統應付北洋實力派軍人的有利武器，兩皆不成功，其政治獨立性乃大為縮減。或可以說，巴黎的噩耗連帶着打破了對文治的希望，社會或輿論其實沒給文治者多少表現的機會。

徐世昌曾指出，中國不安寧的原因是「道德隳喪」，使「奪權競利，視為固然；舉國皇皇，嗜言政爭」。若「亂象蘊釀，積久愈增」而形成大亂，致「民棄其業，乃益疾首於政治之不良，浸假遂有自主自為之念」。[112]儘管亂局尚未到嚴重影響民生的程度，更為敏感的讀書人對內外兩和議的不如人願已有強烈的反應：整體上表現為對政府甚至政治的失望，學生運動使前此一度大受關注的「個人」開始淡出，轉朝強調群體的方向發展；同時，一些人進而探索「文化」方面的深層變革，一些人則轉而面向「社會」的改造。[113]這些傾向之間不是沒有緊張，更多或是在衝突中互動，開啟了後來許多變化。

---

111 陳廷湘已提出，當時國人對於威爾遜的主張，也是從傳統大同理想的意蘊去體味，希望人類一家可自然解除中國過去所受一切不公正對待，這即是當時空前樂觀的心理依據。參見其〈1920年前後兩次爭國權運動的異樣形態及形成原因〉，《近代史研究》，2005年，第2期。

112 〈總統對新聞界演説（續昨）〉。

113 注意這裏的「社會」有着明顯的對應於「國家」的意味；同時，「社會」或許也是政治和文化兩者的調和或綜合，它既不那麼政治化，但又比文化和思想更具體實在。時人的相關思考可參見吳康：〈從思想改造到社會改造〉（1921年1月），《新潮》，第3卷，第1號（1921年10月），25–52頁。

梁啟超稍後總結說，時人因民國以來「所希望的件件都落空」，漸漸覺得社會文化是整套的，舊心理決不能適應新制度，乃「要求全人格的覺悟」。[114]徐世昌當時就主張，對不良政治的「箴救之道，首在轉移風氣，使國中聰明才智之士，從事於社會經濟實業教育，以挽此政爭狂熱之潮流」。[115]這一分析與梁濟的思慮相通，即政治的亂源在思想社會，也當從思想社會着手解決。

傅斯年那時也指出，民國「政治上已成『水窮山盡』的地步」，正因「思想不變，政體變了，以舊思想運用新政體，自然弄得不成一件事」。現在應有「根本的覺悟」，即政治「形式的革新」是不中用的，必須先有「精神上的革新」。他斷言，「物質的革命失敗了，政治的革命失敗了」，只能讓位於思想革命。只有「以新思想夾在新文學裏」，才能刺激、感動民眾，故「未來的真正中華民國，還須借着文學革命的力量造成」。那時他心中的楷模正是「以文人做肥料去培養的」俄國革命。[116]

這一反思是在五四前夕，隨後的學生運動可能改變一些人的思想，而傾向於思想以外的努力。值得注意的是傅斯年把民國「政治昏亂，四方割據」的現象歸咎於孫中山、章太炎和梁啟超這些過去「革新的主動人物」一直在用歷史上的「遺傳思想」來造民國。這裏的潛台詞是明確的：時代變了，那一代人已經落伍。學生輩的興起伴隨着充分的自信，當時相當活躍的王光祈宣佈：「世界的新潮流已經崩山倒海的來了，要想適應這新潮流，自然是全靠我們青年。」[117]

---

114 梁啟超：〈五十年中國進化概論〉，見《飲冰室合集·文集之三十九》，45頁。
115 〈總統對新聞界演說（續昨）〉。
116 本段與下段，傅斯年：〈白話文學與心理的改革〉(1919年4月)，《新潮》，第1卷，第5號(1919年5月)，917–918頁。
117 若愚：〈學生與勞動(四)〉，載《晨報》，1919年2月28日，第7版。

　　從這一視角看，蔡元培在興奮之餘一反常態地公開號召學生走出校園，去和國家、世界休戚與共，對學生的外向性活躍應有不小的推動。歡慶戰勝這樣一種大型的學生活動，在許多方面為後來的五四運動進行了預備。胡適已指出：「數萬學生結隊遊行，⋯⋯ 手執紅燈，高呼口號，不可謂非中國教育界第一創舉。影響所及，遂為以後的『五四運動』下一種子；故雖謂五四運動直接發源於此次五六萬人的轟轟烈烈的大遊行，亦無不可。」[118] 此言不無所見，至少在組織公眾演講和遊行等方式上，此次活動可為後來的學生運動所借鑒。

　　示威遊行對北大學生當然不陌生，1918年5月，北大等學校學生兩千多人因抗議中日秘密軍事協定而有示威遊行，許德珩認為其在組織不同學校學生形成聯合陣線方面積累了經驗，是「中國學生第一次的遊行請願運動，為『五四』運動的前奏」。[119] 周策縱在其關於五四運動的書中專列一節來討論這次兩千人的遊行，而僅用一段文字簡略提及了11月那次他說有六萬人參加的遊行，可見他更贊同許德珩之説。[120]

　　三次活動互有異同，兩次5月遊行的共性是抗議，然規模則相去較遠（五四當天雖也不過數千人，然運動是在持續中擴展的）；1919年的學生運動與前一年11月的學生遊行規模和方式相近，且同與世界大戰的結束相關，但情緒卻截然相反：前次對「公理戰勝」充滿了希望，後

118　胡適：〈五四運動紀念〉，見《胡適文集》，第12冊，724頁。白永瑞也曾簡略論及兩者間的關聯，參見其〈從慶典到反抗：五四時期天安門集會的由來〉，收入《五四運動八十週年學術研討會論文集》，台北：政治大學文學院編印，1999年，5–7頁。

119　許德珩：〈「五四」運動六十週年〉，見《文史資料選輯》，第61輯，12頁。

120　Chow Tse-tsung, *The May Fourth Movement: Intellectual Revolution in Modern China*, Cambridge: Harvard University Press, 1960, pp. 77–83, 85. 這裏不能排除勝利者的記憶無形中「改寫」了歷史，身在美國的周策縱寫作時與胡適本人有過從，他對11月那次遊行的參加人數多半是從胡適而來（前引報紙所說的人數要低不少），則他能有這樣的選擇性敘述尤其發人深省。

來則出於對巴黎和會的極度失望，反映出時人對「公理戰勝」的虛幻意味有了相當深刻的認識。[121]

大失望的一個重要後果是「西方的分裂」，最明顯的是以前的尊西先鋒梁啟超突然質疑西方文明；這雖未立刻引起根本的轉變，但此後所有說西方好的人不能不有所界定，有所選擇，不能不略示保留。[122]起初中國人對西方的分化不甚了然，但張奚若看出了差別，他提醒胡適説，中國「官府人民一齊慶祝聯軍勝利，令人赧顏」。尤其《新青年》等「謂公理戰勝強權，以後世界將永遠太平，令人嘆其看事太不critical。德、奧之敗，謂敗於Bolsheviki之公理或威爾遜之公理則可，謂敗於英、法、日、意之公理則不可，以英、法、日、意之公理與德、奧之公理無大別也」。[123]

的確，威爾遜和列寧各自提出了國際秩序新觀念，在不同程度上都反對既存的帝國主義國際秩序。威爾遜的「背叛」基本結束了美國在華前所未有的美好時光，時在中國的杜威有深切體味，他在6月初説，「余此次來京，適逢學界學潮擴大之際，不能充分講演，起初不免寂

---

121 另一方面，一些人的希望也還在持續。余家菊回憶説，他1922年出國留學時，國人仍「醉心於世界和平」，對威爾遜「十四條」在凡爾賽和會的失敗，「世人終覺其為偶爾小挫，難阻進化潮」。而他自己對「公理戰勝」的夢想也至少持續到1921年，那年4月他女兒出生，取名傳弭，其年譜説，「時歐戰初息，人懷和平之想，因錫以弭字，寓弭兵之意焉」。待他至歐洲後才觀感大變：「我到歐洲以後，和平的幻想，大同的迷夢，都粉碎了。我親眼看見弱小民族的困苦，親眼看見各國民性的差異，親眼看見各國國民意識之發揚，親眼看見各國之劍拔弩張。……我感覺到中國國民必須樹立自尊心，中國國家必須強盛才能自保，中國的黨派鬥爭必須無損於國家。我心中的火燃燒起來了！我為我們的國家着急！我為來日的大難緊張。」余家菊：《余家菊(景陶)先生回憶錄》，台北：慧炬出版社，1994年，220、261、136頁。

122 參見羅志田：〈西方的分裂：國際風雲與五四前後中國思想的演變〉，《中國社會科學》，1999年，第3期。

123 「張奚若致胡適」，1919年3月13日，見《胡適來往書信選》，北京：中華書局，1979年，上冊，31–32頁。

竇，但現在深覺中國學生不特能教訓自己，並且能教訓他人，實在可以不必我多講演了」。[124] 這話恐怕語帶雙關，既表述了對學生的支持，也認識到學生那越來越強的「自主」意識，並預示了他自己和稍後來華的羅素要挽回英美影響的困難。

那些實際形成中國「輿論」的讀書人感覺到前所未有的困境：美國的背叛凸顯了「公理戰勝」的虛幻，對山東的處置則是「實際」而短期內無法挽回的；日本基本已成潛在的敵人，英國在退縮，法國時常獨立，有着特別吸引力的新俄簡直不容你不接近。新俄所奉行的「主義」本來自西方，在很大程度上又表現出對西方文明的否定，這樣的思想最符合西方分裂後中國思想界的民族主義情緒，遂出現「從威爾遜到列寧」的轉變；[125] 這既是一個直接的象徵，也有明顯的政治後果（如「反帝」越來越成為中國權勢競爭中「政治正當性」的一個必要條件），而其帶來的深層心態變化遠更廣泛持久。

在巴黎和會之前，與法國大革命並論的多是協約國戰勝，前引蔡元培、徐世昌的演說可為例證；「五四」以後，與法國大革命並論的基本是蘇俄的革命，且多認為後者更代表世界新潮。[126] 更重要的是，1919年初報紙可見兩大主題，一歐洲和會，一南北議和；兩皆嘗試以會議談判方式解決困局，最後兩皆失敗。故不僅在思想上「公理戰勝」已成幻影，在行為方式上「開會講道理」一途也證明行不通，終以力量和行動的取

---

124 〈杜威博士之近況〉，載《晨報》，1919年6月10日，第2版。

125 參見羅志田：《再造文明之夢——胡適傳》，北京：社會科學文獻出版社，2015年，270–275頁。

126 更激進的青年如羅家倫在「五四」前已如此說，但多數人則是在此後。孫中山稍後即說，法國革命僅是政治革命，而俄國則是「政治革命與社會革命同時並舉」。參見其〈在桂林對滇贛粵軍的演說〉（1921年12月），見《孫中山全集》，北京：中華書局，1985年，第6卷，26–28頁。

向勝出。會談不能解決問題的認知在新的層面上強化了坐而言不如起而行的舊說，[127] 對時人的影響相當長遠。

在大同和互助同為時人所憧憬之時，激進與和緩兩途本是個競爭的局面，若和緩一途可以有效，固樂為人所從。《晨報》一位署名評論人論大戰後歐洲復辟、過激與溫和三種思想之競爭說：與新潮對立的復辟派且不論，從效果言，則「推翻舊來之思想習慣，打破目前之一切現狀，使國民共向於覺醒之途，非過激派不為功」；但「其主張過傾於理想，於多數心理、社會習慣、國家利害多不適合」。若溫和派，則「其主義必為進步的，其手段又必為秩序的，既非如復辟派之不適於新潮，又非若過激派之過遠於事實，為最易於吸取同情以收拾時局」，並「依據新主義以建設完全之新國家」。[128]

劉勉己也特別推崇德國那種由國家來「獎勵勞工，集中資本，以救民生之困窮，而資商戰之準備」的「穩健的社會主義」，蓋其「與列寧倡道之國際社會主義不同，而與英美式之社會主義亦又有別」；既不致複演「法蘭西百年間革命之慘劇」，也可避免因自由競爭而「致資本階級之跋扈」。[129] 上海某西報論評說，「以中國今日之現象而論，國人於軍閥派外，似有任得一替代之者而不遑分辨之勢」。然而，本來蘇俄「過激派之鼓吹運動，最易普及於被壓迫之人民」，更因「北京軍人派之壓制」，則蘇俄過激思想很可能迅速在中國蔓延。[130]

陳獨秀當時的〈兩個和會都無用〉一文頗具象徵意義，他說，國內的南北和會，「兩方都重在黨派的權利」；而巴黎的和會，「各國都重在

---

127 如瞿秋白就批評中國人往往「坐着說不站起來做」，而提出「打起精神，往前幹去」的主張。瞿秋白：〈歐洲大戰與國民自解〉（1919 年 11 月），見《瞿秋白文集（政治理論編）》，北京：人民出版社，1987 年，第 1 卷，6 頁。

128 以芬：〈歐戰雜感（八）〉，載《晨報》，1918 年 12 月 29 日，第 2 版。

129 勉巳〔己〕：〈新德意志之將來〉，載《晨報》，1919 年 2 月 21 日，第 2 版。

130 轉引自〈過激派與我國〉，載《晨報》，1919 年 3 月 10 日，第 3 版。

本國的權利」。公理、永久和平及威爾遜的宣言「都成了一文不值的空話」。這「兩個分贓會議，與世界永久和平、人類真正幸福，隔得不止十萬八千里」。讓幾個「政治家、外交家在那裏關門弄鬼」是靠不住的，「非全世界的人民都站起來直接解決不可」。[131]

很明顯，對內對外的同時失望是走向「全世界的人民都站起來直接解決」的重要原因。稍後毛澤東也提出，國外「各種『同盟』、『協約』，為國際強權者的聯合」；中國「什麼『北洋派』、『西南派』」等，是「國內強權者的聯合」；這類「強權者的聯合、貴族的聯合、資本家的聯合」使「國家也壞到了極點，人類也苦到了極點，會社也黑暗到了極點」，不能不以「民眾的大聯合」來改革和反抗。[132]兩人此時或尚無明確的暴力革命意識，但也為時不遠了。

魯迅曾回憶起民元之時的光明，那時他「覺得中國將來很有希望」，但到民國二年之後事情「即漸漸壞下去」。傅斯年也形象地描述了「民國元二年間像唐花一般的『怒發』，和民國三四年間像冰雹一般的摧殘」。[133]可知民國代清不過兩三年，就曾引起士人的失望。對於帝制甚或「復辟」的嘗試，或許提示出一種向傳統尋求思想資源的傾向，而「復辟」的失敗恐怕也連帶着影響了傳統在此後的命運和作用。前面說過，對文治的憧憬可能依稀帶回一些「民國」代清時那種積極向上的記憶，喚起一些曾經的期待，而隨後的內外大失望很可能意味着對民國整體失望的進一步強化。

惲代英在1919年國慶日承認，人們腦海中對民國「裝滿了不良的映象」，遂有人以為時局糟糕是革命引起的，其實這是妄想太過後的失望，蓋許多人過去「以為只要光復，只要民主，便可以糖饅頭從天而

131　陳獨秀：〈兩個和會都無用〉(1919年5月)，見《陳獨秀著作選》，第2卷，1–2頁。
132　毛澤東：〈民眾的大聯合(一)〉(1919年7月)，見《毛澤東早期文稿》，338–339頁。
133　「魯迅致許廣平」(1925年3月31日)，見《魯迅全集》，北京：人民文學出版社，1981年，第11卷，31頁；傅斯年：〈白話文學與心理的改革〉，918頁。

降」。[134] 傅斯年在「五四」週年時也説，以前聽到威爾遜的十四條裏有民族自決一項，「以為真是世界光明的日子到了，誰知後來一大失望」。他撰寫該文時「説不出心理有多少頭緒，越想越難過」。[135] 他的同學吳康發現，人人都「時時覺得他四圍的環境」呈出「一種不滿人意的現狀，這種不滿意的心理就是要求改造的原動力」。[136]

徐志摩稍後慨嘆道，「這年頭，這世界也夠叫人挫氣」！好容易從「冷落極了的夢底裏撈起了一半輪的希望」，就像從山谷裏採得了百合花，周圍卻「沒有安希望的瓶子，也沒有養希望的淨水；眼看這鮮花在你自己的手上變了顏色，一瓣瓣的往下萎，黃了，焦了，枯了，吊了，結果只是傷慘」！[137] 他所使用的「世界」與梁濟相類，基本不是地理意義的，大致或是社會或世間的同義詞，但很多中國人在很長的時間裏的確是把「世界」理解為「非中國」的，它在很多時候就是「西方」的代名詞，至少也是以西方為核心的「非中國」區域。

五四前夕這一期間可能是「海通」以來中國人最把自己和世界聯繫在一起的時候，而巴黎和會的結果告訴他們，「世界」的確是一個外在的區域：在中國以外的「世界」，特別是與西方關聯密切的部分，公理戰勝大體還有明顯的體現；而中國仍是國際政治中一個特殊的「例外」，亦即入江昭 (Akira Iriye) 所説的「世界政治中遠東的隔絕」。[138] 如果多少存在着正義和公理的那個「世界」不包括中國，中國就不能不尋

---

134 惲代英：〈革命的價值〉（1920年10月），見《惲代英文集》，北京：人民出版社，1984年，上卷，224頁。

135 傅斯年：〈青年的兩件事業（續）〉（1920年5月5日），載《晨報》，1920年7月5日，第5版。

136 吳康：〈從思想改造到社會改造〉，26頁。

137 徐志摩：〈《劇刊》始業〉（1926年6月），見趙遐秋等編：《徐志摩全集》，南寧：廣西民族出版社，1991年，第4卷，526–527頁。

138 Akira Iriye, *After Imperialism: The Search for a New Order in the Far East, 1921–1931*, Cambridge: Harvard University Press, 1965, p. 88.

求接近甚或建立一個新的共同體，且可能是一個否定當前「世界」的新世界。

對世界的新認識與心緒轉變直接相關，從希望中的輕快逆轉為失望後的沉重，即屬陳寅恪所說可「旁採」以為參證的「人情」。前所未有的意外驚喜使很多人產生了名副其實的奢望，尤其一些知識精英的舉措一反常態，推動和促進了他人無根的樂觀，於是有接下來的極度失望以及因此而起的激烈行為。後來心緒較平靜的胡適說，「今日最悲觀的人，實在都是當初太樂觀了的人。他們當初就根本沒有瞭解他們所期望的東西的性質」，卻「以為可以在短時期中就做到那種夢想的境界」。一旦「奇蹟」並不降臨，「他們的信心動搖了，他們的極度樂觀變成極度悲觀了」。[139]

自清末以來，這樣一種從希望到失望的急劇轉折持續而重複，曾經考驗了許多中國士人的承受力。蔣廷黻在「九一八」之後說：「在戊戌、民元、民十六諸年，我們都曾過了短期的改革蜜月，好像新天新地已在目前。現在我們知道這些都是海上蜃樓。……我們革命疲了，戰爭疲了，失望疲了。」[140]連「失望」都疲了！這是何等沉重而無奈的慨嘆。蔣氏那時意在政治，常代政府立言，故所談不及五四運動。其實「五四」前一年雖沒有類似戊戌、辛亥和北伐這樣的政治變革，士人「奢望」的程度卻決不弱於那幾次，復因歷時甚短而失望來得突然，其後的幻滅感或更強烈。

陳寅恪曾說：「世局之轉移，往往起於前人一時學術趨向之細微。迨至後來，遂若驚雷破柱、怒濤振海之不可禦遏。」[141]其實不僅學術影

139　胡適：〈悲觀聲浪裏的樂觀〉，《獨立評論》，第123號（1934年10月21日），15頁。按胡適此語非針對此事而言。

140　蔣廷黻：〈南京的機會〉，《獨立評論》，第31號（1932年12月18日），2頁。

141　陳寅恪：〈朱延豐《突厥通考》序〉，見《寒柳堂集》，上海：上海古籍出版社，1980年，144頁。

響世局轉移，人情心態亦然，且其造成的變化未必出自參與者的主動。杜威在1928年遊俄時，就特別重視俄國革命的心靈和道德層面，強調革命所解放出的活力、勇氣和自信，或並非參與者努力所致，也遠超出他們起初所能想見和希望的。[142]他的學生馮友蘭後來說，「歷史上一個大運動之發生，主持的人，對於他所主持者是怎麼一件事，往往有不自覺的」；主事者或為環境所迫而不得不如此，事後回想，才發現「我們原來作了這們一件事情」。[143]

「五四」前一年士人的心態變化及「五四」本身所促動的世局轉移，或當從此觀察。不過，特定時空的失望和不滿在多大程度上是實際的，在多大程度上是「想像」的，還很值得考究。有時要經過比較才有更真切的認識；[144]很多讀書人可能要到北伐後領略了國民黨「黨治」下的「訓政」，才慢慢知道北洋時期的統治還是相對寬容的。國人此後的希望和失望仍在繼續，然似乎少見士人回憶1918那曾經充滿希望的年代，不知他們是否意識到後來的局面在很大程度上也是自己推動、支持而造成的，也許這就是致使他們「不想」回憶的下意識？

---

142 John Dewey, "Leningrad Gives the Clue," in idem, *The Later Works*, 1925–1953, vol. 3 (1927–28), ed. by Jo Ann Boydston, Carbondale & Edwardsville: Southern Illinois University Press, 1984, p. 204.

143 芝生：〈鄉村運動之政治的意義〉，《獨立評論》，第60號 (1933年7月23日)，7–8頁。

144 《晨報》編者在觀察了各地處置學生運動的方式後說，對這次的全國性運動，「我們在北京的人自然覺得北京軍警的對付手段不但荒〔唐〕，實在是笨拙可笑。但是這幾天看上海南京漢口武昌的報告，才知道各處的長官軍警真是野蠻可恨，比較起來，北京軍警要算是頂『文明』的了」。〈《陸規亮致江蘇省長書》編者按語〉，載《晨報》，1919年6月17日，第6版。

第七章

對「問題與主義」之爭的再認識 [*]

　　1919年，在新文化運動的一些主要參與者之間曾發生了著名的關於「問題與主義」的論爭，這一事件長期成為學界關注的熱點。一般情形下，黨史、革命史學界和非黨史學界各自關注的問題不甚相同，相互的對話也不充分，但這一爭論卻是同時得到各方關注並時有「對話交流」的少數事件之一。關於這一論爭的研究還有一個特別之處，即主要的論述出自通史或類似通史的著作，而多數相關專題論文則傾向於定性的「評價」，其引證的史料反不如上述著作，這在歷史研究中是少見的。

　　自20世紀50年代批判胡適以後的幾十年間，學界一以貫之的常見看法，或可稱為「傳統」觀點，是強調這一爭論的對抗性，視其為自由主義或別的什麼資產階級的主義與馬克思主義的一次重要鬥爭。彭明的觀點可能比較典型，其《五四運動史》有專章討論「問題和主義之爭」，其副標題就是「馬克思主義和反馬克思主義的第一次論戰」。[1] 蕭超然到

---

*　本文引用昔年言論，盡可能註明其寫作年代，然作者未自註寫作時間者，則註出其發表時間。各家文字，凡通行文集所收者，一般使用文集，以利讀者核閱，僅對那些不常被引用者兼註明其發表的報刊。
1　彭明：《五四運動史》，北京：人民出版社，1984年，470–499頁。更早的表述可參見高全樸、張豈之：〈「五四」時期李大釗同志反對資產階級改良主義的鬥爭〉，《歷史研究》，1959年，第6期。

1995年仍持類似看法，認為「這場大論戰是馬克思主義與資產階級改良主義在中國的最初一次激烈的較量；是以胡適為代表的資產階級知識分子右翼與以李大釗為代表的共產主義者的一次不可調和的鬥爭」。[2]

從1980年代開始，修正上述看法的研究開始出現。李新、陳鐵健主編的《偉大的開端》一書提出：這次論戰不是以馬克思主義的勝利而告終，「通過論戰，雙方都進一步闡明了自己的觀點，使改造社會中的兩種不同主張，旗幟更加鮮明，並都擴大了自己的影響。但從當時的情況來看，實驗主義和改良主義的影響，明顯地勝過馬克思主義的社會革命論」。從該書所引的材料及當時的相關文獻看，這一結論基本可立。[3]進入1990年代，李林、李良玉、馬以鑫等皆進一步論證胡適當年鋒芒所指並非馬克思主義。[4]

到2001年，胡繩關於1919至1949年間歷史的系列談話及根據其談話集體撰寫的新現代史的部分章節出版，[5]幾乎從根本上改變了這一問題的看法。胡繩的談話從1995年就開始了，但公佈較晚。他明確指出：「胡適與李大釗之間的『問題與主義』之爭，過去把它講成是敵對雙方的鬥爭，事實上還是朋友之間的爭論，雙方都是反對封建主義舊思想、舊

2　蕭超然：《北京大學與五四運動》，北京：北京大學出版社，1995年，第二版，258頁。

3　李新、陳鐵健主編：《中國新民主革命通史：1919–1923，偉大的開端》，北京：中國社會科學出版社，1983年；本文所用是上海人民出版社2001年的新版，212–223頁，引文在220頁。按在美國的周策縱很早即對這一論爭進行了與前述觀點不甚同的簡略討論，參見其 *The May Fourth Movement: Intellectual Revolution in Modern China*, Cambridge: Harvard University Press, 1960, pp. 218–222. 不過他的書直到1990年代中期才譯成中文，此前基本未參與到中國大陸的學術言說之中。

4　參見李林：〈還「問題與主義」之爭的本來面目〉，《二十一世紀》，第8期（1991年）；李良玉：〈關於五四時期「問題與主義之爭」的歷史考辨〉，《南京大學學報》，1993年，第1期；馬以鑫：〈「問題與主義」之爭的再評價〉，《華東師範大學學報》，1995年，第4期。

5　「從五四運動到人民共和國成立」課題組：《胡繩論從五四運動到人民共和國成立》（以下徑引書名），北京：社會科學文獻出版社，2001年。

勢力的。胡適的意思無非是主張改良，不贊成革命。後來胡適提倡好
政府主義，李大釗也參加在宣言上簽了名，不能說李大釗簽名是犯了錯
誤。……對這種主張可以批評，但說它如何反動顯然是不對的。」[6]

　　依據胡繩的這一主張，「從五四運動到人民共和國成立」課題組（以
下簡作「胡繩課題組」）對此次論爭的結論是：「這場為時短暫的『問題與
主義』之爭，是民主陣線內部發生的一場爭論。爭論的方式是商討式
的，直率而溫和，並沒有劍拔弩張。爭論之時，胡適與李大釗之間，友
誼依舊。爭論過後的相當長的時間裏，陳獨秀、李大釗與胡適，也並沒
有因為對馬克思主義的態度迥異而反目為仇。」當然，「他們中間存在着
許多政見上的分歧」，其要點在於「要不要進行社會革命以求中國社會
問題的根本解決」，對此「胡繩課題組」進行了較詳的論述。「總的看來，
在20年代的民主運動中，他們還是相互信任和相互支持的」。[7]

　　不過，也有相當一些人堅持原來的觀點，到1999年，仍有學者認
為「胡、李的爭論是中國思想史上自由主義與馬克思主義的第一次爭
論，也是在半殖民地半封建中國兩條社會道路的原則爭論」。[8]再到2003
年，還有人堅持：五四運動中，既「有資產階級與無產階級共同反對封
建主義與帝國主義的鬥爭，也有資產階級與無產階級兩種思想的鬥爭，
如問題與主義之爭，就屬於後者」。[9]

6　《胡繩論從五四運動到人民共和國成立》，18頁。

7　《胡繩論從五四運動到人民共和國成立》，62–70頁，引文在67–68頁。課題組成
　　員是丁偉志、徐宗勉、陳文桂、閻杰。

8　陸劍杰：〈中國的自由主義和中國的馬克思主義之關係的歷史、現狀與未來〉，
　　《哲學研究》，1999年，第11期。

9　黃濟：〈中國近百年教育思想回眸〉，《北京大學教育評論》，第1卷，第2期
　　（2003年4月）。不過，作者也指出，在其研究的教育思想領域，實用主義教育
　　思想影響甚大，「當時出版的由中國學者所撰寫的教育專著，也多數受到實用主
　　義教育思想的影響。甚至有的以馬克思主義觀點所寫的教育論著，對實用主義
　　教育思想也是肯定的」。

　　學術觀點本不必非「求同」不可,對具體史事的認識存在歧異不僅
正常,有時甚至可說是理想的狀態。但關於此事的歧見似與前述研究特
點相關:主要的「撥亂反正」論述同樣出自通史或類似通史的著作,這
些著作本不要求對特定具體問題做深入細緻的研究;[10]而不論支持或反
駁「傳統」觀點的論文,仍多傾向於定性的「評價」,卻少見對所涉史料
和史事進行相對深入的探索者。[11]

　　也許這些學者以為這一事件本非「大事」,具體事實也較「清楚」,
故沒有多少可深入之處。其實「問題與主義」之爭時間雖短暫,卻觸及
了所處時代認知的焦點,其反映出的關懷是廣泛而持續的。例如,關於
中國問題是局部解決還是整體解決,以及外來「主義」與中國國情的關
係問題,就長期困擾着中國思想界。前者多為既存研究所注意,後者本
是胡適的一個主要出發點,卻基本被忽略。重要的是,胡適這兩項主張
不但當時頗有人贊同,幾年後仍得到呼應,其中也包括一些中共黨人,
這一點似較少有人注意到。

　　對胡適個人而言,「問題與主義」之爭應置於他在新文化運動後期
開始「談政治」的一系列有關政治的言論和行動中考察,[12]並當注意那段

10　另有不少相關論述出自對胡適和李大釗的研究,基本上所有關於胡適和李大釗
　　的傳記性研究都多少涉及這一問題(不具引),但大部分也都有明顯的「附帶」論
　　及的意味,故多未深入。

11　少數論文如前引李良玉之文也進行了相對細緻的考辨,惜其欲證明胡適所針對
　　的並非李大釗〈我的馬克思主義觀〉一文,似無必要,蓋李大釗文本後出,自
　　不可能成為胡適批評的對象。參見劉維:〈一個必要的考據〉,載《光明日報》,
　　1960年8月4日,第3版。

12　相關論述較早有李達嘉的〈胡適在「歧路」上〉(收入《胡適與近代中國》,台北:
　　時報文化出版公司,1991年,213–252頁),較近有桑兵的〈陳炯明事變前後的胡
　　適與孫中山〉(《近代史研究》,2001年,第3期)。我個人對此也較關注,先後
　　有一些論著討論及此,參見羅志田:〈胡適與社會主義的合離〉,《學人》,第4輯
　　(1993年7月);《再造文明之夢——胡適傳》;以及本書〈走向「政治解決」的「中
　　國文藝復興」:五四前後思想運動與政治運動的關係〉。

時間中國思想界對社會、社會主義和社會改造的普遍關注和思考。[13]就是當年爭論的具體文本，包括最直接的胡適、李大釗和藍公武三人的論述，以及三人之外的許多相關討論文字，也都還值得深入解讀，不過本文暫不及此，主要就一些相關的問題做些外圍的探索。

一、倒放電影的爭論起因

　　民初的中國，「主義的興起」是一個顯著的現象。平民教育派的周德之曾描述說：「自從『主義』二字來到中國以後，中國人無日不在『主義』中顛倒。開口是『主義』，閉口是『主義』，甚至於吃飯睡覺都離不掉『主義』！眼前的中國，是充滿『主義』的中國；眼前的中國民，是迷信『主義』的中國民。」馬君武則菲薄其為「主義癖」，而陳炯明更斥之為「主義毒」。[14]這些言論雖出自北伐前後，但也大體適用於新文化運動期間。

　　如傅斯年在「五四」前就指責國人因「心氣薄弱」而缺乏「主義」，往往「隨風倒、任水飄」，既「沒有獨立的心思」，也「沒有獨立的見解」。故「沒主義的人，不能做事」，也「不配發議論」。他甚至把「主義」的有無上升到人禽之別的程度，以為「沒主義的不是人」。傅氏問道：「(1)中國的政治有主義嗎？(2)中國一次一次的革命，是有主義的革命嗎？(3)中國的政黨是有主義的嗎？(4)中國人有主義的有多少？(5)中國人一切的新組織、新結合，有主義的有多少？」答案當然是負面的，所以他乾脆說，「任憑他是什麼主義，只要有主義，就比沒主義好。就是他的主義是辜湯生、梁巨川、張勳……都可以，總比見風倒的好」。[15]

13　前引《偉大的開端》和《胡繩論從五四運動到人民共和國成立》都特別注意這方面，很可參考，但仍有不少可論之處。

14　周德之：〈為迷信「主義」者進一言〉，載《晨報副刊》，1926年11月4日；馬君武：〈讀書與救國〉，載《晨報副刊》，1926年11月20日；陳炯明：《中國統一芻議》，1928年自刊本；均引在羅志田：《再造文明之夢——胡適傳》，266頁。

15　傅斯年：〈心氣薄弱之中國人〉，《新潮》，第1卷，第2號(1919年2月)，343頁。

　　這樣一種對「主義」的普遍推崇，是理解「問題與主義」之爭的重要背景，此不贅，下面想要探討的是這一爭論的具體起因。在這方面，最有意思的是胡適自己後來的陳述也帶有較強的倒放電影傾向，且表述的時間愈晚，其見解愈類似於馬克思主義革命史研究者；雖然雙方遣詞用字不甚同，這樣驚人的「一致」客觀上「配合」了胡適批判者及後來不少革命史研究者的觀點。

　　胡適最早的回憶是在 1922 年，他在解釋自己何以要談政治時說，1919 年陳獨秀被捕，他接辦《每週評論》，不能不談政治。「那時正當安福部極盛的時代，上海的分贓和會還不曾散夥。然而國內的『新』分子閉口不談具體的政治問題，卻高談什麼無政府主義與馬克思主義。我看不過了，忍不住了，——因為我是一個實驗主義的信徒，——於是發憤要想談政治」。並在《每週評論》上「提出我的政論的導言，叫做『多研究些問題，少談些主義』」。該文「引起了無數的抗議：北方的社會主義者駁我，南方的無政府主義者痛罵我」。[16]

　　到 1930 年 5 月，胡適在為湯爾和的譯作《到田間去》作序時寫道：「我在十多年前便提出『多研究問題，少談主義』的意見，希望引起一班愛談大道理的人的覺悟。十年以來，談主義的人更多了，而具體的問題仍舊沒有人過問。只看見無數抽象名詞在紙上炫人眼睛，迷人心智，而事實上卻仍舊是一事無成，一事不辦。」[17]兩者大體都是實錄性的回憶，後一次的「抽象名詞」，多少與那時他與周谷城關於「封建」這一名詞的爭議有關。[18]

16　胡適：〈我的歧路〉（1922 年 6 月），見《胡適文集》，第 3 冊，364 頁。

17　胡適：〈湯爾和譯《到田間去》的序〉（1930 年 5 月），見《胡適文集》，第 8 冊，402 頁。

18　胡適在當年 7 月致《教育雜誌》的信中說：「一班渾人專愛用幾個名詞來變把戲，來欺騙世人。這不是小事，故我忍不住要指出他們的荒謬。」參見耿雲志：《胡適年譜》，成都：四川人民出版社，1989 年，182–183 頁。

同年11月，胡適開始強調他所主張的實驗主義和陳獨秀代表的辯證唯物史觀不可能如陳氏曾希望的那樣「合作一條聯合戰線」，因為「辯證法出於海格爾的哲學，是生物進化論成立以前的玄學方法。實驗主義是生物進化論出世以後的科學方法」。因為中間隔了一層達爾文主義，這兩種方法是「根本不相容」的。從達爾文主義出發的實驗主義「只能承認一點一滴的不斷的改進是真實可靠的進化」，而再造中國文明的途徑也「全靠研究一個個的具體問題」。[19]

也許因為這裏牽涉到政治表態，或者因為此文是專寫給「少年朋友」看的，胡適的回憶也有些改變，他在談到自己的主張當初「最不能得各方面的瞭解」時說，五四運動之後，「國內正傾向於談主義。我預料到這個趨勢的危險，故發表『多研究些問題，少談些主義』的警告」。時隔十幾年，「這些話字字句句都還可以應用到今日思想界的現狀。十幾年前我所預料的種種危險──『目的熱』而『方法盲』，迷信抽象名詞，把主義用作蒙蔽聰明停止思想的絕對真理──一一都顯現在眼前了」。

這裏一個明顯的轉變是從被動的「忍不住」改為主動的「預料」，到1950年代胡適做口述自傳時進而說，他在1919年「已經覺察到」，新文化運動中提倡輸入學理的一面已出現「走向教條主義的危險」。雖然胡適所說當年與他衝突的包括「相信無政府主義、社會主義和共產主義等教條主義者」，但卻強調共產主義者是「我的主要反對派」。[20] 所謂「已經覺察」正是早年「預料」的翻版，而馬克思主義者上升為「我的主要反對派」，卻有着新的「今典」。

當時中共正對胡適進行全面的批判，胡適的情緒顯然受到影響，故以為早年的爭論使共產黨「對我難忘舊恨，…… 乃重翻舊案，發動了大

19　本段與下段，胡適：〈介紹我自己的思想〉(1930年11月)，見《胡適文集》，第5冊，508–510頁。

20　唐德剛譯註：《胡適口述自傳》(以下徑引書名)，上海：華東師範大學出版社，1993年，175頁。

規模運動來清算我的思想」。這一自述提示出胡適新說的觸發點：「他們總是徵引我在1919年所寫的那些早年著述，作為他們所謂我一切學術著作背後隱藏着的陰險動機的鐵證！他們説我在1919年所作的整個有關討論，不止是辯難，而是對我的同事李大釗和他的朋友們那時正在發起的馬克思主義運動的一種攻擊。」[21]

這段話若反過來讀，恰意味着當年的討論不是攻擊，而是辯難。但胡適被批判後心緒已不寧靜，不免跟着倒放電影，也認為那時的共產主義者是「我的主要反對派」，並對他「難忘舊恨」，無意中恰「配合」了他的批判者。其實在1919年時沒有任何證據表明胡適有意與馬克思主義者衝突，[22] 本來那時的中國實無多少明確的「馬克思主義者」，李大釗對俄國布爾什維克主義的介紹雖稍早，他對馬克思主義的傾向，卻是在胡適的文章刊發後才明確表示出來。而稍後出版的《新青年》6卷5號即是「馬克思研究號」，[23] 提示着這一爭論似乎還推動了《新青年》對馬克思主義的介紹（詳後）。

更重要的是，陳獨秀、李大釗都是胡適的好友，且胡適是因陳獨秀被捕、李大釗走避鄉間而不得不接辦《每週評論》，本帶有義不容辭的「前赴後繼」意味；當時局面如何發展難以逆料，若在此時發表攻擊同

21　《胡適口述自傳》，194–195頁。按這其中可能有譯註者唐德剛先生起的作用，譯註本這一節的標題便是「『問題』與『主義』之爭：我和馬克思主義者衝突的第一回合」，但這不排除是唐先生自己「總結」文意後加上的，因為他並未説各章節標題是胡適自定，有的標題如「考試和書院教育」便不像是先有，更像是後加（甚至有的分節恐怕都是後來「編輯」時的處理），待考。

22　相反，殷海光後來甚至指責胡適只知宣揚民主，卻「很少注意與民主思想敵對的思想」。參見張忠棟：〈胡適與殷海光〉，《台大文史哲學報》，第37期（1989年12月），126、163頁。

23　按《新青年》6卷5號雖標明是1919年5月出版，實際出版時間則延後，學者已有考辨。如李大釗那篇〈我的馬克思主義觀（上）〉中，就請讀者參照當年8月初出版的《每週評論》第33號上的內容。不排除李大釗能先看到《每週評論》稿件，即使如此，他撰文時至少《每週評論》第33號的內容已確定，故《新青年》「馬克思研究號」的實際出版時間當更晚。

人的文章，豈不成了京師警察廳的戰友了麼！李大釗那篇與胡適討論的
文章（該文本是通信，恐怕連題目都是任編輯的胡適所加），大概同樣
帶有支持其「前赴後繼」的意思。在刊物本身受到警察廳威脅之時（不久
終被查封），同人們卻主動互相「攻擊」，實在不合情理。

其實胡適將其撰文的意圖表述得非常清楚，似應予以更進一步的重
視；而其所述也反映出當時思想界的一些傾向，或可作為探索爭論緣起
的又一個方向。

二、因相近而區分

五四學生運動前後的思想界的確存在各種「主義」間的對立和競爭，
但思想界的主要特徵毋寧說是各種流派的混雜難分；甚至時人特別看重
的新舊之間的對立，也沒有既存研究所陳述的那樣強烈。[24]民初中國是
一個非常特殊的時代，就世界範圍言則是一個非常特殊的地域。[25]試舉
一個體現「特殊」的例子：五四運動幾年後，身為內閣總長的章士釗同
時自辦刊物《甲寅》議政。他在言說中仍以士人自居，把吳承仕擔任司
法部僉事視為「沉淪下僚」；更在其致吳的公開信中攻擊政府學務，説當
時「士習日壞，學殖全荒。國家設學，且惟摧毀國學是務」。[26]

24　更實際的情形是新中有舊，舊中有新，且新派的進攻性要大大強於舊派。説詳
　　羅志田：〈林紓的認同危機與民國的新舊之爭〉，《歷史研究》，1995年，第5期。

25　一般而言，已樹立地位的社會精英是既得利益者，最不支持任何形式的革命。
　　但民初中國的情形則反是，許多士人因鼓吹、參與、或支持各種「革命」而先一
　　舉得名，繼則獲得社會承認，或入名大學獲高薪教職，或竟直入政界為高官，
　　成為名實俱獲的社會精英。更有意思的是，這些知識分子在樹立地位即成為社
　　會學上所謂既得利益者之後，仍不同程度地提倡、支持或參與文化、思想、學
　　術、社會、家庭等各種革命，其中也不乏身與政治革命者。這個問題牽涉甚
　　寬，我會另文討論。

26　章士釗：〈孔傳考——答吳承仕〉（1925年8月1日），見《章士釗全集》，上海：
　　文匯出版社，2000年，第5卷，90頁。

　　那時章士釗自己就擔任教育總長，以中央政府負責教育的部長在自辦刊物上攻擊「國家設學」，這樣的行為，在沒有雜誌的古代中國自不可能，在所謂現代政治中也相當特殊。這類「道統」和「政統」互滲的局面在「五四」當年似較顯著，那時朝野間常常分享着共同的思想資源，並具有共同的「問題意識」（即關懷和思考的問題呈現出一致性）。大約在1919年6月初軍警大量抓捕學生後，朝野間的對立趨於明晰，進行「區分」的必要也更加凸顯，至少「民間」一面有這樣的感覺。

　　先看雙方相近相通的一面。我在多年前曾提出，參與「問題與主義」論戰的各方有其共同之處，比較接近的大致有兩點：一是中國必須借重西方的主義或學理，但卻不能照搬，尤其是資本主義不行；二是中國當下最重要的問題是社會的和經濟的，也就是民生問題。觀論戰各方所提的解決民生問題的方案，雖然出發點和所用的標籤不盡同，具體的措施也不一樣，但均對資本主義持不同程度的批判態度而傾向於某種社會的解決。[27]

　　這樣的共同之處也體現在當時主導北京政局之安福系的思想上，該系報紙《公言報》曾發表留學日本的白堅撰寫的社論，提出以實行「社會主義」來抵禦馬克思派「共產主義」的主張。社論說，共產主義「起於馬克斯之《資本論》，蓋痛憤於〔西方社會〕資產分配之不均」，而「思有以革易之」。而中國「自來重農輕工商，工商之業，較之歐美及東鄰，無足比數」，亦無相應之貧富懸殊的社會問題；故「歐美及日本資本家與勞動者之軋轢不平，無由而生於我國。即偶有之，亦不過少少者耳，無影響於大局也」。[28]

27　羅志田：〈胡適與社會主義的合離〉，28–29頁。

28　本段與下段，參見白堅：〈論危險思潮敬告為政者與將帥〉，載《公言報》，1919年6月27日、28日，均第2版。是鄧野先生的論文〈王揖唐的「社會主義」演說和「問題與主義」論戰的緣起〉（《近代史研究》，1985年，第6期）提示我查閱這一社論及下面述及的王揖唐演說。

　　儘管如此，「五四」學生運動「不旬日，而罷市罷工之風幾遍全國，則其潛勢之不可侮可知」。蓋當時中國「頻年內亂無已，綱紀為摧，四民失業，人無寧處」；「朝野上下，無往非失業失所之民。巨猾神奸，欲有所為，每假歐美學說以為攻奪政權之利器。而此學說足為彼利器者，必有適合於多數失業失所者之心；或且以為足矯方今之失，而開將來之正，務助其瀾揚其波」。換言之，中國雖少見歐美日本那樣的勞資衝突，民生問題卻已相當嚴重，使「所謂危險思潮者，乘虛而入」，決非以嚴刑峻法條文嚇唬可以解決。

　　不久王揖唐在安福俱樂部全體議員會上演説「本部之政綱」，也認為「所謂過激派，原由大地主及資本家壟斷資財、奴隸勞動所激成。其實此種學說吾國數千年前早有倡者，即如許行之學説，自食其力，均田均耕，與近世之共產主義相近。惟在彼時已有認為此種學說與中國不適者，即孟子是也。孟子雖反對許行之學説，然亦主張社會主義者」。如孟子提倡的「民為重，社稷次之，君為輕」，就是「從人民生計上着想」的學説。[29]

　　陳獨秀在稍後〈實行民治的基礎〉一文中，也指出「中國人工商業不進化」，其「好的方面」即「沒有造成像歐洲那樣的資產階級和軍國主義；而且自古以來，就有許行的『並耕』，孔子的『均無貧』種種高遠理想」，這表明「我們的國民性裏面，確實含着許多社會經濟的民治主義的成分」。[30]儘管具體的歸類或不同，陳獨秀和安福系同樣注意到中國工商業不發達所造成的與西方社會的差異，也同樣從傳統中找到許行等的思想。

　　而且，陳獨秀的側重點也與安福系類似，他說，「最進步的政治，必是把社會問題放在重要地位，別的都是閒文」，蓋「社會經濟的問題

29　〈昨日安福部之議員會〉，載《公言報》，1919年7月9日，第2版。

30　本段與下段，陳獨秀：〈實行民治的基礎〉，《新青年》，第7卷，第1號（1919年12月），收入《陳獨秀著作選》，第2卷，29–30頁。

不解決，政治上的大問題沒有一件能解決的，社會經濟簡直是政治的基礎」。若比較陳獨秀三年前所說的「倫理問題不解決，則政治學術皆枝葉問題」，[31]即可見其觀念的明顯轉變。關注社會大致已成當時新文化人的共識，胡適在大約同時也指出：「新思潮的將來趨勢……應該是注重研究人生社會的切要問題。」[32]

對安福系而言，既然「危險思潮」已風靡中國，又非嚴刑峻法所能「遏抑防阻」，白堅提出了幾條因應措施，第一條便是「為政者與將帥宜究心社會主義」。他說：「凡一主義能得多數信從者，必其有可信從之真際。能得其真際所在，則自有因應之方。不然，則暌隔而不通。」若「以其有異吾素所執也，聞其聲，徒有畏惡之情。畏之惡之，無當也。畏惡則益疏遠，疏遠則相背馳」。故「為政者而與多數國民相背馳，則禍之作必矣。謂宜人究其書，乃可言取捨，乃可言因應也」。[33]

這倒像是採納了李大釗的主張，李在同月稍早的《每週評論》中提出：「說某種主義學說是異端邪說的人，第一要知道他自己所排斥的主義學說是什麼東西，然後把這種主義學說的真象盡量傳播，使人人都能認識他是異端學說，大家自然不去信他，不至受他的害。若是自己未曾認清，只是強行禁止，就犯了泯沒真實的罪惡。」[34]《公言報》社論提出

31　陳獨秀：〈憲法與孔教〉，《新青年》，第2卷，第3號（1916年11月），見《陳獨秀著作選》，第1卷，224頁。不過，要注意陳獨秀那時所謂「社會經濟的民治主義」是偏向自由主義的，他說，「杜威博士關於社會經濟（即生計）的民治主義的解釋，可算是各派社會主義的公同主張，我想存心公正的人都不會反對」；故中國若實行民治，要「拿英美作榜樣」。陳獨秀：〈實行民治的基礎〉，見《陳獨秀著作選》，第2卷，29、32頁。

32　胡適：〈新思潮的意義〉，《新青年》，第7卷，第1號（1919年12月），見《胡適文集》，第2冊，558頁。

33　白堅：〈論危險思潮敬告為政者與將帥〉。

34　李大釗：〈危險思想與言論自由〉，原刊於1919年6月1日的《每週評論》第24號，收入《李大釗文集》，第2冊，327頁。

的，正是先「認識」再「排斥」的因應方策，即使不是安福系有意採納李大釗的看法，也説明雙方無意中所見頗相接近。

白堅提出的第二條措施是「為政者與將帥宜凜然痛自革易」，以消除財富不均現象。他不諱言「今日之將帥及為政者，坐擁數十萬數百萬或數千萬之金者，指不勝屈也；民生則益困窮，士卒則多凍餒。禍機一發，左右麾下之人，盡勍敵矣」。故既得利益者「痛自改革，即所以撤敵人目標之一道也」。而最後一條措施則是「逐次推行社會政策」，即貫徹他所認知的「社會主義」。在白堅看來，「社會主義之本旨，在哀多益寡，以厚人之生；使天下之人，各盡其能，各取所需。上無侵奪人之事，則下自無侵奪人之心；危險思想，無從而生，此社會主義之成也」。社論最後説，「無政府主義、均產主義與〔中國〕數千年習慣相異，儻欲急行，或誠危險也哉。惟社會政策，則毫無危險。今為政諸子，誠能自克而行社會政策，則危險思潮及今或猶可矯易。不然，則恐禍至無日矣」。[35]

王揖唐也提出，中國「屢經兵燹，人民之痛苦已水深火熱，替人民直接謀生存，責任在政府；然間接替人民謀幸福及生存者，責任實在政黨。吾黨既以保育民生為政綱，且居國會之多數黨，責無旁貸，義不容辭，擬在本部特別組織研究會」以探討民生主義。安福俱樂部議員對此「全體均贊成，即囑幹事部着手組織」。《公言報》報道的提要稱之為「社會主義研究之組織」。[36]

35　白堅：〈論危險思潮敬告為政者與將帥（續）〉。按「社會政策」在當時或指謂某種帶有「均貧富」傾向的系列社會改良措施，毛澤東稍後曾列舉五種「世界解決問題的方法」，其第一種就是「社會政策」；而他認為這是「補苴罅漏的政策，不成辦法」。參見〈新民學會會務報告（第二號）〉，中國革命博物館、湖南省博物館編：《新民學會資料》，北京：人民出版社，1980年，22–23頁。

36　〈昨日安福部之議員會〉。李林認為，安福系研究民生主義也是出於「政治鬥爭的需要」，當時南北正議和，安福系謀與孫中山接近，並在國民黨的推動下至少表面上贊同「孫文學説」，可備一説。參見李林：〈還「問題與主義」之爭的本來面目〉。

那時安福系並不僅僅是在因應國內問題，他們顯然感受到了外來思想的衝擊。王揖唐即說，「自世界潮流播及後，民生主義為不可再緩之圖」。[37]而白堅更承認，以無政府主義、共產主義為代表的「俄國過激派所倡導、所實行〔的〕一切破壞主義」這類危險思潮，已「使俄國土崩瓦解；德、奧二邦，亦行見為俄之續；英、法、意、美諸邦，無不見此主義之流行披猖、蘊蓄鬱積；而日本及我邦處此，亦莫之能外」。更因中國政教之失已久，故「其來如疾風，當者為之披靡；其速也如流電，遠邇無所不居；浩浩乎，滔滔乎，莫之能禦」。[38]簡言之，安福系正是因為無政府主義和共產主義這類「危險思潮」漸有風行之勢，才要研究和實行某種社會主義，希望能收釜底抽薪之功。

相當數量的研究者常把安福系視為當時最「落伍」者，而其關於「世界潮流」的認識，看上去卻類似趨新者羅家倫的見解。羅氏稍早曾描述「一股浩浩蕩蕩的世界新潮」正由西向東，經太平洋而到遠東。這一「二十世紀的世界新潮」就是俄國革命。與以前法國式的政治革命不同，俄國式的革命是社會革命。中國遲早會被阻擋不住的「世界的新潮捲去」，「不能不預先籌備應付這潮流的法子」。[39]

可以看出，安福系和羅家倫對於「世界潮流」的認知和想要預為因應的思考方式都是相當接近的，不過安福系想以實行「社會主義」來抵禦馬克思派「共產主義」，而羅家倫的因應方策則包括「與其崇拜雷掲奴 Richelieu 的理財，不如崇拜馬克斯 Karl Marx 的經濟」這類相對激進的主張。但雙方確有不少共同或相通之處，大致可見。

羅家倫的《新潮》同人傅斯年也對俄國革命寄予厚望，他在1918年6月就認為，「近世史之精神，全在思想自由」。自歐洲「文藝復興」和

---

37 〈昨日安福部之議員會〉。

38 白堅：〈論危險思潮敬告為政者與將帥〉。

39 本段與下段，參見羅家倫：〈今日之世界新潮〉(1918年11月)，《新潮》，第1卷，第1號(1919年1月)，19–23頁。

「宗教改革」後，思想自由「再現於政治革命」，即法國革命。此後「更待改革者何事乎？社會而已」；後者即體現在俄國革命之上。幾個月後他更看到：「中歐各國起了社會革命了！俄國式的革命到了德意志了。從此法國式的革命──政治革命──大半成了過往的事；俄國式的革命──社會革命──要到處散佈了。」俄國革命可能失敗，但若「經數十年之試驗，得一美滿結果，人類進化更進一層矣」。俄國的現狀雖不如意，但人類「將來無窮的希望，都靠着他做引子」。故「將來俄國於文明史上，非同等閒。德哲人尼采謂俄獨有兼並一切之能力，吾則謂俄之兼並世界，將不在土地國權，而在思想也」。[40]

傅斯年對「革命」的青睞此後仍有表述，而且他比羅家倫更進一步，其眼中的「世界潮流」差不多就是「世界革命」。傅斯年在「五四」前夕評論朝鮮獨立運動説，這一運動雖未見成功的可能，「但是就內裏的精神看起來，實在可以算得『開革命界之新紀元』」。蓋其「對於未來的一切革命運動，有三層重要的教訓：第一是非武器的革命。……第二『是知其不可而為之』的革命。……第三是單純的學生革命」。只要「世界的革命未已，這精神自必續繼下去；這精神由現在看起來，好像愚不可及，然而順着這世界的潮流，必得最後的勝利」。[41]

到五四學生運動後，羅家倫再次表明了對俄國革命的肯定。他對中國的辛亥革命和俄國革命進行了比較，發現兩者間「有一個大不同的地方，就是：中國的革命，是以金錢權位運動軍隊來的；而俄國的革命，是以思想主義征服軍隊來的──其實不但是征服軍隊，並且征服一切平民。所以俄國革命愈革愈好，中國革命愈革愈壞」。[42]與傅斯年

40　傅斯年：〈社會革命──俄國式的革命〉（1918年11月12日），《新潮》，第1卷，第1號，128–129頁。

41　傅斯年：〈朝鮮獨立運動中之新教訓〉（1919年），《新潮》，第1卷，第4號（1919年4月），687–688頁。

42　羅家倫：〈覆張繼〉（1919年11月8日），《新潮》，第2卷，第2號（1919年12月），366頁。

從俄國革命中看到「思想」的「兼並」能力相類，羅家倫也從中看到「思想主義」的「征服」能力，兩人的思路和傾向性非常相近。

不少研究「問題與主義」之爭者（包括一些試圖為胡適「翻案」的作者）都將傅斯年、羅家倫為代表的《新潮》派歸到胡適一邊，往往指出其與馬克思主義者或其他激進者的對立和衝突。其實李大釗與新潮社關係同樣非常密切，[43] 而此時羅家倫和傅斯年至少遠比寄希望於英美式民治的陳獨秀更激進，他們放眼未來，看重的是俄國式的社會革命和馬克思的經濟學說。

然而這也並不意味着他們在實驗主義和馬克思主義之間選擇後者，傅斯年〈社會革命──俄式的革命〉一文中便屢次用「試驗」來表述法國和俄國革命，而羅家倫那時更常常強調實驗主義關注「此時此地」的觀念。[44] 大致可以說，胡適和李大釗的主張都是五四學生一輩人的思想資源，他們並未從中看到太多的衝突和對立，反而更多看到其相通之處。

同時，社會主義和一些與其相關的「主義」也確有令人困惑處，在「民間」一邊或「道統」之內稍早已出現「區分」的努力。1919年三四月間出版的《每週評論》第15號和18號上，即分別摘譯刊登了倍倍爾（August Bebel）的著作〈近代社會主義與烏托邦社會主義的區別〉和王光祈的〈無政府共產主義與國家社會主義〉，兩文的共性是要「區別」各類不同的西方「主義」，尤其是與「社會主義」相關者。王光祈在介紹克魯泡特金（Peter Kropotkin）的「無政府共產主義」和馬克思的「國家社會主義」之異同時，特別更正自己一個月前曾說俄羅斯的布爾扎維克自標其主義為無

43　羅家倫後來回憶說，李大釗的圖書館主任室是當時趨新師生兩個相互問難辯論的聚會場所之一，而他和傅斯年兩人幾乎天天都在那裏。參見羅家倫（口述）：〈北京大學與五四運動〉，《傳記文學》（台北），第54卷，第5期（1978年5月），15頁。

44　例如，羅家倫：〈近代中國文學思想的變遷〉，《新潮》，第2卷，第5號（1920年9月），863–888頁。另一方面，羅家倫在此文中也明確引述了經濟決定論的觀念。

政府主義,「如今細考布爾扎維克的所為, 似近於國家社會主義」, 而非互助的無政府主義。[45]

前引羅家倫主張「崇拜馬克斯 Karl Marx 的經濟」, 也引起無政府主義者的反對。黃凌霜表示他不但不「崇拜」馬克思的「玄想的經濟學」, 而且「極端反對馬克思的集產社會主義」; 他提出的理由非常符合時人尊奉的進化觀念:在歐洲,「馬克思的集產主義現在已不為多數社會黨所信仰, 近來萬國社會黨所取決的, 實為共產主義」(具體指他們正在提倡的「無政府共產主義」)。[46]

馬克思主義和無政府主義都是安福系眼中的「危險思潮」, 在不同程度上也都與俄國相關。值得注意的是, 安福系既不贊成以嚴刑峻法條文之嚇唬來解決「危險思潮」, 也不主張採取「畏之惡之」而「益疏遠」的鴕鳥取向, 他們自身要開展對社會主義的「研究」, 並建議「為政者與將帥宜究心社會主義」。這樣一種主動「介入」的願望, 似乎體現出「政統」意欲進入原來更多被「民間」佔據的言說世界, 以相近的議題來爭奪對「道統」的掌控。或許就是這一點使「道統」方面警醒, 並採取相應的防衛行動。

45　若愚(王光祈):〈無政府共產主義與國家社會主義〉,《每週評論》, 第18號 (1919 年4月20日), 第2版。後來毛澤東曾列舉出五種「世界解決社會問題的方法」, 不僅有「社會政策」、「社會民主主義」和「無政府主義」, 也包括「激烈方法的共產主義(列寧的主義)」與「溫和方法的共產主義(羅素的主義)」(〈新民學會會務報告(第二號)〉, 見《新民學會資料》, 22頁)。甚可見時人認知中這些「主義」間既相互關聯又歧異的複雜性。

46　黃凌霜:〈評《新潮》雜誌所謂今日世界之新潮〉,《進化》, 第1卷, 第2期 (1919 年2月), 收入高軍等編:《中國現代政治思想史資料選輯》, 成都:四川人民出版社, 1983年, 上冊, 15–16頁。按黃凌霜1922年到蘇俄後有大轉變, 他對陳獨秀說:現「已確信」無產階級專政「乃今日社會革命唯一之手段, 此後惟有隨先生之後, 為人道盡力」。見〈凌霜致仲甫〉,《新青年》, 第9卷, 第6號 (1922年7月), 北京:人民出版社, 1954年影印本, 90頁。又, 在論戰中以進化論為思想武器來立論駁論是那時的風氣, 稍後在「科學與玄學之爭」時, 張君勱也指胡適等人所信奉的「科學」觀念是歐洲16至19世紀的主張, 已被20世紀的歐洲人拋棄。參見本書〈從科學與人生觀之爭看學生運動後對五四基本理念的反思〉。

　　胡適那句「安福部也來高談民生主義了」表述出很強的警惕性，在許多人嘲笑這種「假充時髦的行為」時，胡適卻感到這是「給我們這班新興論家一個教訓」。他敏銳地覺察到，對於王揖唐主張民生主義的演說和安福部設立「民生主義研究會」的活動，與安福系相關的輿論機構採取了聯合行動：「北京《公言報》、《新民國報》、《新民報》（皆安福部的報）和日本文的《新支那報》，都極力恭維。」這樣一種呈現出「共謀」的舉動，使他認為必須有所區分。[47]

　　胡適指出：「馬克思的社會主義，和王揖唐的社會主義不同；你的社會主義，和我的社會主義不同。」大家都談社會主義，「同用一個名詞，中間也許隔開七八個世紀，也許隔開兩三萬里路，然而你和我和王揖唐都可自稱社會主義家」。我們今日當然知道那時各派所說的社會主義有相當大甚至是實質性的區別，但多少也有其共性，如《時事新報》一文所說：「今日之言社會革命者夥矣，而各人研究之學理及實行手段的趨向，亦因之而歧：有主張政治革命者，有主張社會集產革命者，又有主張無政府共產革命者。其主義雖互有差異，然所盼望改革社會成一完美之社會的願望則均同。」[48]

　　不過，前引王光祈在一個月的時間裏修正自己的看法以及黃凌霜試圖以「萬國社會黨」採納的「無政府共產主義」來「反對」蘇俄共產黨實行的「馬克思的集產主義」，提示出當時人實在有些分不清這些「主義」的異同。羅家倫曾以不同的歷史和社會背景來解釋這些同源觀念的演變，他說，「同是馬克思的學說，為什麼得到英國會變成 Guild Socialism，到法國會變成 Syndicalism，到俄國會變成 Bolshivism，到美國會變成 I. W. W. 呢？這都是各有歷史和他社會背景的緣故」。[49]

47　本段與下段，胡適：〈多研究些問題，少談些「主義」〉（1919年7月），見《胡適文集》，第2冊，249–250頁。
48　劉華瑞：〈社會改革之正趨〉，載《時事新報》，1919年9月22日，第1張，第1版。
49　志希：〈評《解放與改造》〉，《新潮》，第2卷，第2號（1919年12月），361頁。

　　然而羅家倫眼中這些同源的「主義」又各自爭鬥不休，吳康稍後描
述說，那些談「社會改造」者，「你今日鼓吹一個馬克思的主義，他明日
主張一個蒲魯東、克魯泡特金的學說，後日再出來一些個什麼『工團主
義』（Syndicalism）、『行社主義』（Guildism）」；大家「各捧着一個洋偶
像」，「出奴入主，互相掊擊，有如泥中鬥獸，鬧得個不亦樂乎」。[50]社會
主義名詞之下這樣錯綜複雜的爭鬥與聯合至少混淆了各自的主義認同，
這即是胡適所針對的，故他首先要以一條線將安福系與所有的「新輿論
家」劃開。

　　李大釗在「五四」前已注意到：「世間有一種人物、主義、或是貨品
流行，就有混充他的牌號的，紛紛四起。……『社會主義』流行，就有
『皇室中心的社會主義』、『基督教的社會主義』出現」，其實「都是『混充
牌號』」。[51]「五四」後他更觀察到，「近來出了許多新鮮名詞。例如日本
的『帝國社會主義』，『皇室中心社會主義』，中國某君的『軍國民教育社
會主義』等。[52]一方面「近來有很多的印刷物，被政府用『鼓吹共產主義』
的罪名禁止了；可是政府舉行的文官考試，卻出了『共產主義』的題目，
給考試文官的人以大鼓吹而特鼓吹的權」。他特地指出：「有人說那是官
家的共產主義、孔子的共產主義，毫不帶着危險的性質，與你們小百姓
們所研究的不同。我想這話也不錯。」[53]

　　儘管做出了這樣的區分，李大釗仍然對「我們談主義罷，王揖唐也
來談主義；我們非主義罷，閻錫山又來非主義」這一現象感到無奈，並
發出「究竟如何是好呢」這樣的感嘆。[54]他所描述的現象及其多少有些無

50　吳康：〈從思想改造到社會改造〉（1921年1月4日），《新潮》，第3卷，第1號
　　（1921年），37頁。

51　李大釗：〈混充牌號〉（1919年4月6日），見《李大釗文集》，第2冊，311頁。

52　李大釗：〈新鮮名詞〉（1919年10月5日），見《李大釗文集》，第3冊，60頁。

53　李大釗：〈「鼓吹共產主義」〉（1919年11月16日），見《李大釗文集》，第3冊，
　　90頁。

54　李大釗：〈主義〉（1919年12月7日），見《李大釗文集》，第3冊，125頁。

奈的感嘆既凸顯出其希望有所「區分」的明顯意圖,也體現了朝野的某種「一致」。的確,包括安福系在內的一個時代共同點就是關注「社會」的革命或改良,不論是否發自內心地讚賞,各方都視之為一項不可避免的舉措。然而意味深長的是,為什麼那時掌權或接近掌權的一方總要仿效民間的言說?[55]

那時發生的一個插曲頗能提示各方關係的複雜:

> 自學生愛國運動發生以來,有人造出一種謠言,說北大的新潮社社員傅斯年、羅家倫被安福俱樂部收買去了。上海有一家大報的駐京訪員竟把這種謠言用專電傳出去!那些魚行的通信社自然不消說了。近來有許多朋友寫信來問究竟這事是真是假。我們正式回答他們:「安福部是個什麼東西?他也配收買得動這兩個高潔的青年!」[56]

這裏以「我們」身份發言的就是胡適,發表的時間是1919年6月初。但或因發表此言論的刊物《每週評論》讀者不夠廣泛,或由於「國中缺乏常識的人太多了,居然有人相信這種謠言,居然有許多通信社和報館極力傳播這種謠言」,致使胡適、李大釗等不得不於一個月後又在北京《晨

---

55 在湖南的毛澤東就注意到,在世界新思潮的衝擊下,當地一些「官氣十足的先生們,忽然屈尊降貴研究起來」。其所「研究」者,當然是與新思潮相關者,故有人說他們的行為「是青葉上青蟲的體合作用」。毛澤東:〈健學會之成立及其進行〉(1919年7月21日),見中共中央文獻研究室、中共湖南省委《毛澤東早期文稿》編輯組編:《毛澤東早期文稿》,長沙:湖南出版社,1990年,368–369頁。不論是變為與環境相類的體色以自保,還是確實有意爭奪對「道統」的掌控,「官方」在思想上趨近於「民間」的現象是很明顯的。社會主義青年團的機關刊物《先驅》之〈發刊詞〉稍後也指出:辛亥革命以後,雖然專制改成共和,實際卻是「反革命的勢力冒着民主的招牌,以行他們的搶掠之實」(〈先驅發刊詞〉,收入中共中央馬恩列斯著作編譯局研究室編:《五四時期期刊介紹》,北京:生活‧讀書‧新知三聯書店,1979年,第二集,下冊,528頁)。

56 胡適:〈他也配〉,原刊《每週評論》,第28號(1919年6月29日),收入《胡適文集》,第11冊,18頁。

報》上刊登一則〈闢謠啟事〉，重申傅、羅被安福俱樂部收買是「近來有人散佈謠言」，而「我們心裏不平，不能不替他們兩位辯個清白」。〈啟事〉再次以「十字街頭」的口氣宣佈：「安福俱樂部是個什麼東西，他也配收買這兩位高潔的青年。」[57]

這樣的「謠言」竟然可以不脛而走，廣泛傳播於京滬之間，多少可見當日世風之一斑。[58]那時的一個重要背景是6月初軍警大量抓捕學生，使朝野對立趨於明晰。有人「散佈謠言」的活動和胡適等想要「辯個清白」的努力，都非常能體現當時思想界陣線不甚清晰的狀態，也反映出其間的一些傾向：

如果「散佈」者就是安福系，則他們顯然認識到北大清流的力量，希望與之有所關聯；[59]或者「謠言」是想表示「學生」已被分化而非整體，也不排除暗示安福系對軍警的行為有保留。[60]不論是哪一種，都別具深意。如果「謠言」的起源是新潮社在民間的競爭對手，則說明當時朝野的對立已非常顯著，且民間已經公然不承認當局的統治正當性，故任何

57　胡適等：〈為新潮社闢謠啟事〉，原刊《晨報》1919年7月6日，收入《李大釗全集》，石家莊：河北教育出版社，1999年，第3卷，293頁。按當時一般的習慣，共同文字的作者通常署名最後，然從兩文相近的表述看，〈啟事〉或亦為胡適所做。

58　李大釗稍後觀察到，以前相對疏離於政治的北大教授社群已成為一股不可忽視的力量，受到各方面的拉攏。「李大釗致胡適」(1921年1月18日)，見《李大釗文集》，第5冊，299頁。

59　從無風不起浪的角度言，也不排除安福系真有想要「收買」二人的嘗試。連胡適等人也是先說安福系不配「收買得動」二人，然後才改說不配「收買」。

60　當年的民間輿論和多數後來的研究者都將安福系視為那時的當權派，但前引王揖唐的演說，就曾明確區分「政府」和議會「政黨」的不同責任，而《公言報》的社論也明言不贊成以嚴刑峻法遏阻「危險思潮」的做法，提示出安福系確有與執政的政府有所區分的自覺意識。進而言之，民間輿論將議會黨團視為當局者的做法提示出，似乎許多受過西方訓練的自由主義讀書人反而不如安福俱樂部那樣注重立法和行政的分別，這是很可思索的現象。

與政客官僚的「關聯」，包括想像的或實際的，都可能使新潮社顯得不夠「高潔」和「清白」，從而毀損其言論信譽。[61]

從「許多通信社和報館」共同參與「極力傳播這種謠言」的活動看，輿論對此是非常關注的。而安福系以「各盡其能，各取所需」來界定其所提倡的「社會主義」，也的確很像後來不少人描繪共產主義的用語。[62] 相差甚遠的思想觀念和政治派別都聚集在相同的名詞之下，很能提示「社會主義」這一標籤在那時的吸引力，至少大家關懷和思考的問題是相通的。

或者正因這樣一種有意無意的「混同」，使新文化人想要「區分」的努力變得更加明顯。[63]「道統」一邊對「政統」方面任何試圖以其道來「正統」的努力，不論是想像的或實際的，都已相當警惕。胡適和李大釗都表述出類似的意思，其「區分」努力的最初一步就是劃清與王揖唐或其他與

---

61 蔣夢麟曾回憶說，因傅斯年「是五四運動領袖之一，當時有人要毀掉他，造了一個謠言，說他受某煙草公司的津貼。某煙草公司，有日本股份，當時全國反日，所以奸人造這個謠言」(語出蔣夢麟：〈憶孟真〉，轉引自傅樂成：《傅孟真先生年譜》，台北：傳記文學出版社，1969年，16頁)。可知當時確實存在類似的做法。

62 實際上，這恐怕也是那時與社會主義相關的各種主義最能相通之處，前面提到的黃凌霜轉而接受無產階級專政後，陳獨秀對他說：「『各盡所能，各取所需』這兩句格言，不但共產黨不反對，我想除了昏狂的人，沒有人願意反對；現在共產黨所爭持的所努力的乃是怎樣使我們由強制而習慣的作工，使人人真能各盡所能；乃是怎樣通力合作，怎樣使生產事業集中成為社會化，怎樣使生產力大增、生產品充裕，使人人真能各取所需。想努力實行這些理想，都非經過無產階級專政不可。這道理吾兄一定是明白了，尚請向舊日真的安那其諸同志詳細解釋，以免誤會才好。」陳獨秀：〈答凌霜〉，《新青年》，第9卷，第6號，91頁。

63 那時思想界的混同當然不僅在朝野之間，「五四」後羅家倫便看到「我們的文化運動有種危險：就是許多投機的人，也辦了些假冒招牌的雜誌……夾在裏面胡鬧，弄得魚龍混雜，大眾受欺，使我們的運動也發生許多障礙」。他也同樣具有明確的區分意識，故希望《時事新報》能「關一欄『蒲鞭』，將他們鞭策一回」。參見〈羅家倫致張東蓀〉，1919年9月30日，載《時事新報》，1919年10月4日，第3張，第4版。按原信未署年月，此日期據報紙時間及信中說「現在大學已開學」推斷。

「政統」相關聯者的界限。在胡適看來，既然在「主義」方面已經到大家不太分得出彼此的程度，則回過頭來研究具體「問題」或不失為一種選擇。[64]

三、胡適的思路及他人最初的因應

1918年3月，胡適把他正在寫的《西洋哲學史大綱‧導言》的一段提出來「供《新青年》的讀者的討論」，他在文章中指責「如今的人，往往拿西洋的學說，來做自己的議論的護身符」；其實不同時代的西哲「各有他們不同的境遇時代。因為他們所處的時勢、境遇、社會各不相同，所以他們懷抱的救世方法便也各不相同」；各人的「學說，都由個人的時勢不同，才性不同，所受的教育又不同；所以他們的學說都有個性的區別，都有個性的限制；並不能施諸四海而皆準，也不能推諸萬世而不悖，更不能胡亂供給中國今日的政客作言論的根據」。[65]

可知「中國政客」拿西洋的學說來作自己「言論根據」的傾向先已存在，那時已成為胡適的攻擊對象，則安福系後來試圖「研究」社會主義不過是這種既存趨向的進一步發展。胡適進而批評一些國人「不去研究中國今日的現狀應該用什麼救濟方法，卻去引那些西洋學者的陳言來辯護自己的偏見」，這是「大錯」；若「不管這些哲人和那些哲人是否可以相提並論，是否於中國今日的問題有可以引證的理由」而盲目引證，便是其所謂「奴性的邏輯」。

但胡適這些話似乎沒引起什麼注意，倒是李大釗很快有所反應，他在幾個月後與高元辯論「強力與自由政治」時，強調其意在防止政治「梟

64　當然，就像許多研究者已經指出的，胡適自己也在大「談」杜威的實驗主義。而且我們現在知道，他本人不僅不反對、且曾長期嚮往社會主義。參見羅志田：〈胡適與社會主義的合離〉。

65　本段與下段，胡適：〈旅京雜記〉，《新青年》，第4卷，第3號（1918年3月），252–253頁。

雄」據「客卿」之西說以「偽造民意」；為支持自己的立論，他差不多把胡適上述說法全文引出，並進而引申說：「彼西洋學者，因其所處之時勢、境遇、社會各不相同，則其著書立說，以為救濟矯正之者，亦不能不從之而異。吾輩立言，不察中國今日之情形，不審西洋哲人之時境，甲引丙以駁乙，乙又引丁以駁甲，盲人瞎馬，夢中說夢，殊慮犯胡適之先生所謂『奴性邏輯』之嫌，此為今日立言之大忌。」[66]

不久李大釗即指出輿論界有空談學理而迴避中國事實的現象，他描述一些國人對「聯治主義」的畏縮態度說，這些人「不是吞吞吐吐的說我是主張自治，避去聯邦字樣；就是空空洞洞的說我是單談學理，不涉中國事實。」[67]稍後他在論及社會上流行「混充牌號」現象時更指出，「社會上有一二清流學者，很得大眾的信仰，一班官僚帝孽，就想處處借他的名字作招牌」，也跟着談社會主義。[68]可知那時確有空談「不涉中國事實」之抽象學理及官僚「攀附」清流談社會主義的傾向存在，不排除胡適稍後的表述還受到李大釗的影響。

或者因為前文反饋不足，胡適在1919年春夏間重申，「前幾年有一般學者做文章時，往往引上許多英文德文法文的句子，末後加上無數的參考書目」。大家都引西洋名哲來駁斥對方，但是「二千三四百年前的柏拉圖和阿里士多德，和我們時代不同，事勢不同，歷史地理不同，他們的話是針對他們的時勢說的，未必能應用於我們中國今日的時勢」。當時的新人物反傳統，「正因為『詩云子曰』是兩三千年前的議論，不能

66 李大釗：〈強力與自由政治——答高元君〉(1918年7月1日)，見《李大釗文集》，第2冊，198頁。龔書鐸、黃興濤先生已注意及此條材料，參見龔書鐸、黃興濤：〈胡適與李大釗關係論〉，《史學月刊》，1996年，第1期。

67 李大釗：〈聯治主義與世界組織〉，《新潮》，第1卷，第2號(1919年2月)，151–152頁。

68 李大釗：〈混充牌號〉，見《李大釗文集》，第2冊，311頁。從這一視角看，前引傅斯年、羅家倫被「收買」的謠言還真有可能出自安福系自身。並參見前引李大釗1921年致胡適函。

用到現在的情形。若是我們現在論中國的現勢，卻去引柏拉圖和伯倫知理的話作根據，這豈不是西洋式的『詩云子曰』嗎」？[69]

胡適強調：「現在的輿論界的大危險，就是偏向紙上的學說，不去實地考察中國今日的社會需要究竟是什麼東西。」這一傾向是新舊共有的，「那些提倡尊孔祀天的人，固然是不懂現時社會的需要；但是那些迷信軍國民主義或無政府主義的人，就可算是懂得現時社會的需要嗎」？他因而提倡一種「學問上的研究和實地的考察」結合的取向，因為「輿論家的第一天職就是要細心考察社會的實在情形。一切學理，一切Isms，都只是這種考察的工具。有了學理作參考材料，便可使我們容易懂得所考察的情形，容易明白某種情形有什麼意義，應該用什麼救濟的方法」。

在一般印象中，胡適可以說是當年尊西的象徵，他在此時卻一再提出引證西洋學說應該考慮適合於「中國今日的問題」；強調任何西哲的言論必須能夠「應用於我們中國今日的時勢」，否則就是「西洋式的『詩云子曰』」。這是民初「西方分裂」之後出現的新問題，一方面，「你引柏拉圖來駁我，我便引阿里士多德來駁你，你又引海智爾來駁我，我再引伯倫知理來駁你」的現象充分體現了西方理論「以中國為戰場」的情形；[70]同時，究竟哪些外來學理和主義才適應「中國今日的時勢」，逐漸成為一個長期而持續受到關注的問題，稍後的「問題與主義」之爭與此是密切相關的。

胡適寫〈多研究些問題，少談些「主義」〉一文時，一開頭就引述了上面的議論，並再次強調：「一切主義都是某時某地的有心人，對於那

69　本段與下兩段，胡適：〈歡迎我們的兄弟《星期評論》〉（1919年6月），見《胡適文集》，第11冊，14頁。

70　關於「西方分裂」，參見羅志田：〈西方的分裂：國際風雲與五四前後中國思想的演變〉，《中國社會科學》，1999年，第3期。下文還會涉及這一觀念，均請參看此文，不再註出。

時那地的社會需要的救濟方法。」這樣具有特定針對性的「具體主張」一旦成為「主義」，便已被簡化為涵蓋寬廣的「抽象名詞」，而後者卻未必能夠囊括這一名詞所指謂的各種具體主張，遑論異地不同時的時空差異。因此，若不去「實地研究我們現在的社會需要」，空談「主義」，特別是空談「外來進口的」和「偏向紙上的」主義，不僅無濟於事，且有弊端。蓋紙上的「口頭禪很容易被無恥政客利用來做種種害人的事」，這在歐洲已有前科，「現在中國的政客，又要利用某種某種主義來欺人了」。[71]

雖然知道「這種議論，有許多人一定不願意聽」，胡適還是「奉勸新興論界的同志」要「多提出一些問題，少談一些紙上的主義」；更進而「多多研究這個問題如何解決，那個問題如何解決，不要高談這種主義如何新奇，那種主義如何奧妙」。很明顯，從文章開頭提出安福部談民生主義是「給我們這班新興論家一個教訓」，到後面奉勸「新興論界的同志」，注重區分的胡適表現出清晰的群體意識──「我們」和「同志」都與「新興論」這一認同相關。

由於主要是針對「我們」和「同志」立說，胡適所舉的反面例證也多出自「新興論界」；或因其心裏想着攻擊安福系，倉促中不知不覺地使用了安福系方面的材料。結果，胡適文章中所挖苦抨擊的不少「主義」，恰與安福系正在攻擊者相近。如果不是他正面進攻安福系「政客」的文字明顯，該文甚至可以說配合了安福系的傾向。對此胡適自己似有所覺察，他在文章結束時希望「讀者不要誤會」其意思，並特別說明，「種種學說和主義，我們都應該研究」；不過應作為觀察的「工具」和參考的「材料」，而不是「掛在嘴上做招牌」。

---

71 本段與下兩段，胡適：〈多研究些問題，少談些「主義」〉，見《胡適文集》，第2冊，249–252頁。

胡適的文章引起迅速反應，藍公武把胡適的文章轉載在《國民公報》上，又在該報發表長篇駁論，分七次連載；李大釗與胡適討論的文章是私人通信的形式，以當時人的習慣言，也不排除是為發表而撰寫。藍、李二人都不贊同胡適將「問題」和「主義」對立起來的主張。整體上，藍公武的論述偏於理論，批駁的意味較強，也不無自相矛盾處；而曾經屬於章士釗「邏輯文學」政論文派[72]的李大釗則思路更顯清晰，也更能以「詮釋」的方式處理他與胡適觀念的歧異。

藍公武認為「問題」和「主義」二者「不能截然區別」，不過是「同一事件」的不同方面，即「問題有一貫的中心，是問題之中有主義；主義常待研究解決，是主義之中有問題」。但他又說，「主義是一件事，實行的方法，又是一件事，其間雖有聯屬的關係，卻不是必然不可分離的」。簡言之，「方法與主義不過是目標與路徑的關係」。在向着同一目標走的前提下，受環境和不同實行者利害關係的影響，「一個主義，可以有種種的實行方法，甚至可以互相衝突，絕不相容」。故「同一主義，在甲地成了某種現象，在乙地又成一種現象。乃至同在一地，信奉同一主義的人，因實行方法的不同，變成種種極不相容的黨派」。[73]

李大釗也覺得「問題」與「主義」之間「有不能十分分離的關係」，他同意任何「主義」都有「理想與實用兩面」；把一個主義的理想「適用到實際的政治上去，那就因時、因所、因事的性質情形，有些不同」。當特定主義被「拿來作工具，用以為實際的運動」時，就會「因時、因所、因事的性質情形，生一種適用環境的變化」。所以，「一個社會主義者，為使他的主義在世界上發生一些影響，必須要研究怎麼可以把他的理想盡

72　關於民初以章士釗為代表的「邏輯文學」政論文派，參見胡適：〈五十年來中國之文學〉，見《胡適文集》，第3冊，234–237頁。

73　知非（藍公武）：〈問題與主義（五）〉，載《國民公報》，1919年7月29日，第5版；〈問題與主義（三）〉，載《國民公報》，1919年7月26日，第5版。

量應用於環繞着他的實境」。不過,他在論述中再三強調以主義為「工具」進行「實驗」的必要性,顯然是在順應胡適那些年的基本主張。[74]

實際上,胡適觀察到的各種政治傾向很不相同的人卻在談論同一「主義」的現象,藍、李二人也都承認存在,不過藍公武以為這本是常態,而李大釗則願意「研究」怎樣使理想適用於所在的實境。對中國思想界這種陣線混淆的現象,藍、李二人皆有所認識:藍氏固說「中國今日的思想界,混沌已極,是個扶得東來西又倒的東西」;李也指出,「在這種淺薄無知的社會裏,發言論事,簡直的是萬難,東也不是,西也不是」。[75]可知三人都想要在混雜中有所區分,不過胡適傾向於轉換陣地,而藍、李二人則以為應進一步強化自身的主張。

藍公武認為,胡適擔心「紙上的主義」可能被政客用來害人,有些過慮。因為「主義」的接受者和信奉者「必定要問這主義的內容和他的影響結果,無恥政客決不能用來欺人的。……王揖唐講社會主義,依然還是一個王揖唐主義,絕沒有人去上他當的」。[76]李大釗也說,「今日社會主義的名辭,很在社會上流行,就有安福派的社會主義跟着發現。這種假冒招牌的現象,討厭誠然討厭,危險誠然危險,淆亂真實也誠然淆亂真實」;可是正牌不能因為有冒牌就自動歇業,「我們又何能因為安福派也來講社會主義,就停止了我們正義的宣傳」。正「因為有了假冒牌號的人,我們愈發應該一面宣傳我們的主義,一面就種種問題研究實用

---

74 李大釗:〈再論問題與主義〉(1919年8月17日),見《李大釗文集》,第3冊,1–3頁。對於同一「主義」在各地的實行中可能產生歧異一點,胡適很難反駁。因為他記得「前次杜威先生在教育部講演,也曾說民治主義在法國便偏重平等;在英國便偏重自由,不認平等;在美國並重自由與平等」;因為「英國、法國、美國的先哲當初都能針對當日本國的時勢需要,提出具體的主張,故三國的民治各有特別的性質」。參見胡適:〈三論問題與主義〉,見《胡適文集》,第2冊,272頁。

75 知非(藍公武):〈問題與主義〉,載《國民公報》,1919年7月24日,第5版;李大釗:〈再論問題與主義〉,見《李大釗文集》,第3冊,5頁。

76 知非(藍公武):〈問題與主義(七)〉,載《國民公報》,1919年7月31日,第5版。

的方法，好去本着主義作實際的運動，免得阿貓、阿狗、鸚鵡、留聲機來混我們，騙大家」。[77]

　　藍公武對「無恥政客」的斷然蔑視固稍武斷，但亦不無所見——至少在「新興論界」的範圍內，王揖唐恐怕不具多少「欺騙性」。對於更多的人，他則提出，「解決一種問題，全靠與這問題有關係的人，自動的起來解決，方有效果可言。若是有關係的人，毫無絲毫感覺這問題的重要，即便有人起來代勞，其效果不是零便是惡」。故「吾們要提出一種具體的方法來解決問題，必定先要鼓吹這問題的意義以及理論上根據，引起了一般人的反省，使成了問題，才能採納吾們的方法」。[78]

　　李大釗進而說，「一個社會問題的解決，必須靠着社會上多數人共同的運動」。若學者研究的社會問題與「社會上多數人卻一點不生關係，那個社會問題，是仍然永沒有解決的希望」。故「宣傳理想的主義」，使社會上多數人「先有一個共同趨向的理想、主義，作他們實驗自己生活上滿意不滿意的尺度」，才可能形成「社會上多數人共同的問題」，也就有了「解決的希望」。因此，「我們惟有一面認定我們的主義，用他作材料，作工具，以為實際的運動；一面宣傳我們的主義，使社會上多數人都能用他作材料，作工具，以解決具體的社會問題」。[79]

　　可以看出，李大釗的不少觀念其實與藍公武相類，但所論多更周全嚴密，而且他幾乎每次表明自己看法時都不忘以胡適習用的詞彙呼應胡適的主張，有意凸顯其與胡適屬於同一營壘。而正是在胡適注重的群體意識上，藍公武有着特別的憂慮。他在文章一開始就說，「胡君這篇議論，恐怕會得一個意想外的結果」；到文章結束時更明言：胡適的見解「有為人利用的危險。因為中國自來在因襲勢力壓迫之下，動不動就拿

77　李大釗：〈再論問題與主義〉，見《李大釗文集》，第3冊，4頁。
78　知非（藍公武）：〈問題與主義〉。
79　李大釗：〈再論問題與主義〉，見《李大釗文集》，第3冊，1、5–6頁。

經驗二字來壓人。近一年來，新機日發，正有一日千里之勢，他們那些經驗派正在敢怒不敢言的時候，胡君這篇文章，若被他們利用了去，如何能保沒反壓的危險呢」?[80]

身為當時趨新一方象徵人物的胡適，卻似乎在反對「外來進口的」主義，這的確很容易被「因襲勢力」利用以阻遏上升中的「新機」。在將藍公武文章轉載於《每週評論》時，胡適以「篇幅有限」的理由刪去了一些「不很緊要的」段落，這最後一段話便在刪除者之中。到他再次撰文進行討論時，胡適對自己的主張進行了更清晰的表述，實際有所修正。他把「多研究些問題，少談些主義」修改為「多研究些具體的問題，少談些抽象的主義」。並明言「一切主義，一切學理，都該研究」。[81]

當然，胡適還有進一步的界定，即主義和學理「只可認作一些假設的見解，不可認作天經地義的信條；只可用作參考印證的材料，不可奉為金科玉律的宗教」。但他到底說出，「主義本來都是具體問題的具體解決法，但是一種問題的解決法，在大同小異的別國、別時代，往往可以借來作參考材料」；並進而提出：「我們應該先從研究中國社會上、政治上種種具體問題下手，有什麼病，下什麼藥。診察的時候可以參用西洋先進國的歷史和學說，用作一種『臨症須知』；開藥方的時候可以參考西洋先進國的歷史和學說，用作一種『驗方新編』。」

由於李大釗那篇文章措辭相當客氣，而胡適在〈三論問題與主義〉中寫到李的部分有時不那麼委婉，且偶有曲解，[82]也許略有後悔，特意補寫〈四論問題與主義〉，專門談李大釗所側重的「輸入學理」問題，實

80　知非（藍公武）：〈問題與主義〉；〈問題與主義（七）〉。

81　本段與下段，胡適：〈三論問題與主義〉，見《胡適文集》，第2冊，270–274頁，關於刪節的說明在253頁。

82　如胡適說李大釗關於主義的運用會因時因地因事而「生一種適應環境的變化」是「一種不負責任的主義論」，便未曾注意李氏在文章稍後也說到提倡「主義」者「必須要研究怎麼可以把他的理想盡量應用於環繞着他的實境」。

是正面呼應李的主張。且胡適具體討論的，主要就是怎樣認識和輸入馬克思主義。這與稍後《新青年》6卷5號成為「馬克思研究號」，恐怕有些內在的關聯。〈四論〉未及刊出而《每週評論》已被查封，胡適又將其送到上海的《太平洋》雜誌發表，並收入次年出版的《胡適文存》，仍要讓大家知道他還有這方面的見解。

在〈四論問題與主義〉中，胡適首先申明「我雖不贊成現在的人空談抽象的主義，但是我對於輸入學說和思潮的事業，是極贊成的」。接下來他開始完善貫通自己前後的主張，提出「輸入學說時應該注意那發生這種學說的時勢情形。凡是有生命的學說，都是時代的產兒，都是當時的某種不滿意的情形所發生的」。以治病為例，「當時不滿意的時勢情形便是病症，當時發生的各種學說便是各位醫生擬的脈案和藥方。……這些藥方，有些是後來試驗過的，有些是從來不曾試驗過的。那些試驗過的（或是大試，或是小試）藥方，遇着別時別國大同小異的症狀，也許可以適用，至少可以供一種參考；那些沒有試驗過的藥方，功用還不能決定，至多只可以在大同小異的地方與時代，做一種參考的材料」。[83]

與他在〈三論問題與主義〉所說的「先從研究中國社會上、政治上種種具體問題下手」相配合，這次胡適主要強調要先認識某種主義「發生的時勢情形和社會政治的狀態是個什麼樣子」，通過比較，然後可以判斷那種主義「在何國何時是適用的，在何國何時是不適用的」。這樣輸入的主義，「都是活人對於活問題的解釋與解決，一個個都有來歷可考，都有效果可尋，……也許可以免去現在許多一知半解、半生不熟、生吞活剝的主義的弊害」。

胡適在論述「應該注意『論主』的生平事實和他所受的學術影響」和「應該注意每種學說已經發生的效果」兩點時，所舉的例證基本是馬克思主義。兩三個月後，胡適又發表〈新思潮的意義〉，把「研究問題」和

83　本段與下段，胡適：〈四論問題與主義〉，見《胡適文集》，第2冊，274–278頁。

「輸入學理」並列為「新思潮的手段」；該文第二節專門討論這兩方面，完全可以視為「五論問題與主義」。他特別把《新青年》的「易卜生號」和「馬克思號」皆作為輸入學理方面的代表，並指出：「研究問題的人，勢不能專就問題本身討論，不能不從那問題的意義上着想；但是問題引申到意義上去，便不能不靠許多學理做參考比較的材料；故學理的輸入往往可以幫助問題的研究。」[84]

儘管胡適仍然更強調「研究問題」，反對「懸空介紹」專家學說（並以馬克思的贏餘價值論為例），他仍表示「可以在研究問題裏面做點輸入學理的事業，或用學理來解釋問題的意義，或從學理上尋求解決問題的方法。用這種方法來輸入學理，能使人於不知不覺之中感受學理的影響」，也「最容易消除平常人對於學理的抗拒力」。將此表述與整個討論進程結合考察，可以說胡適在堅持自己看法時，也試圖盡量容納「主義」一邊的主張，有着繼續向其示好的善意。[85]

羅家倫在當年稍後對胡適的觀念有所申論，他主張在討論和介紹外來學說時，要「注重他歷史社會的背景」，只有「知道他未發生的情形是怎樣，已發生後的效果是怎樣；才可以知道何所選擇，何所適應」；他並說，「談主義而不能應用他到社會問題上去，則這種主義終歸於販賣的、舶來的、定〔空〕浮而無所依附的」，對於社會沒有什麼益處。但羅家倫也明言，「我主張主義當與問題並重」，因為若「沒有主義，對於問題」便「沒有基本的主見」。[86]可知他並不贊成把「主義」和「問題」對立起來，相對更接近李大釗的看法。

84　本段與下段，胡適：〈新思潮的意義〉，見《胡適文集》，第2冊，553–556頁。

85　當然，胡適對待藍公武和李大釗的態度仍有明顯的不同，畢竟李是《新青年》同人，而藍則屬於正與胡適等競爭的梁啟超派。關於這方面的討論，可參見羅志田：《再造文明之夢——胡適傳》，262、281–285頁。

86　志希：〈評《解放與改造》〉，361頁。

在幾年後發佈關於「好政府主義」的宣言時，胡適和李大釗都積極參與了那一活動。胡適在起草〈我們的政治主張〉時，決定以南北和會為下手的第一步，「自信這是最切實的主張」。這一選擇頗體現出其思路的連續性，蓋其在第一篇討論「問題與主義」的文章中就提到應研究「南北議和」問題，而藍公武在反駁文章中還指責他未曾説到要害。胡適自稱該文做得很費力，半夜才完稿，當時忽然想到「此文頗可用為一個公開的宣言」，即「打電話與守常商議，定明日在蔡先生家會議，邀幾個『好人』加入」。[87]

胡適是學了很多西洋規矩的人，又最客氣，他能半夜給李大釗打電話，可見兩人的交情及李大釗在胡適心目中的地位，也意味着此前的「問題與主義」的爭論在雙方之間不是什麼了不得的事。[88]更可注意的是前引李大釗在他與胡適爭論之後所説的「我們談主義」和「我們非主義」的提法，[89]這裏「談主義」和「非主義」的都是「我們」（以區別於仿效跟進的安福系等「他們」），且顯然有着某種時間的先後次序。不論這是否可以理解為李大釗大體也贊同「非主義」的主張，他至少肯定「談主義」和「非主義」的都在同一陣營之中，大致應即是胡適所説的「我們這班新興論家」。

有意思的是，胡適在1922年為證明他沒有「變節」，曾公開辯稱：「我現在的談政治，只是實行我那『多研究問題，少談主義』的主張。」[90]其實他那次「談政治」和「談主義」有着直接的關聯：他在1921年夏天為糾正「現在的少年人把無政府主義看作一種時髦東西」這一「大錯」，擬

87　《胡適日記》，1922年5月11日、12日，第3冊，664–665頁。

88　關於胡適和中共那段時間的關係，參見羅志田：〈從五四到北伐期間胡適與中共的關係〉，見《激變時代的文化與政治：從新文化運動到北伐》，北京：北京大學出版社，2006年。

89　李大釗：〈主義〉（1919年12月7日），見《李大釗文集》，第3冊，125頁。

90　胡適：〈我的歧路〉，見《胡適文集》，第3冊，365–366頁。

向年輕人呼籲：「我們現在決不可亂談無政府，應談有政府主義，應談好政府主義。」[91] 這一私下的表述揭示出胡適思想的一大變化，即他發現「談主義」的趨勢已難遏止，不得不採取「預流」的方式加入進去，以改變大家的「亂談」及其所談的具體「主義」。

不過，胡適這一行為的「變節」未必意味着他改變了自己的主張，反提示出當時中國思想界的發展確有些向着胡適憂慮的方向在發展。而胡適提出的兩個重要議題，即中國的問題究竟需要整體改造還是一步步的具體改造，以及外來「主義」與中國國情的關係，仍在困擾着許多中國讀書人。在他們的持續思考和辯論中，漸已明確其身份認同的中國馬克思主義者中的不少人，卻多少分享着胡適的觀念；這一事實與既存認知有些距離，故有必要簡略考察一下五四學生運動後幾年時人對這兩個問題的思辨進程。針對過去的研究，我會稍多考察後來成為馬克思主義者的讀書人所表述的看法。

四、整體改造和點滴改革

關於中國問題是局部解決還是整體解決的問題，既存研究皆已較關注，但其實際涉及的面向更為寬廣，支持者和反對者的社會構成和具體思路都相當複雜，難以簡單的二分法涵蓋之。當時中國的「馬克思主義者」和「自由主義者」群體尚在形成之中，各自皆難看出系統一致的看法。前面說過，五四前後思想界的主要特徵是各種流派的混雜難分。當時傾向於整體或根本解決中國問題的人相當普遍，其中不少人甚至不那麼激進；而主張根本解決的人中間，也有反馬克思主義者。

---

91 《胡適日記》，1921年6月18日，第3冊，325頁。

1、整體改造的普遍傾向

從清季開始就出現一種「中國傳統負面整體化」的傾向，[92] 到五四前後正廣泛流傳：蔡元培在日俄戰爭時便提出「要把老法子統統去掉」，[93] 陳獨秀 1918 年關於「舊文學、舊政治、舊倫理本是一家眷屬，固不得去此而取彼」一說更為明顯。那時陳還不是馬克思主義者，且這一言論發表時是他與胡適共同署名，說明胡適本人也曾接受這一見解。[94] 到下一年，魯迅以易卜生所說的「All or nothing」（他自己的翻譯是「全部，或全無」）一語，相當形象地表述了時人認知中現代與傳統、世界與中國的整體性對立。[95]

另一方面，在官方眼裏「危險思潮」的範圍之中，一些無政府主義者便既主張根本解決卻又明確反對馬克思主義。前引羅家倫關於「今日世界之新潮」的見解已相當激進，並預言「以後的革命是俄國式的革命」、「以後俄國式的革命是社會革命」；但無政府主義者仍覺其不夠徹底，自稱「極端反對馬克思」的黃凌霜在批評羅家倫時特別強調：「我們要曉得社會革命和科學革命不同，社會革命是將全社會的惡制度從根本上推翻，拿新的來替代了他；若是畏首畏尾，這簡直是基督教的改良主義，還能算做社會革命麼？」[96]

92　關於當時中國傳統的負面整體化，參見羅志田：《裂變中的傳承：20 世紀前期的中國文化與學術》，北京：中華書局，2003 年，14–24 頁。下文提到這一觀念時也請參看此書，不再註出。

93　蔡元培：〈新年夢〉（1904 年 2 月），見《蔡元培全集》，第 1 卷，233 頁。按「老法子」後來成為傳統的負面代名詞，魯迅就曾說整理國故是「新思想中了『老法子』的計」。「魯迅致徐炳昶」，1925 年 3 月 29 日，見《魯迅全集》，北京：人民文學出版社，1981 年，第 3 卷，25 頁。

94　陳獨秀、胡適：〈覆易宗夔〉，《新青年》，第 5 卷，第 4 號（1918 年 10 月），433 頁。按此文後來收入《獨秀文存》，應為陳氏作品。

95　魯迅：《熱風·隨感錄四十八》（1919 年），見《魯迅全集》，第 1 卷，336–337 頁。他自己的譯文見其〈在現代中國的孔夫子〉，見《魯迅全集》，第 6 卷，313 頁。

96　黃凌霜：〈評《新潮》雜誌所謂今日世界之新潮〉，見《中國現代政治思想史資料選輯》，上冊，15 頁。

王光祈在1919年9月觀察到，當時出現「兩種相反的言論」，即主張「零碎解決——因時因地因事解決具體的問題」和主張「總解決——根本改造」。前者的代表是杜威和胡適，這是多數既存研究都看到的。但後者的代表卻並非什麼馬克思主義者，甚至也不是無政府主義者，而是「《時事新報》記者」張東蓀，[97]這一點是過去論及此問題的研究者很少注意的。

張東蓀那時奉勸其「最敬愛的青年」說，「我們今天應該少管小事，留着精神去專管大事」；亦即「不要做零碎的犧牲，預備將來做個極大的犧牲」。因為救國就要犧牲，「但是小犧牲還不夠用，非得大犧牲不可。好幾次的小犧牲累積起來，也抵不過一個大犧牲。所以我們今天宜養精蓄銳，以備他日求一個總解決」。他強調，「沒有總解決便等於不解決，那零碎解決是絕對不中用的」。張氏雖聲明「不是主張絕對的不管小事」，然而「小事容易消磨大志」，故不可不有「總解決與大犧牲的預備與志願」。[98]

當時南北間正推動和議，有一個「各界聯合會」提出了五項和議前提，包括取消「二十一條」，取消新國會，罷免段祺瑞，懲辦曹、陸、章和徐樹錚，恢復「約法」上的各種自由權等。以今日的眼光看，這些條款已相當嚴厲，恐怕很難為當局所接受，但張東蓀認為「這五項不能做為和議的前提，因為這還不是根本的解決。根本的解決只有二條：(一) 所有軍隊全解散；(二) 所有軍官 (督軍在內) 皆裁廢」。在他看來，「國內一切的亂源都是軍人，去了軍人必定有辦法」。[99]且不論張氏主張的空想意味，他想要獲得某種「根本的解決」的心態是非常明確的。[100]

97　若愚 (王光祈)：〈總解決與零碎解決〉，載《晨報》，1919年9月30日，第7版。

98　(張) 東蓀：〈零碎解決與總解決〉，載《時事新報》，1919年9月22日，第1張，第1版。

99　(張) 東蓀：〈民意與南方〉，載《時事新報》，1919年9月21日，第2張，第1版。

100　那時張東蓀寫了一系列文章來論證他所提倡的「總解決」，參見其〈人與我〉，載《時事新報》，1919年9月23日，第1張，第1版；〈勢力與決心〉，載《時事新報》，1919年9月24日，第1張，第1版；〈能動的精神與平時的群眾力〉，載《時事新報》，1919年9月25日，第1張，第1版。

　　在「問題與主義」爭論幾年後，梁啟超總結民初十年的演變說，辛亥鼎革後，國人「所希望的件件都落空」，於是「廢然思返，覺得社會文化是整套的」，不可能「拿舊心理運用新制度」，逐漸「要求全人格的覺悟」。[101] 這一概括大體適合於那一時段，可以說，「五四」前後幾年間希望整體改變的傾向是普遍存在的，而較多的人的確更關注思想、文化方面的努力。也希望「根本改革」的傅斯年說：「二十年裏的各種改革，弄到結果，總是『葫蘆題』，這都原於不是根本改革。放開思想去改革政治，自然是以暴易暴，沒有絲毫長進。若是以思想的力量改造社會，再以社會的力量改造政治，便好得多了——這是根本改革。」[102]

　　而李大釗的特別之處在於能用「馬克思的唯物史觀」來論證「根本解決」的必要性，指出了「社會上法律、政治、倫理等精神的構造，都是表面的構造」；下面「有經濟的構造，作他們一切的基礎。經濟組織一有變動，他們都跟着變動」。故「經濟問題的解決，是根本解決。經濟問題一旦解決，什麼政治問題、法律問題、家庭制度問題、女子解放問題、工人解放問題，都可以解決」。[103] 其關於「根本解決」的思路，與當時思想界的普遍傾向是相通的。

　　也許正是當時「根本解決」的風氣太盛，出現流於空談的傾向，掩蓋了對許多具體問題的關注，所以胡適才覺得有必要站出來「反戈一擊」，提倡從「抽象的名詞」轉向具體的「問題」。李大釗也「承認我們最近發表的言論，偏於紙上空談的多，涉及實際問題的少。以後誓向實際

101　梁啟超：〈五十年中國進化概論〉，見《飲冰室合集·文集之三十九》，45頁。

102　傅斯年：〈白話文學與心理的改革〉，《新潮》，第1卷，第5號（1919年5月），918–919頁。這大致成為「新潮派」的共識，羅家倫在「五四」後也說，那時各方面的情形「使我們覺悟到以政治的勢力改革政治是沒有用的，必須從改革社會着手；改革社會必須從改革思想着手」。羅家倫：〈近代中國文學思想的變遷〉，878頁。

103　李大釗：〈再論問題與主義〉，見《李大釗文集》，第3冊，6頁。

的方面去作。這是讀先生那篇論文後發生的覺悟」。[104] 他説話算話，不久便在《新生活》雜誌上發表〈北京市民應該要求的新生活〉一文，提出20項需要研究和改良的社會「問題」，涉及税收監督、公共教育、貧民救助、妓女改造、道路交通、公共衛生等幾個方面。文章最後説，「此外應加改良的事，必然還有很多，今天我只想起這些，其餘的還要我們大家去想」。[105]

接着李大釗連續寫出〈被裁的兵士〉、〈歸國的工人〉和〈青年厭世自殺問題〉等文，指明這些需要關注的社群所面臨的具體社會問題，如應該想到「裁兵後兵士的生活問題」，再加上歐戰後被送回來的海外華工，「人數很是不少。這一大批失業的人，驟然散佈在社會裏，發生什麼影響？應該怎樣安插？很是一個大問題。我很盼望官僚式的政客、新聞記者先生們，破一點工夫來研究研究，不要單是擺着架子説什麼『隱憂』、『隱患』、『大亂之道』」。[106] 他並説：「什麼愛國咧，什麼共和咧，什麼政治改良咧，什麼社會改造咧，口頭上的話你們只管去説，吾儕小民，只是吃飯要緊。」[107]

可知他仍在實行其致胡適信中「誓向實際方面去作」的主張，且行文的口氣也與胡適的相類。但李大釗也堅持了自己的基本主張，他分析青年自殺「問題」説：一方面，「自殺的情形因各個事件而有不同，我們不能夠泛就自殺而下籠統的判斷。我們應該分別自殺的種類，個別的論斷他的是非」。另一方面，「自殺流行的社會，一定是一種苦惱煩悶的社會。自殺現象背後藏着的背景，一定有社會的缺陷存在」。故各種自殺

---

104 李大釗：〈再論問題與主義〉，見《李大釗文集》，第3冊，2–3頁。

105 李大釗：〈北京市民應該要求的新生活〉(1919年9月21日)，見《李大釗文集》，第3冊，52–54頁，引文在54頁。

106 李大釗：〈被裁的兵士〉(1919年11月23日)、〈歸國的工人〉(1919年11月23日)，見《李大釗文集》，第3冊，95、96頁。

107 李大釗：〈麵包運動〉(1919年10月12日)，見《李大釗文集》，第3冊，66頁。

「個別的原因雖然不同，而時代文明與社會制度的缺陷，實在是他們的根本原因、共同原因」。因此，「與其說自殺的行為是罪惡的行為，不如說自殺流行的社會，是罪惡的社會；與其責難自殺的人，不如補救促起自殺流行的社會缺陷」。[108]

不過，持類似看法者尚有人在。羅家倫先就指出：北大學生林德揚的自殺，「原來不是自己殺自己，乃是社會殺了他」。是「處於這個國家，這個社會，使優秀的青年，迫而自殺」。他說，「五四」以後，「我們青年的人生觀上發生一種大大的覺悟，就是把以前的偶像，一律打破，事事發生一種懷疑的心理。在中國這樣的社會裏，自然東望也不是，西望也不是。舊的人生觀既然打破了，新的人生觀這〔還〕沒有確立，學問又可沒有適當的人來作指導，於是消極的就流於自殺」。[109]

儘管羅家倫通常被列入偏向胡適的實驗主義派，他在此文開頭時也說林君的自殺「是社會上極重要的現象，我們哪能不研究呢」，頗體現出「研究問題」的意味；但如前文所述，羅氏此時多少也傾向於馬克思主義，他認為：若「社會一時不能徹底的改革，恐怕熱心的青年，將要一個一個的自殺乾淨」。這樣一種「社會殺青年」的結論和想要「徹底改革」社會的意願出自所謂「實驗主義派」，而李大釗此時又表現出特別關注各類實際社會「問題」的傾向，或提示着「問題與主義」之爭未必像許多人後來認知的那樣意味着新文化人的「分裂」。

前引「胡繩課題組」的研究，已較多注意到李大釗和不久即成為馬克思主義者的陳獨秀等與胡適觀念接近的一面。[110]在陳、李之間，至少就本文所討論的範圍言，那段時間李大釗的觀念與胡適似更接近，二人

108 李大釗：〈青年厭世自殺問題〉（1919年12月1日），見《李大釗文集》，第3冊，117–123頁，引文在117、120–121頁。

109 本段與下段，志希（羅家倫）：〈是青年自殺還是社會殺青年？〉（1919年11月），《新潮》，第2卷，第3號（1919年12月），346–348頁。

110 《胡繩論從五四運動到人民共和國成立》，69–71頁。

的思想互動也較多。而陳獨秀大致是在爭論之後才對相關問題較多關注，他在1920年初呼應胡適說，「我們中國人不注重實質上實際的運動，專喜歡在名詞上打筆墨官司」。在他看來，「道理真實的名詞，固然可以做群眾運動底公同指針；但若是離開實際運動，口頭上的名詞無論說得如何好聽，如何徹底，試問有什麼用處」？他號召大家「努力在實際的解放運動上做工夫，不要多在名詞上說空話」。因為「若要得到理想底實質，必須從實際的事業上一步一步的開步走，一件一件的創造出來」。[111]

但陳獨秀並不完全贊同胡適的主張，他在大約同時也說：「胡適之先生不主張離開問題空談學理，我以為拿學理來討論問題固然極好，就是空談學理，也比二十年前的《申報》和現在新出的《民心報》上毫無學理八股式的空論總好得多。」陳氏以為，馬克思的《資本論》和克魯泡特金的《互助論》兩書，都是「我們持論底榜樣」。[112] 幾個月後他的見解有所改變，儘管他不欣賞「妄人的胡思亂想」，卻覺得這樣的「空空洞洞為害還小，只怕是東扯西拉弄得材料很豐富，一動筆便諸子百家、三教九流，倍根、狄卡兒、馬格斯、苦魯巴特金等，牛頭不對馬嘴的橫拉一陣，哪怕著書等身，終久是個沒條貫的糊塗蟲」。[113]

在整個1920年秋天，陳獨秀連續發揮胡適的主張，先說「與其高談無政府主義、社會主義，不如去做勞動者教育和解放底實際運動；與其

111 陳獨秀：《隨感錄‧解放》，《新青年》，第7卷，第2號（1920年1月），160–161頁。

112 陳獨秀：〈告新文化運動的諸同志〉（1920年1月），見《陳獨秀著作選》，第2卷，83頁。可比較胡適一年後對北大學生的新聞同志會演講時所「希望他們對於真的問題活的問題有點貢獻，不要拿馬克斯、克洛泡特金來替人家充篇幅」。見《胡適日記》，1922年2月12日，第3冊，555頁。

113 陳獨秀：〈答高銛：哲學思想與化學工業〉，《新青年》，第8卷，第1號（1920年9月），11頁（通信欄頁）。

空談女子解放，不如切切實實謀女子底教育和職業」；[114]繼而又對廣州青年説：「我希望諸君切切實實研究社會實際問題底解決方法，勿藏在空空的什麼主義什麼理想裏面當〔營〕造逋逃藪、安樂窩。」[115]當然，「改造社會」應該從大處着想，「應該在改革制度上努力」；但也要知道，「無論在何種制度之下，人類底幸福，社會底文明，都是一點一滴地努力創造出來的」。他明確指出：那些「徹底」、「完全」、「根本改造」等想法，都是「懶惰的心理底表現」。[116]而「我們改造社會，是要在實際上把他的弊病一點一滴、一椿一件、一層一層漸漸的消滅去，不是用一個根本改造底方法，能夠叫他立時消滅的」。[117]

有一點應注意，上述言論的發表已在陳獨秀到上海參與創建中國共產黨之後，那時他是否可説是「馬克思主義者」或未必然，但至少已開始接受馬克思主義。故陳氏這些言論以及前述李大釗「誓向實際的方面去作」的行動，再次表明當時爭論雙方的「對立」遠不到一些既存研究所強調的程度。與陳獨秀説「根本改造」的想法是「懶惰的心理底表現」相類，另一個早期馬克思主義者張申府也把「只道聽塗説的瞎談主義，絕不把實際的問題一加研究」的現象視為衰老民族惰性的體現。不過他仍指出：雖然「現成主義也可以為解決問題之妨礙」，但若「沒有現成主義作指導，解決問題必至事倍而功半」。[118]

114　陳獨秀：《隨感錄·比較上更實際的效果》，《新青年》，第8卷，第1號（1920年9月），見《陳獨秀著作選》，第2卷，169頁。

115　陳獨秀：〈敬告廣州青年〉，載《廣東群報》創刊號（1920年10月20日），見《陳獨秀著作選》，第2卷，187頁。

116　陳獨秀：《隨感錄·懶惰的心理》，《新青年》，第8卷，第2號（1920年10月），2–3頁（欄頁）。

117　陳獨秀：〈答鄭賢宗〉，《新青年》，第8卷，第3號（1920年11月），見《陳獨秀著作選》，第2卷，194頁。

118　赤（張申府）：《隨感錄·研究問題》，《新青年》，第9卷，第6號（1922年7月），84頁。

　　也許陳獨秀自己也感覺他那樣連續反對「根本改造」有些稍過，到1920年底，他又發表〈主義與努力〉一文，強調上面那些話是「專為空談主義不去努力實行的人」說法，希望大家不要把他的意思「誤會」為僅「主張辦實事，不要談什麼主義什麼制度」。其實，「主義制度好比行船底方向，行船不定方向，若一味盲目的努力，向前碰在礁石上，向後退回原路去」，都有可能。故「改造社會和行船一樣，定方向與努力二者缺一不可」。但他這麼說只是想避免產生「扶得東來西又倒」的效果，卻並不否認自己確實「看見有許多青年只是把主義掛在口上不去做實際的努力」。[119]

2、毛澤東和新民學會的思考

　　既然陳獨秀也觀察到「許多青年」都在空談主義，胡適的主張得到不少人贊同就不足為奇。不久即成為馬克思主義者的毛澤東，起初也是基本站在主張研究「問題」這一邊的。他曾在湖南計劃籌組一個「問題研究會」，並起草了章程，由鄧中夏把它發表在《北京大學日刊》上。〈章程〉提出了需要研究的問題71項、140餘個。目前尚未見湖南「問題研究會」的實際活動，但像那樣重視「研究問題」並立刻開始籌備進行的，在當時仍不多見。[120]

　　當然，毛澤東也提出，「問題之研究，須以學理為根據。因此，在各種問題研究之先，須為各種主義之研究」，並具體列舉了十種「特須注重研究之主義」。以今日的後見之明看，這一態度或體現出在「問題」和「主義」之間的某種「調和」；不過，也很可能毛澤東那時並未看到或

119　陳獨秀：《隨感錄・主義與努力》，《新青年》，第8卷，第4號（1920年12月），見《陳獨秀著作選》，第2卷，218頁。

120　本段與下段，毛澤東：〈問題研究會章程〉，見《毛澤東早期文稿》，396–403頁。並參見汪澍白、張慎恆：〈青年毛澤東世界觀的轉變〉，《歷史研究》，1980年，第5期。

看重這兩種取向間的對立。毛本人素有求實取向，早在1913年，他的〈講堂錄〉中就特別摘錄了曾國藩日記中「不行架空之事，不談過高之理」的話。[121]但他也早有兼顧「大本大源」和「枝節」的想法，且更重前者，主張通過探討本源以獲「一幹豎立、枝葉扶疏」的效果。[122]

毛澤東在1920年2月感覺到「好多人講改造，卻只是空泛的一個目標」。尤其「究竟要改造到哪一步田地（即終極目的）、用什麼方法達到、自己或同志從哪一個地方下手這些問題」，本來「很有研究的價值」，然而「有詳細研究的卻很少」。[123]可以看出，這時他仍非常關注「問題研究」。但到同年3月中旬，他發現連黎錦熙這樣的人也認為「中國現下全般局勢」應該從「根本解決」下手，故覺得自己參與的「湖南建設問題」所提的改革主張，像「支支吾吾的向老虎口裏討碎肉」，頗有些不得已而為之的感覺。[124]

在1920年夏秋間，毛澤東數次強調中國的歷史和現實都有「空架子」的特徵，「太沒有下層的組織」，缺乏「真實的基礎」。他說，「中國四千年來之政治，皆空架子、大規模、大辦法」，就像「建層樓於沙渚，不待建成而樓已倒」。又說：「四千年的中國只是一個空架子，多少政治家的經營，多少學者的論究，都只在一個空架子上面描寫。」[125]

毛澤東認為，「有小的細胞，才有大的有機體；有分子的各個，才有團體」。故「中國的事，不能由總處下手，只能由分處下手」。他說，「中國如有徹底的總革命，我也贊成」，但現在尚不行。與「有些人所謂零碎解決實則是不痛不癢的解決」不同，實行「湖南完全自治」甚至「自

121　毛澤東：〈講堂錄〉（1913年），見《毛澤東早期文稿》，581頁。
122　毛澤東：〈致黎錦熙信〉（1917年8月23日），見《毛澤東早期文稿》，85–87頁。
123　毛澤東：〈致陶毅信〉（1920年2月），見《毛澤東早期文稿》，464–466頁。
124　毛澤東：〈致黎錦熙信〉（1920年3月12日），見《毛澤東早期文稿》，470頁。
125　毛澤東：〈湖南改造促成會覆曾毅書〉（1920年6月）、〈反對統一〉（1920年10月），見《毛澤東早期文稿》，488、530–531頁。

立為國」，也是「進於總解決的一個緊要手段」。蓋「大國家是以小地方做基礎，不先建設小地方，決不能建設大國家」；若「各省小組織好了，全國總組織不怕他不好」。[126]

那時毛澤東注意到列寧在俄國「建平民革命的空前大業」這一榜樣，但顯然認為中俄國情不同，故俄國能夠「以國家促進地方」，中國卻需要從「小地方」入手來解決「大國家」的問題。儘管如此，他仍從「俄國革命的成功」中特別注意到「有主義（布爾失委克斯姆）」的重要：「主義譬如一面旗子，旗子立起了，大家才有所指望，才知所趨赴。」若要在中國「造成一種有勢力的新空氣」，不僅「要有一班刻苦勵志的『人』，尤其要有一種為大家共同信守的『主義』。沒有主義，是造不成空氣的」。湖南的新民學會也要從「人的聚集、感情的結合」上升為「主義的結合」才好。

有了對「主義」的重視，毛澤東明確「不贊成沒有主義頭痛醫頭腳痛醫腳的解決」，但他仍然「不反對零碎解決」。可是，不過幾天，在獲悉了蔡和森等在法國的新民學會會友辯論的內容後，部分也因為對其在湖南從事改革運動的失望，[127] 毛澤東大幅度改變了自己的看法，最後確立了解決中國問題當採用俄式激烈方法的主張。

新民學會在法國的會友曾於1920年6月討論到底是一舉根本解決還是逐步漸進解決中國問題，參與討論的李維漢回憶說：那次討論「最主要的成績是確定了新民學會的方針為『改造中國與世界』。但會上對於改造中國與世界的方法的看法出現了分歧：一種意見是蔡和森提出的，主張激烈的革命，組織共產黨，實行無產階級專政，即仿效俄國十月革

---

126 本段與下兩段，毛澤東：〈打破沒有基礎的大中國建設許多的中國從湖南做起〉（1920年9月）、〈致羅璈階（章龍）信〉（1920年11月25日），見《毛澤東早期文稿》，507–508、553–554頁。

127 參見金沖及主編：《毛澤東傳（1893–1949）》，北京：中央文獻出版社，1996年，62–66頁。

命的方法；另一種意見是蕭子升提出的，主張溫和的革命，即無政府主義的蒲魯東的方法，實質上是資產階級改良主義」。[128]

李維漢明言，對於「社會改造，我不敢贊成攏〔籠〕統的改造」；他主張「用分工協助的方法，從社會內面改造出來」。因為「一個社會的病，自有他的特別的背景。一劑單方可醫天下人的病，我很懷疑」。故對於「俄國式的革命，我根本上有未敢贊同之處，但也不反對人家贊成他，或竟取法他」。[129]而蔡和森則認為，「凡社會上發生了種種問題，而現社會現制度不能解決他，那末革命是一定不能免的」。中國今日就是這樣的狀況，「所以中國的社會革命，一定不能免」。[130]

毛澤東表示，他對李維漢的漸進主張，「在真理上是贊成的，但在事實上認為做不到」，故明確表態不同意；「而於和森的主張，表示深切的贊同」。[131]到1921年初湖南新民學會討論怎樣解決中國社會問題時，毛澤東傾向於陳獨秀等主張的「改造」，而不支持梁啟超等主張的「改良」。他以為，「改良是補綴辦法」，而「補苴罅漏的政策，不成辦法」，故「應主張大規模改造」。至於具體方法，則極贊成採用俄式激烈方法的共產主義，「因俄式系諸路皆走不通了新發明的一條路，只此方法較之別的改造方法所含可能的性質為多」。且「用階級專政方法，是可以預計效果的，故最宜採用」。[132]

法國會友的兩種意見在湖南會友中也存在，但雙方比例已較懸殊，最後進行的投票中，「贊成波爾失委克主義者十二人」，贊成「點滴改革」式的德謨克拉西者二人，贊成羅素式「溫和方法的共產主義者」一人，

128　李維漢：〈回憶新民學會〉，見中國社科院近代史研究所編：《五四運動回憶錄》，北京：中國社會科學出版社，1979年，上冊，111頁。
129　〈李維漢致毛澤東〉，1920年8月28日，見《新民學會資料》，161頁。
130　〈蔡和森致毛澤東〉，1920年9月16日，見《新民學會資料》，161頁。
131　毛澤東致蕭子升、蔡和森等，1920年12月1日，見《新民學會資料》，147–150頁。
132　〈新民學會會務報告（第二號）〉，見《新民學會資料》，18、23頁。

未決定者三人。[133]這樣，「根本解決」中國問題的取向在新民學會裏壓倒了「零碎解決」取向，而且恰落實到俄國式道路這「一劑單方」之上，這與「五四」後中國思想界「從威爾遜到列寧」的轉向大體吻合。[134]

那次新民學會的討論可見「問題與主義」之爭的明顯影響，如主張「採革命的手段」的彭璜柏特別強調：「吾人有講主義之必要，講主義不是説空話。」主張學俄國的陳啟民也指出：「言教育，言實業，須有主義，須用勞農主義。診病須從根本入手，一點一滴，功遲而小。」而周惇元雖同意「中國目下情形非破壞不行，惟於過激主義不無懷疑：束縛自由，非人所堪。宜從教育入手，逐漸進步，步步革新。吾人宜先事破壞，破壞後建設事業宜從下級及根本上着手」。這樣既主張破壞，又希望步步革新，也要從根本着手的態度，看似猶疑，在那時卻有一定的代表性（詳後）。[135]

在討論到會友怎樣「研究學術」的問題時，毛澤東提出，「各種普通或專門學術，當讓會友去自由研究，現會中所特要研究者，必為會友所共同注意且覺為現在急須的。主張單研究主義，如社會主義、實驗主義等」。[136]實驗主義雖然仍在「現在急須研究」的範圍之中，卻是作為討論「研究學術」的一部分，與其論及「現在國中對於社會問題的解決」的兩派主張（即陳獨秀等的改造和梁啟超等的改良）相比，似乎已相對虛懸化。

略具詭論意味的是，對一些人而言，俄國式道路的可行性竟然還得到實驗主義之助。陳啟民在論證他何以「贊成俄國辦法」時就說，這是因為現在「世界上有許多人提出改造方法，只有俄國所採的辦法可受試驗的原故。其餘如無政府主義、工團主義、行會主義等，均不能普遍的

133 〈新民學會會務報告（第二號）〉，見《新民學會資料》，26頁。

134 說詳羅志田：〈西方的分裂：國際風雲與五四前後中國思想的演變〉，《中國社會科學》，1999年，第3期。

135 〈新民學會會務報告（第二號）〉，見《新民學會資料》，24–25頁。

136 〈新民學會會務報告（第二號）〉，見《新民學會資料》，19頁。

見諸施行」。[137] 把俄國的新型政治看作一種「試驗」，是五四運動後一段
時間裏許多讀書人的習用語，到北伐前後相當流行，[138] 尤可見實驗主義
無形中對「新俄」象徵的支援。

當不少關心國是的知識青年由「坐而言」轉向「起而行」之時，社會
「問題」與實驗「主義」之間卻產生了疏離，或許是後者的影響日益限於
學界的一個重要因素。施存統的看法或能印證這一尚屬潛在的轉移，他
從北京工讀互助團的失敗覺悟到，「要想在社會未改造以前試驗新生
活，是不可能的；要想用和平的漸進的方法來改造社會底一部分，也是
一樣地不可能的」。其結論是：「改造社會，要用急進的激烈的方法，鑽
進社會裏去，從根本上謀全體的改造。」[139]「改造社會底一部分」和「試驗
新生活」都隱約可見實驗主義的影響，但都已被認為「不可能」，後者尤
其被置於「社會改造」之後，顯然有着緩不濟急的意思。

大約同時，更具全國性的少年中國學會內也發生了與新民學會相類
的關於「主義和學理」的爭論。「胡繩課題組」已注意到少年中國學會的
討論與「問題與主義」之爭的關聯，並認為王光祈的觀點與胡適「頗有異
曲同工味道」。[140]「異曲同工」是一個有分寸的斷語，該學會中固有直接
呼應胡適主張者，[141] 但多數會員的討論與胡適等人的側重點還是有若即
若離之感。

---

137 〈新民學會會務報告（第二號）〉，見《新民學會資料》，23頁。

138 參見羅志田：《亂世潛流：民族主義與民國政治》，上海：上海古籍出版社，
2001年，228–238頁。

139 〈存統覆哲民〉，載上海《民國日報·覺悟副刊》，1920年4月11日，第14版。

140 《胡繩論從五四運動到人民共和國成立》，75–76頁。

141 如曾琦在胡適關於「多研究問題」的文章發表後，即致函胡適說，大作「對於現
在空發議論而不切實的言論家痛下砭鞭，我是萬分佩服。我常說：『提倡社會主
義，不如研究社會問題，較為有益』，也和先生的意思差不多」。參見「曾琦致胡
適」，1919年7月26日，見《胡適來往書信選》，北京：中華書局，1979年，上
冊，66頁。

3、少年中國學會的討論

　　先是該會的上海同人正式致函北京同人，主張以後月刊中發表文字，「宜取絕端慎重態度」。蓋「現政界及社會普通人物，學識甚淺，不知審別，往往誤認研究學術之敘述文字，以為會中之主張文字；又復不顧言論自由，竭其力之所至，橫加摧殘，甚或危及生命」。本來學會「對於政治及社會，純取學術研究，尚未有主張」；即使以後確立「一定主義，亦在積極進行，無取張明旗幟，以召橫禍」。何況「為敘述他人之主義而見殘，殊不值也」。不如「暫時停止與學會存亡有關之言論，專從事於科學、哲學、人生觀、群學等，以發闡之；則政治社會諸問題，不解自解，且較有根據矣」。簡言之，即「多研究『學理』，少敘述『主義』，以求維持學會之鞏固；即發闡主義，總注意毋危及學會存亡」。[142]

　　這樣一種「不得不暫時忍辱」及先側重學術的觀念那時並不少見，毛澤東在新民學會中就曾一再主張「取潛在進行態度」。[143]倒是藍公武認為，以少談主義來避禍也未必做得到；「在沒有這些主義的時候，他們何嘗少害了人呢。橫豎吾們是他們眼中釘，有主義也罷，無主義也罷，總有一天拔去了，他們才痛快」。他希望趨新一邊「確立一種最信奉的主義，標明旗幟，和他們短兵相接」。[144]藍氏的願望正是少年中國學會此後數年間所致力者，學會最後也因此而消解，此不贅。但少年中國學會上海同人指出了當時一個較普遍的現象，即那些「研究學術之敘述文字」，其實也多不過是「敘述他人之主義」而已。

　　學會的北京同人覆函表示「對於上海同志之建議，極表同情」。生活在「黑暗時代，發表言論，尤應慎重」。故主張「本會同人嚴守研究真實學術、發展社會事業之態度」。對於這一本會宗旨範圍之內的活動，

---

142 〈上海同人致北京同人〉，《少年中國》，第1卷，第1期(1919年7月)，37–38頁。
143 參見〈新民學會會務報告(第一、二號)〉，《新民學會資料》，3、8、18頁。
144 知非(藍公武)：〈問題與主義(七)〉。

「同人自當互相與以積極之援助」。若有會員「對於政治興味極濃，急欲登台一試；或對於社會組織有所不滿，急欲從事社會革命」；本會「無論其成功失敗，均不過問，聽其自然」。只希望「個人在本會宗旨以外之活動，必不使其影響於團體」。[145]

但學會巴黎同人則認為，「學理主義，並非截然兩事。所謂主義，實即學理之結論，學理即主義之原則。若主義而無學理的根據，不但宜少說，並宜擯除；若主義而根據學理，則吾人決不可因恐人誤會及社會黑暗，遂隱忍不言」。他們所說的主義，是指「有學理上相當的根據，有將來具體的計劃；並非求合於社會，實欲社會與之相合」。故「主義但當問其是不是，不當限制其多少。學理之研究，亦當切實有用於人生，不當與主義懸絕，徒尚空論」。實際上，社會的誤會和黑暗，很可能即少數讀書人「但研究學理不談主義所致」，因其研究的結果與多數人無干，「使社會易於誤會之習慣不能除，而社會之黑暗」也未見改善。為袪除誤會、掃去黑暗，就要「多傳述根據學理之主義，多研究有益實際之學術」。[146]

巴黎同人說，中國處此「近代空氣之中，實有萬不能不改善之勢。而邦人積重難反」，故非「為根本的改造不可」。對這樣的大事業，個人能力是有限的，只有「集成團體，內而互助，外而協力，庶幾改造之業，能底於成」。在他們看來，「中國此時，處處皆是問題，方方皆宜着手。若從事於其間者，無一定之宗旨，自難收聯貫主從之功，而有東扶

---

145 〈北京同人覆上海同人〉，《少年中國》，第1卷，第1期 (1919年7月)，38頁。此函似為當時少年中國學會主要負責人王光祈所作，未經北京同人討論，康白情等後來指出：「當時王君總攬北京會務，函為王君手筆，固未嘗經會議定其內容，而後着筆者也。」參見〈一九二二年杭州大會紀略‧康白情孟壽椿等的提案〉，《少年中國》，第3卷，第11期 (1922年6月)，75頁。此點承北京大學歷史系的王波同學提示，謹此致謝！

146 本段與下段，〈巴黎同人致京滬同志〉(1919年9月27日)，《少年中國》，第1卷，第7期 (1920年1月)，57–62頁。

西倒之病。故嚴格論之，即無主義不能作事」。必須有特定的「根本觀念」來「指揮人生一切行為，若根本觀念不改良，無論在何種空氣之下，何種團體之中，皆無益處。故吾輩今後宜步步反省，步步改革，步步創造」。這裏大體還可見胡適的影響，但巴黎會員也提出：「屬於主義以下之分子，主義即其共同點，即系集合團結的唯一原因。分子應為主義而犧牲，主義不應為分子而動搖。」

這個在一定宗旨下步步行動的觀念大致得到當時少年中國學會主要負責人王光祈的贊同，王氏注意到那時社會上正流傳着「總解決 —— 根本改造」和「零碎解決 —— 因時因地因事解決具體的問題」兩種相反的主張。他認為兩種主張各有流弊，故「都不敢附和」。在他看來，「人都應該有一個理想目的，都應該有一個下手地方」；也就是「都應該有一個總解決的理想目的，都應該尋着一個下手地方 —— 即對於與總解決有關之問題逐件解決」，以實現「總解決中的零碎解決」。[147]

若將此主張運用於「問題與主義」之上，即「主義便是我們的理想目的 —— 總解決；關於這個主義的問題，我們應該逐件解決 —— 零碎解決」。當時主張零碎解決的人，往往「見着小的，忘去大的」，雖「美其名曰研究問題」，實不啻「頭痛醫頭、足痛醫足」。而主張總解決的人，一方面對當時社會面臨的各種具體問題「仍是不能忘情」，實「不能自圓其說」；同時又「只有理想目的，而無下手方法」。故王氏「對於現在一般『紙上的社會主義家』，很抱有一種不安的態度」。既然「舉世無一人可靠」，只有青年自己「拿出純潔的思想、真確的知識，建立一個根本計劃；然後再以熱烈的情感、堅強的意志，一步一步的做去」。

《時事新報》的一篇文章也申論了類似的思路，該文認為：「改造的一種意義，是替換，不是修飾。千穿萬洞的衣服，是補不好的，須得重做一件；東扶西倒的房屋，是糊不好的，須得重蓋一所。」但文章又

---

147 本段與下段，參見若愚（王光祈）：〈總解決與零碎解決〉。

説，「改造的又一種意義，是建設，不是破壞。雖則改造行程中也不免有一段破壞工夫，但是他終極目的，仍在建設」。這樣集整體「替換」和「建設」為一體的「改造」其實就是一種根本解決，但卻落實在局部改造之上：「凡是根基不好，根基上面的什麼東西都不會好；局部不好，局部構成的全體也決不會好。所以不去各自改造各界各地方的人，決不是個根本解決。」[148] 這一取向與前引毛澤東「由分處下手」而「進於總解決」的主張頗為相近。

王光祈承認學會內「會員對於各種主義的態度，極不一致」，但大家還是「有一個共同的趨向，就是承認現在中國人的思想行為，無論在什麼主義之下，都是不成功的。若要現在的中國人能有應用各種主義的能力，必先使中國人的思想習慣非徹底的改革一番不可，非經過一番預備工夫不可。少年中國學會的目的，就是努力從事這種預備工夫」，使將來的中國人「對於各種主義皆能運用自如」。其實各種主義「皆是一種人類的組織，而現在的中國人連作『人』應該具備的性格和習慣都沒有」，遑論去「從事『人類』的組織」。少年中國學會「便是要想先將中國人個個都造成一個完全的『人』，然後再講什麼主義」。[149]

以王氏當年好代人立言的風格，這未必真是大家「共同的趨向」。他自己就注意到，「大家心中，都有一個疑問：我們還是從政治下手嗎？還是從社會下手？」強調先改造一個個的中國人這一主張，正體現

148　盧 (郭虞裳)：〈改造的要件〉，載《時事新報》，1919年9月27日，第1版。我以前曾疑〈改造的要件〉的作者就是王光祈 (字若愚)，因作者曾引用「我的朋友曾慕韓説，『三十歲以上的人，多半是靠不住的』」一語，説明作者與曾琦關係很深。且文章也説，「改造的第一要件，是實質上換一班人，不是表面上換一種方法；第二要件，是不許一班壞人加入改造運動」。這與王氏當時主張首先改造「人」的觀念是相通的 (詳下段)。文章最後更同樣提出「這副改造運動的重擔，只好擱在我可愛的新青年的肩上」。不過從那段時間《時事新報》的常規看，署名「盧」的更可能是該報的郭虞裳。

149　王光祈：〈少年中國學會之精神及其進行計劃〉，《少年中國》，第1卷，第6期 (1919年12月)，1–3頁。

出王光祈和巴黎會員之間的一個基本分歧，如鄭伯奇稍後總結的，會員中對於「我們應該如何去實行我們所奉的主義」存在「兩種趨向」：一種是「直接從事於社會改造事業的，想急進或緩進用革命來創造少年中國」；一種「可以說是用間接手段的，想由教育學術方面尋創造少年中國的路徑」；前者「想先造少年中國的組織和國家」，後者則「想先造少年中國的人民和社會」。鄭氏自己主張「要講主義應從社會主義起碼」，而「要研究主義，可以國民為對象而取一種實驗的態度」，似乎偏於第二種。[150]

即使「以國民為對象」，也還有整體和個體之分，傾慕「新村精神」的周作人主張「改造社會，還要從改造個人做起」。[151]而胡適則明言「對於這個觀念，根本上不能承認」。他說：「個人」並非「一個可以提到社會外去改造的東西」，而是「社會上種種勢力的結果」，即每一個體的「我」都是「社會上無數勢力所造成的」。因此，「改造社會的下手方法在於改良那些造成社會的種種勢力 —— 制度、習慣、思想、教育，等等。那些勢力改良了，人也改良了」。他雖然強調「這種改造一定是零碎的改造 —— 一點一滴的改造」，而非「籠統的改造」，但這類「改造社會即是改造個人」的取向，多少也接近某種根本的解決。[152]

4、漸進的「根本解決」

在鄭伯奇看來，主張根本解決和零碎解決者都有想要「改造」中國社會的共性。但不少時人也確實看到兩者間的對立，胡適自己即是其中

---

150 〈少年中國學會問題・鄭伯奇意見〉，《少年中國》，第3卷，第2期（1921年9月），39頁。

151 周作人：〈新村的精神〉（1919年11月8日），《新青年》，第7卷，第2號（1920年1月），131頁。

152 胡適：〈非個人主義的新生活〉（1920年9月），見《胡適文集》，第2冊，569–570頁。

之一,他就認為「實驗主義注重在具體的事實與問題,故不承認根本的解決。他只承認那一點一滴做到的進步」。[153] 丁守和、殷敍彝也注意到,和「問題與主義」之爭相類的爭論在其他許多社團和刊物中都發生過,在江西的改造社及其《新江西》月刊爭論這一問題時,就有痛恨「空談主義」並提倡多研究具體問題的表述。[154]

而鄭伯奇觀察到的「兩種趨向」與前引毛澤東所見似不同,毛氏眼中較對立的「改造」和「改良」兩派在鄭氏看來皆屬於「直接從事於社會改造事業」的一類。其實毛本人也曾傾向於先從一個個的國民下手,他在 1920 年曾說,「國民全體是以國民個人做基礎,國民個人不健全,國民全體當然無健全之望」,故應通過改造個人來增進團體力量。不過他後來在新民學會巴黎會員的影響下轉變了觀念,漸傾向於其原本不認同的「以政治組織改良社會組織、以國家促進地方、以團體力量改造個人」的蘇俄方式。[155]

有一點應注意,當年的立說者對於他們正在使用的「新名詞」並未認真界定,一方面,不同名詞可能指謂着同樣的事物;另一方面,有時語彙的不同也未必意味着其主張有多大歧異。譬如毛澤東及許多新民學會會友所說的「改造」取向(以陳獨秀為代表),今日恐怕更多會說成「革命」。而張東蓀當時就指出兩者的共性,他以一篇名為〈各自改造〉文章

---

153 胡適:〈我的歧路〉,見《胡適文集》,第 3 冊,364–366 頁。

154 不過,江西改造社的發展有些類似湖南新民學會,持根本改造主張的成員似較佔上風。參見丁守和、殷敍彝:《從五四啟蒙運動到馬克思主義的傳播》,北京:生活·讀書·新知三聯書店,1979 年再版,294–295 頁;並參見《五四時期期刊介紹》關於《新江西》的介紹,見第三集,上冊,27–38 頁。

155 毛澤東:〈打破沒有基礎的大中國建設許多的中國從湖南做起〉(1920 年 9 月),見《毛澤東早期文稿》,507 頁。按新民學會成員赴法國多在上述少年中國學會巴黎同人通信之後,特別是直接影響毛澤東的蔡和森赴法更晚,則他們關於注重組織、以政權改造社會等「根本改造」的主張應與此前巴黎留學生群體的見解相關。參見〈蔡林彬(和森)致毛澤東〉(1920 年 9 月 16 日),見《新民學會資料》,153–162 頁。

來提倡「各自革命」，並解釋說，「我說的各自革命便是各自改造。因為革命是改造的第一步，所以我先提起革命。現在我因為『革命』兩個字人家容易誤會，乃改用『改造』兩個字；其實革命是『更新』的意思」，正與改造相通。[156]

那時不少人的確主張以點滴漸進方式「改造」中國社會，至少在詞語上印證了鄭伯奇的觀察。如《新群》上的一篇文章就認為，「社會改造的事，是慢慢的做到的，不是一下子做到的；是零碎做到的，不是一舉成功的」。故最好的辦法是「按着一件一件的制度，去慢慢的求改革，才能達到改造社會之目的」。[157]在安徽辦《微光》的韋叢蕪等則表示：我們「不侈談主義，只注重以淺顯明瞭的理論，實地去宣傳」；希望以「舊瓶裝新酒」的方式和平民接洽，「使他們的思想漸漸轉變，不知不覺漸入正軌，起社會思想之大革命」。[158]

張東蓀也說，「從來政治上的改革家只主張大革命，所以革來革去，絲毫沒有進步。因為他是改造屋頂，是不中用的。必定也把屋基拆了，重新改造一回方好」。而他所謂拆屋基，則是「各地方自己革自己的命；在一地方內，各部分革各部分的命」。積「無數的小革命」以成「一個真正的大革命」。[159]這樣的「各自革命」，與毛澤東「由分處下手」而「進於總解決」和王光祈從改造局部走向「根本解決」的主張相當接近，應能反映相當一部分人的思想。

李大釗在1920年一次關於社會主義的演說中指出，社會主義「須將現今制度完全改革」，並在生產和分配方面「尋出一種新方法，代替舊

---

156 （張）東蓀：〈各自改造〉，載《時事新報》，1919年9月26日，第1張，第1版。

157 K.S.：〈怎樣去研究社會改造問題〉，《新群》，第1期（1919年11月），轉引自《五四時期期刊介紹》，第三集，上冊，371–372頁。

158 「韋叢蕪、李寄野致胡適」，1922年，見耿雲志編：《胡適遺稿及秘藏書信》（以下徑引書名），合肥：黃山書社，1994年，第30冊，649–650頁。

159 （張）東蓀：〈各自改造〉。

式之私競的經濟秩序及組織」。這當然是一種「根本的解決」，但他也說，社會主義實行的手段「各不相同」，包括「革命」的手段及用平和手段「漸漸進行改革達到目的」者。[160] 可知他此時至少承認有以平和手段「漸漸進行改革」來實現根本解決的取向，且並未將其排斥在各種實行社會主義的「手段」之外。

另一位承認「勞動與階級社會之大革命」必發生於將來社會的作者，也想要預「籌社會革命之正趨的方法，以弭猛潮，實行根本的解決，求相當之代替」。他提出了普及教育、團結勞動界和實行自治三項方法，欲以此「為社會根本改革，代替社會革命」。[161] 此人雖明言希望以「改革」代替「革命」，但也自認為其主張是一種「根本的解決」。

正如李新、陳鐵健等指出的：「當時有些人雖然主張『根本解決』，但也只是一個籠統的大目標，其方法還是比較傾向於和平的或零碎的解決。」[162] 另有一些人則既看到根本解決和零碎解決之間的對立，又以為應循由小及大、由近及遠的途徑，從「部分」入手改良「全體」。如北京的《光明》雜誌就明言「我們並不空談什麼主義」，我們「要研究的並不是什麼『主義』和什麼『學說』，乃是幾個簡單生活的問題、習慣改良的問題」。但其之所以這樣的理由卻是：「改良『部分』就是改良『全體』，要改良大的遠的，必先要改良小的近的。」[163]

在五四學生運動前後政治態度還頗溫和的惲代英[164]也有類似毛澤東的轉變，他在1920年秋撰文論證「革命的價值」時，自稱是一個「痛惡政黨」和「完全不信政治運動值得我們努力的人」，但「相信這幾年中，

---

160 李大釗：〈社會主義與社會運動〉（1920年），見《李大釗文集》，第4冊，5頁。

161 劉華瑞：〈社會改革之正趨〉。

162 李新、陳鐵健主編：《中國新民主革命通史：1919–1923，偉大的開端》，223頁。

163 參見《五四時期期刊介紹》關於《光明》的介紹，見第二集，上冊，317–319頁。

164 參見羅志田：《再造文明之夢——胡適傳》，279–280頁。

究竟逃不了有一次革命」。他雖然「十分不願意看見流血的事」，但若革命確實「不可避免」，則「我們應該怎樣利用他，利用他到怎樣的田地，這值得我們事前研究預備」。惲代英希望熱心革命者「須知革命不是治療百病的神方，便在破壞一方面，亦非能具備幾個條件不能生一點效驗」；同時「盼望更勇敢更切實的人，還須注意社會的根本解決，不在轟轟烈烈的破壞，還在善戰無名的建設事業中間」。[165]

那時的惲代英已確信「個人主義的新村是錯了的，個人主義的工會罷工，亦非根本良法」；若「用一手一足之勞，想逆經濟潮流與資本家爭勝」也是行不通的。「要改造這個世界，一須做一個共同生活的模型，使世人知道合理有幸福的生活是可能的事；一須我們大家協力，不但解決自己及家庭生活問題，而且要有力量與資本家決鬥」。至於決鬥的方式，固然「可以組織工會，鼓吹罷工，用階級戰爭為推倒資本家的方法。但我想要為世界求一個最後的解決，僅僅靠鼓動爭存的單純天性，總還不夠。最好莫如利用經濟學的原理，建設個為社會服務的大資本，一方用實力壓服資本家，一方用互助共存的道理，啟示一般階級。而且靠這種共同生活的擴張，把全世界變為社會主義的天國」。[166]

惲代英的〈未來之夢〉一文發表在《時事新報》之上，頗得張東蓀讚賞，以為是「採資本主義之方法以貫徹社會主義之精神，可謂獨具隻眼」。他希望多有些持這樣觀念者，「各分頭進行，既不問中央政治，復不問地方政治，亦不談何種主義，行之數年以後，再謀大同盟，以商定一種具體之主義，不為遲也」。張東蓀自己就改變了過去「常覺有制定一種吾輩所託命之主義之必要」的想法，以為「必擇一種主義而信為靈藥」不過是萬分無賴時「精神上之安慰」，其實是「環境太壞之一種反動。

165 惲代英：〈革命的價值〉（1920年10月10日），見《惲代英文集》，北京：人民出版社，1984年，上卷，224–226頁。
166 惲代英：〈未來之夢〉（1920年10月），見《惲代英文集》，上卷，244頁。

此太壞之環境實為問題之根，吾輩當硬着心腸以向此問題之根而求逐漸改造也」。[167]

舒新城當時曾對張東蓀説：「中國現在沒有談論什麼主義的資格，沒有採取什麼主義的餘地，因為中國處處都不夠。」張氏認為這句話「非常中肯又非常沉痛」。因為「現在中國人除了在通商口岸與都會的少數外，大概都未曾得着『人的生活』」。他説，「我們苟不把大多數人使他得着人的生活，而空談主義，必定是無結果」。如果要有一個主義，「就是使中國人從來未過過人的生活的都得着人的生活，而不是歐美現成的什麼社會主義、什麼國家主義、什麼無政府主義、什麼多數派主義等等」。這些意思看來很像前引王光祈的主張，不過王氏擬在「思想行為」上着力，以使「中國人能有應用各種主義的能力」，而張東蓀則明言「我們的努力當在另一個地方」，那就是發展實業。[168]

其他時人也有相類的見解，如新民學會的周悙元就認為「吾人宜先事破壞，破壞後建設事業宜從下級及根本上着手」；同會的張泉山也曾主張「第一步採過激主義」，第二步「採用羅素、基爾特社會主義」來糾正俄國人犧牲自由的弊端。[169]而張申府提出的「中國改造的程序」依次是，「革命、開明專制、實行極端的強迫教育」，然後改良農業，整理森林河渠，興發工業交通等。他所説的開明專制就是蘇俄的「勞農專政」，而張氏之所以設計出這一程序，是因為「以今日中國之一般知識階級而言代議政治，講選舉，純粹是欺人之談」。[170]其言外之意即採用開明專制是中國人還不到實行代議政治的程度。

167 張東蓀：〈再答頌華兄〉，收入〈關於社會主義的討論〉，《新青年》，第8卷，第4號（1920年12月），13–14頁（文頁）。

168 張東蓀：〈由內地旅行而得之又一教訓〉，收入〈關於社會主義的討論〉，《新青年》，第8卷，第4號，1頁（文頁）。

169 參見〈新民學會會務報告（第二號）〉，見《新民學會資料》，24–25頁。

170 〈張崧年致陳獨秀〉，《新青年》，第9卷，第3號（1921年7月），2–3頁（欄頁）。

　　這樣一種先激進後緩和或先革命後改良的「階段革命」論，在相當
一段時間裏都有人主張。傅斯年大約撰寫在1919年的一篇未刊稿就認
為，世界「近世史是要求平等的歷史」，是一個「有始有終的政治社會改
造運動」。其中前面的「政治革命」僅僅是同「一種運動」的「一小點，以
後放着一大部的社會改造運動，不過是以往政治革命的補充，其意味沒
有兩樣」。[171]

　　陳炯明在1924年曾制定一種階段性規劃：「第一期則為『武裝革
命』，以毒攻毒，期以一二年而成功。第二期則為『文裝革命』，放下屠
刀，從事宣傳。」蓋「老百姓不出，如民治何」？故需要分兩個時期，「一
為戡亂，一為制治」。[172]到北伐時，太虛法師也提出類似的階段革命論，
即國家統治者的改變只是「命令之革命」，但還有「繼續生存之勢力習
慣」，所謂「國之勢力所形成者為政制，國之習慣所形成者為禮教」；要
使一國之政制、禮教皆隨政治權勢的轉移而革故鼎新，方為「生命之革
命」。必「生命之革命成功，命令之革命乃為有效」，後者成功才算完成
「革命之功」。[173]

　　這些看法當然互有歧異，比較起來，惲代英的表述顯得較系統也更
具體。那時他還認為革命只能破壞，且其破壞力可能是有限的；而「用
階級戰爭來推倒資本家」也不過是依靠鼓動人類「爭存的單純天性」。要
「建設事業」才是「社會的根本解決」，通過利用「經濟學的原理」以資本
壓服資本家，再用「互助共存的道理，啟示一般階級」，構建一個「共同
生活」來實現社會主義，「為世界求一個最後的解決」。這些人的見解值
得反思，其一個共性即「根本解決」對不少時人而言未必意味着革命，

171　傅斯年：〈時代與曙光與危機〉（約1919），《中國文化》，第14輯（1996年12月），
　　　196頁。
172　〈陳炯明答吳敬恆書〉，1924年5月13日，見陳定炎：《陳競存（炯明）先生年
　　　譜》，台北：李敖出版社，1995年，1157頁。
173　太虛：〈說革命〉（1926年6月5日），《海潮音文庫·第一編·佛學通論·政治》，
　　　台北：新文豐出版公司，1985年影印，17–22頁。

或革命不過是走向根本改造的第一步,且不排除通過「逐漸改造」實現根本解決。

5、中共黨人的主張

陳獨秀不同意上述取向,他認為新村運動、北京工讀互助團、以及惲代英的想法皆類「癡人說夢」,根本是「在全社會底一種經濟組織生產制度未推翻以前,一個人或一團體決沒有單獨改造底餘地」。[174] 惲代英自己不久也成為中共黨員並改變了主張,他在討論「民治運動」時強調要把「每個為自己謀利益而作戰的聯合」逐漸「引他注目政治,引他求政治上的總解決」。改變觀念後的惲代英轉認為「各方面零碎的解決,固然可以作練習作戰的目標;但我們不可忘記,只有向政治上戰鬥,以求人民獲得政權,用人民的力量建設、擁護而監督一種為人民謀利益的政府,才真能有一種成功」。[175] 全文未提經濟,建設也僅模糊提到,而特別強調「向政治上戰鬥」以尋求「政治上的總解決」。

但即使中共的觀念那時也是靈活而具有包容性的,如1922年初社會主義青年團機關刊物《先驅》的〈發刊詞〉在論及新文化運動的結果時就說:「近一二年來的言論界,大非『五四』前後的言論界了。大家都在紙上空談不着邊際的主義,並毫無研究問題解決問題的決心。」[176]《先驅》的前三期由社會主義青年團的北京組織所辦,李大釗、鄧中夏、劉仁靜等人當時都領導並積極參與北京青年團組織的活動。[177] 同年稍後,

---

174 陳獨秀:〈獨秀覆東蓀先生底信〉,收入〈關於社會主義的討論〉,《新青年》,第8卷,第4號,23頁(文頁)。

175 惲代英:〈民治運動〉(1922年9月),見《惲代英文集》,上卷,342頁。

176 〈先驅發刊詞〉(1922年1月15日),收入《五四時期期刊介紹》,第二集,下冊,528頁。

177 「先驅」條目,見《五四時期期刊介紹》,第二集,上冊,12–13頁。關於社會主義青年團的成立及北京組織的活動,參見蕭超然:《北京大學與五四運動》,373–381頁。

這些著名的中共黨人更聯名在少年中國學會中提出一份推動「革命的德謨克拉西」的提案，明言不談任何主義，只研究目前的事實問題。

提案一開始就說，「我們現在不談任何主義，我們只研究中國目前的事實問題」。當時的中國是「內政腐敗」，外國資本「挾政治勢力以俱來」，致使「經濟日漸枯竭」、人民的生活狀況淪落，而「物質的束縛影響及於精神」，不僅一般民眾「同情心消失，合群性淪亡」，就是知識界也顯得「知識貧窶，缺乏活氣」，大多數為衣食奔走，難有餘力研究學問。簡言之，「道德知識兩俱缺乏，這便是今日惰性的中國，也就是今日麻木不仁死氣沉沉的社會」。他們認為，「這種社會，不是以空泛的道德目標和不實用的科學常識所能征服的。而且除非物質生活的改善，永遠不能將他完全征服。改良物質生活的唯一方法，是只有剷除國內的督軍制和國外資本主義的這二重的障礙，由中國人開發本國的實業」。[178]

這大致確認了惲代英一年多以前的主張，但有一個重要的改動，即發展實業的前提是剷除內外障礙。提案進而指出，「唯一解除苦厄實行的方法是只有引導被壓民眾為有目的的政治鬥爭。政治鬥爭是改造社會，挽救頹風的最好工具」，這基本與惲代英後來的主張相同。由於「國內軍閥政治的橫暴，國外資本帝國主義的壓迫，將中國改良的各種希望都漸滅殆盡」，提案號召「任何主義者」在這時「拋棄一切武斷的成見，客觀的考查中國的實際情形」，以「共同認定一聯合的戰線，用革命的手段，以實現民主主義」。提案最後重申：「我們不要躲在戰線後，空談高深的主義與學理，我們要加入前線，與軍閥及軍閥所代表的黑暗勢力搏戰。」

李大釗等以「不談主義只研究問題」為開場白，結尾再重複不要「空談高深的主義與學理」，部分可能是中共那時正在提倡「聯合戰線」，有

---

178 本段與下段，參見黃日葵、陳仲瑜、鄧仲解、劉仁靜、李大釗、沈昌：〈北京同人提案──為革命的德莫克拉西（民主主義）For Revolutionary Democracy〉，《少年中國》，第3卷，第11期（1922年6月），收入《李大釗文集》，第5冊，357–361頁。

意向主張「研究問題」的一方示好；[179] 也可能因為提案特別針對着少年中
國學會當時正就是否需要統一「主義」而爭論。但〈先驅發刊詞〉和提案
的觀念一致說明這樣的表述或並非偶然隨意為之，而是代表了相當一部
分共產黨人那時的觀念。

　　直到1924年6月，主持《中國青年》編務的李求實在論證青年學生
怎樣發動民眾參加革命時，仍主張我們應「少發些抽象的哲理高論，多
注重於具體的實際問題」。他進而表態說：「『多研究問題，少談些主
義』，這句話雖未免有些人覺得不滿；然而我們從一種的主義上去切實
的研究民眾——研究現實，總是應該的。」[180]

　　這樣看來，「問題與主義」之爭反映出的時代關懷是廣泛而持續的，
在一般認知的爭論「結束」以後，包括一些中共黨人仍在思考和呼應胡
適的主張。同時，對少年中國學會一些成員而言，主義和學理是對立
的；但對很多他人來說，當年的主義和學理其實意味着那需要輸入或正
在輸入的外來思想資源。如前引少年中國學會上海同人所指出的，當時
許多「研究學術之敘述文字」，其實不過是「敘述他人之主義」而已。既
如此，外來「主義」與中國國情的關係就成為一個必須處理的問題。

五、外來主義與中國國情的關係

　　民初趨新中國人的口頭禪之一即「世界眼光」，在一些人的思考
中，中國的改造或革命也是「世界改造」或「世界革命」的一個組成部
分，這就使外來主義和中國國情的關係與前面所論述的整體改造／革命
和局部改造／革命的關係產生了某種關聯呼應，並相應產生出兩種思

179　參見羅志田：〈從五四到北伐期間胡適與中共的關係〉。

180　匪石（李求實）：〈革命中學生應持的態度〉（1924年6月14日發表於《中國青年》，
　　　第35期），收入中共中央書記處編：《六大以前——黨的歷史材料》，北京：人
　　　民出版社，1980年，142–143頁。

考：一種傾向於世界的整體性，中國的改造或革命將在世界改造或革命的成功中一起成功；另一種則注意到中國自身的特殊性，即世界之一部分的改造或革命與整體的世界改造或革命雖有關聯，但也有其獨特之處。[181]

此時恰逢「西方」在中國「分裂」，即作為榜樣的西方是可分且應該有所選擇的；而由於主義和學理基本是外來的，它們又像已經被「負面整體化」的中國「傳統」那樣帶有「一家眷屬」的不可分意味。這一內在的緊張給許多趨新人物帶來困惑，通常是愈瞭解西方者愈感到有澄清的必要。一般視為尊西象徵的胡適在五四運動前後一再提出：引證西洋學理應該考慮適合於「中國今日的問題」、必須能夠「應用於我們中國今日的時勢」，要在「實地考察中國今日的社會需要究竟是什麼東西」的基礎上輸入外來的學理和主義，想必具有非常不得已的緊迫感覺。民初思想界的錯綜複雜和詭論意味由此凸顯，特別值得進一步分析探討。

1、中西社會的歧異

這與「西方」分裂之後各種外來「主義」以中國為戰場的現象相關，或許胡適已隱約意識到這一點，蓋「主義」都來自西方，它們之間的競爭實不啻西與西鬥；不僅中國淪為他人之戰場，西方學理的自我爭鬥也未必有利於「輸入學理」；若多研究問題，則具體問題都是中國的，仍可用西法解決之。所以他承認「主義的應用有時帶着幾分普遍性」，因為一個問題的解決法在不同的時空也有借鑒作用；他只是反對「因為這或有或無的幾分普遍性就說主義本來只是一種抽象的理想」。在研究了「中

---

181 這樣，「世界」既是「我們」，也是「他人」。既然中國是世界的一部分，「世界」當然是「我們」；然而，時人也隱約意識到，「世界」實質上不過是「西方」體系的另一種表現，所以許多中國人一直有着「進入」世界的持續願望和努力。這個在一定程度上集「我們」與「他人」為一體的「世界」正是不少民初人以及此後的中國人困惑之所在。

國社會上、政治上種種具體問題」之後，診斷中國所患之病及下什麼藥都可以「參考西洋先進國的歷史和學說」。[182]

胡適最初的反對者卻更多看到他意思中的另一面，藍公武就說，「胡君的意思，以為一切主義，都不過是某時某地一種具體的方法轉變來的，和吾們實際的需要未必能符；各有各的需要，各有各的方法，故說外來的主義是無用的」。[183]最後半句當然非胡適原意，而是藍氏自己「提升」出來的。但他和李大釗二人在反駁胡適主張時卻都指出了中國與西方社會的不同，只是西方社會要更「正確」些。

藍公武自己就說：「社會的環境不同，主義和問題的關係也就不能一樣。在文化運動進步不息的社會，主義常由問題而產生。……若是在那文化不進步的社會，一切事物都成了固定性的習慣，則新問題的發生，須待主義的鼓吹成功，才能引人注意。」前者當然是指西方，那裏「一切事物都屬能動性，常跟着時代前進，偶有那不進的事物，立刻便引起一般人的注意，成為問題，有問題便發生各種運動。從這運動中，便產生了若干主義，拿來做解決方法的實行標準」。後者則是中國，這裏「無論何種事物，都有一個天經地義的因襲勢力支配在那裏，有敢挾絲毫疑義的人，便是大逆不道；如何能拿來當作問題，去講求解決方法呢」？必須要「有一種強有力的主義，鼓吹成熟，征服了舊習慣」，才可能「製造成」問題。[184]

他舉例說：「譬如專制君主的害毒，在中國行了幾千年，並沒有人覺他不合理，拿來成一問題；及至最近數十年，西方的思想輸入，人民有了比較，起了反省，即便成了極大的問題，產生出這辛亥革命的大事件。又如東方的家族制度、奴隸勞動，在今日思想已經進步的時候，尚

182　胡適：〈三論問題與主義〉，見《胡適文集》，第2冊，270–273頁。

183　知非 (藍公武)：〈問題與主義 (七)〉。

184　知非 (藍公武)：〈問題與主義 (五)〉。

不能成為問題；若移到西方去，立刻便成了一種不可終日的問題了。」在藍氏看來，這證明「構成問題的要素，全在這主觀的反省」，[185] 但他無形中實幫助胡適說明了中西社會確不一樣。

藍公武進而承認，「在因襲勢力支配的舊社會，他的需要，和那文化進步的社會，都是大不相同的」。不過對他而言，這反表明中國非常需要外來的主義以「製造」問題：既然「舊習所支配的社會自身不能發生新理想，則往往由他國輸入富於新理想的主義，開拓出一個改革的基礎來」。其實，「中國今日所有的新需要新問題，那一件不是外來的思想主義所產出來的」？只要中國「打開大門與世界文化接近，這個時候，吾們的需要，和歐美人的需要，也就相差不遠」，外來主義的用處也就呈現出來了。[186]

應該說，藍氏關於中國當時不少新需要、新問題是外來的思想主義所「產出」的觀察不無所見，他很可能擔心胡適的主張會妨礙當時向西方開放的趨勢，故感覺不能不站出來說話。他在試圖與胡適比誰更開放和趨新的言論中揭示了自己的顧慮，即胡適的主張可能導致「關上大門，排斥一切外來的思想」，則「堯舜禹湯文武周孔之道自能滿足吾們的需要」。然而藍公武忽視了關鍵的一點，即中國需要「打開大門與世界文化接近」，恰因中國社會與承載着「世界文化」的西方社會不同。

李大釗在討論對根本解決「不可一概而論」時也說：「若在有組織、有生機的社會，一切機能，都很敏活；只要你有一個工具，就有你使用他的機會，馬上就可以用這工具作起工來。若在沒有組織、沒有生機的社會，一切機能，都已閉止，任你有什麼工具，都沒有你使用他作工的機會。這個時候，恐怕必須有一個根本解決，才有把一個一個的具體問題都解決了的希望。」他舉例說，俄國就是在推翻羅曼諾夫王朝和進行經濟組織的改造之後，才把一切問題「全都解決了」。[187]

---

185 知非 (藍公武)：〈問題與主義〉。

186 本段與下段，參見知非 (藍公武)：〈問題與主義 (五)、(七)〉。

187 本段與下段，參見李大釗：〈再論問題與主義〉，《李大釗文集》，第3冊，6、3頁。

可知李大釗也清楚地看到中西社會的歧異，且他也像藍公武一樣認為西方社會更高明。不過他認為兩者的差別可以通過對主義的不同「運用」來解決，即「在別的資本主義盛行的國家，他們可以用社會主義作工具去打倒資本階級；在我們這不事生產的官僚強盜橫行的國家，我們也可以用他作工具去驅除這一班不勞而生的官僚強盜」。社會主義者為使其主義在世界上發生影響，就必須研究怎樣把他的理想「應用於環繞着他的實境」。

陳獨秀正是從中西社會的不同看到革命的緊迫性，他認為，「由資本主義漸漸發展國民的經濟及改良勞動者的境遇以達到社會主義，這種方法，在英法德美文化已經開發政治經濟獨立的國家，或者可以這樣辦，像中國這樣知識幼稚沒有組織的民族，外面政治的及經濟的侵略又一天緊迫似一天」，時間上不容中國人採取「漸進的 Evoluton」，故只能「取急進的 Revolution」。[188]

胡適自己有時也分享着類似的中西歧異觀，他後來在討論「革命的根本方法在於用人功促進一種變化，而所謂『人功』有和平與暴力的不同」時指出，「在未上政治軌道的國家，舊的勢力濫用壓力摧殘新的勢力，反對的意見沒有法律的保障，故革新運動往往不能用和平的方法公開活動，往往不能不走上武力解決的路上去」，當時的中國就是這樣的國家。儘管他非常清楚「武力鬥爭的風氣既開，而人民的能力不夠收拾已紛亂的局勢，於是一亂再亂，能發而不能收，能破壞而不能建設，能擾亂而不能安寧」，但中國也確實缺乏通過宣傳鼓吹、組織運動，以及立法或選舉競爭等改變舊制度的條件。[189]

這一看法充分暴露了中國自由主義者的困境：他們既承認中國的國情基本不允許實行漸進的政治改良，又因暴力革命可能造成的破壞而主張仍實施和平的改良，但一般「起而行」的熱血青年恐怕很難接受這樣

188　陳獨秀：〈覆東蓀先生底信〉，20頁（文頁）。
189　胡適：〈我們走那條路〉（1930年），見《胡適文集》，第5冊，358頁。

看似矛盾的取向。如果説初期的爭論基本是學理上的，到中共成立之後，實際而具體的「革命」活動就迫使中共黨人進一步思考輸入的主義或學理怎樣與中國革命實踐相結合的問題，其間還隱伏着一個與後來中共黨內持續關注的「教條主義」相關的問題。下面主要探討一些早期中共黨人的觀念。

2、中國問題的世界解決

陳獨秀認為，輸入學説應該「以需要為標準」。「學説之所以可貴，不過為他能夠救濟一社會一時代弊害昭著的思想或制度」；故「一種學説有沒有輸入我們社會底價值，應該看我們的社會有沒有用他來救濟弊害的需要」。他舉例説，中國輸入達爾文進化論，是因為「我們不懂適者生存底道理，社會向着退化的路上走」。如今「我們士大夫階級斷然是沒有革新希望的，生產勞動者又受了世界上無比的壓迫，所以有輸入馬格斯社會主義底需要」。[190]

毛澤東在1920年3月論及出國留學時説，「吾人如果要在現今的世界稍為盡一點力，當然脱不開『中國』這個地盤。關於這地盤內的情形，似不可不加以實地的調查及研究」。故「似應先研究過吾國古今學説制度的大要，再到西洋留學，才有可資比較的東西」。[191]在次年1月新民學會的討論中，他解釋何以贊成「改造中國與世界」的提法説：「提出『世界』，所以明吾儕的主張是國際的；提出『中國』，所以明吾儕的下手處。」其實「中國問題本來是世界的問題，然從事中國改造不着眼及於世界改造，則所改造必為狹義，必妨礙世界」。[192]

---

190 陳獨秀：《隨感錄・學説與裝飾品》，《新青年》，第8卷，第2號（1920年10月），見《陳獨秀著作選》，第2卷，177頁。

191 毛澤東：〈致周世釗信〉（1920年3月14日），見《毛澤東早期文稿》，474頁。

192 〈新民學會會務報告（第一號）〉，見《新民學會資料》，18頁。

　　張申府與毛澤東的想法頗接近，他在留學法國後，「感着歐洲一時是無望的。生於東方的人，不能不仍希望東方。最好的希望是中俄之聯合」。張氏也提出，應該「本世界見地改造各個地方：不要為一地方好而改造那個地方，要為世界好而改造各個地方。就令一切地方各單獨像是好了，世界全個仍可以不好；世界全個不好，各個地方其實不能好」。他認為，「世界趨勢固要曉得，但勉隨趨勢而忘了自己實況，必無好結果」。蓋「政治尤不可專模仿人」，列寧的「一大長處」就在能認清自身的事實。[193]

　　張氏提到列寧的「長處」其實有較深的涵義，因為在涉及中外社會對比時，蘇俄不僅是革命成功的榜樣，且橫亙於中國和西方的參照關係之間：俄國社會在許多方面不同於西歐是許多時人都看到的，但對中共黨人而言可能還有一個更具體的理論問題，俄國的「資本主義」發達程度不及西歐卻又超過中國，馬克思、恩格斯的理論主要涉及的是資本主義發達的西歐，而列寧則更多論及俄國的具體革命實踐。這樣，中國情形與「世界」局勢的異同問題給中共黨人帶來較他人更深一層的理論困擾。

　　一些早期中共成員始終在嘗試梳理這些複雜的關係，比較明確論及這一問題的是前引《先驅》的〈發刊詞〉。文章指出：辛亥革命以後，雖然專制改成共和，實際卻是「反革命的勢力冒着民主的招牌，以行他們的搶掠之實」。新文化運動的結果也不使人樂觀，「大家都在紙上空談不着邊際的主義，並毫無研究問題解決問題的決心」，致使「反動的勢力」也「乘着這人家不注意他的機會大施其活動」。故「本刊的任務是努力喚醒國民的自覺，打破因襲、奴性、偷惰和倚賴的習慣而代以反抗的創造的精神」，並在「這種精神的支配」下走向共產主義的社會。[194]

---

193 〈張崧年致陳獨秀〉，2–3頁（欄頁）。按希望中俄聯合似乎是那時不少人的想法，張東蓀在1920年也說他曾希望「中國與俄聯盟，建立勞農國家，以兩民族之力以推翻世界之資本主義」。張東蓀：〈再答頌華兄〉，14頁（文頁）。

194 本段與下段，參見〈先驅發刊詞〉，收入《五四時期期刊介紹》，第二集，下冊，528–529頁。需要說明的是，中共黨人在此文中所說的「主義」可能較多針對無政府主義。

但「有了這種精神，我們若不知道中國客觀的實際情形，還是無用的」。那些「不就客觀的實際情形研究，而徒憑個人主觀的思想，想改造社會的人」，動機雖不錯，然其「罪惡在實際上與反動派保守派沒有什麼分別」。該刊表示要參考「各國社會主義運動的成績和失敗之點」，並特別提請關注「俄國革命的狀況和革命以後的建設」，因為「許多人都只知道罵俄國和讚美他」，卻未曾注意研究「他的施設和他運動的方法」。文章反對「不諳實際的傳播一種高調的主張」，而強調要「努力研究中國的客觀的實際情形，而求得一最合宜的實際的解決中國問題的方案」。

後面這句話很多中共黨史的論著都曾經引用，但前面那句反對在紙上空談主義而提倡研究問題的話則很少被引。其實這一〈發刊詞〉的結構有些類似前引李大釗等在少年中國學會的提案，即開始提到應研究問題不空談主義，後面以反對高調主張提倡研究中國的實際情形照應之，並婉轉說明輸入學理和研究問題的關係，大體可見那時中共黨人注重「實際」的態度，與胡適此前的主張也比較接近。

「中國的客觀的實際情形」究竟如何？以及什麼是「最合宜的實際的解決中國問題的方案」？中共黨人還有進一步的探索和討論。基本上，多數中共黨人都像毛澤東和張申府一樣強調中國革命與世界革命的關聯，不過更多依據馬列主義的理論來立說；他們也都注意到中國社會與歐美資本主義國家的差異，藍公武和李大釗那種「在歐洲本可如何，但社會不同的中國則不同」的表述形式也常出現在後來的中共黨人的言說中，只是西方在藍、李眼中是「文化運動進步不息的社會」或「有組織、有生機的社會」，後來的中共黨人則多以資本、資本主義和階級等概念來界定西方的社會。

與毛澤東和張申府那種相對直觀的表述不同，不少早期中共黨人是從資本主義的全球性來認識中國革命的世界性。蔡和森在1921年2月說：「因為交通發達的結果，資本主義如水銀瀉地，無孔不入，故東方久已隸屬於西方，農業國久已隸屬於工業國，野蠻國久已隸屬於文明

國，而為其經濟的或政治的殖民地。」世界既然一體化，「勞動解放絕不是一個地方一個國家一個民族的問題，乃是一個世界的社會問題」。故「中國的階級戰爭，就是國際的階級戰爭」。[195]

施存統在同年5月也說：「資本主義是帶國際性質的，彼是要征服全世界的；共產主義也同彼一樣，也是帶國際性質的，也是要征服全世界的。」中國是世界的一部分，「住在這塊地方的無產階級，也當然要起來與全世界無產階級同心協力幹這個全世界的社會革命」。[196]

蔡和森因而提出，「現今全世界只有兩個敵對的階級存在，就是中產階級與無產階級」。由於資本帝國主義常常通過掠奪殖民地以緩和本國的經濟剝削，甚至「分餘潤於其無產階級」，使其「常常受其資本家的賄買籠絡而不自覺」。故「東方農業國野蠻國的無產階級」所受的經濟壓迫，「較西方工業國文明國無產階級之所受為尤重」。[197]

這類見解或者在留法學生中較流行，稍後周恩來也說：「全世界凡經資本主義鐵蹄所踐踏的地方，概都形成了同樣的兩大階級：一是壓迫階級，一便是被壓迫階級。」前者「是以各強國的資產階級為中心，各產業落後國的封建軍閥只不過是他們的爪牙」；後者則是「工業先進國中的無產階級和各殖民地半殖民地的弱小民族」，他們都「站在同一被剝奪被欺凌境地」。[198] 可以看出，周恩來關於「被壓迫階級」的分析與蔡和森略有不同。

195　蔡和森：〈馬克思學說與中國無產階級〉(1921年2月)，見《蔡和森文集》，北京：人民出版社，1980年，75–78頁。

196　C.T. (施存統)：〈我們要怎麼樣幹社會革命？〉，原載《共產黨》，收入中國社會科學院現代史研究室、中國革命博物館黨史研究室編：《「一大」前後：中國共產黨第一次代表大會前後資料選編》(一)，北京：人民出版社，1980年，265頁。

197　蔡和森：〈馬克思學說與中國無產階級〉(1921年2月)，見《蔡和森文集》，74–75頁。

198　周恩來：〈革命救國論〉(1924年2月)，見劉焱編：《周恩來早期文集》，天津：南開大學出版社，1993年，下卷，443頁。

　　陳獨秀後來解釋中國民族革命「是整個的世界革命之一部分」説，「這兩個革命的對象只是一個：統治全世界的國際帝國主義」，故「盡力世界革命即是盡力中國民族革命」。由於「全世界的經濟成了整個的，全世界政治也直接間接在這整個的經濟影響支配之下成了整個的」，故世界各部分的革命運動「相互影響之關係日漸密切」，也已「匯合起來成了整個的世界革命」而「不能分開」。中國在政治上為國際帝國主義所共同征服，在經濟上是國際帝國主義共同掠奪的市場，若「不根本推翻統治全世界的國際帝國主義，中國民族不會有完全解放之可能」。[199]

　　稍後《中國青年》的一篇文章説，「在帝國主義統治的世界裏，任何國家、任何民族的政治經濟，都具有他的國際性」，決不可能閉關孤立，「脱離國際的壓迫階級與被壓迫階級相互間之公友公敵的關係而單獨發展」。故中國國民革命的國際意義即在於它是「世界革命的局部工作」。[200]但是，世界革命的整體性以及世界性地劃分「階級」這類「公友公敵的關係」隱伏着一種可能性，即為了「整體」的利益而犧牲「局部」具體一國的利益。

　　凱末爾領導的土耳其的民族革命曾得到蘇俄援助，當凱末爾轉而槍殺共產黨人時，蘇俄從「世界革命」角度考慮，仍對其提供物質援助，理由是凱末爾正在反帝。後來蘇俄駐華大使加拉罕即以此為例，主張以同一思路來處理中國革命中的國共關係。這是後來莫斯科一再反對廣東

199　陳獨秀：〈世界革命與中國民族解放運動〉（1926年5月），見《陳獨秀著作選》，第2卷，1055–1061頁。

200　昌群：〈破產的國家主義〉，《中國青年》，第6卷，第20、21號合刊（1926年12月20日），北京：人民出版社，1956年影印彙刊本，第6集，524頁。關於中國問題是世界問題之一部，故不能不通過「世界革命」來解決的觀念此後仍相當流行，梁漱溟到1930年還説：事實表明，「中國問題已不是中國人自己的問題，而是世界問題之一部；中國問題必在反抗資本帝國主義運動下始能解決」。這就是國民黨為何要「聯俄，要加入第三國際，要談世界革命」的原因。見梁漱溟：〈敬以請教胡適之先生〉（1930年），《梁漱溟全集》，濟南：山東人民出版社，1992年，第5卷，40頁。

北伐的重要出發點，因為北伐非常可能導致國民革命軍和馮玉祥國民軍的軍事衝突，而國民軍被打敗則可能妨礙蘇聯正與張作霖進行的談判。[201] 這樣，對中國黨人來說，作為世界革命「局部」之一中國革命也需要明確其獨特性，這一點只能落實在清楚地認識中國的客觀實際情形之上。

3、探索中國革命的客觀實際

中國社會情形不同於西方產業社會是早期中共黨人的共識，這在理論上也為中國革命的特殊性提供了依據。前引李大釗1920年關於社會主義的演講便體現出他自身觀念轉移的軌跡，他指出：「社會主義的理想，因各地、各時之情形不同，務求其適合者行之，遂發生共性與特性結合的一種新制度(共性是普遍者，特性是隨時隨地不同者)，故中國將來發生之時，必與英、德、俄……有異。」這看上去與此前那種包容胡適觀念的表述仍接近，但這次中國的「特性」卻發生了變化，是「因中國受國際壓迫(帝國主義與資本主義)，各階級是相同的，所以實行時應當與資本中等……階級聯成一氣，使中國成一獨立者，不受國際壓迫者之國家」。另一方面，由於「經濟情形是國際關係之故」，為打破國際資本階級，「社會主義的運動，當然以國際為範圍」。[202]

陳獨秀稍後提出，像中國這樣的半殖民地國民革命是「一種特殊形式的革命」，同時「含有對內的民主革命和對外的民族革命兩個意義」；有別於「宗法封建社會崩壞時資產階級的民主革命」和「資產階級崩壞時

201　加拉罕的表述出自其1926年2月〈在聯共(布)中央政治局使團會議上的報告〉，引文及進一步的討論參見羅志田：〈國際競爭與地方意識：中山艦事件前後廣東政局的新陳代謝〉，見《激變時代的文化與政治：從新文化運動到北伐》。
202　李大釗：〈社會主義與社會運動〉(1920年)，見《李大釗文集》，第4冊，5–6頁。

無產階級的社會革命」這兩種「人類經濟政治大改造的革命」。[203] 後來鄧中夏更明言:「中國革命的政權問題,並不是土耳其的資產階級政權,也不是俄羅斯的無產階級政權,而有中國的第三種形式」,即工人、農民、小資產階級聯合起來,「一方面要消滅一切封建殘餘,另一方面繼續反帝國主義的奮鬥,成一個革命的反帝國主義聯合戰線的政權」。[204]

不僅中國革命是特殊的,中西國情的不同也成為中共黨人分析中國階級和社群的一個重要切入點,陳獨秀在論證中國青年學生的革命責任時即說,「產業幼稚、文化落後」的中國社會有其「特殊狀況」,即「幼稚的各社會階級,都還在睡眠中,只有學生們奔走呼號,成了社會改造的唯一動力」。這樣,他們「責任的輕重,與歐、美、日本的學生迥然不同」。中國學生的「特別職任」在於,「第一努力喚醒有戰鬥力的各階級;第二努力做有力的各階級間之連鎖,以結成國民的聯合戰線」。[205]

青年團中央書記劉仁靜也說:「資本主義的列強的學生,多半是中產階級社會的子弟,列強的工業發達,中產階級在他們的國家握有政治和經濟的權力,所以他們能安心求學與學有所用;他們在社會上不成為一種特殊勢力,他們無改造社會的志願。中國的情形適得其反,學生與他們的家庭與他們所代表的階級同為被壓迫者,所以他們必然的傾向於改造社會,從軍閥與帝國主義的壓迫之下解放出來。此是中國特有學生運動西方所無的根本原因。」[206]

---

203 陳獨秀:〈中國國民革命與社會各階級〉(1923年12月),見《陳獨秀著作選》,第2卷,557頁。

204 鄧中夏:〈一九二六年之廣州工潮〉(1927年),見《鄧中夏文集》,北京:人民出版社,1983年,372–373頁。

205 陳獨秀:〈青年們應該怎樣做!〉(1923年10月),見《陳獨秀著作選》,第2卷,541–542頁。

206 敬雲(劉仁靜):〈學生會的任務及其組織〉(1923年10月),見《六大以前 —— 黨的歷史材料》,75頁。

彭述之稍後更說：在歐美資本社會裏，知識階級「十分之八九是附屬於資產階級，充當資產階級的走狗，因此它常是反革命的，如現時西歐各資本國裏之知識階級十分之八九是屬反動派。可是在中國卻不然」，中國知識階級「除一部分為帝國主義所收買，軍閥所僱傭，資產階級所役使以外，差不多都有幾分浪漫的革命性」。他們受帝國主義的侮辱，受軍閥的冷視和摧殘，故也「很反對帝國主義與軍閥，很贊成國民革命，並且有時還很激烈地參加革命」。[207]

而鄧中夏則從中西社會差別中看到中國無產階級的特殊力量，他反駁當時中共黨內關於中國「無產階級在數量上很幼稚」的看法說，殖民地半殖民地與「產業先進國」不同，那裏的資產階級有本國和外國之分。如在中國，中、外資產階級二者至少處於均勢；由於「中國的無產階級是在本國的和外國的兩個資產階級之下發育滋長的」，故在中國資產階級尚幼稚而力量不強時，無產階級卻能「長成壯大」。[208]

瞿秋白也認為：「中國無產階級處於世界革命的時代及國民革命的中國，他一開始自己的運動，便不得不直接參加政治鬥爭，決不能限於改善自己生活的經濟鬥爭。『一切階級鬥爭都是政治的』。這句話在西歐和俄國彷彿有一時期還是比較抽象的說明，在中國卻是異常明顯而具體的真理。」[209]這裏的言外之意，正因中西社會的不同，中國無產階級在革命性上是超過其歐洲同類的。

上述言論大體出在中共基本意識形態的形成期，其中許多具體表述在中共後來確立的理論解釋中得到不同程度的改寫，固不一定「代表」中共的正式看法；但這恰好體現出早期中共成員對世界環境和中國革命

207　彭述之：〈誰是中國國民革命之領導者？〉，《新青年（季刊）》，第4期（1924年12月），12–13頁。

208　鄧中夏：〈我們的力量〉（1924年11月），見《鄧中夏文集》，98–99頁。

209　瞿秋白：〈《瞿秋白論文集》自序〉（1927年2月），見《瞿秋白文集（政治理論編）》，北京：人民出版社，1993年，第4卷，415頁。

的認識並未形成一個抽象、清晰而固定的概念，而更多是一個不時出現意見分歧和觀念競爭的持續辯論進程，一個隨中國外在環境和內部社會條件的改變而不斷重新認識和不斷修訂觀念的進程。

在這樣的進程中，中共黨人一方面「努力研究中國的客觀的實際情形，而求得一最合宜的實際的解決中國問題的方案」，同時也在中西社會和國情不同的認知基礎上，曾長期致力於建立某種「聯合戰線」（視具體時段而不甚相同），因而對一些後來定義為「非馬克思主義」思想和觀念採取了更靈活也更包容的態度。不少中共黨人認識到特定的西方理論可能因中西社會的差異而具有不同的作用，李大釗在論證其通過對主義的不同「運用」來解決中西社會的歧異時所舉的例證是社會主義，而瞿秋白則以為實驗主義在中國的作用雖有兩面性，仍比在歐美具有更正面的價值。

瞿秋白在1924年提出，實驗主義「教中國人自問『為着什麼而生活，怎麼樣生活』? 在中國是舊制度崩壞，新階級興起時的革命標語；在歐美卻是舊階級衰落時，自求慰藉的囈語」。而其「且解決目前問題，不必問最後目的」這一原則，在歐美「純粹是維持現狀的市儈哲學」，若「應用於中國」，更有兩重性：對於資產階級，它意味着「不要管什麼禮教罷，怎樣能發展你自己便怎樣做」，故「是很好的一種革命手段」；但其「對於勞動階級的意義卻是：不用管什麼社會主義了，怎樣能解決你們目前的難題，便怎樣做去算了」。故其「一方面是革命的，一方面就是反動的」。[210]

另一方面，中共黨人在強調獲取當時當地的知識方面，有時還真與胡適的主張有「異曲同工」之處。張國燾在1922年特別針對那些到研究室去研究學問的五四「愛國學生」問道，「你們現在研究三年工夫了，現

---

210 瞿秋白：〈實驗主義與革命哲學〉(1924年8月)，見《瞿秋白文集(政治理論編)》，第2卷，619–620頁。

在你們得着什麼了」? 他說，「我們很知道『知識便是權力』，我們並不看輕知識(馬克思派還特別看重知識)」; 不過，若「要得到知識，便要是得到一種與民眾有利的知識。要得到與民眾有利的知識，只有在民眾中間去活動才能得到這部分最重要的知識，在書本子上是得不到什麼的」。他承認這些人也「知道民眾的覺醒是重要」且「也以改造中國為己任」，但其只「在研究室裏研究一些空的理論，用『預備改造中國的工具』的語調欺瞞自己，完全把現實政治和中國問題置之不問」，實際起不到喚醒民眾改造中國的作用。[211]

　　張國燾的觀察當然不是無的放矢，周策縱後來就指出，自由主義者雖然提出「多研究些問題」，他們自己實際「很少參加這種社會調查和勞工運動」; 倒是「很多社會主義者及其合作者卻開始走到工人和農民中去研究他們的生活狀況」，這不能不說是「具有諷刺意味的」。[212]故李維漢曾指責「中國所謂時賢，連分析批判過去的、死的歷史的能力還沒有」，更不瞭解中國的現實。他像張申府一樣注意到，「列寧一生之長處，即在於」其不僅能「整理過去歷史找出其中原因規律」，尤善於「綜合考察批判眼前之事實，以求得新的進展的工具」，故能領導俄國革命取得成功。[213]

　　然而胡適自認比中國的知識青年更瞭解中國的實際狀況，他在1930年說：「談主義的書報真不在少數了！結果呢，還只是和(湯)爾和先生說的，『不過紙張倒霉，書坊店走運』！於老百姓的實際苦痛有什麼救濟？於老百姓的實際問題有什麼裨補？」有些「我們國內的少年，見

211　國燾：〈知識階級在政治上的地位及其責任〉，《嚮導》，第12期(1922年12月6日)，北京：人民出版社，1954年影印嚮導週報社彙刊本，99頁。

212　周策縱著、周子平等譯：《五四運動：現代中國的思想革命》，中譯本，南京：江蘇人民出版社，1996年，311頁。

213　李維漢：〈列寧與中國〉(1924年3月9日)，見《李維漢選集》，北京：人民出版社，1987年，13–14頁。

了麥子說是韭菜,卻要高談『改良農村、提高農民生活』,真是癡人說夢」!胡適再次建議:「少談主義,多研究一點有用的科學。帶了科學知識作工具,然後回到田間去,睜開眼睛看看民眾的真痛苦、真問題。然後放出你的本事來,幫他們減除痛苦,解決問題。」[214]

儘管胡適和張國燾所說的「中國實際」可能不太一樣,他們提出的建議更大相徑庭,但對中國知識青年的觀察則頗相近,而其強調應該研究本國實際問題的傾向更是相通的。的確,像胡適和李大釗這樣來自鄉村的人,對於鄉村還多少有些直觀的認識。對那些基本生長在城市的邊緣知識青年,鄉村的情形來自二手資源,民眾的「痛苦和問題」可能真是構建出來的,不無虛懸想像成分;其相應的解決方法,很可能也帶有紙上談兵的意味。

對李維漢這樣的革命者來說,胡適恐怕多少也屬於既不知古也不知今的中國「時賢」之列。其實,知識分子不論年少年長,其「脫離實際」是中國革命運動中長期得到重複的表述;而中共在成立初期的幾年中偏偏又是以知識分子為主要成分的,[215] 故拉狄克在1922年對陳獨秀說:「我們許多同志把自己關在書齋裏研究馬克思和列寧,就像從前他們研究孔夫子一樣……而我們對你們講的第一句話是,走出孔夫子式的共產主義學者書齋,到群眾中去。」[216]

---

214 胡適:〈湯爾和譯《到田間去》的序〉,見《胡適文集》,第8冊,400–403頁。

215 北伐前夕中共曾主張退出國民黨,所持的一個理由即是「中國共產黨人不是工人階級的代表,實質上是知識分子反對派」。參見古比雪夫(季山嘉)和拉茲貢:〈給中共中央執行委員會的信〉(1926年1月),見中共中央黨史研究室第一研究部譯:《聯共(布)、共產國際與中國國民革命運動(1926–1927)》,北京:北京圖書館出版社,1998年,上冊,18頁。

216 轉引自郭恆鈺:《共產國際與中國革命》,北京:生活・讀書・新知三聯書店,1985年,47頁。如果再追溯遠些,則外國傳教士很早就指責中國讀書人動口不動手,類似的觀念在後來曾為許多外國人所重複,此不贅。

　　拉狄克可能不過是做出隨意的比較，但中共黨內確實有一部分「關在書齋裏研究馬克思和列寧」的理論家，代表着中共內部不時被批判的「教條主義」傾向。至少在中共黨內，「脫離實際」可以有兩個含義，一是普通意義的「不深入群眾」，一是陷入紙上的外來的理論框架之中。毛澤東後來寫出著名的〈反對本本主義〉，特別批評中共黨內討論問題時有人「開口閉口『拿本本來』」的現象，並明確提出「中國革命鬥爭的勝利要靠中國同志瞭解中國情況」。文章強調：「馬克思主義的『本本』是要學習的，但是必須同我國的實際情況相結合。」[217]

　　從這一角度再來看〈先驅發刊詞〉，特別是其把「研究問題不空談主義」和「反對高調主張提倡研究中國實際情形」結合起來討論，就更能看出中共主張與胡適觀念的直接關聯。前引李求實在1924年的文章，也注意到兩者的延續性。他形象地指出，不能像以前一樣徒據「社會改革之學理」而「只唱自己的二簧」，卻不顧人民的實際需要和實際思想狀況；「應該去順着民眾唱那為他們所能領會的小調」，亦即少發抽象的哲理高論，多注重具體的實際問題。正是循着這一思路，他想起「多研究問題，少談些主義」這句「有些人覺得不滿」的話，並看到其與「切實的研究民眾——研究現實」這一取向的相通，只是應加上「從一種的主義」出發這一補充而已。[218]

六、餘論：走向「行動的時代」

　　從「問題與主義」之爭幾年後的反應看，在最初的爭論後，雙方都曾向對方表示善意，而馬克思主義者一方似更明顯；胡適的主張不但當

217　毛澤東：〈反對本本主義〉，見《毛澤東農村調查文集》，北京：人民出版社，1982年，1–11頁。

218　匪石（李求實）：〈革命中學生應持的態度〉，見《六大以前——黨的歷史材料》，142–143頁。

時頗有人贊同，後仍得到呼應，其中也包括一些共產黨人。如果過分強調1919年那次「問題與主義」之爭是兩種意識形態的正面交鋒，則李大釗等人豈非向「資產階級自由主義」一方的胡適「認輸」了麼？「胡繩課題組」認為雙方「在20年代的民主運動中還是相互信任和相互支持的」，是比較持平的看法。惟這次爭論雖為時短暫，卻觸及到一些時代關注的焦點，反映出「五四」前後中國思想界異常豐富而活躍的動態，也提示出不少可以反思的問題。

當年中國思想界那種陣線混淆的現象，特別是李大釗等人再三致意的「東也不是，西也不是」的苦衷，應予充分的注意；反過來，正因有各種流派混雜難分這一重要特徵在，不少立說者不能不試圖扶了東又想要再扶西，結果不免在短時期內出現看似自相矛盾的言論。對這樣紛亂的現象，既要努力釐清各自思想的內在理路，也要試圖梳理同一立言者那些表面衝突的言論所針對的具體「東」和「西」，以及某些看似一致的言說中隱伏的歧異甚至可能對立的立說意圖。

更重要的是，有些我們後來以為對立和衝突的觀念，對當時當地的當事人而言，未必就那樣對立，他們有時反而更多看到其相通之處。試圖創辦「問題研究會」的毛澤東主張「在各種問題研究之先，須為各種主義之研究」，這究竟體現出他在「問題」和「主義」之間的某種「調和」，還是像他這樣的讀者那時並未看重兩種取向間的對立？這就需要盡量袪除我們的後見之明，以回歸時人當下的認知。恐怕對不少時人而言，「問題」與「主義」兩者是可以兼顧和共存的。如果他們本不甚感覺其對立，自無所謂「調和」。

毛澤東關於「由分處下手」而「進於總解決」的看法，張東蓀那積「無數的小革命」以成「一個真正的大革命」的主張，以及王光祈從改造局部走向整體「根本解決」的見解，都表明當時不少人至少一度認為中國問題的局部解決和整體解決並非那麼勢不兩立，反可能是一種互補的關係；且「根本解決」不一定意味着革命，而革命反倒可能是走向根本改

造的第一步。我無意否認確實也有許多人看到兩者間的對立，但相當一部分時人思想觀念那兼容的一面也不應忽視。而且，通過中國革命／改造與世界革命／改造的關聯，類似的思路也被一些人運用於思考和處理外來「主義」與中國國情的關係問題。

胡適和李大釗關於「問題和主義」的言論在一段時間裏共同成為年輕一輩的《新潮》派和毛澤東等人的思想資源，更提示着這一爭論未必像許多人後來認知的那樣意味着新文化人的「分裂」，或即使「分裂」也不到既存研究所論述的程度。胡適口中「我們這班新興論家」和「新興論界的同志」表現出清晰的群體認同意識，鄭伯奇也看到「急進或緩進」兩種取向同屬於「直接從事於社會改造事業」者，而李大釗所說「我們談主義」和「我們非主義」一語更能印證雙方意見雖有不同卻並未「分裂」。實際的情形是，在爭論之後新青年同人間有相互示好的持續努力，[219] 後來也時斷時續地表現出對另一方觀點的共鳴。

不僅爭論的雙方，那時朝野間也體現出某些「一致」。關注「社會」的革命或改良可以說是一個時代的共同點，包括安福系在內的各方都視之為一項不可避免的舉措。正是這樣的朝野相似性使包括爭論雙方的「新興論界」一邊希望有所「區分」，以確立自身的獨特性。今日研究者可以思考的或者是：為什麼那時掌權或接近掌權的一方總要仿效民間的言說以「攀附」清流？

219　許多人都已注意到胡適在〈四論問題與主義〉中將馬克思主義區分為唯物史觀和階級戰爭兩大要素，基本肯定前者而否定後者；過去批判胡適多就其對後者的態度立論，而後來試圖給胡適「翻案」者又往往強調其對前者的態度，其實都失之於偏。對胡適這樣的自由主義或實驗主義者而言，能高度讚賞唯物史觀，不能不說是一種善意的體現。另一方面，當年贊同階級鬥爭的也未必皆是真正的馬克思主義者，如周作人在1926年就曾說「階級爭鬥已是千真萬確的事實，並不是馬克思捏造出來的」。參見周作人：《談虎集·外行的按語》，台北：里仁書局影印本，1982年，上冊，261–266頁。

　　那麼，何以「新興論界」試圖區分於當權者的努力卻致使多數後來的研究者得出新文化人自身「分裂」的認識？中共的成立（儘管稍後才逐漸為人所知）及其表述出對中國歷史和現狀明顯不同的認識，可能是一個重要原因。則進一步的問題是，為什麼陳獨秀、毛澤東、以及新民學會和少年中國學會中那樣多原本態度偏向溫和的讀書人在1920年後期及其隨後的一兩年間突然轉向激進？[220]「五四」後幾年或是20世紀中國歷史的一個重要轉折，非常值得進一步認真考察研討。

　　那時中國出現了什麼樣的變化？特別是哪些因素導致數量不少的讀書人如此失望？這些問題已經大大逾越出本文的範圍，只能簡單涉及幾個未必具有決定性影響的因素。其中一個可能的因素是對於「互助」嘗試（包括工讀互助團、新村和菜園一類自食其力的舉措）的失敗，這些偏於理想的做法（有些不過是想法）的「行不通」似乎導致讀書人對「中國社會」的重新認識。雖然也有從「互助」嘗試的失敗中進一步傾向於點滴改革者，[221]但愈來愈多的人日益感到需要根本性的變革。張東蓀等以漸進達根本改造的願望，以及新民學會的周惇元那樣試圖兼顧根本改造和漸進改良者，開始顯得較難自圓其説，[222]反倒是兩者間的對立日漸明朗。

220　金觀濤先生關於《新青年》雜誌對「革命」一詞的使用頻度進行的統計表明，自1920年後期起的幾年間可見「革命」一詞使用頻度的急劇攀升，可從一個側面瞭解這一時期讀書人突然轉向激進的趨勢。參見金觀濤：〈觀念起源的猜想與證明——兼評《「革命」的現代性——中國革命話語考論》〉，《中央研究院近代史研究所集刊》，第42期（2003年12月），125–140頁，特別是136頁的圖表。

221　李新、陳鐵健主編：《中國新民主革命通史：1919–1923，偉大的開端》，243–244頁。

222　按周氏的兩可態度明顯，他在1921年初學會投票中對「促使社會進化」取向投了贊成票，然後又聲明對於「改造中國與世界」與「促社會進化」兩都贊成。後一舉動尤其體現出他自己對漸進取向的缺乏自信。參見〈新民學會會務報告（第二號）〉，見《新民學會資料》，22頁。

　　另一個因素或許是「空談」成風導致注重「實行」的凸顯，[223]鄭伯奇在討論少年中國學會的分歧時，就指出關鍵「不在主義而在實現主義之手段」。[224]安徽青年韋叢蕪等人的感覺或更有代表性，他們發現，全國普遍的現象是「高談闊論現在大有人在，實地做事卻未必有人」。然而，「智識階級唱得再熱鬧，不把這種少數人的信念，腳踏實地去宣傳到普通一般人的心裏，使他變成一般人的普通信念，於社會改造上沒有多大動力」。所以他要「像教徒們的傳教一樣」去實地宣傳，以促成平民思想的轉變，實現全社會「真正的革新」。[225]

　　這其間還有一個「漢宋之爭」的傳統延續，即學問是否當有益於世，讀書人是否該出而「澄清天下」。胡適在1923年曾打算以整理國故為「他一身的大業」，張彭春就感覺當時「中國有才的人在社會上沒有一個作『活事』的機會，所以要他們才力放在不被現時人生能遷移的古學古理上」。所謂「活事」，是指「經營現時人與人發生關係的事業，如政治、學校事業、民族生活等」。[226]張是一個傾向文言而不喜白話的留學生，他也把整理國故視為疏離於時代需要的「死事」，可知當年不少新型讀書人還是繼承了傳統士人那種對天下的關懷。

---

223 側重「行動」當然是五四學生運動後中國社會一個相對普遍的傾向，羅家倫當時就反覆說，「這次『五四』『六三』的結果，只是把全國的人弄『動』了」（羅家倫：〈致張東蓀〉）；「『五四運動』的功勞就在使中國『動』」（羅家倫：〈一年來我們學生運動底成功失敗和將來應取的方針〉，《新潮》，第2卷，第4號，1920年5月，850頁）。但與「空談」對應的「實行」得到凸顯，卻與「問題與主義」之爭有更多的關聯。

224 「少年中國學會問題・鄭伯奇意見」，《少年中國》，第3卷，第2期（1921年9月），39頁。

225 「韋叢蕪、李寄野致胡適」，1922年，見《胡適遺稿及秘藏書信》，第30冊，649–650頁。

226 張彭春：〈日程草案〉（即日記），1923年2月20日。原件藏美國哈佛燕京圖書館，我所用的是台北近代史所的微縮膠卷。

其實胡適此前也很強調面向社會的實行，他在1919年為《孫文學說》寫的書評中說，「大多數的政客都是胡混的，一聽見十年二十年的計劃，就蒙着耳朵逃走，說『我們是不尚空談的』」。其實，那些「嘴裏說『專尚實際，不務空談』」的政客，自己沒有計劃，混一天算一天，「算不得實行家，只可說是胡混」。真正的實行家「都有遠見的計劃，分開進行的程序，然後一步一步地做去」。孫中山就是一個實行家，其「一生所受的最大冤枉，就是人都說他是『理想家』，不是實行家」；正因「大家把他的理想認作空談」，致使其「《革命方略》大半不曾實行」。胡適強調，「現在的大危險，在於有理想的實行家太少了；現在的更大危險，在於認胡混為實行，認計劃為無用」。[227]

王光祈也注意到「現在一切富於惰性的政客，終日奔忙」於「解決零碎的問題」。這樣一種「頭痛醫頭、足痛醫足的辦法」，雖「美其名曰研究問題」，然其流弊正在於「終日埋頭在局部具體的事實裏頭，而不能高瞻遠矚為根本的計劃」；甚至使人類「沒有一個共同最高的理想，限於一種極狹隘極無味的事實上面」。故他也主張「建立一個根本計劃」，然後「一步一步的做去」。[228]

羅家倫則針對學生自身指出，如果沒有「一定的目標，頭痛醫頭，腳痛醫腳，東摸一下，西碰一下，沒有計劃，只謀應付，彷彿一個船在大海失了指南針一樣，其結果必致全舟盡覆、根本破產而後已」！故今後「不能不有一個具體的大計劃」，就像造大房子一樣，「必須由工程師先把全體的圖樣打好，然後一步一步的造去，才能成一個預定的房子」；若「東拼一塊，西湊一塊，和鬥『七巧板』一樣」，則房子很難造成功。[229]

---

227 胡適：〈評《孫文學說》〉，《每週評論》，第31號 (1919年7月20日)，見《胡適文集》，第11冊，28–30頁。

228 若愚 (王光祈)：〈總解決與零碎解決〉。

229 羅家倫：〈一年來我們學生運動底成功失敗和將來應取的方針〉，855–856頁。

若對比一下三人的看法，他們皆傾向於有「理想」或目標明確的「計劃」，胡適和王光祈都看到當時政客之所為正與之相反，而王光祈和羅家倫則同樣試圖區分「頭痛醫頭，腳痛醫腳」和有計劃的「一步一步的」行動。但在王光祈眼裏，政客之忙於「解決零碎的問題」恰與胡適提倡的「研究問題」有些關聯。這樣，由胡適來辨析有理想有計劃的「實行」並非「空談」(時孫中山以空談著稱，有「孫大炮」之名)，多少也體現出他自身傾向的某種調適。

以胡適當年的影響，他所提倡的多研究問題少談主義很快風靡，但社會風尚的無形力量卻使其實際的走向有所轉移。張聞天觀察到，當時「青年普遍的心理」是「自己沒有對於各種學問做根本的研究，人家要研究問題，他也加入研究」，但實際並未研究什麼問題，不過「拿他的直覺寫出來」。而青年之所以有點直覺就要寫，是因為「心目中另抱出風頭的目的」。[230] 換言之，那時就「研究問題」發表言論已經可以「出風頭」，故不少青年願意追隨。

在這樣的世風下，張申府發現，隨着「問題」本身的流行，主張研究問題一方自身也漸出現「空談」的風氣。「一個人出來説」不能瞎談主義不研究問題，「於是許多人也漸漸的口説問題，筆寫問題。可是問題從何而來？問題發生於事實。有了事實的不相容，有了事實的攔淺，於是成立問題。解決問題只是求去掉事實的不相容，使其歸於和諧，進行遂順。所以解決問題必須明白事實，必須按切事實」。然而那時「討論問題」者卻「不察事實，不管事實之有無，捕風捉影，設立問題」。這樣設立出的問題，其解決自不能「與事實有涉」。且如此「清談問題」，與空談主義也是一丘之貉。[231]

---

230 〈張聞天致張東蓀〉，載《時事新報》，1919年12月12日發表，收入《張聞天早期文集》，北京：中共黨史出版社，1999年，31–32頁。

231 赤 (張申府)：〈隨感錄‧研究問題〉，84–85頁。

　　張氏因而從哲學角度提出，「把杜威、羅素、柏格森三家之說合在一爐」，其實也就是「切實試行」這四個字。故「吾們不論主張什麼東西，都要實地試試看」。做「一件事，不能總說要預備。預備與實行不能劃為截然的兩件事」。他認為：「不論什麼好思想，都是生活迫出來的。不與實際接近，如何能說實話？不與社會奮鬥，能把社會怎着？」且「一個主張，一個方法，不行，怎能知其可行不可行」？只有「越切實的試行，才越覺着有活趣」。故「不知則已，知則必行！不思則已，思則必行！不主張則已，主張則必行！」[232]

　　胡適重實行的觀念也引起張申府的注意，他曾問陳獨秀：「適之現在上海麼？『幹！幹！幹！』現在怎麼幹法？」[233]這裏說的是胡適在1921年5月的一首詩，其中反覆說：「他們的武器：炸彈！炸彈！他們的精神：幹！幹！幹！」到那年10月，胡適在另一首題為〈雙十節的鬼歌〉的詩中，更提出紀念雙十節的一種方法即「大家合起來，趕掉這群狼，推翻這鳥政府；起一個新革命，造一個好政府」。這些詩在朋友中反映不一，老輩的范靜生認為其方法太簡單，而曾慫恿胡適革命的朱謙之見了則大喜。[234]一向被視為溫和的胡適也曾表現出這樣激進的一面，當年世風的走向可見一斑。

　　問題在於，一旦「幹！幹！幹！」成為主導的傾向，思想和知識都可能退居二線，甚至連「知識」本身的含義都可能轉變。這樣一種雙重的轉變可能意味着讀書人在整個社會中地位的下降，而那些欲追趕時代的讀書人或許不得不進行某種程度的自我約束，甚至自我否定。

232　赤（張申府）：〈隨感錄・切實試行！！！〉，《新青年》，第9卷，第6號（1922年7月），79–81頁。

233　〈張崧年致陳獨秀〉，89頁。

234　參見羅志田：《再造文明之夢——胡適傳》，253–254頁。

章太炎在清末提出「目下言論漸已成熟，以後是實行的時代」[235]之後不久，便自然產生了「革命軍起，革命黨消」的口號。近二十年後，旅歐中共機關刊物在1924年初由《少年》更名為《赤光》，該刊宣佈，其「所認定的唯一目標」是「反軍閥政府的國民聯合、反帝國主義的國際聯合」；為實現這一目標，特「改理論的《少年》為實際的《赤光》」。[236]伴隨刊物更名的是從「理論」到「實際」的取向轉變，多少可以視作時代的風向標。

在稍後的北伐之時，太炎的弟子魯迅更觀察到「知識階級不可免避的運命」，即「革命時代是注重實行的、動的，思想還在其次，直白地說：或者倒有害」。[237]若讀書人不能自覺意識到自己處於思想讓位於實行的時代，其他階層可能會起而提醒，沈雁冰又十多年後說，當小市民中的知識分子不斷述說着各種「理論」之時，「旁觀者卻先不耐煩起來，會大聲喝道：『這是行動的時代，不是空論的時代！』」[238]

「行動的時代」的確是一句有力的棒喝，而「行動」與「空論」的疏離甚至對立則可能使一些讀書人在「行動」中發現自己原有的知識「不合用、不夠用」。《學生雜誌》的一篇文章說，「五四運動以前的學生，以為『知是現在的事，行是將來的事』，只知而不行。因為不行，所以他們的知，合不合用，夠不夠用，他們自己絕對沒有覺得」。到五四運動學生出來參與種種事業，「一實行，可不對了。因為自己的知識不合用、不夠用而發生的種種困難，他們都覺到了。於是，學生界的知識饑荒起來了，求知心非常急切了」。[239]

---

235 章炳麟：〈《民報》一週年紀念會演説辭〉(1906年12月)，見湯志鈞編：《章太炎政論選集》，北京：中華書局，1977年，上冊，328頁。

236 周恩來：〈赤光的宣言〉(1924年)，見《周恩來早期文集》，下卷，436頁。

237 魯迅：〈關於知識階級〉(1927年10月25日)，《集外集拾遺補編》，見《魯迅全集》，第8卷，188頁。

238 茅盾：〈又一種看法〉(1938年7月)，見《茅盾全集》，北京：人民文學出版社，1988年，第16卷，166頁。

239 文叔：〈五四運動史〉，《學生雜誌》，第10卷，第5號(1923年5月)，13頁(文頁)。

實際上，這一新感知的「知識饑荒」更多可能是因為「知識」本身的內容改變了。張國燾在強調知識「只有在民眾中間去活動才能得到」時，更指出教育也「不能專講學校教育；組織群眾，率領群眾運動，向群眾宣傳，便是一種最重要的群眾教育」。[240] 既然知識和教育都在民眾那裏，學校正在傳播的「知識」便顯得「無用」，至少「不夠用」，導致楊蔭杭所說的「教育破產」，即「學生自視極尊，謂可以不必學；且謂處此時世，亦無暇言學。於是教育與政治並為一談，而學生流為政客」，學校也「改為政社」。[241] 在「讀書不忘救國」的年代，這一現象或不少見。沈昌在「五四」幾年後回憶說：「我自參預『五四運動』，一天一天的浮囂起來，昧然以天下國家為己任，而把自己的切實基本學識棄去了。」[242]

也並非青年學生如此，在當年那種日益激進的語境中，如果「知識」的含義真像張國燾所界定的那樣產生於「在民眾中間去活動」，而不是「在書本子上」或「在研究室裏」，投身於整理國故的胡適不啻選擇了一條違背世風甚至疏離於「知識」的路徑。他自己後來也不得不承認「幾部古書的整理，於人生有何益處？於國家的治亂安危有何裨補」？更不能不轉而提倡青年學生先在實驗室裏做出成績，再來「一拳打倒顧亭林」。[243] 這樣悔悟式的「與昨日之我戰」，有意無意之間恐怕也源於對「知識」含義轉變這一重要思想語境的反思和因應。前引胡適主張青年先研究一點有用的科學，再帶着科學知識「回到田間去」，大致也是這一思路的延續。

---

240 國燾：〈知識階級在政治上的地位及其責任〉，99頁。

241 《申報》，1923年2月3日，收入楊蔭杭：《老圃遺文輯》，武漢：長江文藝出版社，1993年，711頁。

242 沈昌：〈我十年來的學生生活〉，《學生雜誌》，第10卷，第1號（1923年1月），5頁（文頁）。

243 參見羅志田：《國家與學術：清季民初關於「國學」的思想論爭》，北京：生活·讀書·新知三聯書店，2003年，342–349頁。

當然，重實行的風氣興起之時，也有一些人轉向學理方面的努力。
羅家倫在「五四」之後幾個月即發現「現在全國青年——也有壯年在
內——都覺得起了知識的饑荒」；他也感覺到自身的責任，即「我們要
趕快接濟他們知識的糧草 (intellectual food) 才是」。這一「知識饑荒」的
產生仍與群眾運動相關，但羅家倫並不以為當往群眾那裏去補充知識。
相反，他注意到全國各地提供知識糧草的「我們」同樣「感受知識的空
虛，不夠應用」。故提出「現在是大家分工的時候」了，即一部分人去從
事社會工作，而另一部分人則在學術方面努力：「要知道現在中國沒有
一樣學問，可以在世界上站得住位置的；無基本文化的民族，在將來的
世界上不能存在的！」因此，「專門學者的培養，實當今刻不容緩之
圖」。眼下「最要緊的，就是要找一班能夠造詣的人，拋棄一切事都不
要問，專門去研究基本的文學哲學科學。世局愈亂，愈要求學問」！[244]

羅家倫給他自己的「分工」便是從事落實在學術之上的「文化運動」。
他的北大同學傅斯年亦然，傅氏在1920年春頗感近來「考慮的心思周
密，施行的強度減少」，這使他「心志上覺得很懶怠」，想要「尋個救濟
的法子」；但經過反思，對自己求學的經歷有一個「恍然大悟」：他在北
大預科時處於所謂「『國故時代』，念書只為愛他」。後來「舊信仰心根本
墜落」，所學開始注意切合今世；「因為切今世，於是漸在用上着想」。
最近則頓悟「這個求合實際、求有成功的心思」使他「很難和學問生深切
的交情；不能『神遊』。所以讀書總覺不透徹」。於是「下決心」不考慮學
問的「收穫」，準備「至少以三年的工夫去研究」作為「心理的、社會的科
學之根源」的「心理學」。[245]

244　羅家倫：〈致張東蓀〉；羅家倫：〈一年來我們學生運動底成功失敗和將來應取的
　　　方針〉，852、860–861頁。
245　傅斯年：〈留英紀行〉（1920年5月），載《晨報》，1920年8月6、7日，均7版。
　　　並參見Wang Fan-shen, *Fu Ssu-nien: History and Politics in Modern China*, Cambridge:
　　　Cambridge University Press, 2000, pp. 53–54.

　　這樣一種有意識的「分工」恐怕比「問題與主義」爭論時不同的觀點立場更反映出新文化人的「分化」，即相當一部分讀書人，尤其是北大「新潮社」中人，認識到應致力於從學問上提高個人以及整個中國人的層次，外可以「在世界上站得住位置」，內則能夠給全國青年和部分壯年提供「知識的糧草」。但這更多是一種主動的「分工」，而不是過去許多人認知的那樣一種被動的「分裂」。也就是說，「五四」後一兩年間，在一些態度溫和的讀書人突然轉向激進並更加注重「實行」的同時，也有一部分人選擇了更偏於學理也更加「迂遠」的路徑，即出國留學。[246]但是，中國社會當時的變動是那樣急劇，以致許多人在外國遊學數年之後，會看到一個已經相當不同的祖國。[247]

　　傅斯年在「五四」當年曾說：「現在的時代，恰和光緒末年的時代有幾分近似；彼時是政治革命的萌芽期，現在是思想革命的萌芽期。」[248]在一定程度上，20世紀20年代的「整體與局部」之爭也是清末最後十餘年關於「立憲或革命」爭論[249]的再現，兩次都出現了學理到實行的轉折，兩次都以「實行」方面的結果實際否定了學理方面的努力，或為此爭論

---

246 關於「新潮社」諸人的出國深造，參見 Vera Schwarcz, *The Chinese Enlightenment: Intellectuals and the Legacy of the May Fourth Movement of 1919*, Berkeley: University of California Press, 1986, pp. 133–143. 還有一些人因其他原因走到更偏學理的取向，如張東蓀就在北伐時感到報紙不能自由說話而退出報界轉入學界（參見張東蓀：《思想與社會》，瀋陽：遼寧教育出版社，1998年，3–4頁）。

247 實際上，留學返國後的「新潮社」中人也未必都始終留在學術研究的領域，羅家倫自己就不時參與「幹政治」的活動。而其老師輩的胡適也長期徘徊在「思想」和「行動」之間，胡適一生有好幾次「幹政治」的衝動，與「問題與主義」之爭最近的一次是在1926年訪問蘇俄之時（參見羅志田：〈從五四到北伐期間胡適與中共的關係〉）。

248 傅斯年：〈白話文學與心理的改革〉，918頁。

249 參見亓冰峰：《清末革命與君憲的論爭》，台北：中央研究院近代史研究所，1966年。按，將清季之爭以「立憲或革命」來概括可能較多反映了後之研究者的認識，至少在爭議的早期，也曾有人用「革政」或「革命」來界定類似的取向，參見桑兵：《庚子勤王與晚清政局》，北京：北京大學出版社，2004年；湯志鈞：《近代經學與政治》，北京：中華書局，1989年（該書第6章即名以〈「革政」和革命〉，然似未多申論）。

下了「結論」。所謂爭論，本意味着思想的探索。既然已有「結論」，則一些人的探索或許仍在繼續，相互的辯論卻實際終止了。[250]

惟相關的思考和努力的確是持續的，一般不視為「激進」的梁漱溟直到1930年就仍在反覆陳述中國經濟問題的「總解決」。他在論及鄉村中洋貨充斥時說，「經濟問題恐須總解決，一鄉一邑無甚好辦法」；蓋「經濟問題是牽全中國社會為一身的問題，非求總解決不可，不能自闢一世外桃源」。[251] 再參考他大約同時所說的「誰對於中國經濟問題拿不出辦法來，誰不必談中國政治問題」；及其將他正推動的「村治」界定為「從舊秩序——君主專制政治、個人本位的經濟，根本改造成一全新秩序——民主政治、社會本位的經濟」這樣一種「革命」的主張；[252] 可知他那時仍在思考一種中國問題的根本或整體的解決，儘管是與中共和國民黨的思路相當不同的解決。[253]

其實正如少年中國學會巴黎同人所說，當時的中國「處處皆是問題，方方皆宜着手」。針對那樣的現狀，既有主張圍繞具體問題步步着

250　這只是就大的趨勢而言，實際的爭論當然是持續的，且不少參與爭論者自身的心態也是曲折而充滿緊張的。如後來在學術上強調「提高」遠勝於「普及」的傅斯年，其內心中就維持着對「幹」的欣賞。他在北伐後對胡適說到孫中山在安身立命處「完全是一個新人物」時，特別指出「中山肯『幹』，而我們都只會批評人『幹』，此中山之不可及處」。胡適頗有同感，以為「孟真此論甚中肯」（《胡適日記》，1929年4月27日，第5冊，404頁）。從其對傅斯年語的贊同看，曾幾乎就要「幹政治」的胡適對自己逡巡於言和行之間，大概也是別有一番滋味在心頭吧。並參見胡適：〈知難，行亦不易〉，見《胡適文集》，第5冊，589–600頁；〈評《孫文學說》〉，見《胡適文集》，第11冊，28–30頁。

251　梁漱溟：〈答馬儒行君來書〉（1930年7月19日），見《梁漱溟全集》，第5卷，177頁。

252　梁漱溟：〈馮著《從合作主義以創造中國新經濟制度》題序〉（1930年6月24日）；〈中國問題之解決〉（1930年10月發表），均見《梁漱溟全集》，第5卷，122、220頁。

253　按梁漱溟當時非常強調其「村治」的革命性，明確其並非「改良」，這是他與胡適等人頗不相同之處；而其提倡和實踐的「革命」又與中共和國民黨正在實踐的「革命」從思路到方式都大相徑庭，所以他那時等於在和幾方面同時作戰。對於當年各思想政治力量在解決中國問題上進行的包括思想和實踐的「路線之爭」，還大有探索分析的餘地。

手者，也有試圖以一種主義為宗旨以避免東扶西倒之病者。後者那種無形中想要「定於一尊」的主張實有悖於新文化運動時的基本精神，卻因有利於「實行」的需要而為越來越多的人接受；當時較受歡迎的西方「主義」似乎都帶有明顯的排他性，而試圖定於一尊的主觀努力更強化了各類「主義」的排他性，使得少年中國學會、新民學會等原具包容性的團體紛紛解體，逐漸走向尊奉單一「主義」的組織。

胡適當時曾有所警覺，他認為「單有一致的團體主張，未必就是好的。安福俱樂部何嘗沒有一貫的團體主張呢？所以我們所希望的團體主張必須是仔細研究的結果」。[254] 但這基本是以派別劃線（即安福系先已「政治不正確」），並未排除在「仔細研究」基礎上的單一團體主張；且胡適對「有計劃的政治」始終青睞，這恐怕是後來他對國民黨的新型組織形式大唱讚歌的「內在思想理路」。[255]

或可以說，尊奉單一「主義」的中共之成立和國民黨的改組恰順應了許多知識青年的突然走向激進，而蘇俄此時介入中國政治，提供了新型動員整合的組織模式和行動模式，無疑起了相當大的助推作用。但包括思想資源在內的外力介入既可能凸顯某些既存的問題，也可能導致新問題的產生 —— 中共黨人後來長期應對的「教條主義」就是這些新問題中的一個。

可知「問題與主義」之爭確實觸及和揭示了不少後來得到持續關注的問題。開頭說過，本文對這一爭論事件的討論並不求全，如當年爭論的具體文本，就還可以進行更深入細緻的解讀（胡適、李大釗和藍公武三人對爭論中一些關鍵概念的認知是有歧異的，若仔細解讀就需要先釐清概念）；又如胡適曾說到的「南方的無政府主義者痛罵我」這一部分，本文也完全不曾涉及；其餘還需要進行後續探究的內容尚不少，只能俟諸他文了。

---

254 胡適：〈歡迎我們的兄弟《星期評論》〉，見《胡適文集》，第 11 冊，12–13 頁。

255 說詳羅志田：〈前恭後倨：胡適與北伐期間國民黨的「黨化政治」〉，《近代史研究》，1997 年，第 4 期。

第八章

陳獨秀與《新青年》的轉向

「五四」時最重要的一份刊物《新青年》，在後期出現了明顯的轉向。這一轉向與其創始人陳獨秀關聯密切，然而過去由於史料不足徵，使之成為一個長期爭論的問題。最近相關的一些書信終於出現（特別重要的是當時陳獨秀給胡適的幾封信）。這些關鍵性的史料，對瞭解那一事件有直接的幫助。謹結合當時史事，鉤稽相關史料，重新探討陳獨秀與《新青年》轉向的因緣脈絡。[1]

一、「五四」前後的《新青年》

今天我們都知道《新青年》在「五四」時的主流地位，但其重要性的凸顯，還直接得益於1919年的學生運動。魯迅在1918年曾兩次致函許

1　這些書信由嘉德拍賣會拍賣，並先在北大展覽。我曾得朋友幫助，從拍賣會關於古籍善本的介紹中閱讀了這些書信中的大部分，於是寫出了本文初稿（刊發在2009年7月12日的《南方都市報》上）。現在這些書信已入藏中國人民大學博物館，並由黃興濤、張丁整理，以〈中國人民大學博物館藏「陳獨秀等致胡適信札」原文整理註釋〉刊發於《中國人民大學學報》，2012年，第1期。另有同時期李大釗致胡適一信，周作人致李大釗兩信，由歐陽哲生整理，披露在《北京大學學報》2009年第4期的〈新發現的一組關於《新青年》的同人來往書信〉一文中。以下引這批信件，均註明是新出書信；凡在文中言明者，則不再一一出註。個別文字，已據原信照片更易。

壽裳，一則說「《新青年》以不能廣行，書肆擬中止」；再則說《新青年》「銷路聞大不佳」，頗嘆「今之青年，皆比我輩更為頑固」。[2]陳獨秀自己在1919年初也承認，《新青年》發行已三年，尚不十分得意。他說：本刊三年來「所說的都是極平常的話，社會上卻大驚小怪，八面非難。那舊人物是不用說了，就是咶咶叫的青年學生，也把《新青年》看作一種邪說、怪物、離經叛道的異端、非聖無法的叛逆」。他因此「對於吾國革新的希望，不禁抱了無限悲觀」。[3]

可知學生運動之前，《新青年》雖已較有影響，但刊物的發行並不很理想，社會對其負面觀感仍較強。即使在青年學生之中，影響也不如我們後來認知的那樣正面，很多人不贊同該刊的言論，甚至參與到「八面非難」之中。且陳獨秀所說的「八面非難」，或並非泛指，而是隨後就鬧得沸沸揚揚的一場「新舊之爭」。[4]緊接着就是「五四」學生運動，一切隨之大變。《新青年》借此兩次東風（後者尤其強勁），大受歡迎。不過，「五四」後不久，陳獨秀即因發傳單而被捕，後來更南下上海避難，參與組織中國共產黨。《新青年》的風格和內容，在此期間發生了相當程度的轉變，最後正式成為中共的刊物，卻又未能辦多久。

學界對於《新青年》後期的轉向，一直有些爭議。除一些人事因素外，主要是《新青年》何時正式成為中共的刊物。在相當一段時間裏，不少人認為1920年9月出版的《新青年》8卷1號已是中共的宣傳刊物，其理由除內容多介紹蘇俄外，還因刊物的封面也有改變：正中為一個地球，從東西兩半球分別伸出兩手相握，暗示中國與十月革命後蘇俄的接

2　「魯迅致許壽裳」（1918年1月4日、5月29日），見《魯迅全集》，北京：人民文學出版社，1981年，第11卷，345、350頁。

3　陳獨秀：〈《新青年》罪案之答辯書〉（1919年1月），見任建樹主編：《陳獨秀著作選編》，上海：上海人民出版社，2009年，第2卷，10頁。

4　參見羅志田：〈林紓的認同危機與民初的新舊之爭〉，《歷史研究》，1995年，第5期；王楓：〈五四前後的林紓〉，《中國現代文學研究叢刊》，2000年，第1期。

近。[5]想像力更豐富的，甚至認為是暗示了全球無產階級的團結。前些年有人曾寫了很有力的反駁文章，舉出很多事例，表明8卷1號並非中共刊物。文章的論證大體可立，所説基本正確。[6]

其實我們本可不必進行這麼多的「科學」論證，後期參與過《新青年》編務的當事人沈雁冰早在20世紀40年代初就有這方面的回憶，他的言論後來也收入《茅盾全集》，並不是什麼稀見材料。但不論是主張8卷1號已是中共刊物的還是反對者，似乎都很少「借鑒」這一説法（不排除是我孤陋寡聞，有人借鑒而我未見）。以前偏向「科學」治史的人大多不很信任回憶錄，尤其沈雁冰將其公開發表，減少了一般治史者眼中的可信度。如果他把此事寫成秘密報告放進檔案，隔了多少年後再由後來的研究者「發現」，恐怕命運就大不同，或許早已成為論證此事最重要的史料了。

沈雁冰本人是早期中共成員，又直接參與編務，其回憶是在其他當事人大多在世時公開發表，雖可能不那麼精準，相去不致太遠。他是這麼説的（下面三段基本是引用沈氏原文，但頗有剪裁而略做更易，使之接近今日閲讀習慣）：[7]

「五四」前後，《新青年》原在北平編輯，並由數人輪流。陳獨秀由北平移居上海，編輯事務亦由陳一人主持。後雜誌與亞東圖書館（按應為群益書社）脱離承印與代理發行關係，在上海自立門戶。同時「新青年社」內部亦有變動，「元老」之中，有幾位已經貌合神離。

5　雖然這圖案似乎來自美國社會黨（參見石川禎浩著、袁廣泉譯：《中國共產黨成立史》，北京：中國社會科學出版社，2006年，42–44頁），但不排除辦刊者自己確實理解為中蘇握手。參見茅盾：《我走過的道路》，北京：人民文學出版社，1997年，191頁。

6　參見莊森：〈《新青年》第八卷還是社團「公同」刊物——中國現代新聞傳播史重要史實辨正〉，《社會科學戰線》，2008年，第6期。

7　沈雁冰：〈客座雜憶——《新青年》談政治之前後〉（1941年），見《茅盾全集》，北京：人民文學出版社，1986年，第12卷，95–97頁。

移滬後之第一冊《新青年》，即載有陳獨秀〈談政治〉一文，封面上有一小圖案，為一地球而上東西兩手相握。內容多一專欄，似名為「蘇俄研究」。可以說是結束了過去的以「文學革命」為中心任務的《新青年》，而開始了以「政治革命」為中心任務的《新青年》。據說「新青年社」若干老幹部不同意〈談政治〉一文之立場，爭持久之，終使陳獨秀挾《新青年》在滬立門戶，以為政治鬥爭的武器。但此時中國共產黨尚未成立，《新青年》及陳獨秀雖已被目為赤化，與第三國際亦未有正式關係。

且《新青年》雖開始「談政治」，在「理論」方面實甚駁雜。譯登羅素之著作，而對其思想體系並無批判；「蘇俄介紹」欄雜登當時蘇聯國內各消息，殊嫌零碎，缺乏有系統之研究分析文章。若以《新青年》為「理論指導」刊物，能執筆寫理論文字者不多。對唯物辯證法有研究者，其時僅一李大釗。若作為批評現實政治問題的刊物，則綜合性的月刊便難以活潑而顧及時效。不久，陳獨秀赴粵主持廣東省教育委員會，《新青年》編務委託李漢俊，常告稿荒，出版亦不準期，又受外界壓迫，終於停頓了。

以上回憶，在年代上略有不準確之處，但大致符合史實，表述也很有分寸。正如沈氏所說，8卷1號的《新青年》和陳獨秀雖已被外界目為「赤化」，然並未與第三國際建立正式關係，而中共也尚在籌組之中。成為中共的宣傳刊物，自然是後來的事了；但當時已被目為「赤化」，卻也是不可忽略的事實。沈氏反覆提到的「新青年社」，也是一個重要內容。其實這個「社」究竟是否正式「成立」，還有些疑問。但該社的名義已被使用，且時人一般也都承認這一「社」的存在。

先是《新青年》在出版一段時間後，就成為輪流編輯的同人刊物。在編輯方針上，「五四」前就有些內部爭議，但不很嚴重。[8]「五四」後的

8　1919年1月，錢玄同就注意到，「《新青年》為社會主義的問題，已經內部有了贊成和反對兩派的意見。現在《每週評論》上也發生了這個爭端了」。魯迅博物館編：《錢玄同日記》，1919年1月27日，福州：福建教育出版社，2002年，第4冊，1754頁。

第7卷，議決由陳獨秀一人編輯。[9]在7卷1號上，陳獨秀發表了號稱代表「全體社員公同意見」的〈本誌宣言〉，胡適在同一期也發表〈新思潮的意義〉一文。兩者既有共通之處，也有些「一個主旨，各自表述」的意味。到陳獨秀南下後，編輯同人因辦刊的方針等大起爭議，終至破裂。

過去對此的研究，主要依靠的是胡適收藏的相關來往信件，早年曾被張靜廬收入其《中國現代出版史料甲編》；後來耿雲志先生主編的幾種胡適資料集，進一步披露了一些相關信函。但中間有些關鍵的信件卻未見，以致一些言論的往還無法連接，有些表述難以理解。最近出現的這些信件也出自胡家（大約當初放在不同地方，沒有與胡適的主要信件一起保存），恰好能與已知各信連接起來，使整件事的脈絡清楚了許多。

一般都承認，陳獨秀的離京南下，與《新青年》的轉向有直接關聯。陳南下的直接原因，當然是因為「五四」後的被捕，保釋後在北京不能自由活動，故避難上海。但按照胡適的看法，導致後來陳獨秀思想轉變的，主要還不是「五四」後的被捕，而是「五四」前北大的內部鬥爭。這方面的敘述已不少，[10]惟多非專述，各有側重，仍有整合敘述的必要。

二、北大的學科調整與京城的新舊之爭

「五四」前北京的新舊之爭相當激烈，舊的一方曾以陳獨秀私德不檢為攻擊目標。北大校長蔡元培本在北京組織進德會，對此相當難堪，也甚感難以處理。結果，經與同為浙江籍的湯爾和、沈尹默、馬敘倫等

---

9   《錢玄同日記》，1919年10月5日，第4冊，1815頁；周作人：《周作人日記》，鄭州：大象出版社，1996年，1919年10月5日，中冊，52–53頁。

10 其中材料最豐富的是胡少誠的〈早期北大的治理模式與實踐（1898 – 1937）——以大學權力演化為視角的考察〉，北京大學歷史學系博士論文，2009年。以下關於北大學科調整方面的論述，頗多參考此文。另外，前引王楓文也鉤稽了相當一些較少為人所注意的報刊材料。

在1919年3月26日晚合議，決定不讓陳獨秀繼續擔任北大文科學長。[11]
而湯爾和、沈尹默等當年恰是促成蔡元培任用陳獨秀為北大文科學長之
人，始倡終棄，同出斯人，當然不僅是偶然巧合。何以出現這樣的變
化，牽涉甚寬，既與校外的新舊之爭相關聯，也涉及校內的大學體制構
建，自然也免不了無處不在、永不歇息的人事之爭，但又不僅是一般人
心目中的權勢競爭，而與辦學取向的異同相關。

有一點可以明確，廢除文理科學長的動議，早在1918年秋天已提
出，並形成了大致的意見。但這似乎只是一個意向性的決議，具體怎樣
貫徹執行，尚未確定，也可以修改。後來校外的新舊之爭，對這一決議
的實行與否，有直接的關聯。但在不諳內情的外人認知中，陳獨秀的去
職，基本是為新舊之爭的大環境所決定。

北大原有文、理、法、工四科，皆既是學科也是機構（稍類今日的
學院），加上非學科而為機構的預科，共有五科。蔡元培1917年接受北
大校長職務後，就決定實行改革。他要讓師生瞭解，「大學乃研究學術
之機關。進大學者，乃為終其身於講學事業」，以改變視「大學為科舉
進階」的習慣認識。其方法即「竭力辦理文理兩科」，使之完善。因為這
兩科「乃法、工、農、醫諸科原理原則所由出」，而入此兩科者，「又大
抵為純粹講學而來，既不想做官，亦不想辦大實業」。[12]最後一點反映出
蔡元培觀念的時代性，不可忽視——「讀書做官」或可說是長期的傳
統，「讀書發財」則是近代興起的新傾向。

由於「吾國人科舉之毒太深，升官發財之興味本易傳染」，故必須
糾正學界的另一弊病，即「重術而輕學」。蔡元培認為，「學與術雖關係

11　按湯爾和時任北京醫專校長，沈、馬則皆北大教授。胡適後來說，「爾和先生是
　　當日操縱北京學潮的主要人物，他自命能運籌帷幄，故處處作策士，而自以為
　　樂事」。胡適抄湯爾和日記跋語，見《胡適來往書信選》，北京：中華書局，1979
　　年，中冊，283頁。

12　〈北京大學校長蔡孑民先生與本報記者之談話〉，載《大公報》，1917年2月5日，
　　第1張，第2版。

至為密切，而習之者旨趣不同」。文、理是「學」，而法、商、醫、工為
「術」；「治學者可謂之大學，治術者可謂之高等專門學校」。前者以研究
真理為目的，「必擇其以終身研究學問者為之師」；後者以應用為目的，
即使「延現任之法吏、技師以教之，亦無不可」。[13]這裏隱含着些許「儒
法之爭」的餘緒，蓋「以吏為師」雖是先秦古風，後來卻是法家在提倡，
而「以法為教」更是法家所獨宗。用今日的話說，做官和辦大實業者，
可以在高等專門學校任兼職教授，卻不得入大學任教。

　　蔡元培試圖以學科調整的方式來落實對「重術輕學」的糾正。他在
1917年1月的國立高等學校校務討論會上，已正式提出以「學、術分校」
的主張：由於「文、理二科，專屬學理；其他各科，偏重致用」，故當
分立；即「大學專設文、理二科，其法、醫、農、工、商五科，別為獨
立之大學」，或與既存專科大學合併。實際則先去工科，並入北洋大
學；改革預科，分拆入各相關學科，不再為獨立機構；改商科為商業學
門，隸屬法科。北大法科原有政治、經濟、法律三學門，本較完備，
「學生人數亦最多」(法科由清季顯學「法政」演化而來，在全國恐怕都人
數最多)。但因相關經費預算案尚未提出，「故暫從緩議。惟於暑假後先
移設於預科校舍，以為獨立之試驗」。[14]

　　而北大改革的主要工作，則是從1918年下半年起推動文理科合併
為「本科」，這也直接關係到陳獨秀在學校的地位。在1918年9月的開
學式上，蔡元培即提出，「鑒於文科學生輕忽自然科學、理科學生輕忽
文學、哲學之弊」，正擬定「溝通文、理兩科之計劃」。[15]其追隨者顧孟

13　蔡元培：〈讀周春岳君《大學改制之商榷》〉(1918年4月)，見高平叔編：《蔡元培
　　全集》，北京：中華書局，1984年，第3卷，149–150頁。

14　蔡元培：〈大學改制之事實及理由〉(1917年8月)，見《蔡元培全集》，第3卷，
　　130–133頁。

15　蔡元培：〈北大一九一八年開學式演說詞〉(1918年9月20日)，見《蔡元培全
　　集》，第3卷，192頁。

餘也在《北京大學日刊》撰文，從學理上論證「文理兩科合併之理由」。¹⁶
稍後北大創辦《月刊》，蔡元培更明言辦刊的目的之一就是要「破學生專
己守殘之陋見」。他強調了文學、科學和哲學之間密不可分的相互關
聯，主張求學者必「於專精之餘，旁涉種種有關係之學理，庶有以袪其
褊狹之意見」。¹⁷

同時，北大在全國「專門以上各學校校長會議提出討論之問題」中，
也主張「融通文、理兩科之界限：習文科各門者，不可不兼習理科中之
某種；習理科者，不可不兼習文科之某種」。並明確提出，「變通現有
文、理兩科各設學長之制，大學本科只設學長一人，由大學教授會開全
體大會選舉三人，由校長擇一人任之」。¹⁸這樣，一旦文理實現合科，必
然導致學長制度的變更。

以北大師生當時在思想界所起的引領作用，校內的學科整理與校外
的新舊之爭有着千絲萬縷的關聯。¹⁹報刊上大約到1919年2月才開始言
及政界對北大新派作為的不滿，到3至4月間，與新舊之爭相關的報道
漸達高峰。實則從年初起，北大就已受到政府很大的壓力。錢玄同
1919年1月7日的日記說：

16　顧兆熊(孟餘)：〈文理兩科合併之理由〉，載《北京大學日刊》，1918年10月9
　　日，第3版。按蔡元培在北大的主要支持者有兩個群體，一是一批浙江籍教員
　　(中文系居多，即後來所謂「某籍某系」)，二是一批有同盟會國民黨背景者，顧
　　孟餘就是後者。

17　蔡元培：〈《北京大學月刊》發刊詞〉(1918年11月)，見《蔡元培全集》，第3卷，
　　211頁。

18　〈本校擬在專門以上各學校校長會議提出討論之問題〉，載《北京大學日刊》，
　　1918年10月30日，第3版。

19　新舊之爭在校內似也存在，但並不明顯。被視為守舊一方大本營的《國故》月刊
　　社1919年1月下旬才成立，且要到那年較晚才開始回應《新潮》一方的「進攻」(參
　　見羅志田：〈古今與中外的時空互動：新文化運動時期關於整理國故的思想論
　　爭〉，《近代史研究》，2000年，第6期)。故早期的新舊之爭，基本表現在校外。

午後到大學，半農、尹默都在那裏，聽說蔡先生已經回來了。
關於所謂「整頓文科」的事，蔡君之意，以為他們如其好好的來
說，自然有個商量，或者竟實行去冬新定的大學改革計劃，廢除
學長，請獨秀做教授。如其他們竟以無道行之，則等他下上諭革
職。到那時候，當將兩年來辦學之情形和革職的理由，撰成英法
德文，通告世界各文明國。[20]

從其言辭看，壓力應直接來自總統徐世昌，而陳獨秀首當其衝。
彼時已考慮將去年的學科調整作為應對壓力而廢除學長的方案，但外界
尚不知道。1919年2月22日，蔡元培召集各學長、教授會主任及研究
所主任會議，擬討論「本校擴張計劃及其他各種重要問題」。[21]這次會上
可能議及了陳獨秀的問題，2月26日，北大學生張厚載在上海《神州日
報》上說：

近來北京學界忽盛傳一種風說，謂北京大學文科學長陳獨秀即將
卻職，因有人在東海面前報告：文科學長、教員等言論思想多有
過於激烈浮躁者，於學界前途大有影響。東海即面諭教育總長傅
沅叔，令其核辦。傅氏遂諷令陳學長辭職，陳亦不安於位，故即
將引退。……日昨大學校曾開一極重大討論會，討論大學改組問
題，欲將某科某門改為某系，如是則可以不用學長。此種討論，
亦必與陳學長辭職之說大有關係，可斷言也。[22]

文中並云，陶履恭、胡適之、劉半農也有去職之憂。從今日後見
之明看，張的敘述雖不無誇大，其消息來源則大致可靠。不久《申報》
也說，「日前喧傳教育部有訓令達大學，令其將陳、錢、胡三氏辭退，
並謂此議發自元首」。但「經記者之詳細調查，則知確無此事」。[23]可知

20　《錢玄同日記》，1919年1月7日，第4冊，1716–1717頁。
21　〈校長啟事〉，載《北京大學日刊》，1919年2月21日，第2版。
22　〈學海要聞〉(半谷通信)，載《神州日報》，1919年2月26日，第2版。
23　靜觀：〈北京大學新舊之暗潮〉，載《申報》，1919年3月6日，第6版。

類似消息已不脛而走，廣為流傳。雖教育部並無「訓令」，但「此議發自元首」卻並非捕風捉影。《申報》記者的「調查」，顯然不夠深入。幾天後，張厚載又在《神州日報》上說：

前次通信報告北京大學文科學長、教授將有更動消息。茲聞文科學長陳獨秀已決計自行辭職，並聞已往天津，態度亦頗消極。大約文科學長一席，在勢必將易人。而陳獨秀之即將卸職，已無疑義，不過時間遲早之問題。且並聞蔡校長之意，擬暑假後將文理兩科合併，而法科則仍舊獨立。彼時各科學長，自必有一番更動也。至胡適、陶履恭、劉半農三教授，則蔡校長以去就力爭，教育部已均准其留任矣。[24]

或許為了強調其信而有徵，再幾天後，他竟然自稱日前往訪北大校長蔡子民，「詢以此事。蔡校長對於陳學長辭職一說，並無否認之表示。且謂該校評議會議決文科自下學期或暑假後與理科合併，設一教授會主任，統轄文理兩科教務，學長一席，即當裁去云云」。[25]除採訪蔡元培應屬杜撰外，張厚載所說越來越靠譜。3月4日的北大《日刊》上，已正式披露3月1日「評議會議決〈文理科教務處組織法〉」，並明言「於暑假後實行」。[26]以張氏的「調查」能力，似不應視而不見。惟他雖已有恃無恐，卻又故意閃爍其辭，好像消息真是探測得來。

實際上，教務處的組織擬「於暑假後實行」是一個關鍵，表明事情尚無定論，各方都還在努力，略近於今日坊間愛說的「博弈」。

先是胡適出面致函張厚載，詢問「不知這種消息你從何處得來？我們竟不知有這麼一回事」。並云，「此種全無根據的謠言，在外人或尚可說，你是大學的學生，何以竟不仔細調查一番？」張雖法科學生，卻性好戲曲，跡近文人，或以為「君子可以欺其方」，遂信口說「是同學方面

---

24 〈學海要聞〉(半谷通信)，載《神州日報》，1919年3月3日，第2版。

25 〈學海要聞〉(半谷通信)，載《神州日報》，1919年3月9日，第2版。

26 〈文理科教務處組織法〉，載《北京大學日刊》，1919年3月4日，第3版。

一般的傳言。同班的陳達才君，他也告訴我這話」。不料胡適將此往來
函件公佈在北大《日刊》上，陳達才隨即表示「並無此事」，並讓張厚載
出具聲明書確認，又被胡適公佈在《日刊》上。[27]

隨後蔡元培本人也正式致函《神州日報》，指出「陳學長並無辭職之
事，如有以此事見詢者，鄙人必絕對否認之」。該報兩次「半谷通信」中
說「陳學長及胡適、陶履恭、劉復等四人，以思想激烈，受政府干涉」。
陳獨秀以外之三人，「由校長以去就力爭，始得不去職」云云，「全是謠
言」。但蔡元培也確認，「文理合併，不設學長，而設一教務長以統轄教
務。曾由學長及教授會主任會議定（陳學長亦在座），經評議會通過，
定於暑假後實行」。而「陳學長贊成不設學長之議，純粹為校務進行起
見，於其個人之辭職與否無關係」。[28]

在這些「闢謠」的努力的同時，相關「謠言」的傳播卻越來越廣，各
處皆盛傳陳獨秀等四人已被逐出北京大學、將封閉趨新雜誌等，引發一
片抗議之聲。上海《中華新報》指出，其消息來源是章士釗，提示出某
些行動或曾在籌劃之中。[29]不論傳說中的動議是否屬實，壓力是明顯
的，且確實來自總統府。當時《中華新報》就說，大學乃神聖之學府，
而當局者也以文治號召中外，豈能如此待士！陳獨秀引用此語後指出，
大學在段內閣「武治時代」倒安然無事，現在卻因新舊衝突要驅逐大學
人員，「文治主義原來如此」！[30]「文治」乃是徐世昌區別於前後任總統的
主要特色，文章的指向甚明。

27　〈胡適教授致本日刊函〉及附件，載《北京大學日刊》，1919年3月10日，第4
　　版；1919年3月11日，第3版。

28　蔡元培：〈致《神州日報》記者函〉，載《北京大學日刊》，1919年3月19日，第
　　4–5版。

29　「前晚本社張季鸞先生即為記者言之，謂章行嚴先生處得到此項消息云。」世杰：
　　〈誰的恥辱？〉，載《中華新報》（上海），1919年3月6日，第1張，第2版。

30　陳獨秀：〈關於北京大學的謠言〉（1919年3月）、〈文治主義原來如此〉（1919年4
　　月），見《陳獨秀著作選編》，第2卷，59、74頁。

　　傅斯年稍後更公開說，是有人把《新潮》和《新青年》送給「地位最高的一個人看」，並「慫恿這位地位最高的來處治北大和我們。這位地位最高的交給教育總長傅沅叔斟酌辦理」。[31] 到 3 月 26 日，久處壓力之下的教育總長傅增湘正式致函蔡元培，明言「自《新潮》出版，輦下耆宿，對於在事員生，不無微詞」。雙方因批評而涉意氣，實已「稍逾學術範圍之外，將益啟黨派新舊之爭」。[32]

　　至此，蔡元培似不得不有所行動了。當晚，即有本節開始提到的會議（不過湯爾和日記說是在 27 日），決定陳獨秀不能繼續擔任北大文科學長。參與會議的胡適後來認為，這是一個劃時代的會議，因此夜之會，陳獨秀離開北大，「以後中國共產黨的創立，及後來國中思想的左傾、《新青年》的分化、北大自由主義者的變弱，皆起於此夜之會」。[33]

　　在傅斯年所聽到的故事版本中，蔡元培當夜做此決定是非常勉強的，曾表示不怕外來的壓力，並云「北京大學一切的事，都在我蔡元培一人身上」，與陳獨秀、胡適等人「毫不相干」。這故事不排除是蔡元培自己講的（那段時間傅斯年也參與到應對外界壓力的活動中，蔡元培給傅增湘的回信，因涉及《新潮》，即是傅斯年草擬的），[34] 至少不是來自胡適，因為裏面也說到其中的老謀客（即湯爾和）要蔡先生也「約制胡適之先生一下」（胡適在場，不會說出這樣的情節來）。[35]

　　胡適對此事耿耿於懷，先後數次調查，以弄清幕後真相。1922 年 7 月，在出席中華教育改進社年會期間，他與丁文江、秦汾（秦於 1918 年

31　傅斯年：〈《新潮》之回顧與前瞻〉（1919 年 9 月 5 日），《新潮》，第 2 卷，第 1 號（1919 年 10 月），上海：上海書店，1986 年影印本，201 頁。

32　「傅增湘致蔡元培」（1919 年 3 月 26 日），見《蔡元培全集》，第 3 卷，285–286 頁。

33　「胡適致湯爾和」（稿）（1935 年 12 月 23 日），見《胡適來往書信選》，中冊，281–282 頁。

34　蔡元培：〈覆傅增湘〉（1919 年 4 月 2 日），見《蔡元培全集》，第 3 卷，284–285 頁。

35　傅斯年：〈我所景仰的蔡先生之風格〉（1940 年），見《傅斯年全集》，台北：聯經出版公司，1980 年，第 7 冊，33–34 頁。

末代理理科學長，熟悉那段歷史）等徹夜長談，瞭解到北大很多內幕都與蔡元培的謀士沈尹默相關。據說沈初與夏元瑮聯合廢工科，又「借文理合併的計劃以去夏」。夏被迫自請出國考察，由秦汾代理。秦「不願『本科』學長歸仲甫」，故「首倡廢學長之議而代以教務長。但此議後來久不提起，直到後來蔡先生欲辭去仲甫而不欲仲甫居辭去之名」，恰好秦汾調任教育部專門司司長，蔡先生「遂以廢學長之名義去仲甫，教務長之議遂實行」。原議教務長只限於文理二科合成的本科，沒有法科。「尹默又怕我當選，故又用詭計，使蔡先生於選舉之日打電話把政治、經濟兩系的主任加入」，同時面見胡適，說陳大齊等不希望胡適當選為教務長，擬舉經濟系主任馬寅初。最後在蔡元培支持下，馬寅初當選。[36]

　　這段內幕印證了前引蔡元培說「陳學長贊成不設學長之議，純粹為校務進行起見」，應非虛言。蓋不論是最初議及的本科學長，還是後來確定的教務長，陳獨秀都曾是首屈一指的候選人（秦汾只是代理理科學長，資歷尚有欠缺）。所以他贊成改制，或並無讓賢的想法。在新的形勢下，這一原本純粹的管理體制調整，倒真成了逼陳退位的手段。

　　實際的教授會主任會於4月8日舉行，北大《日刊》給出的表面理由，除理科學長秦汾因任職教育部司長而辭職外，「適文科學長陳獨秀君亦因事請假南歸」，所以校長召集這次會議，「議決將三月四日所發表之〈文理科教務處組織法〉提前實行」，並選出馬寅初為教務長。[37]法科的臨時加入，顯然不符合蔡元培的初衷，蓋法科也是「術」而非「學」，本在去除之列，不過尚未提上議事日程而已。[38]但沈尹默的提議，或也

36　曹伯言整理：《胡適日記全編》，合肥：安徽教育出版社，2001年，1922年7月3日，第3冊，714–716頁。
37　〈大學本科教務處成立紀事〉，載《北京大學日刊》，1919年4月10日，第3–4版；〈本校佈告〉，載《北京大學日刊》，1919年4月15日，第2版。
38　按原來的計劃發展，若一切順利，在文理二科合為「本科」後，法科只能獨立出去。否則，以一不受校長看重的法科，要與二科合併的「本科」對應相處，地位將非常尷尬，甚難安身。

不全是「陰謀」——在當日報刊言論中，胡適本是僅次於陳獨秀的新人物，若由他接任教務長，政府方面恐怕不樂聞。

　　或許為使教務長選舉的正當性更充分，北大評議會4月22日議決：「法科之政治、經濟兩門，已編入文理科第五組。法律一門，無獨立之必要，宜以法律門加入第五組，以法律門教授會主任加入教務處。法科之名，與文理科同時消滅。」[39] 還在1918年秋，北大就在專門以上學校校長會議上提出「法科大學可專授法律，其政治學及經濟學各門，可併入大學本科」的議案。[40] 1919年4月，教育部又向教育調查會交議了「法科大學專設法律門，其政治、經濟各門併入文理科」一案，但會議議決「部令從緩修正，先由北京大學試辦，再行調查」。[41]

　　評議會使用的「編入」一詞耐人尋味，或意味着包含政治、經濟兩門的第五組不過是在擬議的編制中而已，法科也並未「與文理科同時消滅」。[42] 因法科方面的問題，馬寅初不安於教務長職位，曾提出辭職（理由是法律學門教授會主任未曾享受選舉與被選舉權）。到5月底，評議會和教授會主任聯席會數日內連續開會數次，幾乎一次一變：先是法科補投一票，選舉馬寅初為教務長；隨即又恢復法科教務處（等於否定了

39　〈評議會開會紀事〉，載《北京大學日刊》，1919年4月23日，第3版。

40　〈本校擬在專門以上各學校校長會議提出討論之問題〉。

41　〈教育調查會第一次會議報告〉，《新教育》，第1卷，第3期（1919年4月），344頁（卷頁）。

42　北大擬在專門以上學校校長會議提出討論之問題裏附有〈大學本科學科課程編制法草案〉，説到本科一年級分選修科為五組，史學、政治、經濟為第五組（〈本校擬在專門以上各學校校長會議提出討論之問題（續）〉，載《北京大學日刊》，1918年11月1日，第5版）。然那只是擬議的提案，到1919年秋季的〈國立北京大學學科課程一覽（八年度至九年度）〉中，上述提案才作為「新制」開始實施，其中第五組改為「史學（政治、經濟、法律）等」。不過後面又有附註説：「此項新制，本擬全體實行。今年八月中經評議會及教授主任會決議，法科之政治、經濟、法律三系，本年暫時仍用現行之單位制。」（北京大學校史研究室編：《北京大學史料》，北京：北京大學出版社，1993年，第2卷，1078–1080頁。）可知至此法科問題仍處於懸而未決的狀態。

法科參與「本科」的投票）；旋又決議不用教務處之名，免生「誤會」，實則「法科教務可由法律、政治、經濟三門主任認真擔任」。[43] 這些反覆的舉動，已在五四學生運動發生而蔡元培離校出走之後，大致都可視為前此教務長選舉的餘波，表明胡適關於政治、經濟兩系主任當日是謀略性的臨時加入之說，大體可靠。

張厚載先已於 3 月 31 日因「屢次通信於京滬各報，傳播無根據之謠言，損壞本校名譽」，被「令其退學」。[44] 然而事態的發展表明，此前流行的「謠言」，凡涉及其他人的，大都近於「事出有因，查無實據」；只有關於陳獨秀的，則基本落實。對《新青年》而言，這次廣泛傳播的新舊之爭，產生了一個積極的附帶因素，即引起了外界對雜誌的關注和同情。上海的《中華新報》刊文說，教育部所代表的政府壓力，實賦予了《新青年》以正當性，「從此以後之《新青年》雜誌發行額，必加起幾倍或幾十倍」。成都的《川報》也有文章預測，既有「政府干涉思想學說的事」發生，「從此《新青年》的價值，愈增高了」。[45]

這些預測很快被證明是不錯的，參與《新青年》發行的亞東圖書館主汪孟鄒，親見這一轉變的發生。本來由於《新青年》實行版式革新、使用新式標點等因素，上海印業都「不願代印」。[46] 故自 6 卷「四號起，決就北京印行」。[47] 這一決定固因南方的印製出了問題，也表明對雜誌在北京的發行有信心。到 4 月下旬，汪孟鄒更觀察到：「近來《新潮》、《新青

43　評議會議事錄第一冊，北京大學檔案館，檔號 BD1919002，轉引自胡少誠：〈早期北大的治理模式與實踐（1898－1937）——以大學權力演化為視角的考察〉，北京大學歷史學系博士論文，2009 年。

44　〈本校佈告〉，載《北京大學日刊》，1919 年 3 月 31 日，第 1 版。

45　世杰：〈誰的恥辱？〉；因明：〈對北京大學的憤言〉，《川報》（成都），錄在《每週評論》，第 19 號（1919 年 4 月 27 日），第 4 版。

46　「汪孟鄒致胡適」（1918 年 10 月 5 日），見耿雲志主編：《胡適遺稿及秘藏書信》，合肥：黃山書社，1994 年，第 27 冊，第 278–280 頁。

47　「汪孟鄒致胡適」（1919 年 4 月），見《胡適遺稿及秘藏書信》，第 27 冊，285 頁。

年》、《新教育》、《每週評論》銷路均漸興旺，可見社會心理已轉移向上。」[48]可知其在南方的銷路也不錯，尤其近來「漸興旺」的說法，表明這是新現象。在6卷5號上，即有群益書社關於前五卷將再版，先印前三卷的預約廣告。[49]到7卷1、2號，再次發佈全五冊再版的廣告。[50]這些都表明，該刊的銷售確實已經大有改觀。

　　不過，很多人願意引用汪原放所説的《新青年》「最多一個月可以印一萬五六千本」的説法，[51]雖不排除某一次真達到這樣的「最多」，但應非常態。實際上，撰於1919年底前的〈《新青年》編輯部與上海發行部重訂條件〉的合同文本明言：「中國北部約每期可銷一千五百份，由發行部儘先寄與編輯部分派。以後如銷數增加，發行部應隨時供給。」[52]則直到「五四」後，北方的銷路不過如此。後來陳獨秀在1920年5月擬自辦《新青年》印製發行等，曾説「此時打算少印一點（若印五千，只需四百餘元）」。[53]則「常印」或「多印」的數目，應不會高太多。

　　由於不久即有大規模的五四學生運動發生，那次「新舊之爭」對雜誌銷路的積極影響或被掩蓋。而那一事件對雜誌辦刊傾向更重要的影響，則是陳獨秀因大學改制而「自然」成為普通教授。如此「提前實行」

48　「汪孟鄒致胡適」（1919年4月23日），見《胡適遺稿及秘藏書信》，第27冊，289–290頁。

49　群益書社：〈《新青年》自一卷至五卷再版預約〉，《新青年》，第6卷，第5號（1919年5月），扉頁。

50　〈《新青年》第一、二、三、四、五卷合裝本全五冊再版〉，《新青年》，第7卷，第1號（1919年12月），扉頁。

51　汪原放：《回憶亞東圖書館》，上海：學林出版社，1983年，32頁。

52　此合同書手跡見北京歷史博物館編：《中國近代史參考圖片集》，上海：上海教育出版社，1958年，下冊，161頁。原註為「北京歷史博物館藏片」，並說明是「魯迅的手筆之一」。然究為何人所撰寫，現有爭議，參見周楠本：〈一篇新發現的魯迅手稿〉，《魯迅研究月刊》，2011年，第12期；葉淑穗：〈對《一篇新發現的魯迅手稿》一文的質疑〉，《魯迅研究月刊》，2012年，第4期。

53　「陳獨秀致胡適」，1920年5月25日，新出書信。

學長改教務長的倉促決定顯然出乎陳獨秀的預料，心有不甘的他最終南下上海。

三、徘徊於自由主義和馬克思主義之間的陳獨秀

胡適1935年對湯爾和說，由於文科學長的解職，「獨秀因此離去北大」，引起一系列嚴重的後果。因為

> 獨秀在北大，頗受我與孟和（英美派）的影響，故不致十分左傾。獨秀離開北大之後，漸漸脫離自由主義者的立場，就更左傾了。此夜〔3月26日〕之會，雖然有尹默、夷初在後面搗鬼，然子民先生最敬重先生〔指湯〕，是夜先生之議論風生，不但決定了北大的命運，實開後來十餘年的政治與思想的分野。此會之重要，也許不是這十六年的短歷史所能論定。[54]

對此湯爾和當然不能同意，他反駁說，陳獨秀本為「不羈之才，豈能安於教授生活」？即使沒有這次的改聘，最後還是會脫離北大。1935年時的陳獨秀當然已脫離教育界，但這說法恐怕有些後見之明的意味。陳本是從實際政治中回歸文化、教育事業的，在他1920年春的言行裏，還真看不出多少又要走向實際政治的意向。然而湯爾和挖苦胡適的話卻不無道理，他說：會議不久即有五四學生運動，此後「接二連三之極大刺激，兄等自由主義之立場能否不生動搖，亦屬疑問」。[55]

這話實有所指。北伐前胡適曾提倡「好人政府」，那時就幾乎投入實際政治，這是湯爾和親眼所見；後胡適也曾參加北洋的善後會議，北伐後又站出來公開批評新當權的國民黨，幾乎被國民黨「法辦」。那時

54　「胡適致湯爾和（稿）」（1935年12月23日），見《胡適來往書信選》，中冊，281–282頁。

55　「湯爾和致胡適」（1935年12月29日），見《胡適來往書信選》，中冊，291–292頁。

湯爾和即曾說，他原以為胡適已經「淪入老朽，非復當年」，現在才知道其實鋒芒未減。[56] 湯氏言外之意，胡適自己也常常「忍不住」要參政議政，遑論陳獨秀這樣的「不羈之才」。其實「自由主義」從未標榜不涉及實際政治，只是對政治有一些特定的看法。湯爾和或不過是沿用胡適的表述而照本宣科，但至少可知當年對自由主義的認知是相當寬泛的。

胡適晚年在《口述自傳》裏說：1919年時李大釗已寫過文章稱頌俄國革命，而陳獨秀還沒有相信馬克思主義，甚至並不瞭解馬克思主義。他是到上海「交上了那批有志於搞政治而傾向於馬列主義的新朋友」後，才逐漸「和我們北大裏的老夥伴愈離愈遠」。[57] 揆諸陳獨秀在1920年南下前後的言論，胡適的看法絕非無的放矢，甚至可以說基本不差。

傅斯年也認為，陳獨秀在《青年》發刊詞中所説的六點，[58] 是他後來眾多言論的「立點」。發軌於這一立點，「後來之倫理革命論、文學革命論、民治論以及社會主義，都是自然的趨勢，必然的產物。而陳氏之發揮這個立點，尤有一個基本精神，即是他的猛烈的透闢的自由主義」。總體看，「他的精神到底是法蘭西革命的產品，並不是一個『普羅』的產品」。[59]

一些共產黨當事人的言論，也能印證胡適的説法。前引沈雁冰的回憶説：即使在陳獨秀南下以後，《新青年》雖然多談政治，但在理論方面，卻不純粹。不僅真「對唯物辯證法有研究者，其時僅一李大釗」；同時還刊登羅素的文章而不批評，提示出其與自由主義的關聯。

那時還有一位西方哲學家身在中國，其影響比羅素有過之無不及，就是杜威。陳獨秀當時對民主（民治）和科學的理解，顯然受到胡適和

---

56 説詳羅志田：《再造文明之夢：胡適傳》，北京：社會科學文獻出版社，2015年，232–239、340頁。

57 唐德剛譯註：《胡適口述自傳》，上海：華東師範大學出版社，1993年，195頁。

58 即1915年的〈敬告青年〉中所説的：一、自主的而非奴隸的，二、進步的而非保守的，三、進取的而非退隱的，四、世界的而非鎖國的，五、實利的而非虛文的，六、科學的而非想像的。收入《陳獨秀著作選編》，第1卷，158–163頁。

59 傅斯年：〈陳獨秀案〉(1932年)，《獨立評論》，第24號(1932年10月30日)，4頁。

杜威的影響。他在1919年底《新青年》7卷1號的〈本誌宣言〉中明確表示：「我們相信尊重自然科學實驗哲學，破除迷信妄想，是我們現在社會進化的必要條件。」[60]在同一期上所發表的〈實行民治的基礎〉一文中，陳氏更喊出了他常為人引用的口號：中國要實行民治主義，應當「拿英美做榜樣」。在這篇文章中，陳獨秀明言：「杜威博士關於社會經濟(即生計)的民治主義的解釋，可算是各派社會主義的公同主張，我想存心公正的人都不會反對。」[61]

蔡和森也說：《新青年》以前「是美國思想宣傳機關，但是到了仲甫同志傾向社會主義以後，就由美國思想變為俄國思想了，宣傳社會主義了。不過在過渡期間的文章，社會革命的思想是有了，杜威派的實驗主義也是有的」。要到1920年的《新青年》「五一」勞動節特刊(7卷6號)，「才完全把美國思想派趕跑了」。[62]蔡和森的記憶有些誤差，《新青年》8卷1號都還在刊登杜威的演講；但他記憶中的感覺，與其他人是類似的。

中共創立時也在上海的李達更曾回憶說，就是在擔任中共領導之後，陳獨秀也「並不閱讀馬列主義著作」。他「不懂、也不研究」那些關於中國革命的馬克思主義理論，甚至「《嚮導》上署他的名字的文章，大都是同志們代寫的」。[63]這樣看來，陳獨秀在該刊上的言論，還須小心辨析。馬列主義本非一兩天可以速成，陳獨秀在創建並領導中共之後這方面理論水準不高，應該也是順理成章的。若陳獨秀在創建並領導中共之後馬克思主義理論的水準尚不過如此，則他在此前更接近自由主義，就是非常可能的。上述幾位中共人士的記憶，也都能印證這一點。

60　陳獨秀：〈本誌宣言〉，《新青年》，第7卷，第1號(1919年12月)，4頁。

61　陳獨秀：〈實行民治的基礎〉，《新青年》，第7卷，第1號，16、14頁。

62　蔡和森：〈中國共產黨史的發展(提綱)〉(1926年)，見中央檔案館編：《中共黨史報告選編》，北京：中共中央黨校出版社，1982年，8頁。

63　李達：〈中國共產黨的發起和第一次、第二次代表大會經過的回憶〉，見中國社會科學院現代史研究室、中國革命博物館黨史研究室編：《「一大」前後：中國共產黨第一次代表大會前後資料選編》(二)，北京：人民出版社，1980年，16頁。

　　胡適向來提倡「拿證據來」，他在《口述自傳》裏的表述，也是有所本的。胡適引以為據的，就是陳獨秀「寫給《新青年》雜誌的編者的幾封信」。[64] 我們知道胡適是在美國口述其《自傳》的，他保存的大部分來往信件並未帶走，但他當時這麼說，應能看到一些陳獨秀寫給《新青年》編者的信（這些信件已由胡家後人拿出拍賣，此前並在北大展出）。

　　在 1920 年底陳獨秀到廣州後，那時他已和第三國際的人有了正式的聯繫，恐怕中共也已算成立（雖然還沒開第一次黨代會），他仍希望胡適所說的「英美派」陶履恭（孟和）能到廣州去辦高等師範學校。他在給高一涵和胡適的信中說：「師範必附屬小學及幼稚園，我十分盼望杜威先生能派一人來實驗他的新教育法，此事也請適之兄商之杜威先生。」此時他剛到廣州，尚未與當地人聯繫，但已在考慮「此間倘能辦事，須人才極多，請二兄早為留意」。[65] 可知陳獨秀的心目中，基本還維持着革新與守舊的區分，他並不像後之研究者那樣瞭解和重視馬克思主義與自由主義的差異，卻敏銳地感覺到了杜威等人的自由主義與社會主義的親近。

　　從這些公開和私下的言論看，並參照早期中共要員沈雁冰和李達的上述看法，陳獨秀確實未必懂多少馬克思主義，他可能也不那麼懂得自由主義，但對兩者的一些基本準則都有所把握。不論他對兩種主義各自認識到何種程度，陳獨秀那時並不看重兩者的對立，毋寧說他還更注重兩者互補的一面。[66] 胡適把南下前的陳獨秀列入「北大自由主義者」，當然是在一種較寬泛的意義上說的，但彼此皆視為同道，仍在互相援引，則決無疑義。

64　唐德剛譯註：《胡適口述自傳》，195 頁。

65　陳獨秀致高一涵、胡適，1920 年 12 月 21 日，新出書信。

66　直到 1923 年 7 月，作為中共領導的陳獨秀還以為，「適之所信的實驗主義和我們所信的唯物史觀，自然大有不同之點，而在掃蕩封建宗法思想的革命戰線上，實有聯合之必要」。陳獨秀：〈思想革命上的聯合戰線〉（1923 年 7 月 1 日），見《陳獨秀著作選編》，第 3 卷，102 頁。

　　而且，其他不少被我們視為自由主義者的人，恐怕也未必就更「懂」
自由主義。在這批新「出現」的信中，有陳獨秀 1920 年 5 月 11 日致胡適
的信。他明確表示不贊成當時學生繼續罷課，認為「犧牲了數百萬學生
寶貴的時間，實在可惜之至」。陳氏建議胡適「邀同教職員請蔡〔元培〕
先生主持北大單獨開課，不上課的學生大可請他走路」。在他看來，這
樣的學生留在學校「也沒有好結果」。更重要的是，陳獨秀強調：「政府
的強權我們固然應當反抗，社會群眾的無意識舉動我們也應當反抗。」

　　這是典型的自由主義表達。在那個聽眾決定立說者命運、老師常
常跟着學生跑的年代，即使是一些被我們視為自由主義者的讀書人，也
未必能認識到這一點，更不用說如此簡明扼要地將其表出。而在陳獨
秀，這卻並非一時脫口而出的妙語。到次年 6 月，他進而在《新青年》9
卷 2 號上公開說：

> 輿論就是群眾心理底表現，群眾心理是盲目的，所以輿論也是盲
> 目的。古今來這種盲目的輿論，合理的固然成就過事功，不合理
> 的也造過許多罪惡。反抗輿論比造成輿論更重要而卻更難。投合
> 群眾心理或激起群眾恐慌的幾句話，往往可以造成力量強大的輿
> 論；至於公然反抗輿論，便不是一件容易的事了。然而社會底進
> 步或救出社會底危險，都需要有大膽反抗輿論的人，因為盲目的
> 輿論大半是不合理的。此時中國底社會裏，正缺乏有公然大膽反
> 抗輿論的勇氣之人！[67]

　　大約同時，他又給胡適寫信，指責北大的老師們不僅縱容學生運
動，自己也鬧索薪風潮。胡適 1921 年 7 月 7 日的日記說，「仲甫來一長
信，大罵我們——三孟〔蔣夢麟、顧孟餘、陶孟和〕、撫五〔王星拱〕、
我——為飯碗問題鬧了一年的風潮，如何對得起我們自己的良心。我

67　陳獨秀：〈隨感錄・反抗輿論的勇氣〉(1921 年 6 月)，《新青年》，第 9 卷，第 2 號
　　(1921 年 6 月)，見《陳獨秀著作選編》，第 2 卷，381 頁。

覺得他罵的句句都對。這一年半，北京學界鬧的確是飯碗風潮。」隔天胡適又邀正在調停學潮的蔣夢麟來談，「我把仲甫的信給他看，他也覺得仲甫的話不錯」。[68] 這已是中共一大召開之後了，陳獨秀仍堅持學者在學潮方面不應「投合群眾心理」，而應具有「公然大膽反抗輿論的勇氣」。

任何「主義」，不僅需要學理的系統表述，也體現在日常的言動之中。[69] 據前引胡適的想法，陳獨秀在北大不至十分左傾，是因為頗受他和陶孟和等「英美派」的影響，尚能維持自由主義的立場。但至少在學潮方面，陳獨秀似乎比這些「英美派」學人更堅定地站在自由主義的立場之上。所以，「主義」的問題，未必可以簡明扼要地「說清楚」。若說陳獨秀對馬克思主義和自由主義的一些基本準則都有所把握，卻也不至於離譜。

另一方面，陳獨秀本性情中人，也就在這段時間裏，他曾因《新青年》事而大怒，寫出了幾乎跟胡適、陶孟和絕交的信。過去探索《新青年》同人分裂的研究者，未曾看見這些非常重要的信函。下面就通過這些新出信件，來看看那時到底發生了什麼事。我會盡量多使用這些新出信件的內容，對於他人據既存材料已說過的，僅簡短述及。

四、《新青年》的轉向

陳獨秀南下上海後所發生的一件事，是《新青年》與其長期合作夥伴群益書社決裂，改由「新青年社」獨立發行。事情的起因是7卷6號的刊物頁數增加很多，書社要提高定價，而陳獨秀不同意，終至決裂。此事汪原放在其〈回憶亞東圖書館〉中曾說到，大體不差。他的叔叔汪孟

68　《胡適日記全編》，1921年7月7日、7月9日，第3冊，362、364–365頁。

69　參見王汎森：〈「煩悶」的本質是什麼 ——「主義」與中國近代私人領域的政治化〉，《思想史》（台北），第1期（2013年10月）。

鄒（亞東圖書館老闆）當時試圖為兩邊說和，而陳獨秀大發脾氣，無論怎麼說都不能成功。平心而論，大量增加頁數而以原價出售，就要虧本，從商人立場確實很難接受。但陳獨秀的動怒，也有他的考慮。[70]

陳獨秀在 1920 年 5 月的三封信裏都說及此事，他在 7 日致胡適、李大釗的信中說，「因為《新青年》六號定價及登告白的事，一日之間我和群益兩次衝突。這種商人，既想發橫財，又怕風波，實在難與共事」。此後 5 月 11 日和 19 日，又兩次致函胡適，表示「我對於群益不滿意不是一天了，最近是因為六號報定價，他主張至少非六角不可。經我爭持，才定了五角。同時因為怕風潮，又要撤銷廣告。我自然大發窮氣。衝突後他便表示不能接辦的態度。我如何能去將就他，那是萬萬做不到。群益欺負我們的事，十張紙也寫不盡。」總之，「群益對於《新青年》的態度，我們自己不能辦，他便冷淡倨傲，令人難堪；我們認真自己要辦，他又不肯放手」。

從這幾封信可知，確如汪原放所說，衝突的起因是加價問題。價格最後雖以妥協了結，但顯然已傷了感情。群益書社恐怕還是想要繼續合作，不過總以商人的方式討價還價，難為心直口快的陳獨秀所接受。由於早有不滿，陳氏也先有考慮。他在 4 月 26 日就發出一封給 12 位《新青年》同人的「公信」，提出第 7 卷結束後「擬如何辦法」，要他們「公同討論賜覆」。陳獨秀提出的問題有：一、是否接續出版？二、原定發行合同已滿期，「有無應與交涉的事」？可知那時他已啟不續約之心。而群益書社要求提價，更助長了陳的不合作情緒。

陳獨秀在 5 月 7 日給胡適的信中說，只有自己發起一個書局，才可避免「我們讀書人日後受資本家的壓制」。這恐怕是他怒不可遏的思想根源。中國讀書人對商人既打擊又依賴的歷史已延續了至少兩千年，何況又有舶來的「資本家」新概念為之助，更強化了彼此的不信任。而群

益書社以不續辦相威脅，既說明他們對合作者的個性不夠瞭解，更證明了自身的商人氣味。此後又表示不肯放手，恐怕也表述得不夠謙恭，不足以為「讀書人」陳獨秀所接受，事遂不能挽回。這件事與當時的「主義」和新舊思想傾向無關，卻也反映出思想上的歷史積澱。

陳獨秀在4月26日的「公信」中，還提出了關於刊物編輯人的三種選項：一是由在京諸人輪流擔任，二是由在京一人擔任，三是由他在滬擔任。這封信似乎沒引起北京同人的即刻重視，陳氏又在5月7日致胡適、李大釗的信中再提出：

> 前因《新青年》事，有一公信寄京，現在還沒有接到回信，不知大家意見如何？……《新青年》或停刊，或獨立改歸京辦，或在滬由我設法接辦（我打算招股自辦一書局），兄等意見如何，請速速賜知。

為了日後不受資本家壓制，陳獨秀自己顯然傾向後者，而招股自辦書局就是他落實第三項建議的具體規劃。他告訴兩人：「章程我已擬好付印，印好即寄上，請兄等切力助其成。」這一次陳獨秀的要求得到了貫徹，從胡適和周作人的日記可知，有12位北京同人應胡適之邀於5月11日在公園討論了《新青年》辦刊事宜，但似乎並未涉及根本。周作人日記中明言那次聚會是討論第8卷的事，而陳獨秀自己問的也是第7卷結束後「擬如何辦法」。[71]

就在北京同人聚會的同一天，着急的陳獨秀再函胡適：「究竟應如何處置，請速速告我以方針。」胡適隨即有兩信回覆陳獨秀，大概除贊成自辦發行和建議用「新青年社」的名稱外，並未明確答覆陳獨秀提出的三項建議，甚或表示了對發行興趣不大。陳對這種只討論近期事項的處理顯然不滿意，他在5月19日致函胡適說：

---

71 《周作人日記》，1920年5月11日，中冊，123頁；《胡適日記全編》，1920年5月11日，第3冊，170頁。

(1)「《新青年》社」簡直是一個報社的名子，不便招股。

(2)《新青年》越短期，越沒有辦法。單是八卷一號，也非有發行不可。墊付印刷紙張費，也非有八百元不可。試問此數從哪裏來？

(3)著作者只能出稿子，不招股集資本，印刷費從何處來？著作者協濟辦法，只好將稿費並入股本。此事我誓必一意孤行，成敗聽之。

(4)若招不着股本，最大的失敗，不過我花費了印章程的九角小洋。其初若不招點股本開創起來，全靠我們窮書生協力，恐怕是望梅止渴。

此後陳獨秀或也略有妥協，他接受了「新青年社」的存在，同時決定招股自辦一個「興文社」。陳氏在5月25日致函胡適，說明「群益不許我們將《新青年》給別人出版，勢非獨立不可」。他打算讓興文社和新青年社分立，為節省經費，可合租一發行所。「如此，八卷一號的稿子，請吾兄通知同人從速寄下，以便付印。此時打算少印一點（若印五千，只需四百餘元，不知北京方面能籌得否？倘不足此數，能有一半，我在此再設法），好在有紙板隨時可以重印。」陳獨秀強調，獨立自辦之初，內容應當更好，「吾兄及孟和兄雖都有一篇文章在此，但都是演說稿，能再專做一篇否」？同時請胡適將幾位同人進行中的稿件「分別催來」。

5月30日，北京同人再次就《新青年》事聚談，結果不詳。但大體的態度相對消極，似乎看陳獨秀意志堅決，遂由他隨意進行，卻也並不積極支持。陳獨秀7月2日寫信給高一涵說：

《新青年》八卷一號，到下月一號非出版不可。請告適之、洛聲二兄，速將存款及文稿寄來。興文社已收到的股款只有一千元，招股的事，請你特別出點力才好。適之兄曾極力反對招外股，至〔如？〕今《新青年》同人無一文〔此「文」指錢，系「一文錢」之省〕寄來，可見我招股的辦法未曾想錯。文稿除孟和夫人〔沈性仁〕一

篇外，都不曾寄來，長久如此，《新青年》便要無形取消了。奈何！

陳獨秀在1916年曾參與群益書社與亞東圖書館合組新公司的招股活動，到北京募集股本。他當年曾致函胡適，自稱北上月餘，便募集十萬元。[72]那時十萬元可不是小數目，即便有些誇大，實際數額也當不小。適逢蔡元培請他作北大文科學長，遂未再參與此事。但或許就是那時的成績，給了陳獨秀招股辦書局的自信。如今陳獨秀的名聲應較前些年更有號召力，而興文社不過收到股款一千元，實在有些今非昔比。究竟是整體的世風變了，還是上海人不如北京人愛好「文化」，都還是可考的問題。

從陳獨秀稍後給程演生的幾封信看，他似已放棄另立「興文社」的計劃，仍採用「新青年社」的名目募款，但效果也不佳。[73]而既與群益書社脫鉤，又沒有固定的經費來源，恐怕也是導致《新青年》後來成為中共刊物的一個原因。原本與思想傾向無關的技術性環節，也可能發酵成為一個起作用的因素。

比經費更嚴重的問題，是北京同人幾乎都不曾以文稿表示支持，顯然對刊物偏向政治而疏離於學術思想不滿。過去在《新青年》同人間劃線分派的研究者，似未充分注意這一耐人尋味的現象。當時胡適在南京高師的暑期學校作系列演講，陳獨秀在8月2日特別致信胡適說，8卷1號不做文章就算了，但2號就要「強迫你做一篇有精采的文章」。他甚至給出了文章的主題，即中國人的思想是萬國虛無主義的總匯，包括老子學說、印度空觀、歐洲形而上學及無政府主義，可以說「世界無比」。

72 「陳獨秀致胡適」（約1917年1月），見《胡適來往書信選》，上冊，6頁。
73 「陳獨秀致程演生」（1920年6月15日、6月17日），沈寂輯註：〈陳獨秀遺簡（二）〉，《安徽史學》，1985年，第3期，71–72頁；「陳獨秀致程演生」（1920年8月2日）；「陳獨秀致王星拱、程演生」（1920年8月7日），沈寂輯註：〈陳獨秀遺簡（三）〉，《安徽史學》，1985年，第6期，均71頁。

故「《新青年》以後應該對此病根下總攻擊。這攻擊老子學説及形而上學的司令，非請吾兄擔任不可」。[74]

先是胡適等北大人在1920年8月1日的《晨報》刊出一篇〈爭自由的宣言〉，提出「我們本不願意談實際的政治，但是實際的政治卻沒有一時一刻不來妨害我們」。在「政治逼迫我們到這樣無路可走的時候，我們不得不起一種覺悟：認定政治如果不由人民發動，斷不會有真共和的實現」。不過，〈宣言〉明確了實現之法，就是先「養成國人自由思想、自由評判的真精神」。[75]

陳獨秀隨後在《新青年》8卷1號頭版的〈談政治〉一文中説，中國主張不談政治的約有三派：即學界、商界和無政府黨人，胡適就是前者的代表之一。他引用〈爭自由的宣言〉中「實際的政治卻沒有一時一刻不來妨害我們」一語，説胡適等「要除去這妨害，自然免不了要談政治」。[76] 這已有些佔便宜的意思，若由胡適來攻擊無政府主義，等於是讓主張不談政治的第一派來攻擊第三派，就更意味深長了。胡適看了〈談政治〉，自不會接受這一命題作文。

過去很多人都把陳獨秀〈談政治〉一文視為《新青年》轉向的重要標誌，然而從此前一信看，陳獨秀仍表出了應針對中國人思想病根下總攻擊的立意，至少無意將刊物改變成一個政論性的刊物。儘管他稍後仍説，「因為我們不是無政府黨人，便沒有理由可以宣言不談政治」。[77] 但在其開始轉變之時，仍試圖順應北京同人側重思想的傾向。

74　「陳獨秀致胡適」（殘）（1920年8月2日），見《胡適來往書信選》，上冊，107頁。

75　〈宣言〉全文錄在李大釗研究會編：《李大釗文集》，北京：人民出版社，1999年，第5冊，337–339頁。

76　陳獨秀：〈談政治〉，《新青年》，第8卷，第1號（1920年9月），見《陳獨秀著作選編》，第2卷，249–250頁。

77　陳獨秀致胡適等，1921年1月9日，新出書信。

後來陳獨秀自己寫出了他對無政府主義的想法，以為「近來青年中頗流行的無政府主義，並不完全是西洋的安那其」，而是「固有的老、莊主義復活，是中國式的無政府主義。所以他們還不滿於無政府主義，更進而虛無主義，而出家，而發狂，而自殺」。這「是青年底大毒」。他主張，只有「從政治上、教育上施行嚴格的干涉主義」，「早日造成一個名稱其實的『開明專制』之局面」，中華民族的腐敗墮落方可救治。而要這樣做的「最大障礙，就是我們國民性中所含的懶惰放縱不法的自由思想。鑄成這腐敗墮落的國民性之最大原因，就是老、莊以來之虛無思想及放任主義」。[78] 其言外之意，思想和政治不能兩分，當以政治上的干涉主義來對抗虛無思想、放任主義。

胡適此前雖未接受陳獨秀的命題作文，顯然受到其影響，且不排除後來直接受到此短文的影響。他在1921年6月18日的日記中說，「現在的少年人把無政府主義看作一種時髦東西，這是大錯的」，頗像是在引述陳獨秀的文字。胡適強調：「我們現在決不可亂談無政府；我們應談有政府主義，應談好政府主義！」同年8月初在安慶，他「第一次公開的談政治」，講的就是「好政府主義」，明言他所說的好政府主義是有政府主義，是反對無政府主義的。[79] 可知陳獨秀對胡適的影響，在逐步發酵。

也是在《新青年》8卷1號之上，刊出了〈本誌特別啟事〉，宣稱「本誌自八卷一號起，由編輯部同人自行組織新青年社，直接辦理編輯印刷發行一切事務」。這大概是針對此前關於第7卷的合同，揆諸此前往還信件和別的文獻，似未見「新青年社」相應的實際行動，可知該社不過是對外宣佈「自行組織」，基本仍是陳一人在操辦，僅維持着團體的外表而已。

78　陳獨秀：〈隨感錄‧中國式的無政府主義〉，《新青年》，第9卷，第1號（1921年5月），見《陳獨秀著作選編》，第2卷，376頁。

79　《胡適日記全編》，1921年6月18日、8月5日，第3冊，325、414–417頁。

　　傅斯年後來說，《新青年》可以分做三個時期，一是1917年夏以前，是陳獨秀獨力編著的；二是1917年夏至1920年初，是陳「與當時主張改革中國一切的幾個同志，特別是在北京大學的幾個同志共辦的，不過他在這個刊物中的貢獻比其他人都多」。三是自1921年初算起，「這個刊物變成了共產主義的正式宣傳刊物，北大的若干人如胡適之先生等便和這個刊物脫離了關係」。而《新青年》的轉向，也有個過程，「自第六卷起漸注重社會問題，到第七卷的下半便顯然看出馬克斯主義的傾向」，8卷以後，對社會主義的傾向才「具體化」。[80]

　　當年傅先生雖是學生，卻參與北大諸多事務，與胡適、李大釗、周作人等往還甚多，是深知內情的人。他這一分期顯然經過仔細斟酌，特別是把1920年初到1921年初這一年的時間劃為二三期之間的過渡期，尤顯分寸。實際上，1921年1月出版的8卷5號上，仍有胡適的文字。所謂「脫離關係」，只能在此之後。[81]換言之，即使在8卷1號的新傾向已經很明顯後，《新青年》的北京同人還在試圖尋求妥協，直到陳獨秀在上海引進新人參與編輯，才導致最後的分裂。

五、《新青年》編輯部改組風波

　　1920年12月，陳炯明請陳獨秀到粵主持廣東全省教育。陳獨秀在月初致函李大釗、胡適等九人，說自己將赴廣州，「此間編輯事務已請陳望道先生辦理，另外新加入編輯部者，為沈雁冰、李達、李漢俊三

80　傅斯年：〈陳獨秀案〉(1932年)，3、5頁。

81　8卷5號是在上海的陳望道開始負責《新青年》的編輯工作，他在1921年1月15日致信(明信片)胡適說：「來函敬悉。大作已載在《新青年》八卷五號了。《新青年》內容問題，我不願意多說話，因為八卷四號以前，我純粹是一個讀者；五卷〔五號〕以後，我也只依照多數意思進行。」「陳望道致胡適」(1921年1月15日)，見《胡適遺稿及秘藏書信》，第35冊，419頁。

人」。該信仍是胡適在處理，他在信上批註：「請閱後在自己名字上打一個圈子，並請轉寄給沒有圈子的人。」[82]由於這是「公信」，說得較為「客觀」，沒什麼解釋。

陳獨秀於12月16日動身前夕，又致信胡適、高一涵，進一步申說其意。他表示，近來「《新青年》色彩過於鮮明，弟近亦不以為然。陳望道君亦主張稍改內容，以後仍以趨重哲學文學為是。但如此辦法，非北京同人多做文章不可。近幾冊內容稍稍與前不同，京中同人來文太少，也是一個重大的原因」。[83]顯然，陳獨秀當時並不覺得他對編輯部的處置有什麼不妥，對北京同人的感覺也不錯。所以在12月20日到廣州的次日，再寫信給二人，述說了前引希望杜威能派一人來實驗其新教育等事。

但北京同人顯然對陳獨秀把《新青年》編輯事務交與他人，並讓編輯部新增數人的做法非常不滿。[84]這在很大程度上或許即歸因於所謂「新青年社」並未正式「由編輯部同人自行組織」，則每個人都可認為自己是「社員」，同時也覺得對「編輯部」的擴充有發言權。最先表態的是陶履恭，由於當時官方已「不准郵寄」《新青年》，陶氏主張不妨「就此停版」，並建議「日內開會討論一番，再定如何進行」。[85]這與大家此前對陳獨秀辦刊的放任態度，已經很不相同了。

北京同人的不快，系統表述在稍後胡適給陳獨秀的信中。對陳獨秀所說《新青年》「色彩過於鮮明」，胡適表示已經難以抹淡，蓋「北京同

---

82 「陳獨秀致李大釗、胡適等」（1920年12月初），見《胡適來往書信選》，上冊，116頁。

83 「陳獨秀致胡適、高一涵」（1920年12月16日），見水如編：《陳獨秀書信集》，北京：新華出版社，1987年，292–293頁。

84 如錢玄同於12月16日致信周作人：「我現在對於陳望道編輯《新青年》，要看他編輯的出了一期，再定撰文與否。如他不將他人底稿改用彼等──『哪』『佢』……──字樣，那就不說什麼；否則簡直非提出抗議不可了。」見《錢玄同文集》，北京：中國人民大學出版社，1999年，第6卷，41頁。

85 「陶孟和致胡適」（1920年12月14日），見《胡適來往書信選》，上冊，116頁。

人抹淡的工夫，決趕不上上海同人染濃的手段之神速」。他提出三個解決辦法：一是「聽《新青年》流為一種有特別色彩之雜誌，而另創一個哲學文學的雜誌」；二是恢復「不談政治」的戒約，從9卷1號起把《新青年》編輯事務移歸北京同人處理，並發表一個新宣言，「注重學術思想藝文的改造，聲明不談政治」；三即陶履恭所建議的「暫時停辦……但此法與〔於？〕『新青年社』的營業似有妨礙，故不如前兩法」。胡適表示，他以外至少有六人贊同第一二兩法。不過，胡適在信中使用了「上海同人」的說法，信末並云「此信我另抄一分，寄給上海編輯部」，似已實際接受陳獨秀的擴軍。[86]

這一次，脾氣不好的陳獨秀又大怒了。他在1921年1月9日給胡適等九人發出一封公信。此信重要，茲錄如次：

適之先生來信所說關於《新青年》辦法，茲答覆如左：

第三條辦法，孟和先生言之甚易。此次《新青年》續出，弟為之甚難。且官廳禁寄，吾輩仍有他法寄出，與之奮鬥（銷數並不減少）。自己停刊，不知孟和先生主張如此辦法的理由何在？閱適之先生的信，北京同人主張停刊的並沒有多少人，此層可不成問題。

第二條辦法，弟雖離滬，卻不是死了。弟在世一日，絕對不贊成第二條辦法。因為我們不是無政府黨人，便沒有理由可以宣言不談政治。

第一條辦法，諸君盡可為之，此事於《新青年》無關，更不必商之於弟。若以為別辦一雜誌，便無力再為《新青年》做文章，此層亦

86 「胡適答陳獨秀」（約1920年底），見《陳獨秀書信集》，293–294頁。按胡適覆信時尚未收到周樹人、周作人的回應，隨後魯迅代表二人說，周作人以為「照第二個辦法最好」。他自己則以為三個都可以。但如北京同人一定要辦，仍以「第二個辦法更為順當」，卻不必「發表新宣言說明不談政治」。「魯迅致胡適」（1921年1月3日），見《魯迅全集》，第11卷，371頁。則所有人都不同程度地表示了贊同胡適的提議。

請諸君自決。弟甚希望諸君中仍有幾位能繼續為《新青年》做點文章。因為反對弟個人，便牽連到《新青年》雜誌，似乎不大好。

再啟者：前擬用同人名義發起新青年社，此時官廳對新青年社頗忌惡，諸君都在北京，似不便出名，此層如何辦法，乞示知。又白

從前幾封信看，陳獨秀本帶着較好的心情離滬赴粵，且對自己的主張並無多少不好的感覺。他自有其理由：北京同人既不怎麼出款，又不寄稿，上海不另找人，稿件從何而來？且此信明確了「新青年社」實際並未組成，所以對他也沒有什麼太明確的約束。最主要的當然是他正在廣州滿腔熱情地張羅，忽然被潑冷水，心情難以扭轉，說話也就情緒十足了。其實陳氏自己在四五月間曾兩次提出三項建議，都包括不繼續出版的選項，故陶履恭的建議並不太出格。但因陳獨秀心緒已不佳，再加上他注意到北京同人多不贊成停刊，故懷疑陶履恭已被梁啟超等「研究系」收買，單獨給陶寫了一封幾乎絕交的信(原信未見，從胡適回信中得知)。

胡適隨即回信陳獨秀，說他「真是一個鹵莽的人」。他特別強調，梁啟超等人與《新青年》同人，是「我們」與「他們」的關係，長期處於競爭之中，最近還有日趨激烈的趨勢。換言之，陳獨秀對陶履恭的懷疑，幾乎等於認友為敵。但胡適表示，「我究竟不深怪你，因為你是一個心直口快的好朋友」。他提醒陳獨秀，現在謠言甚多，「北京也有『徐樹錚陸軍總長、陳獨秀教育總長』的話」。若這也相信，豈不也可以像陳獨秀警告陶履恭一樣說出什麼「一失足成千古恨」的話？胡適並說，「這事，我以後不再辦了」，頗有些「言盡於此」的味道，顯然他也「往心裏去」了。[87]

胡適關於「我們」與「他們」的描述，是比較貼切的。按照沈雁冰的回憶，梁啟超等人想要獨立從事文化事業的「群體自覺」，恰在這段時

---

87 「胡適致陳獨秀」(稿)(1921年初)，見《胡適來往書信選》，上冊，119–120頁。

間才明朗化。張東蓀本也是談唯物史觀的，並曾參與在上海籌組共產黨的活動。後得「隨梁任公遊歐之某某函告，彼等一系之政治立場及文化工作方策，經已決定」，乃「不能不改變論調」，使人感覺其言論「判若兩人」。[88] 而張東蓀「議論大變」後，陳獨秀本人就和他辯論過，這對他應該是記憶猶新的事。[89]

這是當時的敏感話題，一時「北京同人」紛紛就「研究系」問題表態。錢玄同勸解說，「仲甫本是一個鹵莽的人，他所說那什麼研究系底話，我以為可以不必介意。我很希望你們兩人別為了這誤會而傷了幾年來朋友的感情」。蓋陳獨秀「本是老同盟會出身，自然容易和國民黨人接近；一和他們接近，則冤枉別人為研究系的論調，就不知不覺地出口了」。其實，「廣東、上海本來是一班浮浪淺薄的滑頭底世界。國民黨和研究系，都是『一丘之貉』」。[90] 在給周氏兄弟的信中，錢氏明言：「所謂長江流域及珠江流域的議論，大概就是邵力子、葉楚傖、陳望道等人的議論。」陳獨秀「疑心適之受了賢人系的運動，甚至謂北大已入賢掌之中」，就是受了這些人的影響而「神經過敏」。[91]

李大釗也對胡適說，「關於研究系謠言問題，我們要共同給仲甫寫一信，去辨明此事」。則在《新青年》「北京同人」眼中，「我們」與「他們」或許有各種不同的區分，但「研究系」的異己性，似乎超過蘇俄、勞農

88　沈雁冰：〈客座雜憶──《新青年》談政治之前後〉，見《茅盾全集》，第12卷，96頁。

89　張東蓀：〈由內地旅行而得之又一教訓〉，載《時事新報》，1920年11月6日，第2張，第1版；陳獨秀：〈關於社會主義的討論〉，《新青年》，第8卷，第4號（1920年12月）、〈社會主義批評〉，《新青年》，第9卷，第3號（1921年7月），見《陳獨秀著作選編》，第2卷，303–310、338–350頁。

90　「錢玄同致胡適」，1920年底至1921年初，新出書信。

91　「錢玄同致魯迅、周作人」（1921年1月11日），見《錢玄同文集》，第6卷，14–16頁。實際上，胡適不久即捲入「好人政府」的活動，儘管仍與研究系競爭（參見羅志田：《再造文明之夢：胡適傳》，232–239頁）。錢玄同的政治眼光，顯然不如陳獨秀。

等標籤。李大釗進而說，「現在我們大學一班人，好像一個處女的地位，交通、研究、政學各系都想勾引我們，勾引不動就給我們造謠」。而「國民系看見我們為這些系所垂涎，便不免引起點醋意，真正討厭」！[92] 這是一個萌芽中的重要現象——或因「五四」的推動，北大的新派諸人已成各方面接近的對象。在大家都感覺北大諸多不順之時，李大釗能看到這一發展中的權勢轉移，眼光甚敏銳。

同時，李大釗另給胡適一信，表示「對於《新青年》事，總不贊成分裂。商議好了，出兩種亦可，同出一種亦可」。若是《新青年》「演起南北對峙的劇來，豈不是要惹起旁人的笑死」！儘管他也說知道胡適和陳獨秀「都不是一定要搶《新青年》這個名稱，還是主義及主張有點不同的緣故」。同時承認自己的主張「與仲甫的主張相近」，但仍強調：「不拘《新青年》在哪裏辦，或是停辦，總該和和氣氣商量才是。」陳、胡二人的「朋友交情」，不能「因此而大傷」！若《新青年》「是你的或是他的，我們都可以不管；如果大家都與他有點關係，我們也不應該坐視你們傷了感情」。他並表示，仍將嘗試進行調停。[93]

那時李大釗調停的對象，似乎首先針對錢玄同和周氏兄弟。他給錢玄同的信說：「仲甫由粵寄來信三件，送上。看過即轉交豫才、啟明兩先生。他們看過，仍還我，以便再交別人。」錢玄同自己的感覺，是「陳、胡二公已到短兵相接的」程度，[94]大概陳獨秀那幾封信的口氣已甚尖銳。錢的日記說，「接守常信，知仲、適兩人意見衝突，蓋一則主張介紹勞農，又主張談政；一則反對勞農，又主張不談政治」。他自己兩皆不以為然，視之為「豬頭問題」，但他第二天仍為此事「往與守常商量」。[95]

---

92 「李大釗致胡適」（1921年1月18日），見《李大釗文集》，第5冊，299頁。

93 「李大釗致胡適」，1920年底至1921年初，新出書信。

94 「李大釗致錢玄同」（1921年1月上旬）、「錢玄同致魯迅、周作人」（1921年1月11日），見《錢玄同文集》，第6卷，14–16頁。

95 《錢玄同日記》，1921年1月18日、1月19日，第4冊，1930、1931頁。

隨着事態的發展，胡適很快發現，北京同人因陳獨秀的動怒似乎對他有些「誤會」，於是在1月22日給北京同人寫了一封詳細的信，特別附上他給陳獨秀的原信和陳獨秀給陶履恭的信，以說明情況。胡適在信中不得不兩次說「我並不反對獨秀」和「我也不反對《新青年》」，他不過盼望《新青年》像陳獨秀說的那樣「稍改變內容，以後仍以趨重哲學文學為是」。這裏的《新青年》，當然是特指，即那個已經轉向、而北京同人此前並未特別支持的《新青年》。胡適表示，他現在「很願意取消『宣言不談政治』之說，單提出『移回北京編輯』一法」；蓋正因刊物「此時在素不相識的人的手裏」，故北京同人未曾多做文章。他要求各位同人對他的建議「下一個表決」。[96]

這一次，各人意見很不一致。此前的研究者未能看到上面那封陳獨秀「誤解」的原信，所以影響了對胡適建議和其他同人反應的理解。現在此信「出現」，很多事情都更清楚了。基本上，雖然多數人不無保留地贊同了胡適移京編輯的意見，但都強調了任何處置都應堅持陶履恭所說的不能「破壞《新青年》精神之團結」的原則。團結體現在「精神」上，這一用語相當有分寸，尤其周作人和魯迅都指出了「現在《新青年》的趨勢是傾於分裂的，不容易勉強調和統一」的現實。[97]胡適此信及北京同人的各種反應，過去都能看到，也早有人使用，就不在這裏詳細引述了。

隨後胡適在2月6日致函陳獨秀說明情況，陳獨秀在2月15日覆信，說「現在《新青年》已被封禁，非移粵不能出版，移京已不成問題」，算是為此事劃上句號。[98]或許是胡適的解釋澄清了誤解，或許是分裂已成事實，陳獨秀此函雖仍有一些不和諧的意思，口氣卻相當溫和，大概

96　「胡適致李大釗等」(1921年1月22日)，見《胡適全集》，合肥：安徽教育出版社，2003年，第23卷，290–292頁。

97　各收信人對胡適原信的「表決」意見，1921年1月22–26日，見《胡適全集》，第23卷，292–293頁。

98　「陳獨秀致胡適」(1921年2月15日)，見《陳獨秀書信集》，308–309頁。

也是在試圖維持彼此間「精神之團結」。他當然知道「分裂」的實際後果，在同一天寫給魯迅、周作人的信中說，「北京同人料無人肯做文章了，唯有求助於你兩位」了。[99]

六、餘論：「五四」比我們認知的更豐富

《新青年》的分裂和停辦，也代表着一個時代的結束。魯迅後來說，「自從支持着《新青年》和《新潮》的人們風流雲散以來」，1920至1922年間的北京，「顯著寂寞荒涼的古戰場的情景」。隨後嶄露頭角的是《晨報副刊》和《京報副刊》，但「都不是怎麼注重文藝創作的刊物」。[100]新文化運動本發源於文學革命，使「學術思想藝文的氣息濃厚起來」，[101]曾是《新青年》多數同人的願望。「文藝創作」的淡出，與《新青年》的分裂有着直接的關聯。

不過，《新青年》的當事人雖然實際分裂，其「精神團結」確實仍在維持，即使在已經成為中共刊物之後亦然。老朋友間的感情也並未改變，這次新出的信中還有好幾封此後陳獨秀給胡適的信，充分體現了兩人思想雖漸不一致，友情仍繼續維持。同時，這些信件表明，胡適、沈雁冰和汪原放等人的回憶文字，已大致梳理出事情的脈絡，卻未被看重，研究者也不怎麼引以為據，很可以引起我們的反思。

胡適曾強調，影響歷史的因素是多元的，如民初的文學革命思想，就是「許多個別的、個人傳記所獨有的原因合攏來烘逼出來的」。歷史事實的形成，「各有多元的、個別的、個人傳記的原因」，其解釋自不能太單一。「治歷史的人應該向這種傳記材料裏去尋求那多元的、個別的

99　「陳獨秀致魯迅、周作人」(1921年2月15日)，見《陳獨秀書信集》，309頁。
100　魯迅：《中國新文學大系‧小說二集序》，見《魯迅全集》，第6卷，245頁。
101　「魯迅致胡適」(1921年1月3日)，見《魯迅全集》，第11卷，371頁。

因素」，不必總想「用一個『最後之因』來解釋一切歷史事實」。[102]同理，
《新青年》的轉向和同人的分裂，也是「許多個別的、個人傳記所獨有的
原因合攏來烘逼出來的」。

　　我們久已習慣於把一種有代表性的傾向視為「整體」，其實不然。
尤其很多時候並存着不止一個代表性傾向，各傾向間可能還存在着緊張
和衝突。這些傾向彼此相互關聯，都是整體的組成部分，卻不必就是整
體本身。任何代表性傾向自然與當時當地的人心所向密切關聯，體現出
當事人關懷的重心和變化，必須予以足夠的關注；但在充分關注代表性
傾向的同時，讀史者也不能讓傾向之外的各種內容溜過去。

　　在這次新出的信件中，還有一封錢玄同1921年2月1日致胡適的
信，是在胡適要求同人「表決」關於《新青年》是否移京編輯之後所寫，
他在表態之餘特別聲明：

> 我對於《新青年》，兩年以來，未撰一文。我去年對羅志希說：
> 「假如我這個人還有一線之希望，亦非在五年之後不發言。」這就
> 是我對於《新青年》不做文章的意見。所以此次之事，無論別組或
> 移京，總而言之，我總不做文章的（無論陳獨秀、陳望道、胡適
> 之⋯⋯辦，我是一概不做文章的。絕非反對誰某，實在是自己覺
> 得淺陋）。

　　這是錢玄同的老實話，類似的意思他在別處也曾表述過。陳獨秀
此前給周作人的信就說：「玄同兄總是無信來，他何以如此無興致？無
興致是我們不應該取的態度，我無論如何挫折，總覺得很有興致。」[103]

102　胡適：《中國新文學大系·建設理論集導言》（1935年9月），見《胡適全集》，第
　　　12卷，274–276頁。
103　「陳獨秀致周作人」，1920年8月13日，引在周作人：〈實庵的尺牘〉，見鍾叔河
　　　編訂《周作人散文全集》，桂林：廣西師範大學出版社，2009年，第9卷，611
　　　頁。

這倒很能體現兩人性格的差異，陳獨秀不僅以「終身的反對派」著稱，他之所以能屢折屢起，恐怕正依靠這「總覺得很有興致」的精神。

錢玄同這段話可以提醒我們的是，當《新青年》面臨轉向和分裂之時，對個人而言，不寫文章並不一定意味着就站在某一邊（若是群體的不寫，自然代表着某種傾向性）。過去的研究常喜歡劃線分派，實際上，李大釗在這一事件的多數時候並未偏向陳獨秀一邊，頗能説明意識形態未必是一個選擇的關鍵。而魯迅雖然更喜歡陳獨秀的為人，也反對「發表新宣言説明不談政治」，卻支持胡適讓「學術思想藝文的氣息濃厚起來」的主張，還説他所知道的幾個讀者也「極希望《新青年》如此」。[104] 另一方面，與思想傾向關係不大的經費問題，反倒可能是使刊物與中共聯繫起來的一個實際考量因素，儘管目前尚未見到明顯的依據。

不論對當事人還是對後之研究者而言，「五四」恐怕都是一個涵蓋極為複雜的符號和象徵，很難一言以蔽之。正因個人傳記材料是認識歷史和解釋歷史的一個要項，這次新出現的相關信件，不僅讓我們更進一步地知道了《新青年》究竟是怎樣轉向，也對我們理解和認識「五四」的豐富性，有着特殊的意義。

---

104 「魯迅致胡適」(1921年1月3日)，見《魯迅全集》，第11卷，371頁。

第九章

課業與救國：
從老師輩的即時觀察認識「五四」的豐富性[*]

惲代英在 1924 年注意到，那時青年人做文章很喜歡說「自從五四運動以來」，這八個字「久已成了青年人作文章時濫俗的格調」。他特別指出，這表明了一般青年崇拜五四的心理。[1] 幾年後，高一涵在論及「越是老年人，越是樂觀；越是青年人，越是悲觀」這一當時的反常現象時，提醒年輕人說，「只受得住恭維，不能算是好青年；要受得住磨折，才能算是好青年」。歷來的「偉大」多是「咒罵起來的」，而非「崇拜起來的」。[2]

兩人都共同使用了「崇拜」一詞，很能代表當時青年的心態。但青年為什麼會崇拜五四以及他們何以成了崇拜的對象，與五四給他們帶來了什麼直接相關。從這個方面，也可看到當時人承繼了什麼樣的五四遺產。又幾年後的一篇文章說，不少「學生從內地一到上海，第一件事就是縫西裝。以後就是體育、戀愛和文學。換言之，就是享受『五四』時

*　本文使用的許多材料，承北京大學歷史系王波、周月峰、薛剛、高波等同學提示或協助複製，特此致謝！

1　惲代英：〈「自從五四運動以來」〉，《中國青年》，第 26 期（1924 年 4 月 12 日），收入《惲代英文集》，北京：人民出版社，1984 年，上卷，493–496 頁。

2　涵廬：〈閒話〉，《現代評論》，第 7 卷，第 181 期（1928 年 5 月 26 日），9–10 頁。

代爭鬥得來的賜予」。[3]這裏所說的「學生」，當然只能是相對富裕者。而且這也只是五四遺產的一個面相，與高一涵所說的青年之「悲觀」，恐怕是一個錢幣的兩面。

無論如何，那是一個與今天大不一樣的時代，舊的權威和信仰都受到強烈衝擊，正瀕臨瓦解；年輕人的地位和機會，是今日難以想像的。這也不完全歸因於五四，從晚清以來，尊西、趨新、重少已成為流行的社會和政治風氣。當時很年輕就能成名，北大教授之中，二三十歲者並非少數。那真是一個對年輕人太好的年代。但推崇往往與責任並存，彼時青年的煩惱，似又遠過於其他年齡層次的人（詳另文）。我想，要真正認識五四，理解五四，一定要先回到那個太不一樣的年代之中。

本文無意於系統的論述，僅從「五四」時當事人中老師一輩的一些即時觀察和事後反思，試探索「五四」本身及後人認知中「五四」那豐富多歧的面相（本文會頻繁使用「五四」一詞來指稱狹義和廣義的五四運動，下文除引文外，將不再使用引號）。

一、蔣夢麟對五四的即時觀察

在五四的同時代人眼中，五四究竟改變了什麼？敏銳的觀察者，在五四運動之後不久就感覺到那是一個歷史性的轉變。一般人說到五四的老師輩，通常都聯想到陳獨秀、胡適、魯迅等，其實蔣夢麟也是那一輩的當事人之一。由於因緣際會，他半偶然地在五四後代理了一段時間的北大校長。蔣氏敏銳地意識到時代的變化，從當年9月底到11月初，有意進行了相對廣泛的即時「調研」。[4]

3　仲璋：〈上海底文化〉，《二十世紀》，第2卷，第6期（1933年），175頁。

4　蔣夢麟離校和返校的時間據〈教務處佈告〉，載《北京大學日刊》，1919年9月30日，第1版；〈蔣夢麟啟事〉，載《北京大學日刊》，1919年11月11日，第1版。

蔣夢麟自述道：「我於近五十天中，在北京、天津、南京、上海、杭州五個大城市中各住了幾天，所以黃河流域和長江流域的重要文化中心，都親身吸了幾口新鮮空氣。其餘太原、長沙、成都、廣州等地方雖沒有到，也曾讀過他們的新出版物——現在這種新出版物，全國約有二百五十餘種，我看過的約有五十餘種。」[5]在對其與五城市朋友的談論和各地出版物的言論進行歸納之後，蔣夢麟很快寫出了兩篇文章，一篇是「對辦學的人發言」，一篇是「對青年說的話」。[6]

蔣夢麟認識到，「這回五四運動，如狂風怒潮的掃蕩了全國，我們大家覺得幾年裏邊，終有一個大事業生出來」。[7]他以為，「大凡驚天動地的事業，都是如潮的滾來」，當「這種潮澎湃起來」，就會「使一般社會覺悟」。他把五四看作歐洲的文藝復興，因為中國近二十年中，環境的變遷速度極大，卻「沒有新學術去供給他的要求」，致使社會的病一天天加重。故「這回五四學潮以後的中心問題」，也「就是新文化運動的問題。預備釀成將來新文化的大潮，掃蕩全國，做出驚天動地的事業」。他把希望寄託在青年身上，要「集合千百萬青年的能力，一致作文化的運動；就是匯百川之水到一條江裏，一瀉千里」，形成「新文化的怒潮，就能把中國腐敗社會洗得乾乾淨淨，成一個光明的世界」！[8]

就在五四前夕，蔣氏還認為「吾國青年最大之惡德有二：一委靡不振，一依賴成性」，故強調青年必須「養成獨立不移之精神」。[9]此時他

5　蔣夢麟：〈這是菌的生長呢還是筍的生長呢〉，載《晨報・週年紀念增刊》，1919年12月1日，第1版。

6　上引《晨報》之文即是針對青年學生的，而針對教育者的，則是〈學潮後青年心理的態度及利導方法〉，發表在《新教育》，第2卷，第2期（1919年10月）之上。兩文發表時間雖有先後，寫作應大致同時。

7　蔣夢麟：〈學潮後青年心理的態度及利導方法〉，114頁（卷頁）。

8　蔣夢麟：〈新文化的怒潮〉，《新教育》，第2卷，第1期（1919年9月），19–22頁（卷頁）。

9　蔣夢麟：〈和平與教育〉，《教育雜誌》，第11卷，第1期（1919年1月），5頁（欄頁）。

則明顯感到,「五四以後青年的態度,和從前大變了。這個態度的變遷,和中國將來的事業很有關係」。他特別提到清末青年學生的心理從尊師尊君變到「反對學校主持人和反對清朝」,終釀成了辛亥革命。近來青年心理的態度,可以叫做「心的革命」。與外在的政治革命不同,「心的革命是到了人自己的身上來了。人到了革自己的心的命,你看這關係何等重大」,由此也「可以預測將來發生的事業」。[10]

當時青年的一個主要變化,就是有個疑問符「飛揚於全國青年腦中,好像柳樹的花絮,春風一動,滿天皆是」。東望西瞧,「事事要問為什麼?做什麼?這個是什麼?究竟是什麼一回事」?在一個老國度裏,無論思想或行為,「必有許多遺傳下來的習慣」。在沒有產生疑問的時候,「不知不覺的大家都會照樣做過去」。若像這樣問下去,「就會鬧出許多『亂子』來」。因此,這疑問符「就是思想革命的旗幟,到一個地方就招到許多的革命軍。如非將個個人的腦袋打破,是沒有法來『平亂』的」。[11]

蔣氏以為,「這回思想革命和辛亥政治改革一個不同的要點,就是這個『疑』字」。它「不但把我國固有的思想信仰搖動了,而且把『舶來品』的思想信仰也搖動起來。若非真金,無論中國銅、外國銅,都被這個『疑火』燒熔」。這些思想革命的人當然要輸入西洋的思想,但他們知道,「盲從『物競天擇』和盲從『三綱五常』的,是犯同一個毛病」。不僅如此,他們「對於自己的思想行動」,同樣抱懷疑的態度,想要知道這回思想革命「究竟是什麼一回事」,因而產生出「覺悟」、「徹底覺悟」等名詞。從前的人「是人家——古人或外國人——替他們想」和替他們說,而「現在的趨勢,望那『自己想、自己說』一方面走」。

我們都知道胡適曾給「新思潮」下了一個定義,即「新思潮的根本意義只是一種新態度。這種新態度可叫做『評判的態度』」。他也曾明確表

---

10 蔣夢麟:〈學潮後青年心理的態度及利導方法〉,113–114頁(卷頁)。
11 本段與下段,參見蔣夢麟:〈這是菌的生長呢還是筍的生長呢〉。

示，那需要「重新估定」的「一切價值」，基本是源自中國文化的。[12]很多人即因這一反傳統色彩而把「五四」視為西方意義的「啟蒙」；可是我們不要忘了，胡適這一表述的思想資源是尼采那句「重新估定一切價值」的話，而尼采恰以「反啟蒙」著稱，這似乎是眾皆認可的。

我無意據此支持或否定「五四」是否類同西方意義的「啟蒙」，因為「五四」本不宜一言以蔽之。如果新思潮的意義確如胡適所說「只是一種新態度」，而學生輩的「態度」真如蔣夢麟所觀察是對古今中外都置疑，則與老師輩主要「重新估定」中國傳統價值的態度，是有相當差別的（這個問題牽涉太寬，當另文探討）。但蔣氏也可能把自己之所欲見投射到學生的身上，他在學生遊行前幾個月先已提倡「以教育方法解決中國之問題，當養成精確明晰之思考力」，即「事事當以『何以如此』為前提」。[13]則其眼中青年學生這樣的廣泛懷疑態度，多少也有些「我欲仁而斯仁至」的意味。

在蔣夢麟看來，學生那種逢事便問為什麼的懷疑態度，必然導致一種「新人生觀」。因為「問來問去，問到自己的身上」，就會歸到一個問題：「人生究竟做什麼？我們向來的生活，是什麼的生活？我們現在的生活，是什麼的生活？我們要求的是什麼生活？我們理想中應該有什麼生活？我們對於向來的生活知足麼？我們對於現在的生活知足麼？」結論當然是反面的：「我們向來的生活，是中古的生活，不知不覺的生活；我們現在的生活，是乾涸的生活、麻木的生活。」簡言之，「他們看了現在個人的生活都不滿足，社會的習慣都可懷疑」。實際上，「現在流行的種種問題，如婦女問題、勞工問題、喪禮問題、婚姻問題，都從這裏生出來的。將來問題愈弄愈多，範圍愈推愈廣，舊社會必如破屋遇狂

12　參見羅志田：《再造文明之夢：胡適傳》，北京：社會科學文獻出版社，2015年，174頁。

13　蔣夢麟：〈和平與教育〉，6–7頁（欄頁）。

風，紛紛倒塌；新生活必如春園遇時雨，到處萌芽」。這大致就是他所說的幾年裏邊終會「生出來的大事」。[14]

　　而蔣氏所見五四運動與辛亥革命最大的不同，在於辛亥革命後當事人都非常樂觀地向前看，以為一切都會好起來；而許多五四青年在經歷運動之後，卻「覺得自己腦裏空虛，此後他們要靜養靜養，從那學術方面走」。不少以前很肯幹事的青年，「現在都願回到圖書館、試驗室裏去了」。因為「他們都知道『無源之水，移時而涸』，所以都要求水的源」。這個觀察基本不差，[15]只是有此感覺的學生或並未到「許多」的程度。值得注意的是，蔣氏此時還特別提醒學生：「這文化運動，不要漸漸兒變成紙上的文章運動；在圖書館試驗室裏邊，不要忘卻活潑潑的社會問題，不要忘卻社會服務，不要忘卻救這班苦百姓。」[16]

　　這最後的觀察和提醒，非常有象徵意義。作為「我們講教育的」老師之一，蔣夢麟對學生能感覺到自身學養的不足並意識到需要繼續向學術方面發展，顯然是非常欣慰的。但是，如果確如他所說，五四學潮的中心問題是向社會提供「新學術」，以釀成將來新文化的大潮，「把中國腐敗社會洗得乾乾淨淨，成一個光明的世界」，而這一將要發生的「大事業」正肩負在這些學生身上，又怎麼能讓他們完全回歸圖書館和試驗室呢！蔣氏或許希望能兩皆兼顧，後來的事態發展表明，青年學生的地位被高看之後，責任便隨之而至。就個體的精力而言，服務社會和拯救窮苦百姓，可能是個無底洞。要想學習服務兩不誤，是一個基本無法實現的幻想。

14　蔣夢麟：〈學潮後青年心理的態度及利導方法〉，115–116頁（卷頁）。

15　在次年《新教育》「學潮回顧」專輯裏唯一出自學生的文章中，羅家倫就提出學生應據性之所近有所「分工」，一些人不妨繼續街頭行動，另一些人則可轉而側重於「文化運動」。羅家倫：〈一年來我們學生運動底成功失敗和將來應取的方針〉，《新教育》，第2卷，第5期（1920年1月），600–614頁（卷頁）。按這期《新教育》顯然不是1月出版，羅氏明言其文撰寫於當年5月1日。

16　蔣夢麟：〈這是菌的生長呢還是筍的生長呢〉。

　　學生輩的黃日葵當時即對「指導者、運動者，一起要我們青年包辦」的現象深感擔憂。那時「稍為有點才幹的學生，他的書室，便成公事房；他的生涯，便是書記。久而久之，成為習慣，竟以此種生活為『正』、讀書為『副』」。他們「一邊要上六七小時的功課，一邊要替幾個雜誌報館寫些東西，一邊要當義務學校的教員，一邊要出發去講演」，已經「差不多吃飯洗澡也分不出時間來」，哪裏還有「潛心學問、切實研究的餘地」？與其說是「修學」，不如說是「獵學」。[17]這是當年學生實際狀況的形象寫照，而且是一種相對「日常」的狀態，遊行罷課等活動還不在其中。北大的五四青年中，《新潮》社的一批學生後來多出國留學，或繼續向學術方面走；其餘很多學生，大約即在這樣的困惑中繼續為國家民族而掙扎着努力。[18]

　　維持這樣一種社會服務為主而「讀書為副」的狀態，也還需要相對平安的環境。一旦國家有事，被寄予厚望的學生更不能不站出來表態。他們可選擇的「運動」方式並不多，結果只能一次次的罷課，那也是他們相對熟悉的。如朱希祖所說：「我們中國的學生，現在為了一個校長要罷課，為了一個省長或督軍要罷課，為了外交的不利要罷課；不問輕重，總以罷課為利器。」然而這樣多次重複的結果，罷課的武器也不那麼利了。[19]這是朱氏在五四週年時所說的話，當時的一些學生，就正處於罷課之中。

17　黃日葵：〈中國危機與青年之責任〉，載《救國日報》1920年1月19日，第2版；〈致黃仲蘇〉，《少年中國》，第1卷，第12期（1920年6月15日），60頁。

18　《國民》雜誌社的許德珩也在「個人的學識不足，修養不到，以後當拼命從此處下手」的心態下赴法國勤工儉學。在許氏所在的少年中國學會中，那時懷抱着「知識不足」感覺而出國留學的年輕人也不少。後來究竟是向學術發展還是走政治救國之路，終成為少年中國學會分裂的主要原因。參見王波：〈少年中國學會的成立及前期活動〉，北京大學歷史學系2008年碩士論文，許德珩語也轉引自該文。

19　朱希祖：〈五四運動週年紀念感言〉，《新教育》，第2卷，第5期，616頁。

二、老師輩一年後的反思

《新教育》在五四一週年時推出了「一年來學潮之回顧和希望」的專輯，第一篇文章是蔡元培所寫，大概有些定調的意思在。他在文章中先充分肯定了學生運動的各種成績，接着筆鋒一轉，說：

> 學生界的運動雖然得了這樣的效果，他們的損失卻也不小。人人都知道罷工、罷市損失很大，但是罷課的損失還要大。全國五十萬中學以上的學生，罷了一日課，減少了將來學術上的效能，當有幾何？要是從一日到十日、到一月，他的損失，還好計算麼？況且有了罷課的話柄，就有懶得用工的學生，常常把這句話作為運動的目的；就是不罷課的時候，除了若干真好學的學生以外，普通的就都不能安心用工。所以從罷課的問題提出以後，學術上的損失，實已不可限量。[20]

不僅如此，蔡元培進而指出，「因群眾運動的緣故，引起虛榮心、倚賴心，精神上的損失，也着實不小」。他的結論是：從上述「功效和損失比較起來，實在是損失的分量突過功效」。因為「學生對於政治的運動，只是喚醒國民注意。他們運動所能收的效果，不過如此，不能再有所增加了」。現在「他們的責任，已經盡了」。而「一般社會也都知道政治問題的重要」，必要時自會因應，「不必要學生獨擔其任」。故學生當時「最要緊的是專心研究學問。試問現在一切政治社會的大問題，沒有學問，怎樣解決」？他希望學生以五四週年紀念日為契機，把以前的成效和損失視為過去，現在則「打定主義，無論何等問題，決不再用自殺的罷課政策；專心增進學識，修養道德，鍛鍊身體；如有餘暇，可以服務社會，擔負指導平民的責任；預備將來解決中國的 —— 現在不能解決的 —— 大問題」。

20　本段與下段，蔡元培：〈去年五月四日以來的回顧與今後的希望〉，《新教育》，第2卷，第5期，589–590頁（卷頁）。

　　先是蔡元培在五四當年結束辭職回校以前，曾先發表告北大學生及全國學生文，指出學生「喚醒國民之任務，至矣盡矣，無以復加矣」；他雖贊同學生繼續從事平民講演和夜班教授等指導平民的社會服務工作，但也只能到此為止。學生首當「注意自己之知識，若志趣，若品性，使有左右逢源之學力，而養成模範人物之資格。則推尋本始，仍不能不以研究學問為第一責任」。蔡元培並溫婉表示，既然學生在給他的電報中表示要「力學報國」，他與學生可以說已就此達成共識。[21]這個認知顯然有些過於樂觀。此後近一年的事實表明，至少相當一部分學生並未接受這樣的共識。故蔡元培在五四週年的文章中，口氣已比此前直白和嚴厲得多。

　　與此相類，朱希祖在這一專輯的文章中，同樣先對五四運動予以肯定，他給學生的定位，也不僅是求學，故其對全國學生的「勸告」是：「運動是仍舊要繼續的，一致犧牲的精神是仍舊要堅持到底的。」不過，「運動的方法要複雜，要經濟，要多方面」。後者才是他真正想要表述的，即「現在學生的運動太單純，太不經濟，方面太少」；具體表現在「學生運動以罷課為利器，其餘只有運動工商、遊行演說、打電報為輔助品」。[22]

　　上述行動「是只可偶為不可常行的。常行是不靈」的。因為「罷課等事，只能聳動社會的耳目，使人因此奮興、自動」。但興奮劑不能有「滋補的遠效」，故五四當年的第一次罷課，還能「有罷市罷工等響應」；到「一而再，再而三，連罷市罷工的舉動都興奮不起了」。而且，「農夫不到大難臨頭，斷不肯把田圃停耕種；學生不到大難臨頭，也斷不可把學校停功課」。雖然五四運動的「精神是不可磨滅的，吾國民眾一線的希

21　蔡元培：〈告北大學生暨全國學生書〉(1919年7月23日)，見高平叔編：《蔡元培全集》，北京：中華書局，1984年，第3卷，312–313頁。

22　本段與下兩段，朱希祖：〈五四運動週年紀念感言〉，615–617頁。

望，全仗這種精神」；卻也要認識到，「學生的學課，就是國家的滋補品，就是一種最大的運動」。後一語最能體現當時老師輩說話的不得已，連上課也必須說成是「運動」，而且是比真正的運動更「大」的運動，才能增強其正當性和說服力。

朱希祖的實際建議是，即將畢業的學生，畢業後可以繼續「做普及教育的事業、地方自治的聯絡，發展有益的實業，傳佈文化的文章，研究精深的科學，[23] 組織有力的團體，監督政府，指導社會」。而其餘在校生則不妨「一面恢復學業，永不罷課，為積極的運動，儲根本的實力；一面多出報紙，傳佈思想，製造輿論，批評群治，轉移人心。政府朝禁一報，則學生夕出十報。又與各處學生及畢業生連絡一致，勸告講演多方並進，成就必較現在宏大」。他希望學生利用五四運動的週年，就此「清算帳目，重整門面，明後天就可以開課」。把運動「換一種方法進行」，以獲取「最後的勝利」。

在一般認知中，朱希祖遠比蔡元培更限於「書齋」；而他對學生的「社會服務」範圍，卻要開放和寬廣得多。蔡元培對學生的社會服務只開放到夜校一類的「指導平民」的程度，且是在求學有「餘暇」時進行。朱希祖則除了遊行罷課一類直接抗議活動外，幾乎贊同並鼓勵其他所有的非求學活動。所謂「政府朝禁一報，則學生夕出十報」，更是想像力十足的鼓動。照這樣做去，黃日葵所描述的「獵學」而非「修學」狀況就會無限延續，哪裏談得上「儲根本的實力」。恐怕正因其接觸學生不多，朱希祖才能如此馳騁其想像。這種基於「無知」的想像性表述，卻也揭示出當年的士風與世風。

曾經留學也資助他人留學的穆湘玥從實業家的立場說，救國之目的同，而其道「不一」，可以「有政治、教育、實業及種種方法，並行不

23　這裏所謂「科學」，其實是各學科學問的簡稱，既不是時人口中的「賽先生」，也不是我們今天區別於「文科」的那個「科學」。後文中好幾處也是這個意思，不再出註。

悖」。各界當盡各自的責任，「青年當求學時代，故青年最大之愛國表示，尚在來日。而來日最大表示之豫備，在乎專心向學，作他日獻身社會之整備」。學生研究學術之餘，也可發揮其愛國熱誠。「如前此之愛國運動，偶一為之，本無不可」。但他對青年的「忠告」，仍是「愛國熱誠，宜深蓄而不宜輕泄，俾日後蔚成大材，為國效用」。[24]

與他們相比較，陶履恭此時仍以為「學生運動太重視學生自身，忘卻自身以外之社會」。他說，學生中真正「有覺悟有理想而從事運動者」只是少數，其整體上「仍然不與社會相聯絡」。學生多「出身中等階級上等階級，他與農人、工人、商人、軍人，是完全沒有社交的關係，沒有相聯的思想」。他們「自居為主人翁，卻忘了那在中國坐鎮幾千年的鄉下老、小工人、小商人」。其實，「中國的實力不在那一部分的受了膚淺的新思潮的學生」，而在那「不揚名不出風頭終日勤苦耐勞的農工商的勞動者」。若是「鄉下老一旦真全急了，政府也要束手的」。他希望學生「千萬不要忘了中國的中堅國民，要把新思潮灌輸在他們的腦裏」。說了這麼多鼓勵學生走向社會的話以後，或許為配合蔡元培提出的基調，他才扭捏地說了一句「螳臂當車是一個最笨最無用的方法，荒廢學業也是不經濟的方法」。[25]

然而，對學生逐漸形成社會服務為主和讀書為副的行為模式，曾經非常鼓勵學生的蔣夢麟此時已有不祥之感。在五四週年之際，他和胡適聯名發表文章，說得比上面的人都更直白乾脆。兩人明言，一年來「事勢的變化大出我們的意料之外。這一年以來，教育界的風潮幾乎沒有一個月平靜的，整整的一年光陰就在這風潮擾攘裏過去了」。他們承認，「這一年的學生運動，從遠大的觀點看起來，自然是幾十年來的一件大事」，產生出不少好效果，「都是舊日的課堂生活所不能產生的」，不能

24 穆藕初：〈實業界對於學生之希望〉，《新教育》，第2卷，第5期，618–619頁。
25 陶孟和：〈評學生運動〉，《新教育》，第2卷，第5期，600頁（卷頁）。

不認為是學生運動的重要貢獻。但其強調：「這種運動是非常的事，是變態的社會裏不得已的事，但是他又是很不經濟的不幸事」，所以只能是「暫時不得已的救急辦法，卻不可長期存在」。[26]

　　兩人以為，綜觀古今中外的學生運動，沒有一次「用罷課作武器」，故這是「最不經濟的方法，是下下策。屢用不已，是學生運動破產的表現」！因為「罷課於敵人無損，於自己卻有大損失」。更重要的是在精神上造成的大損失，即養成了「依賴群眾」、「逃學」和「無意識行為」的噁心理和惡習慣。由於「多數學生把罷課看作很平常的事」，導致「社會也把學生罷課看作很平常的事」，結果已沒有「什麼功效靈驗」，卻仍在無意識地重複。「學生運動如果要想保存五四和六三的榮譽，只有一個法子，就是改變活動的方向，把五四和六三的精神用到學校內外有益有用的學生活動上去」。他們希望「學生從今以後要注意課堂裏、自修室裏、操場上、課餘時間裏的學生活動。只有這種學生活動是能持久又最有功效的學生運動」。

　　對比半年前蔣夢麟還希望學生在圖書館試驗室裏邊不要忘了外在的社會，這些老師輩的態度真是發生了急劇的轉變，而這樣的轉變正基於他們「對於現在學生運動的觀察」。此文是胡適起草，那年3月，已回國的梅光迪曾致函胡適，認為「今之執政與今之學生，皆為極端之黑暗」。而「學生之黑暗，足下輩之『新聖人』不能辭其責」。蓋「今日倡新潮者尤喜言近效，言投多數之好，趨於極端之功利主義；非但於真正學術有妨，亦於學術家之人格有妨」。對當時很多讀書人而言，政府本已無望，「若學生長此不改，亦終無望耳」。[27]梅光迪的文化立場與胡適有些對立，但老友的指責，恐怕對他仍有影響。

26　本段與下段，蔣夢麟、胡適：〈我們對於學生的希望〉，《新教育》，第2卷，第5期，592–597頁（卷頁）。此文也發表在同年5月4日的《晨報副刊》上。

27　「梅光迪致胡適」，1920年3月2日，收入耿雲志主編：《胡適遺稿及秘藏書信》，合肥：黃山書社，1994年，第33冊，473–474頁。

　　值得注意的是，蔡、蔣、胡三人共同提到了學生對他人的「依賴」。五四前蔣夢麟還認為「依賴成性」是中國青年最大惡德之一，其特點正是「事事隨人腳後跟說話」，非常不利於「新事業之創造」。所以他那時特別強調青年必須「養成獨立不移之精神」。[28]五四後蔣氏一度以為青年在這方面已有較大改變，現在他似乎又收回了這一看法。這是一個非常深刻的觀察，罷課等集體行為既有所謂「群體覺悟」的一面，也可視為對個人獨立精神的一種放棄；這究竟體現出傳統的慣性，還是一種因「運動」而新生的動向，或是兩者無意中結合的結果，對時人和後之研究者，恐怕都不是可以「一言以蔽之」的。

　　沒有參加這次《新教育》專輯寫作的魯迅，在五四週年那天寫信給一位過去的學生，就分享着共同的擔憂。他說：「比年以來，國內不靖，影響及於學界，紛擾已經一年。世之守舊者，以為此事實為亂源；而維新者則又讚揚甚至。全國學生，或被稱為禍萌，或被譽為志士。」但在他看來，學生們「於中國實無何種影響，僅是一時之現象而已；謂之志士固過譽，謂之亂萌亦甚冤」。魯迅以為，「一無根柢學問，愛國之類，俱是空談」。故「現在要圖，實只在熬苦求學。惜此又非今之學者所樂聞也」。[29]

　　那時即使政治傾向偏於激進的老師輩，也未必贊成學生罷課。在上海正與共產主義者密切接觸的陳獨秀就致函胡適，主張既要反抗「政府的強權」，也要反抗「社會群眾的無意識舉動」。他建議胡適「邀同教職員請蔡先生主持北大單獨開課」。對那些「不上課的學生，大可請他走路」。[30]胡適自己那時也甚感學生已經靜不下來了，稍後他對蔣夢麟

28　蔣夢麟：〈和平與教育〉，5頁（欄頁）。

29　「魯迅致宋崇義」（1920年5月4日），見《魯迅全集》，北京：人民文學出版社，1981年，第11卷，369–370頁。

30　「陳獨秀致胡適」，1920年5月11日，未發表手跡，見《中國嘉德2009春季拍賣會——古籍善本》，2009年5月。

説：「現在的青年連一本好好的書都沒有讀，就飛叫亂跳地自以為做新文化運動。其實連文化都沒有，更何從言新。」蔣氏借此勸導學生，「此後總要立志定向，切實讀書」。[31]

愛國的基礎在於自己有「學問」，承擔着救國重任的學生本身要有「文化」，這些都只能從未必輕鬆的「求學」中得來，大致是那時多數老師輩的共識。然而那時的學生輩，卻不一定肯分享這一共識。而老師輩自身對於青年在救國和讀書之間怎樣兩全，看法也不那麼一致。

三、救國和讀書怎樣兩全？

從各文所論看，《新教育》的專輯似有預先的安排，至少在京之人很可能事先有過討論。整體言，他們都在肯定學生運動重要性和貢獻的同時，試圖對學生有所規勸。且平時越接近學生的，説話越直白。蔡元培明言運動的損失大於功效，胡適、蔣夢麟則説出頻繁罷課是「學生運動破產的表現」。像朱希祖這樣與學生相對疏離的老師，在勸導時就要盡量多表彰，即使帶批評性的建議，表述得也非常委婉。而在學界之外的穆湘玥，説話就更顯溫和。專輯中還有老輩黃炎培的文章，主要説了些「成不自滿、敗不灰心」的鼓勵話。他也提到「根本救國，必在科學」，需要「有人肯用冷靜的頭腦切切實實在科學上做工夫」；卻仍不忘説「勞工神聖」，要學生從知識和待遇上救助「可憐的工人」。[32]只有陶履恭一人例外，仍以鼓勵學生外向為主，而以不荒廢學業為點綴，或借此表示不與其他人異。

31　蔣夢麟講、陳政記：〈蔣夢麟總務長演説詞〉，載《北京大學日刊》，1920年9月16日，第2版。

32　黃炎培：〈五四紀念日敬告青年〉，《新教育》，第2卷，第5期，591–592頁（卷頁）。

「勞工神聖」是當時學界的流行語，但像黃炎培這樣理解為「可憐的」救助對象，實在有些別出心裁，既提示出老輩讀書人想要「預流」的從眾心態，也表現出他們與時流的距離。而黃氏所說，卻是蔡元培、胡適、蔣夢麟所能接受的學生社會服務的上限——他們只希望學生繼續平民夜校一類的教學活動，其他活動都要放棄，以回歸校園。從那以後的一段時間裏，蔡元培頻繁而持續地表述着這一主張。[33] 不過，那時的世風似乎並不在這些老師一邊。專輯的所有立言者都反對繼續罷課，但他們都首先認可學生運動的正當性，然後眾口一詞地從「不經濟」的功利角度立論。就連說話最直白的胡適和蔣夢麟也強調：

> 社會上許多事被一班成年的或老年的人弄壞了，別的階級又都不肯出來干涉糾正，於是這種干涉糾正的責任遂落在一般未成年的男女學生的肩膀上。這是變態的社會裏一種不可免的現象。……在變態的社會國家裏面，政府太卑劣腐敗了，國民又沒有正式的糾正機關（如代表民意的國會之類），那時候，干預政治的運動，一定是從青年的學生界發生的。[34]

蔣、胡二人以為，「學潮的救濟只有一個法子，就是引導學生向有益有用的路上去活動」。問題在於，如果「變態的社會國家」並未改變，「成年的或老年的人」又沒有希望，「干涉糾正的責任遂落在一般未成年的男女學生的肩膀上」已是「不可免的現象」，再加上幾乎所有人都把未來的「大事業」寄託在青年身上，他們除了責無旁貸，還能怎樣？

學生輩的黃日葵有着幾乎相同的認知，他也發現，外國的各種運動，常是「很有學問、很有經驗的先輩指導着經過訓練的少壯派」去從事的，但「現在的中國怎樣？憑你怎樣找不出一個有學問、有經驗，能

33　在下文引用的蔡氏1920年的多次演講中，幾乎都提到了這一社會服務的限度。

34　蔣夢麟、胡適：〈我們對於學生的希望〉，《新教育》，第2卷，第5期，592–593頁（卷頁）。

夠立乎社會之上，做指導我們的前輩，害得做預備工夫的也是我們可憐的青年。指導者、運動者，一起要我們青年包辦」。這個年輕人雖然有些彷徨和憂慮，但義無反顧的責任感卻很明確：

> 登上了二十世紀大舞台的青年怎樣？一方要填前人遺下來的缺憾，他方要帶着四萬萬同胞上水平線上，朝着光明廣闊的路走。這樣雙重的責任，要擔到我們的雙肩來了。[35]

兩相對比，師生兩輩對現狀的認知和思路非常接近。套用一句成語，黃日葵代表青年學生的表態可謂擲地有聲。在邏輯上，胡適和蔣夢麟對現狀的認知，基本已決定了其規勸的無力。[36]進一步的問題是，既然學生輩已經重任在肩，並同時充當指導者和運動者，他們還需要老師輩的指導嗎？他們又在多大程度上還能夠接受老師輩的指導？

實際上，胡、蔣、黃等師生兩輩的認知多少還有些傳統士人的「書呆子」氣味，他們基本都還維持着讀書人既有「澄清天下」的責任、也有這方面能力的舊觀念。如上所述，學了社會學的陶履恭就有了社會分析的新思維，所以並不這樣看問題。而曾經身與革命的蔡元培也不這樣看，他此時和此後反覆申說的一個主題，就是學生只負有「提醒」社會的責任，真正解決問題的還是「社會」本身。這是困擾着那個時代許多讀書人的大問題——救國真必須有「學問」嗎？當時中國的局勢，還容許學生靜下心來求學嗎？

從今日的後見之明看，老師輩看到的問題是實際存在的，特別是蔡元培指出而胡適和蔣夢麟詳論的「精神上的損失」，明顯已體現在學生的思想和行為方式之上，且仍在發展之中。然而這些確實可以說改變了歷史的學生，在五四前後也曾得到不少老師們的鼓勵和支持。且不說這

35　黃日葵：〈中國危機與青年之責任〉。

36　唯一的解脫只有一個歷時性的可能，即現狀尚可維持，而學生還有時間提高自己，以為最後的解決進行預備。詳後。

時還有其他繼續鼓勵學生投身救國事業的老師，即使想要規勸學生的老師，現在似乎也不能採取直接指教的方式了。近代新學制雖與傳統規則大異，但老師明知問題所在，仍要如此謙恭地向學生進言，在中國歷史上恐怕是第一次。[37]

　　這一現象最能凸顯五四後學生地位的空前上升，尤其是那種無形中可以約束他人言說的影響力（包括師長在內）。蔡元培對此有很清楚的認識：「『五四』以後，全國人以學生為先導，都願意跟着學生的趨向走。」[38]全國人在多大程度上如此且不論，「老師跟着學生跑」後來的確成為20世紀中國一個持續發展的趨向，[39]而五四就是這一趨向形成的里程碑。當時中國輿論的普遍認知是局勢危迫，時不我待（其實至少國際局勢相對平和），而政府已失去「輿論」的信任，如果「救國」的責任在「社會」一面，則既存各社群中，似乎還只有學生顯得最有希望。

　　這就出現一個詭論性十足的問題：那個被賦予救國重任，也決意自己想、自己説而無需古人或外國人替他們想、替他們説的學生群體，仍處於求學的階段，他們有承擔責任的意願，但對承擔這一責任是否已準備充足？這個問題後面隱伏的預設是相當傳統的，即學術與國家有着密不可分的關聯，至少知識與救國直接相關。從當時的社會區分看，《新教育》這一專輯的作者都是所謂新派，他們中的多數卻仍維持着這一傳統的認知，所以希望學生回到課堂中去。只有懂得社會分析的陶履恭一人多少延續着清末以來的反智思維，確認那「不揚名不出風頭終日勤苦耐勞的農工商的勞動者，才是中國真正的實力」。所以

37　説老師們的言論顯得謙恭更多基於歷時性的比較，在當時的語境裏，這樣的言論至少已被相當一部分學生視為「冒犯」。胡適等關於「學生運動破產」的言論曾引起很多年輕人的激烈反彈，此不贅。

38　蔡元培：〈在北京高等師範學校學生自治會演説詞〉（1920年10月），見《蔡元培全集》，第3卷，465頁。

39　參見羅志田：《權勢轉移：近代中國的思想、社會與學術》，武漢：湖北人民出版社，1999年，237–239頁。

學生的任務不過是「把新思潮灌輸在他們的腦裏」，使後者能有舉足輕重的行動。[40]

上述問題後面還有一個隱伏的問題：假如救國真要指望學生輩，中國的局勢到底是已經危迫，還是相對平和？若是前者，便不容學生繼續以求學為主，他們只能立即走向社會；若是後者，則像蔡元培所說的，中國的「大問題」現在尚不能解決，只能將來解決，其潛台詞是學生還有準備的時間。稍後他明確對學生指出：「這時間父兄可以容我們用功，各方面都無牽制，所以用功是第一件事情。」[41]

其他多數作者也都持相近的看法，即愛國救國確實靠學生，但他們也需要學養的預備，而且局勢也還允許學生回到課堂進行這方面的預備。朱希祖把學生上課視為「國家的滋補品」，最能體現這一思路；但他把上課表述為「一種最大的運動」，又已充分說明時勢的特殊性——即使常規的主張，也要以非常的方式表出。

「救國不忘讀書，讀書不忘救國」是那個時代的口頭禪，而學生的興起是五四後特別明顯的現象。上面幾位老師輩的心態和言說其實都很矛盾，他們把國家前途的希望寄託在學生身上，又已經看到持續的罷課不是辦法，蓋其對政府的實際威脅並不那麼大，而學生自己的學業倒荒廢了。但這些老輩的態度也不甚一致，如陶履恭就仍側重學生的外向性努力，其他人至少隱約感覺到，由於學生未必能認清罷課等方式究竟有用到何種程度，他們可能無意之中被自身的行為定式所束縛，甚或被其「裹挾」而去。關鍵在於，一旦社會服務為主和讀書為副成為定勢，並

---

40 陶履恭特別將學生運動與大約同時北京教職員的「索薪」運動相比較：「教職員因為受經濟的壓迫，發生了麵包問題。因為麵包問題，遂致不信任教育當局。教職員的運動，是經濟的、職業的。學生的運動，是愛國的、社會的、政治的。」陶孟和：〈評學生運動〉，600頁（卷頁）。他雖然表示對兩者不作評價，其實老師不如學生的意思相當清楚。

41 蔡元培：〈蔡校長在話別會之演說詞〉（魏建功筆記），載《北京大學日刊》，1920年10月23日，第3版。

養成了以抗爭為表述的習慣，學生是否還能寧靜地回到課堂從容學習，恐怕已成未知數了。

無論如何，身為教育者的蔡元培，既然看到了問題所在，仍在繼續努力，想要扭轉學生的發展方向。這一次，他採取了更溫和的規勸方式，重在強調學生要能律己，才有希望實行「自治」。

四、社會模範的自制能力

1920年9月，蔡元培在北大開學時對學生講話，一改5月間直接的批評，轉用勉勵和引導的方式說，「一年以來，覺得學生方面近來很有覺悟：把從前硬記講義、騙文憑的陋見漸漸兒打破了，知道專研學術是學生的天職」。他們「不但有研究學術的興趣，兼且有服務社會的熱誠，這也是可喜的事」。不過他不忘提醒學生，「服務社會的能力，仍是以學問作基礎，仍不能不歸宿於切實用功」。接着他說出了一個與他所謂學生「精神上的損失」相關的問題，希望學生們在「勵行自治」的同時，先要以身作則：「去年以來，尊重人格的觀念，固然較從前為發達，然試各自檢點，果能毫無愧怍麼？」所謂自治，就是「人人能管理自己，同學能互相管理」。只有這樣，才可以不像從前那樣需要學監、舍監的管理。[42]

這是一種相當溫和的提示，即學生如果不想被他人「管理」，就要真能實行「尊重人格」的自治。一個多月後，蔡元培又對北大同學說：五四後「大家很熱心群眾運動、示威運動」。此前的大運動雖有效果，「但這種驟用興奮劑的時代已過去了，大家應當做腳踏實地的工夫」。接着他再次論及自治問題，「本校學生的自治近來比從前好多了。但是宿舍裏、公寓裏，也還免不了鬧笑話。校外說我們的人很多」。他以學生

---

42 蔡元培：〈北大第二十三年開學日演說詞〉（1920年9月），見《蔡元培全集》，第3卷，443–444頁。

會裏鬧意見時往往以揭帖相互攻擊為例，指出這些做法有損人格；並主張「我們見了別人的過失，總要用憐愛的意思勸告他，不可驟加攻擊」。他尤其希望北大同學能「互相親愛，厚於責己，薄於責人」。[43]

上面多少還是校長對校內的說話，隨後他到湖南發表了一系列的演講，除兩三篇專門涉及美學的演講外，蔡元培不時把自己對學生的希望化為已經發生的事實，用以詮釋北大或北京的學生運動，並借此激勵湖南的學生。那一系列演講基本有兩個主題，一是北大學生的注意力在五四後已從社會轉向校園，正致力於求學；另一個則與他在北大所講的「自治」接近，即強調自由和民主「不是不守秩序」，學生要能「自己尊重自己」和「自己管理自己」，然後才可減少教職員的管理。而且，學生入學，即等於自動接受了校園既存規則的約束，故對這些規則應有足夠的尊重，不宜隨意推翻。

蔡元培提出，學生干預政治本非常態，在國家一髮千鈞的時候，不能不「犧牲自己的光陰，去喚醒一般平民」。這樣努力的結果是，「從前的社會很看不起學生」，五四後「社會便重視學生了」。但也因此而「生出許多流弊」。學生以自己為萬能，常常想去干涉社會上的事和政治上的事」。其實，「國家的事不是學生可以解決的，學生運動不過要提醒外界的人，不是能直接解決各種問題」。五四運動本是「萬不得已之舉動，可一不可再」。但五四以後，學生「大半都去注意社會上的問題，科學方面少有人去研究」，「簡直沒有求學的日子」。一些學生「不求學，專想干涉校外的事」；若這樣「習以為常，永荒學業」，則對自己對國家，都有「極大的危險」。[44]

43　蔡元培：〈蔡校長在話別會之演說詞〉。

44　本段與以下數段，參見蔡元培：〈對於師範生的希望〉，見《蔡元培全集》，第4卷，36頁；〈對於學生的希望〉（1920年秋），見《蔡元培全集》，第4卷，37–41頁；蔡元培講、何元培記：〈中學的科學〉，載《大公報》（長沙），1920年11月11日，第9版；蔡元培講、舼僧筆記：〈學生的責任和快樂〉，載《大公報》（長沙），1920年11月19日，第9版。都是他當時在湖南各學校的演講。

　　他解釋説，去年北大學生從事運動，乃「出於勢不得已，非有意干涉政治。現在北大的學生決不肯輕易干涉政治上的事」。他們認識到「中國政治問題層出不窮，若常常干與，必至無暇用工」；且「辦事須從學問上入手」，若「學問不充足，辦事很困難」，故「不得不專心求學」。北京學生「受了這一番大教訓，已有徹底的覺悟，大家都知道非我有學問不能救國」。因此，在他出京的時候，學生們已確定「專心求學以外，只辦平民學校，不管別的事情了」。北京學生如此，則湖南的學生也「應該盡心研究科學，從根本上作救國的準備」。他盼望湖南學生「把科學看重些，切實去研究；對於外界的事情，盡可少管些」。

　　除了求學的重要，蔡元培也着重討論了學生的自律問題。他説，由於社會重視學生，北京的學生已瞭解到自己的責任，有了「新覺悟」，知道「自己尊重自己」和「自己管理自己的行為」。他引用羅素所説的「自由與秩序並不相妨」的見解，強調「平民主義不是不守秩序」（按平民主義是五四時「德先生」的一種譯法）。如果「學生不喜教職員管理，自己卻一意放縱，做出種種壞行」，那就不好了。只有學生能「自定規則，自己遵守」，才可以不要學校的管理規則。實際上，學生本應知道學校的規則對其有益，「情願遵守，才肯入校。所以學校的規則可説不是學校定的，是你們自己定的。學校的規則如很不方便，可求改良，但不得忽然破壞規則。教室內無規則，就沒有秩序」。

　　針對湖南學生想要參與教務會議和廢止考試兩個具體問題，蔡元培明確表示了反對。他認為學生的自治不應延伸到參與教務會議的程度，因為學校校務是由教職員負專責的，學生既不熟悉，又不負責任，若參與，必不免紛擾。他同意考試可能「有好多壞處」，也注意到「北大、高師學生運動廢考甚力」。但他對北大辦法是「以要不要證書為準」，不要證書者即可不考試，要證書者仍須考試。蔡元培呼籲道：「今日的學生，就是將來改造社會的中堅人物。對於讀書和做事，都要存一種誠心，凡事只要求其盡其在我，不可過於責人。」對學校的設備，「或因經

濟的關係,或因不得已的事故,力量做不到的時候,大家要設身處地想想才好」。對於教職員,「不宜求全責備,只要教職員系誠心為學生好,學生總宜原諒他們」。

可以看出,在五四週年後的幾個月裏,蔡元培反覆申論的,一是讓學生回到校園專心求學,少管校外的事;二是要求學生遵守學校的規則,若想取消來自教職員的管理,就先要實行有效的「自治」。他在學理上將此上升到自由、民主與秩序關係的高度,再三希望學生能「厚於責己,薄於責人」。這些持續的規勸絕非無的放矢,反襯出教育者心目中學生的形象。他雖然用「以希望代事實」的詮釋方式來表述意見,其實當然知道很多北大學生仍熱心外騖而不能專意讀書,既不能自律又不受管理、不守規則。

蔡元培一再申說的兩者,本相互關聯,多少都有些運動後遺症的意味,其實就是他和胡適、蔣夢麟所說的學生運動帶來的「精神上的損失」。老師輩的認知當然並非憑空而至,大約同時,一些學生自己也有類似的反思。彼時還是中學生的沈昌,非常積極地參與了上海的學生運動,並認識到「自己是一個堂堂正正的人,應該為全人類全社會謀幸福」;另一方面,「『五四運動』亦正有其害處」。他自從參加五四運動,就日漸浮囂,「昧然以天下為己任,而把自己的切實基本學識棄去了;昧然的加入什麼黨什麼會,天天談些什麼問題什麼主義,還哪裏肯安心研究乾燥的數理、艱深的英文」?結果他所讀的南洋公學校長唐文治「為全校大局起見」,將他開除。[45]

唐文治顯然沒有蔡元培那樣能包容,採取了斷然做法。但兩位校長所面臨的學生狀況,或大體相近。1922年的五四週年時,蔡元培仍遵循他那種詮釋取向,表示「我常常對人說,五四運動以後,學生有兩

45　沈昌:〈我十年來的學生生活〉,《學生雜誌》,第10卷,第1號(1923年1月),5頁(文頁)。沈昌時為東南大學學生。

種覺悟是最可寶貴的：一是自己覺得學問不足，所以自動的用功；二是覺得教育不普及的苦痛，所以盡力於平民教育。這兩種覺悟，三年來很見得與前不同，不能不算是五四運動的紀念。」他承認有這樣的覺悟只是一部分人，並注意到「現在又是一個特別的時期，北京國立各校，安徽、江西、湖南等省公立各校，常常為經費問題鬧罷課」。但仍希望「學生個個覺悟，都能自動的用功」，盡可能減少失學。[46] 蔡元培所謂「我常常對人說」是很實際的表述，兩個月後他就重申了學生這兩種覺悟。[47] 這恐怕半是描述事實，半是表達希望。

基本上，那時學生的自主意識相當充分，但自律似未達老師們期望的程度。這些不要古人或外國人替他們想、替他們說的學生，似乎也可以不要老師輩替他們想和替他們說。身體雖回到校園的學生，心思卻未必皆貫注於求學，甚或會把他們習慣了的社會抗爭方式帶進校園。且學生的抗爭，也不時從國家民族的大問題轉向校園內的具體小問題，並將前引蔡元培所說以「揭帖」相互攻擊的方式，也用在老師的身上。

1921 年 11 月，北大教務長發出佈告，對「近日屢次有人濫用某班全體名義，或直接致匿名信於教員，或匿名揭帖，對於教員漫肆人身的攻擊」的行為表示譴責。[48] 不久後，蔡元培也以校長名義發出佈告，指責近日「少數學生，在講堂或實驗室中，對於教員講授與指導之方法，偶與舊習慣不同，不能平心靜氣，徐圖瞭解，輒悻悻然形於辭色，頓失學者態度。其間有一二不肖者，甚至為鄙悖之匿名書信、匿名揭帖，以重傷教員之感情。」[49]

46　蔡元培：〈五四運動最重要的紀念〉(1922 年 5 月 4 日)，見《蔡元培全集》，第 4 卷，196 頁。

47　蔡元培：〈《中華教育改進社第一次年會日刊》發刊詞〉(1922 年 7 月)，見《蔡元培全集》，第 4 卷，219 頁。

48　〈教務長佈告〉，載《北京大學日刊》，1921 年 11 月 24 日，第 1 版。

49　蔡元培：〈校長佈告〉(1921 年 12 月 7 日)，載《北京大學日刊》，1921 年 12 月 7 日，第 1 版 (8、9 兩日再刊)。

但這樣的勸戒效果似不明顯,學生的類似行為仍在持續。約一年後,北大學生反對學校徵收講義費,再次採取了他們熟悉的抗爭方式。數百學生(包括圍觀者)先後聚集在會計課和校長室,以呼喊等方式要求立將講義費廢止,並至少對門窗啟動了肢體語言。校長蔡元培深感痛心,因憤怒而當場表現激烈,隨即提出辭職。後來雙方妥協,蔡元培在復職的全校大會上演說,雖以當時政治及國家機關「不循軌道的舉動」影響學生為由給學生下台,但也明確指出:「大學的學生,知識比常人為高,應該有自制的力量,作社會的模範,卻不好以受外界暗示作護符。」[50]

所謂國家機關做事不循軌道,是實有所指。北大那時的經費就尚無着落,收講義費或也是因應經費困難的一種措施。總務長蔣夢麟慨嘆道:「我們辦教育的人,近來真覺得日暮途窮了!從前我們以為政治不良,要從教育上用功夫,養成人材,去改良政治。」近年政治愈趨愈紛亂,教育界「不但經濟破產,精神上破產的徵象,已漸漸暴露了。於是數年前『只講教育,不談政治』的迷信,漸漸兒打破」了。[51]此前他和胡適聯名的文章說,五四當時他們希望「在思想一方面提倡實驗的態度和科學的精神,在教育一方面而輸入新鮮的教育學說,引起國人的覺悟,大家來做根本的教育改革」。[52]兩相對比,這裏所打破的「『只講教育,不談政治』的迷信」,就有具體所指了。

另一方面,五四當時就有人認為學生運動「是『目無師長』。此端一開,做官也做不來了,做校長教員也做不來了,做父母也做不來了」。老師輩的沈仲九還特地為學生辯護,指責這些反對者「不曉得『人有自

---

50 蔡元培:〈十月二十五日大會演詞〉,載《北京大學日刊》,1922年10月26日,第3版。關於此次講義風潮,詳另文。

51 蔣夢麟:〈《晨報》四週紀念日之感想〉,載《晨報副刊》,1922年12月2日,第21版(這是上一日紀念增刊的延續,版數也接續前日增刊)。

52 蔣夢麟、胡適:〈我們對於學生的希望〉,592頁(卷頁)。

主自動的人格』和『人民是民國的主人』」。[53]但聯繫到蔡元培幾年來關於學生應該「自治」的反覆申說，部分學生終因過分「自主」不能「自治」而走上「目無師長」之路，恐怕也是讓蔣夢麟等感覺教育「日暮途窮」的一個重要原因。周作人在幾乎同時便說：「五四以後，教育完全停頓，學校有不能開學的形勢。」[54]這感嘆大概同時包括經費和學生等各方面的問題，且他的表述並非專論五四與教育的關係，但這無意之中的隨口一說，可能正反映出他的心聲。

這些五四時的老師輩，以及那些參與北大講義費事件但終於向不惜辭職的校長讓步的學生，看到大學校園內外的教育現狀（包括校園外政府與學校的關係和校園內老師與學生的關係），似乎都很容易想起剛過去沒幾年的五四。對他們而言，五四恐怕像一個涵蓋極為複雜的符號和象徵，很難一言以蔽之。

五、餘論：學生與五四運動

基本上，五四運動一發生，很多人就感覺到其劃時代的意義。前引惲代英所說「自從五四運動以來」是幾年後的事，而黃日葵在1920年初就一則說「自從五四運動以後」，再則說「自從五四之後」；那時距學生運動不過幾個月，他卻明顯感覺到什麼都不一樣了，就連外國也「上自一黨的黨務，下至個人的事業」，都在這一年開始之時，「陡然呈活潑潑的現象」。[55]外國是否真有那些變化且不論（恐怕更多是黃氏自己心裏動，所以看着外界也陡然活潑），這樣的心態卻很能體現不少人心目中五四帶來的即時變化。

53　沈仲九：〈五四運動的回顧〉，《建設》，第1卷，第3號（1919年10月），607頁（卷頁）。
54　周作人：〈同姓名的問題〉，載《晨報副刊》，1922年12月3日，第3版。
55　黃日葵：〈中國危機與青年之責任〉。

學生輩對當下的感覺似更敏銳，羅家倫對那幾年的「分期」就頗為細緻，以為「歐戰以後，中國才發生『批評的精神』；五四以後，中國才發生『革命的精神』」。而「要救中國，就靠在這兩種精神上」。[56]若中國的「革命精神」始自五四，則其言外之意，不過十多年前的辛亥鼎革，便算不上「革命」，或只是一次沒有「精神」的革命。也許是民國二三年後國人對「嘗試共和」的失望太強烈，[57]致使青年讀書人在記憶中抹去了不久前的武力革命；更可能的是，一個兼具批評和革命精神的「五四運動」之所以能出現，已反襯出此前的革命即使存在也幾乎是有等於無。

老師輩關於五四的歷史對比，則多直指向辛亥革命前後。陶履恭就説，清末也有學生運動，但「學生運動成了瀰漫全國的『精神喚醒』，總要算是在『新思潮』發生已後。他的誕生日，就是民國八年五月四日」。[58]沈仲九則提出，清末「改革的事業都是由地方而中央」，那時北京學生的表現「是不及各省的」。五四就不一樣了，「北京的學界，居然為全國新思想的發源地。因為有新思想，於是遂有『五四運動』的事實，這是北京學生進步的表現」。而且，清末學生「也有做革命事業的」，但「都是離了學生的地位」的「個人行動」；五四時的學生，則是「用學生的資格，大家聯合起來，去做關係國家社會的事業」。其意雖不在革命，倒更像是「學生造反」。[59]

綜合師生兩輩的即時觀感，可知五四的特點一是更能凸顯其有「思想」有「精神」，二是學生體現出進一步的群體自覺。前者與新文化運動關聯密切，使五四在後人認知中輕易地從狹義延展到廣義；後者提示出

56　羅家倫：〈致張東蓀〉(1919年11月19日)，載《時事新報》，1919年11月25日，第3張，第4版。

57　關於民初對「嘗試共和」的失望，參見羅志田：《激變時代的文化與政治——從新文化運動到北伐》，北京：北京大學出版社，2006年，41–57頁。

58　陶孟和：〈評學生運動〉，598頁 (卷頁)。

59　沈仲九：〈五四運動的回顧〉，600–604頁 (卷頁)。

「學生」這一近代新教育的社會成果日漸脫穎而出，卻越來越疏離於學術和教育本身。[60]沈仲九的觀察視角有些特別，卻不無所見。晚清從改革到革命，多數時候確實呈現出「由地方而中央」的態勢；那時京師大學堂的學生，也的確沒什麼推動全國思想的表現。

沈氏說五四象徵着以學生自己的認同聯合起來「做關係國家社會的事」，也是一個卓見。蔡元培便指出，五四的一個變化就是學生「化孤獨為共同」，不僅「自己與社會發生了交涉，同學彼此間也常須互助，知道單是自己好，單是自己有學問有思想不行」，必須「將學問思想推及於自己以外的人」。因此，「化孤獨的生活為共同的生活，實是五四以後學生界的一個新覺悟」。[61]曾任五四學生遊行領導的傅斯年後來論「科學」在中國的歷程時說，「五四」前已有不少人立志於科學，但「科學成了青年的一般口號，自『五四』始」；正是五四使科學從「個人的嗜好」變成了「集體的自覺」。[62]不僅科學，在其他很多方面，五四也起到了變「個人嗜好」為「集體自覺」的類似催化作用。[63]

五四前大受青睞的「個人」，因學生運動而開始淡出，時人的思想和行動都轉而朝着強調群體的方向發展。不少知識菁英和邊緣讀書人關注的重心逐漸從文化向政治轉移，也是五四後日益明顯的趨勢。[64]但同

60　近代學生的興起及其衍化是個大問題，本文不擬深入討論。關於學生及其運動，可參見呂芳上：《從學生運動到運動學生》，台北：台北近代史研究所專刊，1994年；桑兵：《晚清學堂學生與社會變遷》，上海：學林出版社，1995年。

61　蔡元培：〈對於學生的希望〉（1920年秋），見《蔡元培全集》，第4卷，38頁。

62　傅斯年：〈「五四」二十五年〉（1944年5月），見《傅斯年全集》，長沙：湖南教育出版社，2003年，第4卷，262頁。

63　葉嘉熾後來提出，學生界受新文化運動感染，意識到他們是一個具有特定利益和關懷的社群，甚至形成了自己的「亞文化」（subculture）。參見Ka-che Yip, "Nationalism and Revolution: the Nature and Causes of Student Activism in the 1920s", in F. Gilbert Chan and Thomas H. Etzold, eds., *China in the 1920s*, New York: New Viewpoints, 1976, pp. 94–108.

64　這兩方面都有許多待發之覆，當另文探討。

時也有相反的觀察，戴季陶在1919年末注意到，「今年所發生的新出版品，無論是月刊、週刊、旬刊，都是注目在社會問題，政治問題差不多沒有人去研究」。即使偶有討論政治問題的文字，「也引不起人的注意。而且多數熱心的人差不多都很厭棄這一種著作」。他本人也不例外，但現在開始反思：「我們所希望之社會的改革，是不是和一切政治的問題能夠絕緣的呢？」他的結論是「我們不能厭棄政治」，不僅要研究政治，還要投身於政治。[65]

戴氏所説被「社會」一時壓倒的「政治」，隱約指向今人所關注的「國家」(state)。那時與「社會」共同興起的還有個人、世界、人類、思想、文化等等範疇，它們之間相互也頗有競爭，[66]但都有一個共同的傾向，便是「非國家」。不僅傅斯年表示他只承認大的人類和小的「我」是真實的，兩者「中間的一切階級，若家族、地方、國家等等，都是偶像」；[67]沈雁冰稍後也喊出「我們愛的是人類全體，有什麼國？國是攔阻我們人類相愛的」！[68]「個人」逐漸淡出後，這類「非國家」的傾向此後仍延續了相當一段時間，亦即從個人向群體的轉移卻不一定表現在「國家」之上。[69]

戴季陶的觀察雖與後人研究所見相異，此後也還有人呼應。甘蟄仙在1922年底就説，「四年以前中國思想界所評論的，多半是時事問題；近四年來的思想界所評論的，多半是學理問題」。尤其最近四年「我

65 　戴季陶：〈政治問題應該研究不應該研究〉，《星期評論》，第24號（1919年11月16日），4頁。

66 　北大一位學生當時就敏鋭地意識到：「現在有些人，看着什麼上帝、國、教會、禮法一類的鬼玩藝失了效力了，又橫抬出『社會』兩個字來哄嚇人。」該文指出，作為與個人相對應的範疇，那時「社會」所取代的正是近代西方意義的「國」。不署名：〈女子獨立怎麼樣〉，《北京大學學生週刊》，第5期（1920年2月1日），3頁。

67 　傅斯年：〈新潮之回顧與前瞻〉（1919年9月），《新潮》，第2卷，第1號（1919年10月），上海：上海書店，1986年影印本，205頁。

68 　沈雁冰：〈佩服與崇拜〉，載《時事新報．學燈》，1920年1月25日，第4張，第1版。

69 　這個現象非常值得關注，一些初步的探討，可參見羅志田：《近代讀書人的思想世界與治學取向》，北京：北京大學出版社，2009年，22–26、66–83頁。

們青年所討論的，大半都是趨向於學理方面了。這種風氣，《新青年》雜誌實開其先」。[70] 然而，1922年時《新青年》已「在上海自立門戶」，轉而傾向於「談政治」了。[71] 稍後楊鴻烈還表示不滿説，「自《新青年》改觀之後」，中國便不見「真正有普遍效力」的文化運動。因為像陳獨秀這樣「思想過於激進的人」沒有覺悟到「自己在思想界革命事業的第一步還沒有做完」，而像傅斯年、羅家倫這樣「真正瞭解文化運動意義的人大多數出外留學」，丟下了他們未竟的工作。[72]

　　戴季陶、甘蟄仙、楊鴻烈三人的見解和立場不同，他們的觀察或因此而有些仁者見仁、智者見智的意味。更可能的是，他們實皆各有所見、各有所本，最能體現五四前後中國社會、思想界的多歧特性。若進而把甘蟄仙的認知與蔡元培、胡適等眼中青年學生不讀書的現象對看，特別是那時不少青年「連一本好好的書都沒有讀，就飛叫亂跳地自以為做新文化運動」，則甘氏所謂「我們青年」所討論的「學理」，就很有些意味深長了。

　　而學生以自己的認同聯合起來「做關係國家社會的事」，也有些特別的影響。前引朱希祖説學生上課「就是一種最大的運動」，這一有意的表述無意中揭示出一個重要的史實：五四的一項附產物，就是「運動」本身成了正當的象徵，不知不覺中已被視為學生的正業。這雖僅是一個附產物，卻是一個舉足輕重、影響廣泛的附產物。當老師輩為增強其正當性和説服力而不得不把在學校上課説成是比真正的運動更「大」的運動時，想必是別有一番滋味在心頭吧。

70　甘蟄仙：〈最近四年中國思想界之傾向與今後革新之機運（續）〉（1922年11月30日），載《晨報副鐫》，1922年12月3日，第2版。

71　沈雁冰：〈客座雜憶──《新青年》談政治之前後〉（1941年），見《茅盾全集》，北京：人民文學出版社，1986年，第12卷，95–96頁。

72　楊鴻烈：〈為新青年社的老同志進一解（續）〉，載《晨報副刊》，1924年2月4日，第1版。

第十章

無共識的共論：
五四後期關於東西與世界的文化辨析

　　自從進化論引入近代中國，人們便開始關注世界各文化發展的時空差異。在不少民初讀書人的表述中，西方、現代和世界常常成為可以替代使用的同義詞。這意味着在他們心目中，代表現代的文化世界，其實就是指西方。有了這象徵性的西方，加上他們身處的（也是他們實際最關注的）東方，似乎也就構成了一個地理的世界。[1]

　　如果説這就是那時很多人的世界想像，應大致不差。然而民初早已不是確信天圓地方的時代，至少那時不少成年人在晚清已讀過《地球韻言》。[2] 換言之，時人的地理知識，與今天相差不多。在這樣的語境下，人們可以説是明知東方、西方並未構成一個完整的世界，卻仍以它們來表述世界，彷彿其真能代表世界。

　　不少做出這樣表述的人，完全稱得上飽學之士，也就是他們應知道自己的言説不符合當時關於世界的地理知識，卻也並未感到有必要對此

1　這倒是中國的傳統思維方式，古人就常舉四方以定中央，有了中央與四方，天下就算確立了。參見羅志田：〈先秦的五服制與古代的天下中國觀〉，《學人》，第10輯（1996年9月）。

2　郭沫若：《沫若自傳·少年時代》（《郭沫若全集》文學編第11卷），北京：人民文學出版社，1992年，42頁；梁漱溟：〈我的自學小史〉（1934年），見《梁漱溟全集》，濟南：山東人民出版社，1990年，第2卷，667頁。

進行「較真」的辨析。這樣一種知其不可而言之的現象非常有意思，意味着那些立言者多少意識到自己是在缺乏共識的基礎上進行討論，實際形成一種並無共識而可以相互分享的探討，可以說是無共識的共論。且這類共論的停歇往往並非達成了共識，而是被新的議題所取代。不過，真正重要的基本性議題仍會重複出現，儘管有時變換了表現形式。

近代中國發生了數千年來的「大變」，思想、社會、政治都失去重心，在士人心中造成一種天崩地裂的感覺。[3]其一個直接後果，用民初副總統黎元洪的話說，就是「心無定宰」。[4]思想長期定於一尊的狀態被打破，難以形成一種近於共同信仰的意識形態，於是人各尊其所尊，終致國無共是。如杜亞泉所說，「國是之本義」，即「全國之人，皆以為是」的意思。然民初則「理不一理」而「心不一心」，任何主張都有人提出異議而無共識，形成「可是可非、無是無非之世局」。[5]

此種心無定宰、國無共是的局面，對處於中外競爭的中國來說，不妙的是社會缺乏凝聚力，好處則是思想因而大解放。若細心考察，當年不僅是對於思想史上一些描述不同而意旨相近的大問題各自應答不同，根本是對那些大問題本身，也缺乏共同的認識。在這樣的語境下能形成無共識的共論，更多是立言者以天下為己任的責任心使然。如陳獨秀所指出的，對那些關係到「國家民族根本的存亡」的大問題，人人都不能「裝聾推啞」。[6]

3　參見羅志田：〈失去重心的近代中國：清末民初思想與社會的權勢轉移〉，收入《道出於二：過渡時代的新舊之爭》，北京：北京師範大學出版社，2014年，1–37頁。

4　黎元洪：〈請頒定孔教為國教電〉(1913年9月9日)，見中國第二歷史檔案館編：《中華民國史檔案資料彙編‧第3輯‧文化》，南京：江蘇古籍出版社，1991年，50頁。

5　杜亞泉：〈迷亂之現代人心〉(1918年)，見田建業等編：《杜亞泉文選》，上海：華東師範大學出版社，1993年，307頁。

6　陳獨秀：〈今日中國之政治問題〉(1918年)，見任建樹主編：《陳獨秀著作選編》，上海：上海人民出版社，2009年，第1卷，417–419頁。

蓋「天下」雖已崩散，而「天下士」的餘蔭尚在。正是想要澄清天下的義務和責任，使很多讀書人在大是大非問題上無法裝聾作啞，即使不能「立功」，也當有所「立言」。而由於共論更多建立在關懷層面，較少「共識」的限制，反給立言者以更大的個人發揮空間。進而因為他們本就基於「理不一理」而立說，往往無需「較真」，立論就更加自由開放，使無共識的共論特色更為顯豁。[7]

上述現象在不短的時間裏還比較常見，過去似未引起足夠的注意，大概是我們有意無意間以為共論都建立在某種共識的基礎上。其實很多時候，或因彼此的關懷接近，或因他們的思慮相近，或因他們共同認識到問題的重要，甚至有意無意間為爭取共同的受眾，立言者很容易進行相互分享的探討和爭辯，而忽視某些似可不言而喻的歧異認知。正如「西方」實際不能代表「世界」卻又在很大程度上主導着世界，要在學理上論證西方即世界固然很難，卻不排除很多人實際「相信」西方即世界。

然而如梁漱溟所說，有時「問題就在小異上」。[8]儘管包括他自己在內的很多時人，在思考和表述時，常常不那麼看重「小異」（後來的研究者，有時也會放過本來不可忽略的「小異」）。對當年很多人而言，東、西區域文化與世界文化之差，彷彿是可以不計的「小異」，實際卻是最無共識的「大不同」。另一方面，雖然多數人分享着無共識的共論，還是偶有「較真」的人出來挑戰，如常乃悳就曾提出東方和西方不足以代表世界的質疑，然也有其特定的針對性（詳後）。則時人對東西與世界的共論，還有進一步斟酌的空間。

7　此承清華大學歷史系博士後流動站李欣然博士提示，謹此致謝！

8　梁漱溟：《中國文化要義》(1949年)，見《梁漱溟全集》，第3卷，41、45頁。

一、文化的東西與世界

梁漱溟在五四學生運動後因出版《東西文化及其哲學》一書而「暴得大名」，也引起很多爭論。[9]在民初「西方分裂」[10]的語境下，梁漱溟把「西方」重新作為一個「整體」來審視和論述，遠比以前困難。而他又常用東西文化來代表世界文化，或至少表述世界文化，就帶來進一步的困惑。在梁漱溟自己，以具有代表性的特定色彩來表述整體，是可以允許甚至應當鼓勵的。然而這裏有一個彷彿不言而喻其實並無共識的重要分歧，即西方是否代表了世界，以及西化是否等同於世界化。

以東方西方說世界不是梁漱溟的發明，那時這樣說的中國人不在少數（甚至一些外國人也牽連其中），最足表示中國讀書人眼中的世界，其核心正在西方。後來「全盤西化」的口號正式提出並引起爭議，胡適又改表為「充分世界化」。而他在文中僅辨析了「全盤」與「充分」的差異，並無任何關於「西化」不是「世界化」的意思；且「充分世界化」又出於他以前用英文表述的「充分現代化」。[11]進一步揭示出在很多人心目中，西方、世界和現代都是同義詞，或至少是近義詞。

另一方面，這些討論者當然知道，無論從地理言還是學理言，東方和西方無法涵蓋世界，也不能代表世界。同理，東方文化和西方文化這樣的區域文化也不能代表世界文化。[12]他們中一些人或許還期許一種真正

9　參見艾愷著，王宗昱、冀建中譯：《最後的儒家——梁漱溟與中國現代化的兩難》，南京：江蘇人民出版社，1996年，127–136頁。

10　參見羅志田：〈西方的分裂：國際風雲與五四前後中國思想的演變〉，《中國社會科學》，1999年，第3期。

11　胡適：〈充分世界化與全盤西化〉（1935年），見《胡適全集》，合肥：安徽教育出版社，2003年，第4卷，584–587頁。

12　梁漱溟在多年後就說，人類各「文化之間，無不有差異，亦無不有類同。自來公認中國、印度、西洋並列為世界三大文化系統者，實以其差異特大而自成體系之故」。梁漱溟：《中國文化要義》（1949年），見《梁漱溟全集》，第3卷，10頁。三大文化系統的說法是否「自來公認」，恐怕還有疑問，但至少表明他其實知道這是一種選擇性的表述。

的世界文化，但那不必是增添了其他區域因而更全面的世界，而更多是指不分東西認同的世界。以特定的區域涵蓋世界，以特定的區域文化表述世界文化，正是那時很多讀書人的時代風氣。並形成一種幾乎約定俗成的論述模式，即大家都在明知不是這樣的基礎上分享着這樣的討論。

從晚清開始，大概受日本所謂東洋、西洋的影響，中國讀書人很早便形成了將世界二分為東西的習慣。早年中國人重視國恥的時候還常提及印度、波蘭等亡國之恥，因而也注意這些國家的歷史；後來更加面向未來以尋求富強之後，多數人心目中就只有那些「崛起」的大國，世界也逐漸成了西方的同義詞，不過還要加上正在爭取「進入世界」的中國或東方。如王國維早在19世紀末就說：

> 古來西洋各國自為一歷史團體，以為今日西洋之文化；我東洋諸國亦自為一歷史團體，以為東方數千年來固有之文化。至二者相受相拒，有密接之關係，不過最近世事耳。故欲為完全之世界史，今日尚不能。於是大別世界史為東洋史、西洋史之二者，皆主研究歷史上諸國相關係之事實，而與國史異其宗旨者也。[13]

王國維是在討論述歷史分為國史和世界史，他還有着對「完全之世界史」的期許，但已指出這是未來的可能性，現在只能退一步將世界史大別為東洋史和西洋史。其言外之意，所謂完全的世界史，似乎不是在西洋史和東洋史之外增添更多的歷史團體，而是不分東西洋而通論之的世界史。然而正是這樣一種「退而言之」的認知，後來逐漸推廣，形成一種約定俗成的表述模式。

進入民國後，以東西說世界的風尚開始流行，一個代表就是在很多方面開風氣之先的陳獨秀。還在1915年，在他那篇處處強調二元對立的〈敬告青年〉中，陳獨秀就已說，「歐俗以橫厲無前為上德，亞洲以閑

13　王國維：〈《東洋史要》序〉（1899年），見《王國維全集》，杭州：浙江教育出版社、廣州：廣東教育出版社，2009年，第14卷，2頁。

逸恬淡為美風」。不幸的是，西強東弱的局面，就因此而形成。[14]同年他更提出，「世界民族多矣，以人種言，略分黃白；以地理言，略分東西兩洋」。陳獨秀不僅再次明確了「世界」就分為東西兩洋，並給出了三種代表東西民族的「本位」，即西洋民族以戰爭、個人、法治和實利為本位，而東洋民族以安息、家族、感情和虛文為本位。[15]

同年張東蓀摘取白芝浩 (Walter Bagehot)《物理與政理》一書的意思，說白芝浩「謂東方文明為靜止之文明，西方乃為進行之文明」。[16]這可能是中文世界裏較早出現的從動靜角度對比東西文明之說。惟此非白芝浩原文，是張東蓀撮取其大意。而白芝浩言及東方文明似乎皆突然止於不當止，倒很像梁漱溟的文化早熟說。[17]

次年杜亞泉發表了著名的〈靜的文明與動的文明〉一文，處處以二元對立的方式概括中國與西方，與陳獨秀的風格相近。他固然主張在東西社會交通日益繁盛的今天，「兩文明互相接近，故抱合調和，為勢所必至」。但仍以為「吾國固有之文明，正足以救西洋文明之弊，濟西洋文明之窮」。[18]就是這表明他態度傾向性的說法，使一些趨新者不滿。

到1917年，李大釗發表〈動的生活與靜的生活〉，以動與靜為東西方文明之特質，並鼓勵中國的青年努力，讓「我國家由靜的國家變而為動的國家，我民族由靜的民族變而為動的民族，我之文明由靜的文明變

14　陳獨秀在文中給出了六對二元對峙的選項，即自主與奴隸、進步與保守、進取與退隱、世界與鎖國、實利與虛文和科學與想像。陳獨秀：〈敬告青年〉(1915年9月)，見《陳獨秀著作選編》，第1卷，158–163頁，引文在160頁。

15　陳獨秀：〈東西民族根本思想之差異〉(1915年12月)，見《陳獨秀著作選編》，第1卷，193–196頁，引文在193頁。

16　東蓀：〈制治根本論〉，《甲寅雜誌》，第1卷，第5號(1915年5月)，15頁(文頁)。按張東蓀所引的是1872年原版 *Physics and Politics* 的53頁等，此書後有中譯本：鍾建閎譯：《物理與政理》，上海：商務印書館，1933年，對應內容主要在44頁。

17　東方特別是中國文化早熟說是梁漱溟一生堅持的基本見解，儘管在不同時期也有些不同的解釋，但基本思路未改變，詳另文。

18　杜亞泉：〈靜的文明與動的文明〉(1916年)，見《杜亞泉文選》，242–248頁。

而為動的文明，我之生活由靜的生活變而為動的生活」。[19] 次年他復撰
〈東西文明根本之異點〉，列舉多方面的二元對立現象，詳細論證「東洋
文明主靜，西洋文明主動」之說。其態度也較前溫和，雖仍堅持中國文
化須由靜入動，也提出東西文明「必須時時調和，時時融合，以創造新
生命而演進於無疆」。[20]

　　李大釗以動靜區分東西文明說受到日本人茅原華山的影響，後者在
1914年出版的《人間生活史》中已提出東方文明為「靜」的文明、西方文
明為「動」的文明之說。李大釗曾建議梁漱溟可讀茅原華山的《人間生活
史》等書，雖然梁似乎不會日文，茅原華山的想法至少通過李大釗對他
產生了影響。如石川禎浩所說，民初中日兩國知識界發生的有關東西文
化的論戰，是密切關聯地展開的。[21]

　　所謂東方文明屬於靜止文明，在19世紀歐洲是相對習見的說法，
如歌德 (Johann Wolfgang von Goethe) 在其1810年的《顏色學》中便已有
類似表述，並為雷赫完 (Adolf Reichwein) 所引用，而吳宓也將雷赫完書
撮譯在《學衡》上。[22] 故不排除日本的類似說法有「東學源出西學」的可

19　李大釗：〈動的生活與靜的生活〉(1917年)，見李大釗研究會編：《李大釗全
　　集》，北京：人民出版社，2006年，第2卷，96–97頁。

20　李大釗：〈東西文明根本之異點〉(1918年7月)，見《李大釗全集》，第2卷，
　　211–214頁。

21　參見石川禎浩：〈李大釗早期思想中的日本因素 —— 以茅原華山為例〉，《社會科
　　學研究》，2007年，第3期。

22　雷赫完 (Adolf Reichwein) 著、吳宓撮譯：〈中國歐洲文化交通史略〉，《學衡》，第
　　55期 (1926年7月)，31頁。按歌德的《顏色學》有英譯本：Johann Wolfgang von
　　Goethe , *Theory of Colours*, London: Frank Cass, 1967, 但僅為第一冊，關於東方文明靜
　　止的說法在第二冊上。經張谷銘兄代為檢核德文原版，知雷赫完書引用時所標
　　《顏色學》版本頁碼亦有誤。吳宓所據大概是雷赫完書的英譯本 (Adolf Reichwein,
　　China and Europe Intellectual and Artistic Contacts in the Eighteenth Century, New York:
　　Alfred A. Knopf, 1925), 後朱傑勤將全書譯出，即利奇溫 (Reichwein)：《十八世紀
　　中國與歐洲文化的接觸》，北京：商務印書館，1962年，相關文字在118頁。為
　　此一句話，張谷銘兄代為查閱多種德語和英語文獻，讓我感動，特此致謝！

能。但將東西文明以動靜對應看待，中國人大概還是受日本的影響更多。從前引張東蓀撮取白芝浩大意而做出東西對應比較看，他可能也受到日本的影響。

無論如何，東西文明動靜說那時在中國非常流行，以至於到1920年馮友蘭採訪泰戈爾時，也問及他對東西方文明動靜說的看法。在馮友蘭引導下，泰戈爾認為「真理有動（active）、靜（passive）兩方面：譬如聲音是靜，歌唱是動；足力是靜，走路是動。動常變而靜不變」。甚至可以說「靜就是所謂體（capacity），動就是所謂用（action）」。若「有靜無動，則成為『惰性』（inertia）；有動無靜，則如建樓閣於沙上」。東方文明就像聲音，西方文明則像歌唱，「兩樣都不能偏廢」。而「現在東方所能濟西方的是『知慧』（wisdom），西方所能濟東方的是『活動』（activity）」。[23]

但馮友蘭特別提醒大家，泰戈爾以體、用說靜、動，「初看似乎同從前中國『中學為體、西學為用』之說有點相像，其實不同。中國舊說是把中學當個桌子，西學當個椅子；要想以桌子為體，椅子為用。這自然是不但行不通，而且說不通了」。而泰戈爾的意思是，「真理只有一個，不過他有兩方面，東方講靜的方面多一點，西方講動的方面多一點」。簡言之，「泰谷爾講的是一元論，中國舊說是二元論」。

這樣一種有些難以捉摸的區分，提示出時人心目中東西文化問題那微妙的一面，即很多說法都不那麼直截了當，常需要同時體會其言說的字面意和言外之意。

瞿秋白也認為人類文化是整個的，不過他的思路比較「辯證」。瞿秋白以為，「東西文化的差異，其實不過是時間上的」。比較地看，「各國各民族的文化於同一時代乃呈先後錯落的現象」，其中因果關係非常複雜。他因而提出，「正因人類社會之發展有共同的公律，所以東方文

23　本段與下段，馮友蘭：〈與印度泰谷爾談話（東西文明之比較觀）〉（1920年），見《三松堂全集》，鄭州：河南人民出版社，2001年，第11卷，5–7頁。

化與西方文化有相異之處」；但這是由於彼此發展程度不同，其發展動力又是共同的。於是「此處的異點正足以表示其同點，是時間上的遲速，而非性質上的差別」，故「東方和西方之間亦沒有不可思議的屏障」。[24]

所謂正因共同，所以相異，以及「異點正足以表示其同點」等，皆甚能展現其思維的辯證特色。我們不要低估辯證法在中國的影響，呂思勉在論人類社會狀態的大同小異時也說，就像「夏葛而冬裘，正因其事實之異，而彌見其原理之同」。[25]與瞿秋白的所見相近。不過，瞿秋白又特別強調「帝國主義溝通了全世界的經濟脈絡，把這所謂東方西方兩文化融鑄為一」，就此而產生了「全人類的文化」。[26]

然而，假如人類社會的發展確有所謂「共同的公律」，則「全人類的文化」已然存在，帝國主義的溝通作用似乎僅僅體現在「時間上的遲速」方面。進而言之，既然東方西文化已經「融鑄為一」，中國一方似乎也就沒有多少向西方學習的需要了。這一暗示恐怕很多主張文化需要「相師」的人都未必同意。

常乃惪則強調，世界文化同為一途，本無所謂「東方、西方之分」，一般所說的「東西文化之分野，只是一個時代的分野，而不是性質的分野」。亦即「東方民族還在中古的時代，西洋人卻已跑在前面去了」。但這不過是「跑的快些的佔了先着，慢搖廝擺的落在後面」。既然「西洋人從前也點過油燈紙拈之類，則我們這些現在點油燈紙拈的民族，本來不必傷心，只要大踏步追了上去，萬無趕不到的道理」。[27]

24　瞿秋白：〈東方文化與世界革命〉(1923年3月)，見《瞿秋白文集(政治理論編)》，北京：人民出版社，2013年，第2卷，14頁。

25　呂思勉：〈從我學習歷史的經過說到現在的學習方法〉(1941年)，見《呂思勉論學叢稿》，上海：上海古籍出版社，2006年，582頁。

26　瞿秋白：〈東方文化與世界革命〉，見《瞿秋白文集(政治理論編)》，第2卷，23頁。

27　燕生：〈什麼叫做東方文化？〉，《莽原》，第7期(1925年6月5日)，58頁。

二、世界不是東西二元：常乃悳的挑戰

這背後隱伏的問題，其實仍是西方是否代表了世界，而西化是否等同於世界化。故傾向於國家主義的常乃悳可以贊成和接受世界文化的一元或多元，卻堅決反對世界文化的東西二元說。他是少數人站出來「較真」、對此進行辨析的人。其實他也未必是「為真理而真理」，而是有其自己的特定關注，因為他從這二元說裏看到太強的西方對東方的壓抑，似乎東方的西化是一種逼迫下的皈依，而不是後進者對先進者的追趕，甚至還暗示着因不同而不能的意味，即因文化對立而永遠無法並駕齊驅。他在 1920 年就提出：

> 世界上只有古代文明和近世文明，沒有東方文明和西方文明的區別。現代西洋的文明，是世界的，不是一民族的；是進化線上必經的，不是東洋人便不適用的。[28]

通過一系列歷史的考察，常乃悳論證了世界文明多數時候都不是二元的，即使有也不是東西對峙；而其之所以被「認成是二元的緣故」，一是由於詮釋者「讀史的粗心」，二是「忽視時代的差別，強要拿過去的東方文明和現在的西方文明相比論」，三則「國拘的蔽過重，因而生出觀察的錯誤」。他引用孔德的社會發展三階段說，將世界文明的進化分為三期，以為「現在一般所謂東洋文明，實在就是第二期的文明，而西洋文明卻是第三期的文明」。[29]

常乃悳強調，世界文明應「以世界為發源地」，各地不同的風俗習慣雖也影響到文明，「各自另加一點色彩」，這是因為「地球上所有各小

---

28 常乃悳：〈東方文明與西方文明〉，《國民》，第 2 卷，第 3 號 (1920 年 10 月)，9 頁（文頁）。

29 本段與下段，常乃悳：〈東方文明與西方文明〉，3–7 頁（文頁）。按「國拘」是嚴復對英文 the bias of patriotism 的中譯，包括「愛國之偏」和「貶國之偏」，參見斯賓塞著、嚴復譯：《群學肄言》，北京：商務印書館，1981 年，155–181 頁。

區域都自有面目的」，既不影響世界文明的整體共性，也不能支持文化
二元說。而且那更多是古代交通不便的時代使然，「到了現在交通大便
的時代，凡有輪船火車所到的地方，決沒有不同的文明」。

　　問題是，大同可以包容小異，但是否足以掩蓋小異，或可以抹殺小
異存在的正當性呢？幾年後常乃惪有了新的認識：既然無數的國家「都
各有特別的文化，但也有共同相似的地方。因此所謂世界文化者不但不
是二元，抑且不是三元，……它是多元的，又是一元的」。他讚揚梁漱
溟以中國、印度和西洋三元來說世界文化，打破了「二元的謬說」。不
過又不同意梁漱溟拿「向前、退後、持中」的人生態度來區分世界文化
的方式，以為是「勞而無功」的。[30]

　　又幾個月後，常乃惪的立場進一步移動，以為「世界上有的是全人
類的整個文化，存的是各民族、各地域的分文化，但卻沒有一個整個的
東方文化和整個的西方文化」。他開始承認「東方與西方之民族文化大
體是不相同的」，但強調其不同之處並非「絕對對立而不可逾越」。考察
世界各民族的文化史，可知「文化是多元的，而決不是二元的」。[31]

　　這樣看來，常乃惪雖勉強接受了世界文化多元說，仍堅持某種程度
的文化一元說。他可以同意「就現狀而論，中國與西洋誠然有絕不相同
的兩種文化」，但這並不如梁漱溟所說是「基於民族性的不同」，而在於
「一種是農業的，一種是工業的」。既然歐洲以往的歷史也曾有過與中國
現代相似的農業社會現象，則雙方的不同是因為「歐洲已脫離農業社會
進入工業社會，中國則尚滯留於中途」，其實仍是一元文化中的程度差
異。於此常乃惪說出了他真正想要表述的意思：

30　燕生 (常乃惪)：〈什麼叫做東方文化？〉，58頁。
31　本段與下兩段，燕生 (常乃惪)：〈文化的橫展與豎進〉，《狂飆》(不定期刊)，第
　　1號 (1925年12月)，82–83頁。

（人類）由農業社會進入於工業社會，乃是自然的趨勢。歐洲不過早些，中國亦終久不能不到。因此我們論東西文化之差別，乃是今古的，不是東西的；是豎進的，不是橫轉的。

這才是前引他說在「交通大便的時代，凡有輪船火車所到的地方，決沒有不同的文明」的隱意。因為那種基於民族性不同的東西文化二元說，多少潛藏着中國終不能與歐洲同步的隱意，而人類社會發展的「自然趨勢」表述出的「世界潮流之不可抗」，[32]恰證明了「歐洲不過早些，中國亦終久不能不到」。

就史實言，常乃惪為自己的辨析提出了足夠多的證據，但他的商榷基本未能改變多數人以東西說世界的大趨勢。有意思的是，儘管胡適和梁漱溟這個問題上的見解明顯不同，常氏稍後又援引他駁斥梁漱溟之說以質疑胡適。在這個敏感的問題上，敵之敵即我之友的規則並不適用，益顯出問題本身的玄妙。

常乃惪重申他「主張世界上並沒有東西文化之區別」，一般所謂東西文化之異，實即古今之異。且「人類對於生活的態度都是一樣的」，雖因環境不同，「世界各民族的文化也許各具特色」，但這不過是小異，「基於求生欲望而發展出的文化，決無根本差異之理」。故就歷史事實而論，「世界上只有多元的文明，並無二元的文明」。或者說，「世界上的文化，大體說是一元的，細微說是多元的，而決無二元對立之理」。[33]

針對胡適曾說西洋近代文明是「利用厚生」的文明，常乃惪指出，一切文化「根本都是向着『利用厚生』的目的而進的，所以只有『量』的不同，決無『質』的不同」。故「『利用厚生』的文明，並不是『西洋近代文明』的特色，乃是一般人類文明的特色」。

32　常乃惪：〈東方文明與西方文明〉，7頁（文頁）。

33　本段與下段，常燕生：〈東西文明問題質胡適之先生 ——讀《我們對於西洋近代文明的態度》〉，《現代評論》，第4卷，第90期（1926年8月9日），17頁。

從其論證可以看出，常氏關於世界文化基於相同的求生欲望而只有大同小異的論證，與胡適的觀念並無多大差別，甚至可說基本相同。[34]但由於他從東西二元說裏看到了西方對東方的壓抑，所以要堅決反對二元對立之說，於是把攻擊的矛頭指向了胡適。

常乃惠指出，胡適在文中「屢次使用『東西文化』的字樣，並且幾次拿他們來對舉」；同時又「屢使用『近代文明』字樣來代替西方的文明」。他的意思，究竟是「認這兩大文化的差點是東西地域之不同呢？還是古今時代之不同呢？抑或合古今中外為一爐，如胡先生文中所又用的『西方近世文明』與『東方舊腦筋』之不同呢」？他也看出了胡適的傾向性，即中國須拋棄東方舊文明來採納西方近世文明。[35]

在這一點上，常乃惠確實看到了問題所在，即那些在意識層面主張文化多元的，下意識中卻側重於東西二元，往往習慣性地以中西或東西代表世界。很明顯，那時（甚至迄今亦然）很多中國讀書人心目中和口中的「世界」，更多意指西方；除了尚在積極爭取「進入世界」的中國或東方自己，他們並不真正關注西方以外的「世界」。[36]

34　按胡適也認為，「生活只是生物對環境的適應，而人類的生理的構造根本上大致相同」。由於人類面臨的問題和解決的方法都是「大同小異」的，故「民族生活的樣法」也是「大同小異」的。胡適：〈讀梁漱冥先生的《東西文化及其哲學》〉，見《胡適全集》，第2卷，251頁。

35　常燕生：〈東西文明問題質胡適之先生——讀《我們對於西洋近代文明的態度》〉，16頁。

36　如嚴既澄後來反駁王新命等十教授關於中國本位文化的主張時說，解決今日中國問題的一切「方法與工具，除了西化，便是守舊，我們決不能在短期內找出第三條路來」。由於世上的學問知識和文物制度均「已成為世界的公器」，也不必「為了所居地點的關係而妄為區別，把人類分劃為東西兩部」（參見嚴既澄：〈《我們的總答覆》書後——向《中國本位文化建設宣言》的十位起草者進一言〉，羅榮渠主編：《從「西化」到現代化——五四以來有關中國的文化趨向和發展道路論爭文選》，北京：北京大學出版社，1990年，483–484頁）。嚴既澄關於思想資源的主張實有所見，但他並未考慮世界的其他部分，表明他心中沒有真正世界的其他部分。

胡適的確喜歡以東西對應說世界，他稍早就說：

> 世界上的哲學大概可分為東西兩支。東支又分印度、中國兩系。西支也分希臘、猶太兩系。初起的時候，這四系都可算作獨立發生的。到了漢以後，猶太系加入希臘系，成了歐洲中古的哲學。印度系加入中國系，成了中國中古的哲學。到了近代印度系的勢力漸衰，儒家復起，遂產生了中國近世的哲學，歷宋元明清直到於今。歐洲的思想，漸漸脫離了猶太系的勢力，遂產生歐洲的近世哲學。到了今日，這兩大支的哲學互相接觸，互相影響。五十年後，一百年後，或竟能發生一種世界的哲學，也未可知。[37]

和王國維一樣，胡適也有最後出現單一世界哲學的期許，而且這世界哲學同樣不是增添了東西以外的其他哲學，而是不復分為東西的世界哲學。同時胡適也和王國維一樣採取了「退而言之」的方式，把世界哲學分為東西兩支。

這是常乃惪不能接受的，故儘管他大體贊同胡適的基本立意，仍「不得不提出抗議」──「抗議他用東方、西方的字樣來分判兩系的文明，抗議他把世界的文明無端分成兩大系。」有意思的是，他也抗議胡適「把『求人生幸福』、『不知足』等人類文明公有的特色讓給了西洋人作為專利品，抗議他替東方人無端加上個懶惰知足的罪名」。[38]

其實胡適曾指出，梁漱溟的「根本錯誤」即在於他「忽然很大度的把那條一切有情都是如此的生活本路讓西洋人去獨霸」。[39]但在常乃惪眼中，胡適自己在不知不覺中竟然表出了與梁漱溟相似的傾向性見解。這

37　胡適：《中國哲學史大綱（卷上）》，北京：商務印書館，1987年影印，5頁。

38　常乃惪具體指出，希臘古文明時代的人，其實「與中國的古文明的距離，反要比和西洋近世文明的距離近點」。參見常燕生：〈東西文明問題質胡適之先生（續）〉，《現代評論》，第4卷，第91期（1926年9月4日），17–19頁。

39　胡適：〈讀梁漱冥先生的《東西文化及其哲學》〉（1923年3月），見《胡適全集》，第2卷，250–251頁。

最能揭示東西文化問題那細微中的玄妙，即胡適與梁漱溟的民族論述底線不一樣，而常乃惪與胡適的民族論述底線又不一樣。他們的分歧彷彿是「小異」，其實又「大不同」。

前面說了，常乃惪出而「較真」，並不僅是「為學術而學術」，而有其特定的針對性。在某種程度上，他也是北京話所說的「拿梁漱溟和胡適說事」，即他雖共同挑戰梁、胡，但真正的對話者其實是本文第一節述說的那些以動靜觀東西的文化二元論者，因為他們的說法往往不鼓勵落後中國的奮起直追。常乃惪要抗議胡適把中國人說得「懶惰知足」，也因這樣的品性預示着中國人無意進取。

按梁漱溟並不真正主張世界文化多元論，他實際是用分階段的線性一元文化來涵容多元文化。[40] 不知是對此未曾理解還是故意忽視，常乃惪選擇性地贊同梁氏對世界文化的空間區分，而不同意他在時間上的反進化路線。常氏最希望論證的，用前引他自己的話說，即東西文化的差別「是豎進的，不是橫轉的」。通常被視為「國家主義派」要角的常乃惪，在世界各文化發展的時空差異方面，卻選擇了接受線性的世界進化觀念。因為進化論最鼓勵人的一面，即因為大家都在一條路上，後進者始終有趕上前行者的可能性。而世界的發展最終指向一個美好的未來，更是許多中國讀書人的共同憧憬。

三、餘論：線性進化的世界文化

馬克思和恩格斯在19世紀就提出，資產階級「使一切國家的生產和消費都成為世界性的了」，它「迫使一切民族都在惟恐滅亡的憂懼之下採用資產階級的生產方式，在自己那裏推行所謂文明制度」，並「按照

40　說詳羅志田：〈辯證的進化：後五四時代關於世界文化的辯論 —— 側重梁漱溟與胡適〉，《天津社會科學》，2017年，第3期。

自己的形象，為自己創造出一個世界」。[41] 在近代「道出於二」之後的中國，[42] 由於自身的學術思想也「以迎拒西洋資本主義制度和它底文化精神為核心」，[43] 讀書人有意無意間在這方面的表現，或尚超出我們的認知。甚至一些被視為「保守」或自由主義者的學人，他們關於世界文化發展的觀念，也與馬克思主義的歷史觀相近。

到1947年，或許延續其對單一世界哲學的期許，或許受到批評者的影響，胡適提出一種混同的世界文化觀念，以為世界文化「漸漸朝混合統一的方向」發展，這既是「自然的趨向」，也「可以看出共同理想的目標」。一方面，「三四百年的世界交通，使各色各樣的文化有個互相接近的機會。互相接近了，才可以互相認識，互相瞭解，才可以自由挑選，自由採用」。尤其近一百多年「民族交通、文化交流的結果，已經漸漸的造成了一種混同的世界文化」。[44]

次年胡適在演講中進一步提出「文化的世界性」問題，指出從前交通阻塞時，民族的生活「都有民族性、國家性、地方性，各不相雜。交通發達以後，此種生活的民族性、國家性、地方性漸漸地削弱，而世界性日漸加強」。日用品、風俗習慣、裝飾等，都是文化，「由於吸收外來文化的結果，打破了地方性，減少了民族性，減少了國家性」。在交通發達的時代，生活方式不能不受外國文化影響，「要分析哪些還是純粹本國文化，哪些是受世界文化影響，幾乎不可能」。因此，「這個時代講

41　馬克思、恩格斯：〈共產黨宣言〉，見中共中央馬克思恩格斯列寧斯大林著作編譯局編譯：《馬克思恩格斯全集》，北京：人民出版社，第4卷，1958年，469–470頁。

42　參見羅志田：〈近代中國「道」的轉化〉，《近代史研究》，2014年，第6期。

43　伍啟元：《中國新文化運動概觀》，上海：現代書局，1934年，25頁。

44　胡適：〈眼前世界文化的趨向〉（1947年8月），見《胡適全集》，第22卷，687–689頁。

到文化就是世界文化，很難找出一件純粹的本國文化」，也沒有什麼「純粹的地方性、民族性、國家性文化」了。[45]

　　上文是演講記錄的一個版本，為胡適所收藏。另一未經胡適校閱但曾公開發表的版本，文字更整飭，可與上文互補。文章說，從歷史的進程看，文化「最初也含有相當的民族性和地方性，如衣冠、文物制度、生活習慣等，各地方各民族在交通不發達、彼此不易接觸的情況之下，形成了它的特殊性」；到了交通逐漸發達，人類接觸頻繁，文化在交流中因互相吸收優點而「逐漸消失了地方性，減少了民族性，成為整個世界文化的一部分」。近一百多年來，「因為交通的便利，各國通商貿易暢行無阻」，各處的人可以在短期內往來，使「各色各樣的風俗習慣、信仰思想，都可以很快的有彼此瞭解、彼此吸收的機會，很快的造成文化的交流混合」；故今天「只看到世界文化的整體，而不容易辨別哪種文化是某一國的，哪種文明工具是某一民族特有的」。[46]

　　那時胡適已開始疏離於社會主義，[47]他這次演講的主旨就是中國應選擇自由民主的文化，但其論旨在無意中卻契合了馬克思主義。馬克思和恩格斯很早就指出，隨着世界市場的形成，

　　過去那種地方的和民族的閉關自守和自給自足狀態已經消逝，現在代之而起的已經是各個民族各方面互相往來和各方面互相依賴了。物質的生產如此，精神的生產也是如此。各個民族的精神活動的成果已經成為共同享受的東西。民族的片面性和狹隘性已日益不可能存在，於是由許多民族的和地方的文學形成了一個世界的文學。[48]

45　胡適講、居正修記：〈當前中國文化問題〉(1948年9月)，見《胡適全集》，第22卷，742、744–745頁。

46　胡適講、談龍濱記：〈當前中國文化問題〉(1948年9月)，《自由與進步》，第1卷，第10期(1948年10月)，12–14頁。

47　參見羅志田：《再造文明之夢：胡適傳》，北京：社會科學文獻出版社，2015年，304–305頁。

48　馬克思、恩格斯：〈共產黨宣言〉，見《馬克思恩格斯全集》，470頁。

　　只要把引文中的「文學」換成「文化」，則馬、恩之論與胡適所説即使不到若合符節的程度，也算大同小異。胡適不一定看過〈共產黨宣言〉，但彼此「暗合」到這樣的程度，也是很有意思的。

　　在很多人眼裏，梁漱溟被認為是「東方文化派」的代表，而胡適則一向被視為西化象徵。但從他們所表出的觀念看，有時梁漱溟比胡適更強調西化，而胡適比梁漱溟更知中國歷史。關鍵在於，面對西方幾乎等同於世界的大背景，中國若不全盤西化，已不足以圖存於世界之中，遑論什麼文化「翻身」。[49] 而胡適後來的樂觀看法，即文化的地方性和民族性在減弱，出現了走向單一世界文化的趨勢，也因應着很多人心目中區域文化和世界文化的關聯，儘管他的樂觀連自己也未曾説服。[50]

　　從前引陳獨秀所謂國民而無世界知識，其國便不足以圖存於世界之中看，他和梁漱溟的觀念還更為接近。蓋陳獨秀所説的「世界知識」雖號稱「共同原則」，其實那些「原則」本是西方提出或制定的；但其既然成為非西方人也承認的世界知識，當然也就是梁漱溟所説的西化就是世界化。[51] 這樣的世界認知，多少接近於〈共產黨宣言〉中資產階級「按照自己的形象，為自己創造出一個世界」，並「迫使一切民族都在惟恐滅亡的憂懼之下採用資產階級的生產方式」的意思。

　　如果説胡適不過與馬克思、恩格斯的見解暗合，梁漱溟後來公開承認他在不少方面受到馬克思主義的影響。[52] 實際上，此前便有一些人認

49　參見羅志田：〈文化翻身：梁漱溟的憧憬與困窘〉，《近代史研究》，2016年，第6期。

50　按胡適在前引〈眼前世界文化的趨向〉一文之前，剛寫了一篇〈眼前「兩個世界」的明朗化〉（《胡適全集》，第22卷，678–681頁），分明承認了「世界」正走向兩極化。而其〈眼前世界文化的趨向〉一文的主旨，就是中國應理直氣壯地選擇自由民主，更説明有待選的兩種文化存在。

51　在錢穆看來，梁漱溟《東西文化及其哲學》一書，「受陳氏議論的影響太深」，包括他説要批評的把中國態度拿出來，也是在「敷衍陳獨秀一派的議論」。見錢穆：《國學概論》（1928年），台北：商務印書館，1963年重印，下篇，165頁。

52　梁漱溟：〈自述〉（1934年），見《梁漱溟全集》，第2卷，28頁。

為梁漱溟的歷史發展觀接近唯物史觀的馬克思主義階段論。國民黨方面的張岡就說，梁漱溟的世界發展階段論，雖然有輪轉，仍「好似馬克思底唯物史觀，好似運命必然論。說走完了第一路，便會走第二路；走完了第二路，去會走第三路」。[53]給《學燈》投書的王晉鑫也說，儘管他「很贊成梁先生說的現在大家該走孔子所走的生活路向」，但他又「很反對」梁漱溟那「說將來這條路走了幾時走到盡頭，一定要轉入佛家出世還滅的路」，這思路與「馬克斯唯物史觀一樣」。[54]

李石岑稍後也指出，梁漱溟「言下有如果拿出孔子原來的態度，則中國可以無問題、世界從此亦無問題之意」。但這「不過是一種希望，與一般相信共產主義、無政府主義以及其他各種政制之能推行無弊者，同屬一種希望」。[55]很多年後還有人說，梁漱溟把中、西、印度三方面的文化「做成三個固定的範疇，而以整個的三方面的東西按於其下」，皆以「向前、持中、向後幾個字樣概之」，與馬克思主義者「置一切於經濟的動因之下」的「簡單化」傾向是同樣的。[56]

當然也有相反的看法，如李璜就認為梁漱溟不是唯物論，而是唯心論。他注意到梁漱溟批評了「唯物史觀的說法」，認為其「過於牽強，並且忘了人類精神的能力」；而「梁先生說是『文化這樣東西，點點俱是天才的創作、偶然的奇想』，也未免太偏於唯心的說法」。李璜自己既「覺得唯物觀的說法太單純」，又「覺着唯心派的解釋不大夠」，兩方面的斷論都讓人「覺得是太簡單了」。[57]

53　惡石（張岡）：〈評梁漱溟先生的《東西文化及其哲學》〉，載《民國日報·覺悟》，1922年3月28日，第4張，第1–2版。
54　王晉鑫致張東蓀等（1922年4月11日），載《時事新報·學燈》，1922年4月27日，第4版。
55　李石岑：《人生哲學》，上海：商務印書館，1926年，95–96頁。
56　黃杲：〈讀梁漱溟《東西文化及其哲學》〉，《燕京月刊》，第10卷，第2期（1934年2月），34頁。
57　李璜：〈德模克拉西的由來（一個社會學上的看法）〉，《少年中國》，第3卷，第12期（1922年7月1日），30、38頁。

　　對明知自己國家在世界上地位不佳的中國讀書人來說，馬克思主義社會發展階段論的吸引力，或正在其指向一種必然可達的美好未來，給人以希望。當這些人自己憧憬社會發展階段論時，也很可能產生類似的設計。實則在進化論影響下，19世紀的西方社會發展階段論大都呈現一種逐級進步的線性特色。被西方改變了思想方式的近代中國讀書人，對孔德的社會發展三段論和馬克思主義的五階段論，都容易產生親切的感覺，或徑直接受，或稍改而推出，甚或雖摹仿而不自覺，故不期然而然地出現了類似的思路。[58]

　　批評梁漱溟為唯心論者，指責他過於強調天才和偶然；而視他為唯物史觀者，又認為他的觀念中帶有太多的先驗決定論。[59]前者對天才和偶然的強調隱約指向每個文化自身的特色，而後者的命定論色彩則意味着一種不可避免的民族融合趨勢。這與馬克思主義基於世界大交通的社會發展階段論有相通之處，而某種帶有確定性和計劃性的美好未來，也呼應了很多中國讀書人的關懷和憧憬，故主張自由主義的胡適和被視為「保守」的梁漱溟有意無意間都曾接近馬克思主義的看法。

　　那的確是一個涵義豐富的時代，很難以明晰的標籤覆蓋。唯物和唯心兩種截然相反的判斷落實在梁漱溟一人身上，這樣的對立統一既展現了他思想的辨證特色，[60]也表明文化的區域性與世界性在那時是個相

58　按中國讀書人對世運階段論並不陌生，以據亂、升平、太平為標識的世運發展三段論，便有類似線性進化的特色。不過公羊家有所謂「王魯、新周、故宋」之說，進化色彩明顯；而穀梁家則主張「尊周、親魯、故宋」，已有些退化的意味。後來士人把三代視為黃金時代的見解逐漸固定，進一步弱化了線性進步的特色。所以他們接受目的論明確的線性進化觀念，大體還是由於思想方式被改變了。詳另文。

59　西來的唯物論和唯心論成為相當一些人評判的基礎或標準，這現象本身就說明中國思想界的西化已較深入。在那以後很長的時間裏，唯物和唯心一直是中國思想史言說中一對重要的指標性概念。

60　參見羅志田：〈文化表述的意義與解釋系統的轉換——梁漱溟對東方失語的認識〉，《四川大學學報》，2018年，第1期。

當敏感而微妙的問題，所見人各不一。每個人從自己的眼光看他人，同樣人各不一。上述各位見解的異同進而揭示出，共論不一定先有共識──由於關懷的相近，那些缺乏共識的時人，仍可在「心無定宰」之中，探索「全國之人皆以為是」的定見。即使未必成功，也已形成相互分享的共論，給後人留下了尋路的足跡。

第十一章

從科學與人生觀之爭
看學生運動後對五四基本理念的反思

　　新文化運動兩個最基本的口號科學與民主，在五四學生運動之後各曾有過一場較大的爭論，即1923年的科學與人生觀（玄學）之爭和北伐成功之後關於「人權」的論爭以及九一八之後的民主與獨裁之爭。從思想史的角度看，這兩次爭論可以說是後五四時期中國思想界對五四基本理念的反思；而且這一反思基本是在尊西趨新派陣營中進行（較少受西方文化影響的真正「保守」派或正脫除西方影響的章太炎等人便幾乎不曾關注這些爭論），其中包括不少新文化運動領銜人物，較能反映同一批人在時代轉變後對原有基本理念的重新檢討。[1]

1　可以說，除「科學」外的大部分五四基本理念在後五四時期似乎都有從量到質較
　　大的轉化甚至基本轉到對立面，參見羅厚立：〈歷史記憶中抹去的五四新文化研
　　究〉，《讀書》，1999年，第5期。

　　科學與人生觀之爭過去一直受到學界關注，近年海峽兩岸的少壯學人對此相當重視，新論不少。[2]但除1930年代的著述外，從思想界自身反省的角度進行觀察的似不多見。[3]同時，近幾十年為多數人常規使用的「科學主義」概念是否準確表述了五四新文化人心目中「科學」的真義，即其是否是一個有效的詮釋工具，也還有討論的餘地。

　　儘管有眾多研究在前，論戰本身的史實重建似仍不夠充分，有時一些看似細微的具體過程其實提示着這一論戰非常重要的特徵和意義。就目前我已接觸到的材料看，稍全面的史實重建決非一文的常規篇幅所能涵蓋，故對有些既存研究論述較少的面相，如從清季起中國士人已在關注的科學與「文學」（其義略近於今日人文學與社會科學）的關係、大家都認為如此嚴肅重要的論戰為何以相當輕率隨意的方式表述（此最足揭

2　較早的研究大約當屬兩位左派學者伍啟元的《中國新文化運動概觀》（上海：現代書局，1934年）和郭湛波的《近五十年中國思想史》（北京：人文書店，1936年；濟南：山東人民出版社，1997年橫排新版）兩書中關於此次論戰的專章；美國漢學著作中將此事列為專門章節討論的有：Chow Tse-tsung, *The May Fourth Movement: Intellectual Movement in Modern China*, Cambridge: Harvard University Press, 1960（南京：江蘇人民出版社，1996年出版中譯本）；D.W.Y. Kwok, *Scientism in Chinese Thought 1900–1950*, New Haven : Yale University Press, 1965（南京：江蘇人民出版社，1995出版中譯本）；Charlotte Furth, *Ting Wen-chiang: Science and China's New Culture*, Cambridge: Harvard University Press, 1970（長沙：湖南科技出版社，1987年出版中譯本）。此外，林毓生先生於1980年代寫有兩篇專文〈民初科學主義的興起與涵義——對民國十二年「科學與玄學」論爭的省察〉和〈近代中西文化接觸之史的涵義——以「科學與人生觀」論戰為例〉，均收入其《政治秩序與多元社會》，台北：聯經出版公司，1989年；近年較詳細的研究包括汪輝：〈從文化論戰到科玄論戰——科學譜系的現代分化與東西文化問題〉、〈科學世界觀的分化與現代性的綱領——張君勱與「人生觀之論戰」的再研究〉，分別載《學人》，第9、11輯；葉其忠〈從張君勱和丁文江兩人和《人生觀》一文看1923年「科玄論戰」的爆發與擴展〉、〈1923年「科玄論戰」：評價之評價〉，分別載《中央研究院近代史研究所集刊》，第25、26期。

3　這些研究也包括陳端志的《五四運動之史的評價》（上海：生活書店，1936年，有香港中文大學1973年影印本），該書有專章討論德、賽二先生的發展和演化，不過其論證從材料到敘述基本都取自伍啟元書。

示五四人心態中一些隱伏但相當關鍵的因素）、五四後「賽先生」實際落實到整理國故和史學（而非數理化和工業技術）之上、以及這次論戰是在怎樣的語境中進行和這一語境在多大程度上及怎樣影響了論戰本身等，均只能另文探討。

我特別希望瞭解的是：張君勱一次帶偶然性的講話究竟在何處以及怎樣挑戰了五四人的基本觀念（從而引起後者不得不拔劍而起）？同時，本文也擬從考察「科學」觀念在後五四時期的演變這一視角來反觀五四人心目中的「賽先生」究竟何義，希望能使我們對這次論戰的理解和認識略有寸進，並進而有助於我們更進一步地理解「科學」這一五四新文化運動時的基本觀念。

一、論戰雙方的動機

從論戰的當時起，思想界和學術界對這次論戰意義的評價都相當高。但這次被時人和後之學者賦予相當歷史意義的思想論戰有一個特點，即表述方式超乎尋常的不嚴肅，許多文字均以恢諧甚至攻擊的口吻出之。最典型的概括即胡適所說「文雖近於遊戲，而意則甚莊」。梁啟超對此甚為不滿，他認為「這回這論戰題目太重大了，行文更要格外勤懇鄭重。否則令人看作遊戲文章，便會把原來精神失掉大半。」[4] 為什麼許多當事人認為如此重要的思想問題卻以「遊戲」文字表述之？深入分析這一詭論現象只能俟諸另文，但有一點可以考慮，即這次論戰雖觸及時人關注的重大問題，但其爆發在一定程度上是偶然的，故許多人的表述呈現出相當的隨意性。

4　胡適：〈致張君勱〉，附在其〈孫行者與張君勱〉；梁啟超：〈關於玄學科學論戰之「戰時國際公法」〉，均收入《科學與人生觀》，濟南：山東人民出版社，1997年橫排新版（用亞東圖書館本），125、122頁。

正如梁啟超所說，張君勱最初「不過在學校裏隨便講演，未曾把『人生觀』和『科學』給他一個定義。在君也不過拈起來就駁」。[5] 雙方的思慮或者都較深遠，但一開始並未特別注重其所討論的具體概念。由於是針對特定對象的即席演說，而不是對全國學界發宣言，張君勱的演講內容並非精雕細刻，自相抵牾之處確不少見。他後來回憶時卻強調他其實有很高遠的目標，即「一個人對於社會提出一種思想，是對於青年、對於學術有重大影響；換句話說，提出一種思想方向是有重大的責任」。他當初即希望這「可以使我們的思想界有一種目標，大家可以向前進行；或者我們的思想史上，可以開一個新局面」。[6]

這樣的目標恐怕是後來逐漸「層累堆積」出來的，因為張第一次講話的內容實在不足以承擔這麼大的抱負 (當然他後幾次文章越來越體現出關懷的深切)。[7] 梁啟超也聲稱「這回論戰原是想替我們學界開一新紀元，令青年學子對於這問題得正確深造的瞭解」。[8] 這是否是預定的目標同樣很值得懷疑，因為最初講話的張君勱並不知道丁文江要反駁。但張、梁均提及的「青年」卻的確是論戰者 (特別是丁文江) 針對的對象。

張君勱的談話對象是平日所學皆科學而「不久即至美洲」的清華學生，正因為「方今國中競言新文化」，而這些學生又肩負着「將來溝通文化之責」，故張希望他們能將他之所論「時時放在心頭」。張或擔憂這些青年會將西方文化不加區別不加選擇地全盤引進，所以先給他們打一劑防疫針。其講話的要點似即在最後一段，而最核心者大約即「吾有吾之文化，西洋有西洋之文化」一句。不過，張接下來並未明確為中國文化

5　梁啟超：〈人生觀與科學〉，見《科學與人生觀》，138頁。

6　張君勱：〈人生觀論戰之回顧〉，《東方雜誌》，第31卷，第13期 (1934年7月)，7、10頁。

7　後來張君勱等「新儒家」那種沉重的責任心和救世的道德負擔在這裏已有所顯露，而其實際上提不出什麼具體可行的方策這一特點也已稍露端倪。

8　梁啟超：〈關於玄學科學論戰之「戰時國際公法」〉，見《科學與人生觀》，121頁。

張目，而是提出「西洋之有益者如何採之、有害者如何革除之」這一取
捨問題皆決之於人生觀。所以，當他說人生觀是「文化轉移之樞紐」時，
其實也不過是指引進西方文化時應有所取捨而已。這對飽受新文化運動
衝擊而即將留學美國的清華學生，當然有直接的針對性。[9]

　　新文化運動的早期研究者伍啟元認為，張君勱的「直覺主義不過是
一種玄學的思想」，其代表的是早已沒落的封建殘餘，已無社會基礎，
故不過是一種「迴光返照」，「其實不用實驗主義者的全體動員，它也必
不打而自倒了」。[10]但這一點丁文江顯然不同意，他從張君勱的言論中看
出了非常嚴重的潛在「錯誤」影響，並不止一次表示他對張的講話「決計
不能輕易放過」、「勢不能不」出來批駁，可知其感覺到一種非常明顯的
壓力；而張在清華的講話其實相當隨意，在學理層面似不足以構成這樣
強烈的壓力。

　　所以，是否可說丁文江等更為關注的是張君勱（以及更早的梁啟超）
的言論可能造成的影響，即對「科學」在中國的推進造成阻礙，特別是對
青年可能產生誤導作用。丁文江曾告訴胡適，「前天君勱找我去談天，
與他辯論了一個鐘頭，幾乎把我氣死！」他在列舉了兩人對話的要點後
說，「我想我們決計不能輕易放過他這種主張」，故決定做一文駁之。[11]
丁氏當時的心態在其給章鴻釗的信中說得很明白：他對「張君勱〈人生
觀〉提倡玄學與科學為敵，深恐有誤青年學生，不得已而為此文」。[12]

　　胡適在1950年代回顧這一論戰時說：當日「君勱所要提倡的和在君
引為隱憂的」問題，表面是科學是否能解決人生觀的問題，「但這問題的

9　　張君勱：〈人生觀〉，見《科學與人生觀》，33–40頁。

10　　伍啟元：《中國新文化運動概觀》，177頁。

11　　「丁文江致胡適」，1923年3月26日，見《胡適來往書信選》，北京：中華書局，
　　　　1979年，上冊，188–190頁。

12　　參章演存〔鴻釗〕：〈張君勱主張的人生觀對科學的五個異點〉，見《科學與人生
　　　　觀》，146頁。

背後，還有一個問題，即張君勱認為「科學及其結果——物質文明——不但是『已成大疑問』的東西，並且是在歐洲已被『厭惡』的東西」，青年人應該回歸側重內心生活之修養而「其結果為精神文明」的理學傳統。因此，丁文江視此為「與科學為敵」，必須出來「提醒」青年學生。[13]

丁文江認為，「科學是歐洲人的精華，『形而上』學是他們的糟粕」。若依張君勱所說「人生觀真正是主觀者，單一的、直覺的，而甚麼『專制婚姻、自由婚姻，社會主義、國家主義，男女平等、尊男輕女⋯⋯』都是人生觀，然則世界上還有甚麼討論，還有甚麼是非？」[14]這正是一個丁不能放過張的關鍵，世界上無是非，特別是新文化人所關注推動的那些方面沒有了是非，中國的改良也就沒有了明確的方向；若青年受此影響，則中國改良的希望就渺茫了。

故丁氏明確指出：「張君勱是作者的朋友，玄學卻是科學的對頭。玄學的鬼附在張君勱的身上，我們學科學的人不能不去打他。」不過，「我做這篇文章的目的不是要救我的朋友張君勱，是要提醒沒有給玄學鬼附上身的青年學生」。丁文江強調，玄學家如果自己研討其本體論，可以不必反對，「但是一班的青年上了他的當，對於宗教、社會、政治、道德一切問題真以為不受論理方法支配，真正沒有是非真偽；只須拿他所謂主觀的、綜合的、自由意志的人生觀來解決他。果然如此，我們的社會是要成一種甚麼社會？」[15]可知其目的與張一樣，都在針對學生而試圖影響學生（或可說是在爭奪學生）。

這樣，論戰諸公所欲針對的都是青年學生，應是無疑的。而胡適、丁文江等更加看重這一點，或因為當時青年本多站在他們一邊。熊十力注意到：「五四運動前後，適之先生提倡科學方法，此甚要緊。又

13　胡適：《丁文江傳》，海口：海南出版社，1993年橫排新版，63–64頁。

14　「丁文江致胡適」，1923年3月26日，見《胡適來往書信選》，上冊，190頁。

15　丁文江：〈玄學與科學〉，見《科學與人生觀》，41–42、52頁。

陵先生雖首譯名學，而其文字未能普遍；適之銳意宣揚，而後青年皆知注重邏輯；視清末民初，文章之習，顯然大變。」[16]一向樂觀的胡適看到了趨新大勢的社會影響，他發現自19世紀末以來，科學這個名詞「在國內幾乎做到了無上尊嚴的地位：無論懂與不懂的人，無論守舊和維新的人，都不敢公然對他表示輕視或戲侮的態度。」[17]

略帶諷刺意味的是，在科學的「話語權勢」之下，真正能對科學提出質疑的或者只有從西方回國的留學生。由於當時的「科學」其實是西來的，留學生大概因其略知西學而具有某種對「不科學」指責的「免疫」身份。如留學美日兩國的楊蔭杭就敢指斥時人「略聞一二粗淺之科學，即肆口痛詆宗教為迷信，此今日中國之通病」。其實「無論孔教、佛教、基督教，擇其一而信之，皆足以檢束身心，裨補社會；而獨不可屏棄一切，以虛無鳴」。而胡適在一次與王寵惠等吃飯時，也聽到王「大罵西洋的野蠻，事事不如中國」，只有請客吃飯的規矩比中國好。[18]在當時的語境下，為「迷信」伸張或罵西洋的野蠻，似乎也只有留學生才能說得比較理直氣壯。

正因為科學已處於一種「沒有一個自命為新人物的人敢公然毀謗」的地位，但實際上又沒有多少人「懂」（故其威權實不鞏固），曾經是趨新先鋒的梁啟超站出來說科學「未必萬能」就有不同尋常的影響了。胡適當時解釋這次論戰「發生的動機」說：「歐洲的科學已到了根深蒂固的地位，不怕玄學鬼來攻擊」；但中國的情形則不同，此時「正苦科學的提倡不夠、正苦科學的教育不發達、正苦科學的勢力還不能掃除那迷漫全

16　熊十力：〈紀念北大五十週年並為林宰平先生祝嘏〉，見《北京大學五十週年紀念特刊》，北京：北京大學出版部，1948年，30頁。

17　《科學與人生觀‧胡序》，10頁。

18　1920年6月7日《申報》，見楊蔭杭：《老圃遺文輯》，武漢：長江文藝出版社，1993年，11頁；《胡適的日記（手稿本）》，台北：遠流出版公司，1989–1990年，1922年3月31日（原書無頁）。

國的烏煙瘴氣」，卻有名流學者出來「把歐洲文化破產的罪名歸到科學身上」；不管其本意如何，「梁先生的話在國內確曾替反科學的勢力助長不少的威風」。[19]但由於丁文江與梁啟超關係非同一般，他自己即曾追隨梁同遊戰後的歐洲，且兩人的輩份也有差異，丁恐不便直接向梁挑戰。張君勱的演講恰給丁以發動的機會。

吳稚輝當時已指出：「張先生的玄學鬼，首先是託梁先生的〈歐遊心影錄〉帶回的」。[20]胡適復注意到張君勱實際也比梁啟超走得更遠，梁到底還聲明本不欲「菲薄科學」，而張「原是一位講究『精神之自足』的中國理學家，新近得到德國理學家倭伊鏗先生的印證，就更自信了；就公開的反對物質文明，公開的『菲薄科學』，公開的勸告青年學生：科學無論如何發達，決不能解決人生觀的問題；公開的宣傳他的見解：『自孔孟以至宋元明理學家側重內心生活的修養，其結果為精神文明』。」[21]

張君勱既然已突破清季以來不敢公開輕視科學的常規，其對新文化人所推動之事業的威脅就凸顯出來了。值得注意的是「理學家」張君勱的「自信」其實是西來的，在尊西的民初，柏格森、倭伊鏗等人的名字本身便具有相當的「話語權勢」，張氏打着他們的「旗號」來「替梁先生推波助瀾」，實具有更大的威懾性。在胡適看來，「新文化運動的根本意義是承認中國舊文化不適宜於現代的環境，而提倡充分接受世界的新文明」。他們要引進的「新文明」，正以來自西方的科學與民主為表徵。梁啟超等人在歐戰後對「科學」的質疑，實即向五四人最基本的觀念挑戰，

19　《科學與人生觀·胡序》，12–13頁。胡適認為「中國此時還不曾享着科學的賜福，更談不到科學帶來的『災難』」，所以不能允許玄學鬼的進攻。他實際上並未完全否認科學可能帶來「災難」，也不否認科學在中國普及後或應討論科學可能帶來的災難；他只是認為時機不合適，即這樣的問題不適宜在當時的中國討論。

20　吳稚輝：〈箴洋八股化之理學〉，見《科學與人生觀》，308頁。按吳文之所以甚得胡適欣賞，很可能正因其將矛頭多指向梁啟超和梁漱溟而非張君勱，不過胡適要到晚年才明確認識到這一點。

21　胡適：《丁文江傳》，64–65頁。

當然要引起新文化人的激烈反彈；再加上梁、張等言論出處多自西來，更強化了挑戰的衝擊性，故「信仰科學的人」便不能不「大聲疾呼出來替科學辯護」了。[22]

　　同時，許多新文化人仍像當年發動文學革命時一樣感受到來自舊勢力（即今人常說的「傳統」）的強大壓力，這在陳獨秀對當時社會成分的觀察中有充分的體現。他認為中國當時尚屬孔德所說的「宗教迷信時代：你看全國最大多數的人，還是迷信巫鬼符咒算命卜卦等超物質以上的神秘；次多數像張君勱這樣相信玄學的人，舊的士的階級全體、新的士的階級一大部分皆是；像丁在君這樣相信科學的人，其數目幾乎不能列入統計。」[23]

　　純粹從總人數上看，陳的話似不能算不對。但就後五四時期構成所謂「輿論」的社會成分而言，他恐怕太低估了「新的士的階級」中「相信科學」的人數（張君勱其實也只是想說科學還是有所不能而已）。葉其忠注意到，「所有支持張君勱的參戰者有許多保留」，且幾乎為間接的；而「支持丁文江看法的參戰者比較少保留」，且均直接支持。[24]此最可見科學這一「話語權勢」之預存，無人能公開與之對立。其實「舊的士的階級」也不少趨從於科學的威力，幾年前武昌高師的史地部主任姚明輝就在該校的《數理雜誌》發表〈三從義〉和〈婦順說〉，以數學原理證明「三從」

22　《科學與人生觀‧胡序》，12–13頁；胡適：〈新文化運動與國民黨〉，《新月》，第2卷，第6–7號（1929年9月10日，非實際出版時間），5頁。張君勱後來說，中國人接受西洋科學至少已數十年，「我們應該拿一種思索（Reflective thinking）的精神和批評的精神來想一想科學本身是什麼」。這裏他對「思索」所下的英文界定說明他的觀念的確是反思性的，張當時或者真在思索「我們接受科學」之後的整體，而新文化人恐怕有意無意中視其為對五四新文化基本概念的反思。參見張君勱：〈人生觀論戰之回顧〉，6頁。

23　《科學與人生觀‧陳序》，3頁。

24　葉其忠：〈從張君勱和丁文江兩人和《人生》一文看1923年「科玄論戰」的爆發與擴展〉，239頁。

和「婦順」實天經地義，曾引起《新青年》的反彈。[25] 姚氏所論是否有理是一回事，但維護「三從」和「婦順」也必須訴諸科學，並發表在《數理雜誌》之上，卻最能體現時代的轉變和科學的威權。更重要的是，西化菁英的社會影響實遠超過其人數，他們的廣大青年追隨者 (即論戰雙方所真正注目者) 這一社會力量相當強大，陳對此估計明顯不足。[26]

整個論戰中科學派對來自「傳統」那潛在的威脅或衝擊給予了高度的重視，大致傳承了新文化人對傳統壓力的想像傾向。[27] 但同為中國傳統，還有上層主流文化與相對邊緣的基層文化 (即西人所謂大小傳統) 的關係問題。中國的大小兩傳統其實本是一直處於競爭之中的，[28] 五四人大約因有西方這一參照系在，從中西文化競爭的角度着眼，反多看見其關聯和相互支持的一面。胡適在科學的影響力方面雖比陳獨秀更樂觀，但他看見的中國實與陳之所見略同，仍是一片「迷漫全國的烏煙瘴氣」。他那時要大家「試睜開眼看看：這遍地的乩壇道院，這遍地的仙方鬼照相；……我們只有求神問卜的人生觀、只有《安士全書》的人生觀、只有《太上感應篇》的人生觀」。[29]

---

25 《新青年》，第6卷，第6期 (1919年11月1日)「通信」欄〈請看姚明輝的三從義和婦順說〉，654–657頁。

26 說詳羅志田：〈近代中國社會權勢的轉移：知識分子的邊緣化與邊緣知識分子的興起〉，《開放時代》，1999年，第4期。

27 參見羅志田：〈林紓的認同危機與民初的新舊之爭〉，《歷史研究》，1995年，第5期。

28 這裏所謂的大傳統小傳統，是套用西人對上層文化和下層文化的分法。如果從追隨者的眾寡看，下層文化這個傳統當然要「大」得多。

29 《科學與人生觀·胡序》，13頁。這樣看問題的時人尚不少，差不多十年以後，王造時發現「以前張君勱先生說了幾句關於人生觀的話，便有丁文江先生等一大群人去打玄學鬼；今年由考試院長戴季陶先生等所發起的時輪金剛法會在北京舉行，在丁文江胡適之先生等腳下大演法寶，鬧到轟轟烈烈，文化城中倒沒有人去喇嘛廟裏打鬼。」王造時：〈復興新文化運動〉，《主張與批評》，第3期，轉引自陳端志：《五四運動之史的評價》，344頁。

　　當丁文江表示自己對宇宙間不知的成分寧取「存疑」態度時，陳獨秀和胡適都認為丁太消極，等於間接承認了有神論；應採取一種相對「武斷」的態度，明白宣稱其無神論信仰（他們都認為無神論的證據已充足，要到有神論者拿出證據時才能放棄其信仰）。[30] 其實承認宇宙有不可知成分並不一定意味着神或上帝的有無，尤其玄學派完全沒有這方面的暗示；但陳、胡二人卻看到了潛在的威脅，即給玄學以地位就可能導致有神論，故胡適將吳稚輝否認上帝的言論譽為「真正的挑戰」。其實吳所挑戰的並非實際參戰的玄學派，而是沒有參與論戰的「迷漫全國的烏煙瘴氣」。

　　這正是吳稚輝眼裏中國當時的情形：一方面象徵西方經濟入侵的「新新公司又將開幕」，而另一方面「同善社、道德社、大同教、吳鑒光、小糊塗、金剛眼，皆猖獗得遠超過於戊戌以前」。[31] 吳的觀察提示了在戊戌以前儒家主流文化尚未崩散時，「子不語」的怪力亂神在中國並無太多市場；西潮衝擊使中國主流文化退居二線後，便先有義和拳的出現，後有 1920 年代各種「怪力亂神」的猖獗，再次提示了作為異端進入中國的西潮無形中對昔日中國邊緣文化的支持。[32] 所以新文化人眼中舊文化「妖焰」的復熾，其實恰是傳統崩散的表徵。特別具有詭論意味的是，一方面，新文化人將「怪力亂神」的猖獗看作傳統的餘威不絕；另一方面這些孔教的反對者又實帶儒家特別是「僧道無緣」的理學家氣味，他們把道教（部分也包括道家）明確視為異端。

　　不僅胡適和吳稚輝的攻擊範圍均涉及道教，丁文江在聲討張君勱的「玄學」是「西洋的玄學鬼」聯合了宋明理學「一班朋友的魂靈」時，也特

30　《科學與人生觀‧陳序、胡序》，7、17頁。

31　吳稚輝：〈一個新信仰的宇宙觀及人生觀〉，見《科學與人生觀》，404頁。

32　關於這一點，參見羅志田：〈傳教士與近代中西文化競爭〉，《歷史研究》，1996年，第6期。

別指出張的人生觀「玄而又玄」。[33]這裏「玄而又玄」顯系有意使用，正欲使讀者產生聯想。張君勱已注意及此，他指責丁文江雖「號為求證之科學家」，其為文之「字裏行間，惟見謾罵之詞」。張認為他自己對精神科學和物質科學的界限甚清，而丁「偽為不知，乃欲以『陰陽五行』之徽號加入，以為藉此四字可以亂人觀聽」。丁以玄學稱謂張的人生觀，正是「明知今之青年聞玄學之名而惡之，故取此名以投合時好」。[34]

張君勱的思想資源本來更偏向於西方，所以他認為「國人所以聞玄學之名而惡之者，蓋惑於孔德氏人智進化三時期之說也」。但羅家倫卻能理解到玄字在中國「向有的意義」才是關鍵所在，他認為「玄學 (Metaphysics) 的名詞，在中文帶着有歷史背景的『玄』字，是很不幸的。因為涉及『玄之又玄』、『方士談玄』……種種意義，引起許多無聊的誤解。」[35]

在晚清諸子學興起特別是在新文化人「打倒孔家店」之後，中國歷史上的魏晉玄學其實已變成一個相對正面的詞語。從國粹學派到新文化人中的魯迅等人（甚至五四學生輩的朱謙之等），大致都對「魏晉文章」持欣賞態度。非儒家的梁漱溟先已非常正面地使用玄學一詞，他以為玄學與科學正體現了中國與西方文化的區別。[36]只有在正統儒家眼中，「玄學」才是一個負面名詞。丁文江對此詞的貶義使用，提示了儒家正統觀念在西化的新文化人潛意識中不僅存在，而且相當深厚，稍一不慎即會表露。正如傅斯年對胡適所說：「我們思想新信仰新；我們在思想方面完

33　丁文江：〈玄學與科學〉，見《科學與人生觀》，51–52頁。

34　張君勱：〈再論人生觀與科學並答丁在君〉，見《科學與人生觀》，62、64、98頁。

35　張君勱：〈再論人生觀與科學並答丁在君〉，見《科學與人生觀》，99頁；羅家倫：〈科學與玄學〉，見《羅家倫先生文存》，台北：台北國史館、國民黨黨史會，1976年，第3冊，279–280頁。

36　丁文江使用「玄學」一詞或亦因梁漱溟先已論及玄學，提示着這次論戰與稍前開始的「東西文化論戰」的接續（其中「東方文化派」以二梁為代表）。參見汪暉：〈從文化論戰到科玄論戰 —— 科學譜系的現代分化與東西文化問題〉。

全是西洋化了；但在安身立命之處，我們仍舊是傳統的中國人。」[37]其實他們豈止是一般「傳統的中國人」，而且是儒家味道甚重的傳統中國人。

新文化人正是在這樣的心態下起而反擊張君勱的人生觀言論。由於「科學」作為西方文明（優越或不足）的象徵更勝過其實際內容，論戰表述的隨意性之另一典型體現即各方在學理方面準備都不充分。時人已對論戰的表述水平感到失望，陳獨秀即說辯論雙方未能將討論集中在「科學與人生觀」之上，他認為張君勱的文字固然更加枝蔓，但科學派的文章也「大半是『下筆千言離題萬里』，令人看了好像是『科學概論講義』」。[38]其實丁文江等本意正不在此而在彼，他對此說得很明白：他不反對玄學家自己研討本體論，而擔心青年上了玄學家的當。

當時惟吳稚暉是解人，他根本認為「學問的法寶」談得太多才是把官司「打到別處去了」。胡適在論戰當年也與陳獨秀有同感，以為論戰者多未弄清楚科學的人生觀究竟何義；但他到晚年更具後見之明的優勢時，則轉同意吳的看法，指出丁文江本清楚這次討論「最重要的問題」是「科學方法是否有益於人生觀，歐洲的破產是不是科學的責任」；但他不幸提出了「科學的知識論」問題，結果「把本題岔到別的問題上去了」。[39]我們今日研究這一論戰，恐怕也應該回到當事人更關注的「本題」吧。

不少後之研究者之所以也有類似陳、胡當年的失望感，或者即因為他／她們在心中預設了一個理想的（有時甚至是超越於論戰者時代的）論戰標準，然後再以此標準來衡量論戰本身。[40]其實論戰的當事人之所欲言（當然各有側重）與這些失望者之所欲觀本未必一致，前者真正關懷

37　傅之言轉引自《胡適的日記》，1929 年 4 月 27 日。

38　《科學與人生觀・陳序》，2 頁。

39　吳稚暉：〈箴洋八股化之理學〉，見《科學與人生觀》，305 頁；胡適：《丁文江傳》，68 頁。

40　不少研究者都根據幾十年後西人對「科學」和「科學主義」的研究來反觀時人的觀念，他們在研究時無意中實際上參與或介入了這場爭論，既成為爭論之一方同時又兼充「裁判」之職，從而「發現」當時論者的種種疏漏和「不足」。

和關注的，並不一定在於「科學」和「人生觀」本身究竟應如何界定，以及兩者是否或怎樣衝突等問題。後之研究者若僅將注意力集中於雙方言論的概念層面（這是迄今為止研究得最多的），或不易把捉到論戰諸人的真實心態。如果返其舊心，以「瞭解之同情」的態度去考察時人立論時的心態和意願，也許所得便會不同。當然，論戰者雖有其特定的關懷，但其各種表述仍圍繞着「科學」這一核心觀念進行，故五四人心目中的「科學」究竟何義，的確是應該澄清的問題。

二、進化論與作為五四基本理念的「科學」

過去對新文化運動或科學與人生觀論戰的研究都傾向於使用「科學主義」的概念來詮釋五四新文化人心目中的「科學」。「科學主義」在西方是個含義不甚確定的術語，較早將其用於中國研究的郭穎頤對其定義是「把所有的實在都置於自然秩序之內，並相信僅有科學方法才能認識這種秩序的所有方面（生物的、社會的、物理的或心理的）」。[41]這一定義如果較寬泛地使用，應有助於認識和解釋許多新文化人的科學觀，因為許多人或多或少都有相近的傾向。但在嚴格意義上使用，很可能對具體的每一個人都未必合適。特別是時人對於「科學」以及作為這一主義最基礎的「科學方法」本身，其實有着相當不同甚至帶本質區別的理解；在這樣的情形下，一個帶高度概括性的西方抽象術語對發生在中國的一次具體爭論有多大的史學詮釋能力，恐怕是要存疑的。[42]

且後之使用科學主義者常有進一步的發揮，如嚴搏非便認為，科學是帶着倫理色彩作為一種價值體系進入中國，到五四時代成為具有「新

---

41 郭穎頤著、雷頤譯：《中國現代思想中的唯科學主義》，南京：江蘇人民出版社，1995年，17頁（這裏「唯科學主義」即 Scientism 的中譯）。

42 當時尚在美國讀書並自稱為此而參閱了四百多種書籍的羅家倫便發現，辯論雙方對科學與玄學的理解都與當時的西方頗不相同。參見羅家倫：〈科學與玄學〉，《羅家倫先生文存》，215–220、381–384頁。

權威」性質的價值信仰，與其在近代西方反權威的本質恰好相反。[43]這樣的觀念，至少在這次論戰之中「科學派」一邊得不到充分反映。丁文江曾面告張君勱，「科學的通例是一種事實因果關係的縮寫，並不是一成不變的。有了新事實，就可以推翻」。張的反應是「真正出乎意料之外」！他原「不知道科學是如此一文不值」，因此還增強了反對科學的信心。[44]胡適晚年回憶說：丁文江這一觀念實在「太謙虛了、太不武斷了，所以許多人感覺失望，許多人不認得在君說的是『科學』！」[45]「科學」在丁氏那裏「謙虛」到使「許多人不認得」，則不僅其「權威」性有限，更頗說明時人觀念的不一致。

如前所述，科學概念本身未必是當時論戰諸人關注的重心。胡適所說的「懂與不懂的人」均推崇科學一語很值得注意，在論戰之中已有許多人指出許多參戰者其實不怎麼「懂」一般或具體某一科的「科學」，後之研究者也每每提到這一點。「不懂」者也要表示尊敬，非常能體現科學在那時的「話語權勢」；而許多「不懂」者又都敢於在此方面立言而不覺有自我檢束的必要，復體現出這一「權勢」那虛懸的象徵性，即其威權或無形的「控制」更多表現為一個大家必須尊重的社會象徵，在具體的「話語」層面反而「懂與不懂的」各種人都可振振有詞（實際歷史畫面呈現出的正是「言人人殊」的現象）。[46]

「科學」的概念本身是一個發展中的變量。我們今日提到「科學」，首先聯想到的大概是數理化一類學科；但五四人更注意的是科學的「精神」和「方法」，而且這些「精神」和「方法」其實多來自生物進化論（對多

43　嚴搏非：〈論「五四」時期中國的知識分子對科學的理解〉，收入林毓生等編：《五四：多元的反思》，香港：三聯書店，1989年，198–214頁。

44　「丁文江致胡適」，1923年3月26日，見《胡適來往書信選》，上冊，190頁。

45　胡適：《丁文江傳》，75頁。

46　若對參戰者做一社會史分析，便會發現以科學為專業者實不甚多；且不僅他們的言說常常未能體現其專業訓練，他們在論戰中的影響通常也不及那些非專業而談「科學」者，詳另文。

數人來説恐怕意味着嚴復版的「天演論」而已），[47]又漸成為抽象的精神和廣義的方法，特別與理化等具體學科的研究方法有距離。這大概即是科學與人生觀之爭時許多人下意識中那不言的「科學」，其與「格致」一線之科學發展的關聯反而是相對鬆散的。

五四人多認為實驗主義和辯證法的唯物史觀是科學的兩大分支，陳獨秀在科學與人生觀論戰前後曾主張這兩種方法應該合作成一條聯合戰線。胡適後來反駁説：「辯證法出於海格爾的哲學，是生物進化論成立以前的玄學方法。實驗主義是生物進化論出世以後的科學方法。這兩種方法所以根本不相容，只是因為中間隔了一層達爾文主義。」[48]值得注意的是胡適用以判斷或區分是否「科學」的標準正是進化論，他眼中的「科學」也是他愛説的「歷史主義的」。[49]

進化論在當時及此後的西方已引起較大的爭議，但今日意義的「科學」在19世紀確立威望時，生物學的確起到了舉足輕重的作用。像胡適等在中國受過嚴復版的「天演論」薰陶而在20世紀初受學於西方者，有這樣的科學觀是再自然不過的事。可知五四時人意識中的「科學」與我們今日所説的「科學」（其確立或晚到二戰前後，近年又在轉變）恐怕有相當距離。如果「科學」不同，所謂「科學主義」也就需要界定其在特定時空語境中的含義了。

正因為科學在中國與天演論的關聯，歐戰的殘酷及戰後西人的反思才對中國人觸動極大，因為嚴復版的進化論（相對更輕視後天倫理的作

---

47 丁文江即説：「要知道達爾文的學説，最好是看他自己的書。我不知道在中國批評他學説的人，有幾個從頭至尾看過〔《物種起源》〕這部名著的」。丁文江：〈玄學與科學的討論的餘興〉，見《科學與人生觀》，259頁。

48 胡適：〈介紹我自己的思想〉，見《胡適論學近著》，濟南：山東人民出版社，1998年橫排新版，496頁。

49 至少在左派看來，胡適在這一點上確有「歷史」方面的失誤，伍啟元即説他是半對半錯：「辯證法的唯心論沒有錯是玄學方法，但唯物辯證法是生物進化論成立以後的科學方法，這是不能否認的事」。參伍啟元：《中國新文化運動概觀》，72頁。

用)本身受到了挑戰。引進天演論的始作俑者嚴復本人在歐戰後的觀感很值得注意,他晚年在何遂的《觀歐戰紀念冊》上題絕句五首(今錄其前三首):

太息春秋無義戰,群雄何苦自相殘。歐洲三百年科學,盡作驅禽食肉看。

汰弱存強亦不能,可憐黃草盡飛騰。十年生聚談何易,遍選丁男作射殟。

洄漩螺艇指潛淵,突兀奇肱上九天。長炮扶搖三百里,更看綠氣墜飛鳶。[50]

同樣有意思的是嚴復的自註:一、「戰時公法,徒虛語耳。甲寅歐戰以來,利器極殺人之能事,皆所得於科學者也。孟子曰:『率鳥獸以食人』,非是謂歟?」二、「德之言兵者,以戰為進化之大具,謂可汰弱存強,顧於事適得其反。」三、「自有潛艇,而海戰之術一變。又以飛車,而陸戰之術亦一變。炮之遠者及三百里外,而綠氣火氣諸毒機,其殺劇於火器,益進彌厲,況夫其未有艾耶!」

在戊戌維新期間,「公法」曾是許多與嚴復同時代人寄予厚望的國際新秩序代名詞,而「科學」則是更持久的西方文明象徵。前者對其創始人已成「虛語」,後者在西人手中造成如此劇烈的破壞,兩者均導致「西方」這一整體形象的損毀。在這樣失望的心態下,過去本擬「束諸高閣」的孟子言論由隱復顯,「夷狄」與當年的「泰西」之間的關聯似乎又被喚醒了。其第二首的註語更已直接論及「汰弱存強」的「適得其反」,則嚴復到晚年實已稍悔其引述西方的「進化」學說(嚴自己已不用「天演」而改云「進化」,也值得注意)。特別有意思的是,時人對「科學」在中國

50　此詩由何遂示陳衍,黃濬錄之,見黃濬:《花隨人聖庵摭憶》,上海:上海古籍書店,1983年,97–98頁。

與西方間的認知實有區別：科學在中國雖然更多體現為「精神」並落實在整理國故和史學的「方法」之上（詳另文），在歐洲卻像傳教士所引導的那樣仍與「物質」相連而落實在「技術」上。

嚴復雖然不像梁啟超和梁漱溟那樣公開檢討中西文化問題，但他對西方文化的觀感實與二梁相近。有類似看法的老新派尚不少見，被認為吸收西人方法於中國學術最成功的王國維那時即告訴胡適：「西洋人太提倡欲望，過了一定限期，必至破壞毀滅」。王國維舉美國耗巨資拍電影例，以為「這種辦法不能持久」。胡適在這裏又看見了「科學精神」，他認為「製一影片而費如許資本工夫，正如我們考據一個字而費幾許精力，尋無數版本，同是一種作事必求完備盡善的精神，正未可厚非也。」他雖然對西方「不悲觀」，但也以為「西洋今日之大患不在欲望的發展，而在理智的進步不曾趕上物質文明的進步」。可知胡適其實也已看出西方文化不盡美好，不過他主張「我們在今日勢不能不跟西洋人向這條路上走去」，王國維「也以為然」。[51]

正是讀到西人在戰後對自己文化的反省，張君勱才（有信心）成為少數跳出了嚴復版進化論的學者，他明確將「達爾文之生存競爭論」列在科學所力不能及的「人生觀」範圍之中。仍在進化論中的丁文江立刻就注意到這一點，並將其點出，提請與他思想相近的「讀者注意」。[52]另一位在美國學科學的任鴻雋與丁文江的觀念接近，他說：誠如張君勱所言，達爾文的學說已經有後人的若干修正和改良，但「進化論的原理，卻是無人能反對的」。任氏認為「近世的人生觀，比中古時代的固定的消極的人生觀進步多了」，而這一進步正得自於進化論。他主張「把因果觀念應用到人生觀上去，事事都要求一個合理的。這種合理的人生觀，也是研究科學的結果」。因為「只有由證據推出的結論」才是合理的。[53]

51　《胡適的日記》，1923年12月16日。

52　張君勱：〈人生觀〉；丁文江：〈玄學與科學〉，見《科學與人生觀》，35、51頁。

53　任叔永〔鴻雋〕：〈人生觀的科學或科學的人生觀〉，見《科學與人生觀》，128–130頁。

　　任鴻雋對「進步」與「合理」等觀念的運用明顯體現出他在進化論武裝下的「現代」心態，在美國學文科的羅家倫指出：斯賓塞（近代中國人另一重要思想資源）的進化論「用最機械的解說，先認定近代什麼都是好的，是最高的發展之標準，所以強分多少時代，而以他們所認為『不好的』都加在以前的或初民的社會身上。現在經真正科學的考察，知道他們的論據充滿偏見。進化（Evolution）只是現象的變動，是一種事實，但是進化不見得就是進步（Progress）。」[54]以今日後現代主義眼光看，「進步」也不見得就更「好」。惟羅氏當時對進化論如此認識，似已比那些學科學的人要更全面些。

　　多數中國人大致仍在進化論籠罩之下，他們不僅以進化論立論，在駁論時有意無意也以進化論為思想武器，就是張君勱自己也不例外。張氏在十年後回顧當年的論戰時認為「最能代表中國這個時代的思想」的是吳稚暉的文章和胡適與陳獨秀兩人為論文集所寫的序文（有意思的是三人均非學自然科學者），但三者在張的眼中當然都不夠高明，吳的思想近於19世紀德國的樸素自然主義；胡適的文章則說明「他不是一個杜威的學生了，乃是十六十七世紀時之自然主義者」，其立意與文風，又類伏爾泰；而陳獨秀不過「借科學與玄學的討論來提倡唯物史觀」。[55]

　　在進化論風行的近代中國，20世紀之前的思想意味着什麼，已不言自明。但張仍進一步提醒說，「我們現在生在二十世紀，我們是不是應該拿歐洲十七世紀的思路，再重複一下，又從十六十七世紀向前到二十世紀呢？」他特別指出：「自然主義、唯物主義是各國思想界中必有的階段」，唯物主義也只是在19世紀風行於歐洲，後來在英國和德國分別被經驗主義和新康德主義所取代。只不過「在我們今日之中國，正是崇拜西洋科學，又是大家想望社會革命的時候，所以唯物主觀〔主義？

54　羅家倫：〈科學與玄學〉，見《羅家倫先生文存》，244頁。

55　本段與下段，參見張君勱：〈人生觀論戰之回顧〉，8–10頁。

史觀？〕的學説，在中國能如此的流行。」他並預言，「恐怕不到幾年後」，唯物主義「這種思想也就要過去了」。張的推理雖説「學術、宗教、政治問題決不是物質二字所能解決」，其實他的基本思路仍是以唯物主義在西方已過時這一進化論觀念為基礎。

而張君勱的「同時代人」其實不少，稍後唯物史觀派攻擊胡適所提倡的實驗主義，同樣説其是「中世紀」的和「違反科學」的。彭述之説：「實驗主義，從哲學的觀點上看來，是一種變相的中世紀式的『煩瑣哲學』」；其「表面上帶着民主主義和似是而非的激進的科學的面具，然而實際上卻是十分保守的、專斷的、反動的、違反科學精神的」。[56]彭氏言論最能表現當時的世風：第一要説對方舊，第二要説對方不科學；而其所用詞語也最能體現當時的價值判斷 ——「激進」正確而「保守」錯誤。在這方面，一般被認為是「守舊」的張君勱其實非常趨新。

在與丁文江爭論時，張君勱多次強調他比丁文江更新，更能追隨歐洲思潮。他認為「近三百年之歐洲，以信理智信物質之過度，極於歐戰，乃成今日之大反動」。但歐洲玄學思潮從19世紀末已開始興起，故他以「新玄學時代」來稱謂近「二三十年之歐洲思潮」，並聲明這樣的新玄學是與此前舊玄學（注意仍是歐洲的）有區別的。張君勱先説，科學能否支配人生這一問題，「自十九世紀之末，歐美人始有懷疑之者，今尚為一種新説」，故丁文江不知。後又説，「以人生觀為可以理智剖解，可以論理方法支配，數十年前或有如在君之所深信者，今則已無一人矣。」正由於歐美思潮的轉變，今日「欲以機械主義支配吾國之思想界，此必不可得者矣」。[57]

56　彭述之：〈評胡適之的實驗主義與改良主義〉，原載《讀書雜誌》，卷二，轉引自伍啟元：《中國新文化運動概觀》，75頁。
57　張君勱：〈再論人生觀與科學並答丁在君〉，見《科學與人生觀》，61、81、99–101、110頁。

　　張氏不久再申：「科學自產生到現在，其於人生的利害究竟如何呢？在吾國人或不覺此是問題，因為科學一定是有益的；在歐洲則成為問題，已有數十年之久了」。歐洲人「自十九世紀下半期後，對於科學，漸由信仰而趨於懷疑，尤其是法國人懷疑最烈」。而且「方今歐美先知先覺，在精神方面提倡內生活，在政治方面提倡國際聯盟，這種人已經不在少數；只看我國人如何響應，必可以達到一種新境界。」故他「敢告諸君，我所說的並非夢話，歐美知識界之新學者，都已趨向我所說的新路上來了」。[58] 以歐美「新」學者走的「新」路來強化自己取向的吸引力，張氏用心相當良苦，而其尊西趨新的態度也表現得很充分了。

　　由於張君勱自身在科學和人生觀兩方面都沒有進行系統深入的學理研究，又負有士人的立言之責，在立說時便不能避免隨西人之波而逐西方之流。雖然張君勱自稱其治學與奔走政治皆有原則，既「不以時俗之好而為之」，也「不以時俗之不好而不為」；這針對他在中國的情形或不錯，但並未能改變他的思想資源基本是西來、而且正是在隨西方之波逐西方之流這一事實。張自己說，他與倭伊鏗「一見傾心」，於是將正在讀的「國際政治學書束之高閣」。此後更「潛心於西方學術之源流，惟日嘆學海之汪洋，吾力之不逮」。[59]

　　最後一句的確是實話，張君勱所看的基本是國際政治和哲學書籍，對西方近代史所知實淺。他一則曰「十九世紀之初，科學的信仰〔在歐洲〕如日中天」；再則曰「今日歐美之迷信科學者，已不如十九世紀初年

58　張君勱講、童過西記：〈科學之評價〉，見《科學與人生觀》，221–226頁。

59　張君勱：〈再論人生觀與科學並答丁在君〉，見《科學與人生觀》，119頁。勞幹已指出張君勱在論戰時缺乏「為天地立心為生民立命」這樣一種「哲學」應有的高遠思慮，卻去追逐一戰後歐洲的時流（隨着世局的演變，這一當時的「顯學」終成西洋哲學的「旁枝」，愈發顯出逐流者的低淺）。勞幹：〈記張君勱先生並述科學與人生觀論戰的影響〉，《傳記文學》，第29卷，第3期（1976年9月），82頁。

之甚」。[60]這真不知是從何處得來的知識，與歷史事實全不符合。[61]如果
不是想當然的話，即很可能是據進化論以中國情形反推歐洲，認為歐洲
當比中國提前若干時間，由此得出這樣的推論。我們當然不能要求不治
史學的張君勱不犯此類錯誤（但他敢於隨便立說的勇氣也太足），這裏
更值得注意的是他拿歐洲之問題來說中國人及與丁文江比賽更新更西的
明顯傾向。

正是在比丁更新更西的自信上，張君勱敢於指責丁文江「連『心』同
『物』的分別都不知道，哪裏還懂得哲學！」過去的研究者或受張君勱的影
響，說丁文江是什麼心物二元論者，其實丁本人就自認是唯心論者。丁
氏本認為「所謂事實，包括精神物質而言；因為我以為物質是 mind content
〔精神內容〕，此外並無獨立的物質可言。」[62]他又說：「我們所曉得的物
質，本不過是心理上的覺官感觸，由知覺而成概念，由概念而生推論。
科學所研究的不外乎這種概念同推論，有甚麼精神科學、物質科學的分
別？又如何可以說純粹心理上的現象不受科學方法的支配？」[63]今日受唯
物主義影響較深的國人或難理解自然科學家何以能夠是唯心論者，其實
兩者間未必有根本的矛盾，近年西方根據新發現的手稿研究近代科學的
奠基者之一的牛頓，就發現占星術不僅影響了他的思維，而且根本就是
他的研究對象。這個問題牽涉太寬，只能由內行的專家來解釋了。

對丁文江自己而言，只要將科學限制在「方法」或「知識論」的範圍
內，便不受什麼唯心唯物的影響了。所以他認為：「科學的萬能、科學
的普遍、科學的貫通，不在他的材料，在他的方法」。故是否「科學」也

60　張君勱：〈再論人生觀與科學並答丁在君〉，見《科學與人生觀》，106、110頁。

61　關於科學在19世紀歐洲的地位，參見 Raymond Williams, *Keywords: A Vocabulary of
　　Culture and Society*, New York: Oxford University Press, 1976, pp. 232–235；羅志田：
　　〈傳教士與近代中西文化競爭〉。

62　「丁文江致胡適」，1923年3月26日，見《胡適來往書信選》，上冊，189–190頁。

63　丁文江：〈玄學與科學〉，見《科學與人生觀》，46頁。

只看其方法而已，愛因斯坦的相對論、詹姆士的心理學、「梁任公講《歷史研究法》、胡適之講《紅樓夢》」，以及「近三百年經學大師治學的方法」，均是科學。而西方科學之所以不屑同玄學爭論，即因為其「知道在知識界內，科學方法是萬能，不怕玄學終久不投降。」[64] 這樣強調科學萬能，似乎很像許多研究者所說的「科學主義」，但丁氏口中的「科學方法」卻並非時人的共識。

三、餘論：認識科學

今日學者好爭論人文學是否社會科學，[65] 其實對五四人而言，這不是問題；那時許多人認為所有學問都是 (或應該是) 科學，問題在於什麼樣的人文學才科學或人文學怎樣研究才科學。五四人的前輩梁啟超講科學就注重的是其「精神」，且落實在方法之上，即「有系統之真知識，叫做科學；可以教人求得系統之真知識的方法，叫做科學精神。」[66] 胡適晚年回憶說：丁文江和他自己都「最愛讀赫胥黎講科學方法的論文」，而赫氏恰將歷史學、考古學、地質學、古生物學以及天文學都歸入「歷史的科學」一類，其適用的方法正與中國的「考據」相類。[67]

中國傳統的考據方法是否科學方法只是這次論戰中的一個支題，卻有着遠更廣泛的意義；因為五四人講「科學」時甚少往「技術」方向走 (講到西方的物質一面時也一定要提高到「文明」層次)，與我們今日將「科技」完全合起來講迥然不同。若落到實踐層面，則「賽先生」真正落實的

64　丁文江：〈玄學與科學〉，見《科學與人生觀》，46、51、53、57頁。

65　這是受英文著作的影響，法文對「科學」和「社會科學」便無英文那樣明確的分界，參見 Williams, *Keywords*, p. 235.

66　梁啟超：〈科學精神與東西文化〉，見《飲冰室合集・文集之三十九》，北京：中華書局，1989年影印，3頁。

67　胡適：《丁文江傳》，74頁。

恰在胡適提倡的「整理國故」之上。對此許多胡適的支持者其實都或明或暗地反對（各人的出發點有所不同）。老一輩的吳稚輝乾脆主張將國故「丟在毛廁裏三十年，現今鼓吹成一個乾燥無味的物質文明；人家用機關槍打來，我也用機關槍對打。把中國站住，再整理什麼國故，毫不嫌遲」。胡適學生輩的追隨者傅斯年也對整理國故很有保留，只是不曾正面挑戰胡適而已。[68]

這裏的根本大分歧正在於什麼是「科學」，胡適和丁文江都認為考據方法即是科學方法，張東蓀則反對說：「漢學家的考據方法不能即算就是科學方法。我承認漢學家有點兒科學精神，但不能以一點的相同，即謂完全相同。本來考古學〔按：非今日所謂考古學〕只是歷史地理的一個分支，自有其地位。若把考古學的方法推廣而用於其他地方，科學家即承認這個就是科學方法，似乎未免太自貶了。」因為「科學注重在實驗，考據不過在故紙堆中尋生活」而已。[69] 問題在於，如果以是否「實驗」為判斷依據，則大部分所謂「社會科學」都非科學，這恐怕連張君勱都不能同意。

實際上張東蓀本認為「科學當然是 Science 的譯語」，所以中國漢學家的方法自然不可能是西來的科學方法。但對胡適來說，這裏正意味着中西間是否平等的問題，他針對另一個北大學生毛子水提出的「世界上的學術，比國故更有用的有許多，比國故更要緊的亦有許多」的觀點指出：「學問是平等的。發明一個字的古義，與發現一顆恆星，都是一大

68 吳稚輝：〈箴洋八股化之理學〉，見《科學與人生觀》，310頁；傅斯年：〈歷史語言研究所工作之旨趣〉，收入其《史料論略及其他》，瀋陽：遼寧教育出版社，1997年，40–49頁。

69 參見張東蓀為梁啟超《人生觀與科學》所寫的按語及其自著的〈勞而無功——評丁在君口中的科學〉，收入《科學與人生觀》，144–145、238頁。胡適的另一學生輩追隨者羅家倫與張氏觀點相近，他公開指出「國內許多人認為科學方法就是那種『整理國故』方法可以代表」，其實後者只是前者「很小的部分」，實不足「代表科學方法」。羅家倫：〈科學與玄學〉，見《羅家倫先生文存》，243頁。

功績。」[70]西方人盡可去發現恆星，中國人也可去發明字的古義，只不過是同一科學精神的不同運用而已。既然同是科學發明，則整理國故即進行「科學」事業，這或者即是胡適終其身都在進行考據的一個原因吧。

在科學方法的運用或其能力上，當時人也相當不一致。任鴻雋認為，「科學方法雖是無所不能，但是他應用起來，卻有一定的限度」，比如張君勱那種「渾沌囫圇」的人生觀便用不上。[71]但更多的人則對科學期望甚高，蔣百里即注意到人類對科學的期望和要求過多：「麵包問題，也請賽先生來管；男女問題，也請賽先生來管」。其實科學真正涉及的不必是這類可以直接感知的具體事物，而多半是人類耳目所不能及的學理；「賽先生的聲學，是人類耳朵所聽不見的佔大部分；賽先生的光學，是人類眼睛所看不見的佔大部分」。他以玩笑口吻指出：「科學萬能」與「科學破產」其實都是「人類尋着賽先生時一種高興」以及「高興的情調一時低下去」的不同反應，與科學本身恐怕無關。[72]

主張科學萬能的丁文江其實是面向未來，他認為當時科學的力量還相當有限。因此，「歐洲文化縱然是破產（目前並無此事），科學絕對不負這種責任。因為破產的大原因是國際戰爭，對於戰爭最應該負責的人是政治家同教育家，這兩種人多數仍然是不科學的。」他指出英國教育界從中學到大學，仍基本控制在教士手裏，歐洲大陸和美國亦然（這意味着他說在歐洲混不下去的玄學鬼其實混得不錯）；並以「歐美做國務員、總理、總統的從來沒有學過科學的人」為例，證明「科學的影響，始終沒有直接侵入政治」。故「歐美的工業雖然是利用科學的發明，他們的政治社會卻絕對的缺乏科學精神」。如今「歐洲的國家果然都因為

70　張東蓀為孫伏園《玄學科學論戰雜話》所寫的按語，見《科學與人生觀》，135頁；胡適：〈論國故學〉，見《胡適文存》，上海：亞東圖書館，1920年，卷二，286頁。

71　任叔永〔鴻雋〕：〈人生觀的科學或科學的人生觀〉，見《科學與人生觀》，127頁。

72　（蔣）百里：〈賽先生與人類〉，《改造》，第4卷，第5號（1922年1月），此為該冊冊首之〈一得錄〉，無頁。

戰爭破了產」，該負責的是「不科學」的政治家同教育家。[73]換言之，歐洲破產的是尚未「科學」的「國家」，卻不是「科學」的歐洲「文化」。

這提示着當時人所思考和討論的，其實不必是研究學理的科學本身，而是人們認知中科學（實際和可能）的社會功能。正如許華茨指出的：科學與人生觀論戰中站在「科學」一邊的人其實對科學的看法相當不一致，故這次論戰「不過表明了這樣的事實，即科學一詞本身不再提供任何共同一致的基礎」。[74]同樣，前述張君勱和張東蓀觀念的歧異說明，「玄學」一邊的人對科學概念的認知也是相當不同的。

那時人們的科學觀不僅歧異頗多，而且有的人變更極快。寫《中國歷史研究法》時的梁啟超大致與胡、丁觀念接近，但在該書出版的1922年當年即已有新的看法。他回顧說，由於「因果律是自然科學的命脈」，學者多欲證明自己所治學科也有因果可尋，以成為科學。「史學向來並沒有被認為科學，於是治史學的人因為想令自己所愛的學問取得科學資格，便努力要發明史中因果。我就是這裏頭的一個人，我去年著的《中國歷史研究法》內中所下歷史定義，便有『求得其因果關係』一語」，現在讀了西人著作，再加上自己的研究，「已經發覺這句話完全錯了」。[75]梁固以「與昨日之我戰」而著稱，但這樣短的時間裏有這樣截然相反的根本轉變，仍從一個側面凸顯了時人科學觀的不穩定性。

梁啟超自供的想為史學「取得科學資格」的心態，又揭示出科學作為社會象徵的魅力。在五四人提出「賽先生」口號時，對「科學」的概念並無一個大家認可的共識，但作為一個正面象徵還能為各方所接受。科學與人生觀這次論戰再次表明，在時人的心目中科學概念的歧異恐怕還超過其共性，且這一歧異已延伸到象徵層面。西來的「科學」在象徵層

73　丁文江：〈玄學與科學〉，見《科學與人生觀》，54–57頁。

74　許華茨：〈思想史方面的論題：五四及其後〉，見費正清編：《劍橋中國史》，中譯本，北京：中國社會科學出版社，1993年，第12卷，494頁。

75　梁啟超：〈研究文化史的幾個重要問題〉，見《飲冰室合集·文集之四十》，2頁。

面也已不再一致，正是一戰後「西方」分裂的明顯表徵。[76]對這樣歧異波動的科學觀是否能以「科學主義」來作概括性的詮釋，我以為是要打個問號的。

　　時人對科學缺乏共識直接影響到究竟應當怎樣在中國提倡和推進科學的問題。偏於玄學一邊的林宰平提出，五四後的中國已與前不同，「真科學家固然不多，但是知道科學是重要的，這幾年似乎很不在少數。現在提倡科學，正要為他顯出真正的價值，築了堅實的基礎」。林氏認為「科學的」不一定就是「科學」，即「科學和科學的方法」兩者並非一事。若兩者不分即可能導致「天地間無一不是科學」這樣一種泛科學化。若「把科學極力的普遍化，燒酒對水賣，分量越多，價值越少」。他觀察到，當時學術界的毛病在於，「一個範圍很謹嚴的名詞，應用又應用，後來漸漸失其本意，甚至有與原意義完全相反的」。故「科學一語，恐怕不久也要變成濫套了。這是糟蹋科學，不是提倡科學」。[77]

　　馬克思就曾否認過他是時人認知中的「馬克思主義者」，林氏所見的確是當時尚未引起足夠注意的現象。古代中國曾有將政治泛道德化的現象，對外和戰常提到道德的高度，致使一些相對切實的政策主張無法得到廣泛的認同。[78]近代中國也曾有明顯的泛政治化傾向，如女性的纏足便常被提到國家民族存亡的高度，結果女性本身「人的解放」這一更根本的目標反被忽視。思想學術的泛科學化是20世紀中國的一個顯著特徵，其結果是「科學」變為象徵和「口頭禪」，在一定程度上反與具體學理上的科學研究疏離，這樣的異化現象在最提倡科學的五四時期已有明顯的反映。一般都認為科學與人生觀的論戰是以「科學」一方的勝利

76　參見羅志田：〈西方的分裂：國際風雲與五四前後中國思想的演變〉，《中國社會科學》，1999年，第3期。

77　林宰平：〈讀丁在君先生的《玄學與科學》〉，見《科學與人生觀》，158–161、180頁。

78　Cf. Arthur N. Waldron, *The Great Wall of China: From History to Myth*, Cambridge: Cambridge University Press, 1990.

結束的，但科學的「成功」或「勝利」其實也多是象徵性的。五四運動八十年後強調「科教興國」的今天，「尊重知識」(這裏知識與科學的關係不言自明)仍是個尚未達到卻心嚮往之的努力目標，最足説明問題。

第十二章

走向「政治解決」的「中國文藝復興」：
五四前後思想文化運動與政治運動的關係[*]

　　1958年5月4日，胡適曾有題為「中國文藝復興運動」的演講。他在演説裏面明言，各種關於五四新文化運動的名稱中，他覺得還是「中國文藝復興運動」最合適。類似的説法也見於胡適的《口述自傳》，大概是他晚年的確定見解。[1]所謂「中國的文藝復興」，可以説是胡適一生思想和事業的主題。他曾著有英文的專書《中國的文藝復興時代》，[2]中文也曾以各種方式進行公開和私下的闡述。大體言，他心目中的中國文藝復興有廣義和狹義之分，狹義的約即指以文學革命為核心的新文化運動，廣義的則是個長程的運動，可以「自宋起」，可以「從隋唐」起，甚至可以從戰國起(詳後)。換言之，胡適關於這一主題的論述，是有變化的，有時波動還較大。

---

[*]　此文原刊發於《近代史研究》1996年第4期，因為一些「新材料」的出現，做了較大幅度的改動。清華大學的李欣然、廈門大學的梁心和四川大學的周月峰幾位老師對修改提出了很多建設性的意見，特此致謝！

1　胡適：〈中國文藝復興運動〉(1958年5月4日)，見《胡適講演集》，台北：胡適紀念館，1970年，中冊，367頁；唐德剛譯註：《胡適口述自傳》，上海：華東師範大學出版社，1993年，171頁。

2　Hu Shih, *The Chinese Renaissance*, Chicago: University of Chicago Press, 1934. 此書現在有中譯本——胡適：〈中國的文藝復興〉，見鄒小站、尹飛舟譯，歐陽哲生、劉紅中編：《中國的文藝復興》，北京：外語教學與研究出版社，2000年，149–225頁。

　　上引胡適晚年的説法，大致是以狹義的文藝復興來概括五四新文化運動。但若細讀這一演講，可以看到胡適雖然側重在五四前後那一段，卻也明確説到「中國文藝復興運動」是「四十多年來的運動」。[3]這提示着他所説的狹義「中國文藝復興」也並不止於一般所説新文化運動，還可以包括此後的國民革命，甚至更晚。

　　這一表述需要予以更多的注意。因為胡適晚年也曾説五四學生運動「是對中國文藝復興運動的一種干擾 —— 它把一個文化運動轉變成為一項政治運動」。[4]此説常為後來討論新文化運動與五四學生運動關係者所引用。既然是胡適自己説的話，應是勿庸置疑的「史實」。但胡適也曾不止一次説，正是五四學生運動這一「意外事件」使文學革命取得了遠遠超過其發起人所預期的迅速成功。[5]而文學革命是胡適眼中新文化運動的核心成分，則五四學生運動雖屬意外，卻又是新文化運動的助推器。

　　故就新文化運動和五四學生運動以及此後的政治運動之關係言，甚或就更廣義的文化與政治的關係言，胡適自己的認知曾有一個不小的轉變。他所謂「政治干擾」的説法只是他看法的一部分。在胡適壯年的相當長一段時期裏，他也曾認為新文化運動從文化走向政治是合乎邏輯的自然發展，而且實際上一度同意對中國問題的「政治解決」比他提倡的「文化解決」更切合實際。

3　　胡適：〈中國文藝復興運動〉（1958年5月4日），見《胡適講演集》，中冊，367頁。按胡適1956年9月3日在芝加哥曾有演説，題目就是「四十年來的中國文藝復興運動」。曹伯言整理：《胡適日記全集》（以下簡作《胡適日記》），台北：聯經出版公司，2004年，1956年9月3日，第9冊，238頁。

4　　唐德剛譯註：《胡適口述自傳》，163–164、183頁。

5　　參見Hu Shih, *The Chinese Renaissance*（1923年），《胡適全集》，合肥：安徽教育出版社，2003年，35卷，676頁；〈中國的文藝復興〉（1934年），見《中國的文藝復興》，188頁。就是上引口述自傳中，胡適也確認，「對傳播白話文來説，『五四運動』倒是功不可沒的。它把白話文派了實際的用場」，被很多青年人用來寫作和出版。唐德剛譯註：《胡適口述自傳》，164頁。

　　本文即探討胡適認知中這一「四十多年來」的「中國文藝復興運動」的含義，特別是胡適對文化與政治關係的認知。同時參考新文化運動中其他人物的相關言論，可以看出胡適的觀念在當時並不孤立，代表着相當一部分人的看法。這樣看來，我們過去對新文化運動一些層面的認知，特別是在胡適等人關於思想運動與政治運動的關係方面，恐怕都還有相當的迷思（myth）成分。

一、引言：文學革命的開放性

　　新文化運動以文學革命為開端，在胡適心目中，這個運動實以文學革命為核心。[6] 不過在1923年胡適論及長程的中國文藝復興時，其最後一期是「近幾年之新運動」，顯然較文學革命更寬宏。[7] 文學革命走向思想革命，正如整體的新文化運動向社會和政治延伸，都表現出明顯的開放性。這既是許多當事人的意願，也體現於文學革命本身的發展。

　　五四新文化運動的師生兩輩人，在文學革命是思想革命的一部分這一點上並無異議。對像陳獨秀這樣的人來說，文學革命不過是更廣泛的倫理道德革命的第一步。所以他把當時討論甚多的「孔教問題」與文學革命和思想革命都作為更大的「氣運」之一部分結合起來考慮。胡適亦然。根據他的進化文學觀，「只有新的白話文體才能表達二十世紀的新情感和新思想」。文學革命之後，必然要進到思想文化運動的下一階段。[8]

6　如胡適1935年在香港大學演講中國文藝復興，雖也指出文藝復興有着包括重新估價傳統和創造新人生觀等「更廣闊的涵義」，其內容仍以文學革命為核心。參見胡適：〈中國文藝復興〉（1935年），見《胡適全集》，第12卷，242–245頁。

7　《胡適日記》，1923年4月3日，第4冊，34頁。

8　參見余英時：〈中國近代思想史上的胡適〉，收在胡頌平編：《胡適之先生年譜長編初稿》（修訂版），台北：聯經出版公司，1990年，第1冊，24、29頁。

這大致代表一種時代認知。周作人曾說，「白話文之興起完全由於達意的要求」，因為「時代改變，事物與思想愈益複雜，原有文句不足應用，需要一新的文體，乃始可以傳達新的意思」。[9]不過他在1919年春也指出，新文化人反對古文，卻不僅因其難以表現思想，也因為古文「內中的思想荒謬」。故「單變文字不變思想的改革」，不能「算是文學革命的完全勝利」。就文學革命言，「文字改革是第一步，思想改革是第二步，卻比第一步更為重要」。[10]羅家倫同年也強調，「文學革命不過是我們的工具，思想革命乃是我們的目的。而且思想革命同文學革命是一刻兒離不了的」。以思想革命為目的，正是文學革命與歷史上白話文學的區別。[11]

胡適稍後重申，文學革命與千年來的白話文學有一個根本不同之處，即它是「有意識的主張，有計劃的革命」，要「老老實實的攻擊古文的權威」。他自己當年所寫的〈建設的文學革命〉這篇文章，雖「名為『建設的』，其實還是破壞的方面最有力」。[12]換言之，文學革命雖然號稱「建設」，其本身卻包含了有意的攻擊性，要主動與傳統決裂。[13]這種攻擊性部分因新文化人認知中傳統的壓迫所致。周作人就說：「我們生在這個好而又壞的時代，得以自由的創作，卻又因為傳統的壓力太重，以至有非連著小孩一起便不能把盆水倒掉的情形。」可見他們認知中傳統的壓力確實很重，以至於明知可能犧牲小孩，為倒掉盆水也不得不如此。所以「我們向來的詩，只在表示反抗而非建立」。[14]

9　周作人：〈漢文學的前途〉(1943年)，見鍾叔河編：《周作人散文全集》，桂林：廣西師範大學出版社，2009年，第8卷，784頁。

10　周作人：〈思想革命〉(1919年)，見《周作人散文全集》，第2卷，132–133頁。

11　羅家倫：〈覆張繼〉，1919年11月8日，《新潮》，第2卷，第2號(1919年12月)，上海：上海書店，1986年影印，367頁。

12　胡適：〈五十年來中國之文學〉(1922年)，見《胡適全集》，第2卷，262、329、333頁。

13　新文化人對林紓的攻擊，就是遵循主動進攻這一取向的。參見羅志田：〈林紓的認同危機與民初的新舊之爭〉，《歷史研究》，1995年，第5期。

14　周作人：〈《舊夢》序〉(1923年)，見《周作人散文全集》，第3卷，56頁。

　　不論主動被動，破壞而非建設實際上成為文學革命和新文化運動的主要特徵。對此，周作人強調1915年的帝制、特別是1917年張勳復辟的影響。他反覆申說這「在以後的政治和文化的方面，都是關係極大」。以此兩事件為表徵的「民國初年的政教反動的空氣」正是產生反復古運動的造因。故文學革命和思想革命都「總結於毀滅古舊的偶像這一點上，因為覺得一切的惡都是從這裏發生的」。[15]這就表現出新文化人的一個趨向，他們視「古舊的偶像」為萬惡之源，要盡全力毀滅之，所以必須全面反傳統。

　　而他們又把這惡源所產生的眾相都看作是同根而相互關聯的，故他們主張的「革命」實具有潛在的開放性，並不僅限於文學甚或思想的範圍。例如，新文化人多認為林紓事件及各種古文復興運動（《學衡》派除外）都有政治背景。周作人就說它們都是「非文學的古文運動」。因為其「含有政治作用，聲勢浩大，又大抵是大規模的復古運動之一支，與思想道德禮法等等的復古相關，有如長蛇陣，反對的人難以下手總攻，蓋如只擊破文學上的一點仍不能取勝，以該運動本非在文學上立腳，而此外的種種運動均為之支柱，決不會就倒」。所以他斷定「在這運動後面都有政治的意味，都有人物的背景」。[16]

　　在這一點上，文學革命無疑傳承了晚清白話運動那種以文學改造國民思想的基本思路，這至少可以追溯到清末梁啟超的〈論小說與群治之關係〉。但梁氏正是從其所從事的政治活動中悟出文學有改造思想的功能而思有意識地發揮之。[17]同樣，清季號稱要啟大眾之「蒙」的白話運

15　周作人：《苦茶——周作人回想錄》，蘭州：敦煌文藝出版社，1995年，249–250、260–261頁；周作人：〈錢玄同的復古與反復古〉(1963年)，見《周作人散文全集》，第14卷，140頁。

16　周作人：〈《現代散文選》序〉(1934年)，見《周作人散文全集》，第6卷，409–410頁。

17　梁啟超：〈論小說與群治之關係〉(1902年)，見《飲冰室合集·文集之十》，北京：中華書局，1989年影印，6–10頁。

動，也是為改造政治的目的而興起。[18]黃遠庸所説的「與一般人生出交涉」
這一取向，被胡適稱為「中國文學革命的預言」。[19]這裏要生出的「交
涉」，決非僅僅讓一般人寫寫字看看報就算完成，仍然具有與梁啟超一
樣的關懷和目的。

　　文學革命後來走向思想、社會甚而趨向政治，於此已見端倪。張
繼曾引法國哲學家孔德的話，「要想政治改良，非先把思想變了風俗變
了不行」。羅家倫對此表示「極力贊同」，並「認定中國現在政治社會的
不良，就是人民的思想不曾變換」，因此「抱改造思想之心頗切」。[20]這
就清楚地表明，他們改造思想的目的，就是改良政治。

　　就像新文化人認知中傳統的壓迫恐怕更多是假想型的一樣，他們看
到的古文運動之政治背景，也多類此。不過，在那些正在「假想」的時
人心中，傳統的壓力和古文運動的政治背景卻都真實地存在。也就是
説，從新文化運動衍化的內在理路和新文化人心路發展的邏輯走向上，
都提示着走向政治的趨勢：他們因主張文學的表述形式與思想社會有
關，就走向思想革命和社會改革；因假想對立面有政治背景，也就越來
越往政治方面着眼。

　　胡適在1927年總結説，文學革命在十年的時間裏，「成功地革新了
整個中國的語言」。由於「語言是表達思想的最重要工具，語言的任何
重要變化都必然涉及人民思想生活的巨大變化」。逐漸興起的思想改革
「影響到宗教生活、社會生活、家庭習俗，以及學術和思想的基本態
度」。這樣一種「觸及生活和文明的根本革命」，必然「帶來社會動盪和

18　周作人已見及此，參見其《中國新文學的源流》，長沙：岳麓書社，1989年，
　　50–53頁。

19　胡適：〈五十年來之中國文學〉(1922年)，見《胡適全集》，第2卷，309–310頁。

20　羅家倫：〈覆張繼〉，366–367頁。

政治騷動」，走向政治革命。[21] 文學革命從思想到政治的逐步開放，在胡適的概括中有清晰的展示。

簡言之，從文學革命開始的新文化運動，具有明顯的開放性，一步步從文學走到思想，進而向社會和政治延伸。惟在運動的實際發展進程中，在擴展和延伸的趨勢下，具體的曲折波動是個常態。而新思潮的流行本身，也是帶有挑戰意味的。時人使用的社會、政治、思想、文化等名相，大致都是近代的「新名詞」，其間不免時有張力。尤其文化與政治的互動，即使在有意層面，也充滿了緊張。

二、新思潮中文化與政治的緊張

所謂文化與政治的緊張，是新思潮中的新問題，也可以說是個後天下時代的問題。在士與大夫一體的天下時代，參政議政都是天下士的當然責任，本不存在這樣的問題。只有士與大夫分離之後，士又轉化為現代社會的新型知識人，方才會與政治有某種隔離感。惟民初不過剛步入後天下時代，很多讀書人自身可能就帶有一種過渡心態。他們對於政治，在意識層面雖有所疏離，又往往有一種剪不斷理還亂的關切。

如胡適晚年自述說，在他成年後的一生中，「我對政治始終採取了我自己所說的不感興趣的興趣。我認為這種興趣是一個知識分子對社會應有的責任」。[22] 這是身歷從士到知識人過渡的當事人對兩者區別的最明確表述。所謂「不感興趣」，既是一種意識層面的自我抑制，也是新時代給知識人的定位；而割不掉的「興趣」，又表出了讀書人那不能卸除的傳統責任。除了抗戰期間出任駐美大使的四年，胡適確實甚少參與實

---

21 Hu Shih, "Speech before the Foreign Policy Association," Feb. 26, 1927, 見《胡適全集》，第36卷，214–216頁。

22 唐德剛譯註：《胡適口述自傳》，36頁。

際政治。但他在留學時的日記中每以「覘國者」自居，政治無疑是其最
關心者。[23]

胡適在1922年給自己定位說，「哲學是我的職業，文學是我的娛
樂，政治只是我的一種忍不住的新努力」。不過他確認自己「是一個注意
政治的人」。所舉的例子，就是留學時「政治、經濟的功課佔了我三分之
一的時間」。而他表明自己「精神不能貫注在政治上」的例子，則是「我家
中政治的書比其餘的書，只成一與五千的比例」。[24]其實修課和藏書都是
外在標識，「忍不住」恐怕才是一種本心的曝露。肩負「議政」責任的「輿
論家」，是胡適留學時的自我期許，[25]所以總會「忍不住」要出而立言。

然而民初北京思想界確實存在強有力的反對學人涉足政治的傾向。
特別是執掌北京大學的蔡元培大聲疾呼讀書不為做官、學術應與政治分
流(他未用分流一詞)，[26]而《新青年》雜誌最初也標榜無意於論政。[27]一向
關心政治的胡適，本來立下回國後「講學復議政」的計劃，正是細心觀
察了他即將任教的北大的主流思想趨向，發現北京知識界的趨勢是不做
官不談政治，才及時調整了自己與時代社會語境的位置，發願「二十年
不入政界，二十年不談政治」。[28]

胡適的發願部分也受張勳復辟的影響。他始歸國便遇到此事，在
上海「看了出版界的孤陋，教育界的沉寂，我方才知道張勳的復辟乃是

23　參見羅志田：《再造文明之夢：胡適傳》(修訂本)，北京：社會科學文獻出版
　　社，2015年，79–80、209–211頁。

24　胡適：〈我的歧路〉(1922年6月)，見《胡適全集》，第2卷，466、470頁。

25　胡適在1915年1月24日明言，「吾以輿論家自任」。見《胡適日記》，1915年1月
　　24日，第2冊，24頁。關於「輿論家」的定義，則見1915年1月27日追記〈再遊
　　波士頓記〉，同上書，第2冊，13頁。

26　蔡元培：〈就任北京大學校長之演說〉，見高平叔編：《蔡元培全集》，北京：中
　　華書局，1984年，第3卷，5–7頁。

27　高一涵明言：「涉及時政，非本誌範圍之所許。」高一涵〈讀梁任公「革命相續
　　之原理」論〉，《新青年》，第1卷，第4號(1915年12月)，1頁(文頁)。

28　「胡適致江冬秀」(1938年7月30日)，見《胡適全集》，第24卷，382–383頁。

極自然的現象」。因此決心「在思想文藝上替中國政治建築一個革新的基礎」。可知他想要入手的雖然是思想文藝，關注的仍是在此之外的政治。他在談政治之前刊發〈易卜生主義〉，說易卜生最恨政客，以為加入政黨是很下流的事。因為「那班政客所力爭的，全是表面的權利，全是胡鬧。最要緊的是人心的大革命」。[29]他或不過是以易卜生之口說自己的話，嘴上說的雖是人心革命，心裏想的還是政治。

另一方面，傾向於「政治解決」的起源也相當早。1915年秋出版的《甲寅》1卷10號發表了黃遠庸給章士釗的信，提出「居今論政，實不知從何說起」。而根本救濟之法，「當從提倡新文學入手」。其要義即摹仿西方的文藝復興，「與一般之人生出交涉」。但章士釗不同意這看法，以為「提倡新文學，自是根本救濟之法。然必其國政治差良，其度不在水平線下，而後有社會之事可言，文藝其一端也」。且「歐洲文事之興，無不與政事並進」。中國也只有先「明政事，使與民間事業相容」，然後可在文藝方面徐圖進展。[30]

胡適後來回顧說，直到1918年，「《新青年》雜誌是有意不談政治的」。但不僅陳獨秀、李大釗都很「注意政治的問題」，連此前明言不涉時政的高一涵也轉變了態度，而提倡讀書不為做官的蔡元培也「關心政治的改善」。這種「政治興趣」在歐戰結束的消息傳來時終於爆發，蔡元培在大會上演說〈黑暗與光明的消長〉，「是很明顯的向當日的黑暗政治勢力公開宣戰了！從這一天起，北京大學就走上了干涉政治的路子，蔡先生帶着我們都不能脫離政治的努力了」。[31]這當然有「故意說」的成分，《新青年》同人「不能脫離政治的努力」，實非蔡元培所帶領。

29　胡適：〈我的歧路〉（1922年6月），見《胡適全集》，第2卷，467頁；〈易卜生主義〉（1918年），見《胡適全集》，第1卷，611頁。

30　黃遠庸：〈致《甲寅雜誌》記者函‧其一〉（1915年9月），附錄於《章士釗全集》，上海：文匯出版社，2000年，第3卷，616頁；章士釗：〈答黃君遠庸〉（1915年9月），見《章士釗全集》，第3卷，613–614頁。

31　胡適：〈紀念「五四」〉（1935年4月），見《胡適全集》，第22卷，271–274頁。

如陳獨秀在1917年已開始談政治了，他寫了〈文學革命論〉後不久，就在《新青年》發表了〈對德外交〉，很快又有〈俄羅斯革命與我國民之覺悟〉一文。[32] 對此內部外間皆有意見，陳獨秀於次年辯解說，《新青年》「同人及讀者，往往不以我談政治為然」。有人且指出，雜誌曾明確宣言「不議時政，現在何必談什麼政治」呢。但陳獨秀以為，「我輩青年所談的政治」與做官的所談之瑣碎行政問題不同；尤其是那些關係到「國家民族根本的存亡」之大事，人人都不應「裝聾推啞」。[33]

胡適自己或也因此不能置身事外。他在1920年領銜發表的〈爭自由的宣言〉說：「我們本不願意談實際的政治，但實際的政治卻沒有一時一刻不來妨害我們。」[34] 所謂「實際的政治」，正類前面所說「表面的權利」，其定語提示着胡適多少已在談非「實際」的政治。就是到「實際」的層面，胡適也只是忍着不談而已。他後來說「我等候兩年零八個月，實在忍不住了」，才出來談政治。[35] 算着時間在忍而「實在忍不住了」，是最接近真相的老實話，也表明側重文化和側重政治這兩種傾向一直在衝突、競爭中互動。群體如此，個人亦然。

老革命黨張繼在「五四」前夕給《新潮》雜誌寫信說，民國代清後，「中國的國門，只換了一塊招牌，思想風俗一切全沒有改」。依據「一個時代有一個時代的文章」的見解，中國政體雖變，「戲劇文學仍照滿清帝政時代的樣子」，可知其「思想仍是歷史傳來的家庭個人主義」；而「風俗如婚宴喪祭，與非洲的土人相去不遠」。這樣的思想風俗難以產出「共

32 陳獨秀：〈對德外交〉（1917年）、〈俄羅斯革命與我國民之覺悟〉（1917年4月），見任建樹主編：《陳獨秀著作選編》，上海：上海人民出版社，2009年，第1卷，300–303、322–324頁。

33 陳獨秀：〈今日中國之政治問題〉（1918年），見《陳獨秀著作選編》，第1卷，417頁。

34 《晨報》，1920年8月1日，轉引自耿雲志：《胡適年譜》，成都：四川人民出版社，1989年，86頁。

35 胡適：〈我的歧路〉（1922年6月），見《胡適全集》，第2卷，469頁。

和政治」,故他認為,《新潮》諸君「主張廣義的文學革命,即是思想革命,真是救中國的根本方法」;只要得着「多數有知識的人贊成,我們這個民國的招牌可望保的住」。[36]

羅家倫在「五四」後幾個月覆信說,他「極力贊同」張繼的見解,認為袁世凱等也是「中國的社會害他們的」,若其生在美國,而「中國的人民有美國的人民那種覺悟」,或不敢有做皇帝的夢。故若「大家的思想不從速受過一番革命的洗禮,則正如先生所謂,『民國的招牌』是保不穩的」。就此意義言,改變人民思想才是文學革命的主要目的。[37]

這是羅家倫那段時間的一貫思想,在他看來,「『五四』『六三』的結果,只是把全國的人弄『動』了」,而這一「動」事關「中國的存亡」。羅家倫特別強調,「思想不革命,行為是不能革命的」;為保持行為的革命性,需要先在思想方面努力。[38]北大學生吳康也說:「我們的主張,是承認『思想』一宗,為一切『改造』事業的根本要素。思想的本身不先改造,而求改造其他一切制度,那是『緣木求魚』,萬萬沒有結果的。」[39]

類似見解那時為不少人分享,陳獨秀便認為,由於「腐舊思想佈滿國中,所以我們要誠心鞏固共和國體,非將這班反對共和的倫理、文學等等舊思想,完全洗刷得乾乾淨淨不可」。[40]而新文化運動之外的梁濟和徐世昌也都表示過相近的主張。希望以殉清而警醒世人的梁濟提出「救亡之策,必以正心為先」;總統徐世昌也認為,要改變不良政治,「首在

36 張繼:〈致《新潮》雜誌〉,1919年4月29日,《新潮》,第2卷,第2號(1919年12月),366頁。

37 羅家倫:〈覆張繼〉,366–367頁。

38 羅家倫:〈致張東蓀〉,1919年9月30日,載《時事新報》,1919年10月4日,第3張,第4版。按原信未署年月,此據報紙時間及信中說「現在大學已開學」推斷。

39 吳康:〈從思想改造到社會改造〉,《新潮》,第3卷,第1號(1921年10月),50–51頁。

40 陳獨秀:〈舊思想與國體問題——在北京神州學會講演〉(1917年5月),見《陳獨秀著作選編》,第1卷,335頁。

轉移風氣，使國中聰明才智之士，從事於社會經濟實業教育」，或可挽救政爭的狂熱。這些政治和文化立場不同的人，在這方面卻思慮相通，都認為政治上治亂的源頭在思想，故當從思想着手去解決。[41]

故德里克以為，周策縱曾說五四後有一個從文化思想到政治的重點轉換，其實將這一變遷描述為從文化思想到社會的重點轉換更為準確，因為新文化運動思想家的文化主張往往具有政治涵義。[42]然而考慮到時人心目中這些新名詞的模棱和相互關聯，或許恰因「社會」概念含糊而不那麼「實體化」，它也更具開放性。其向政治的開放，一點不弱於文化。

名相模棱下統合意願的出現，揭示出五四後一個具有詭論意味的現象：學生運動明明是以政治為主的，但很多人的眼光卻轉到非政治的思想、文化和社會之上。一方面，很多人因為對政府甚至政治的整體失望，而如梁啟超所說「覺得社會文化是整套的」，進而探索「文化」方面的深層變革；另一方面，以政治為主的學生運動又使前此大受青睞的「個人」開始淡出，思想和行動都轉而朝着強調群體的方向發展。[43]不少知識精英關注的重心確實可見由文化向政治的轉移，並在新的意義上「再發現」了坐而言不如起而行的舊說。[44]

---

41 參見羅志田：〈六個月樂觀的幻滅：「五四」前夕士人心態與政治〉，《歷史研究》，2006年，第4期。

42 德里克著、翁賀凱譯：《革命與歷史：中國馬克思主義歷史學的起源，1919–1937》，南京：江蘇人民出版社，2005年，29頁。

43 從清末到北伐，經歷了一個從「新民」到「新人」，即由偏重群體（國家）到偏重個體然後又轉向群體的複雜轉變過程。參見王汎森：〈從新民到新人——近代思想中的「自我」與「政治」〉，《啟蒙是連續的嗎？》，香港：香港城市大學出版社，2020年，128頁。

44 馮友蘭當時區分新學生與舊學生的標準頗能體現這類傾向，他認為「新學生之生活為群眾的，舊學生之生活為單獨的」；且「新學生注重實際，舊學生注重空談」。馮友蘭：〈新學生與舊學生〉（1918年9月），見《三松堂全集》，鄭州：河南人民出版社，1994年，第14卷，11–14頁。並參見羅志田：〈走向「行動的時代」：「問題與主義」爭論後的一個傾向〉，《社會科學戰線》，2005年，第1期。

羅家倫對五四運動帶來的轉折有切身感受，在五四以前是頻受壓迫而不得不苦戰，「僅得保持不敗」；五四以後則「形勢大變」，處處都在談新思潮，都看見新出版品。不過「對於這種蓬蓬勃勃的氣象」不能太樂觀，中國在世界學術界的「失語」現象是明顯的。那種「忽而暴徒化，忽而策士化」的學生運動，與中國的社會一樣「毀壞學者」。他認為學生們不妨進行「分工」，一些人可以繼續街頭行動，另一些人則轉而側重「文化運動」。[45]

稍後張東蓀就看出文化運動已從全社會「大家的興會」轉為「教育界」少數人的「孜孜不倦」，不過他對這種「落潮的趨勢」持樂觀態度，因為就像河流由闊而狹，水面也因此從「淺而弱」變成「厚而強」，反可能「由浮泛而趨於切實」。[46]這樣的樂觀可能過於理想化，在一個日益傾向行動的時代，以文化為表徵的運動若非偃旗息鼓，也只能孤芳自賞。然而張東蓀確實敏銳地感覺到了時代的轉變。表面看着「整套的」關懷像是擴大，卻不能掩蓋實際留在「文化」領域的人數已在縮小的事實。

在傅斯年、羅家倫等學生輩選擇出國留學之路的同時，一些老師輩反而逐漸關注政治，胡適就是其中之一。他在1922年提出的「好政府主義」，已是名副其實地介入「實際的政治」了。後者的核心是政府要管事，實行「有計劃的政治」，而其基礎則在於社會上的「好人」都應出頭，或談政治，或幹政治、入政府。換言之，好政府首先必須是好人政府。其所針對的，除了由「不好的人」組成的不做事的北洋「惡政府」外，就是思想上的無政府主義（偏重於中文的字面意思）。其基本的取向是改良，但在理論的層面，也允許改良不成之後的革命。[47]

45　羅家倫：〈一年來我們學生運動底成功失敗和將來應取的方針〉（1920年5月1日），《新潮》，第2卷，第4號（1920年5月），858–861頁。

46　東蓀：〈文化運動與教育〉，載《時事新報》，1922年4月12日，第1張，第1版。

47　說詳羅志田：《再造文明之夢：胡適傳》，232–240頁。

　　從新文化運動初期讀書人不議政不為官的普遍主張，到1922至
1923年好人政治和好人政府觀念的提出，是民初思想界的一大轉折。
兩者幾乎完全背道而馳，而包括胡適在內的知識精英兩次都是倡導和參
與者。就胡適而言，除了社會政治大背景的轉變，也有一些個人的推動
因素。在1921年夏秋，從他的老師杜威到美國名記者索克思 (George E.
Sokolsky)，以及訪華的美國社會學會會長狄雷 (James Q. Dealey)，都共
同責備中國讀書人沒有盡到知識分子應盡的「社會良心」之責，終使胡
適產生了同感，對「社會」層面的實際政治，逐漸從關懷到參與。[48]

　　那次「好政府」的主張及後來「好人政府」的組成，都是中國讀書人
的地位雖在邊緣化，但士人那種「正義權威」的餘蔭尚在的表現。[49]但餘
蔭畢竟只是餘蔭，1922年8月王寵惠主閣的「好人政府」本因吳佩孚的
支持而上台，但不過三個月就因直系內部的矛盾而下台。對曾經非常努
力地為王內閣提建議的胡適來說，打擊最大的可能還不是王內閣的垮
台，而是王等在台上時已並不真能實行胡適等人提出的建議。所以他後
來又支持「聯省自治」的主張，將議政的重心從中央轉到地方。但除了
增加新的對立面，也沒有什麼實際的效果。[50]

　　胡適積極談政治的新姿態引起各種不同的反應，在他自己收到的通
信中，老友梅光迪「是向來不贊成我談思想文學的，現在卻極贊成我談
政治」；而《晨報》的孫伏園 (筆名伏廬)「是向來最贊成我談思想文學的，
現在很懇摯的怪我不該談政治」；常乃德則「並非不贊成我談思想文學，
他只希望我此時把全副精神用在政治上」。胡適承認自己好像處在三岔

48　《胡適日記》，1921年6月30日、6月25日，第3冊，138、152頁。

49　參見羅志田：〈把天下的取向嵌入國家：民初「好人政府」的嘗試〉，《近代史研
　　究》，2019年，第5期。

50　關於胡適向王內閣提建議而很少被接受，參見《胡適日記》，1922年8–11月，第
　　3冊，695–905頁。胡適：〈聯省自治與軍閥割據——答陳獨秀〉(1922年)，見
　　《胡適全集》，第2卷，477–489頁。

路口,「一隻腳已踏上東街,一隻腳還踏在西街,我的頭還是回望着那原來的老路上」。不過他解釋自己「所以『變節』與『變節而又遲回』的原故」說,他「出來談政治」,因應的不僅是「國內的腐敗政治」,更多毋寧是「新興論界」的狀況,或也算不上「變節」。[51]

當時孫伏園特別強調,「從大多數沒有知識的人,決不能產生什麼好政治」,故文化比政治更重要。而「胡適之」三個字的可貴,「全在先生的革新方法能在思想方面下手,與從前許多革新家不同」。所以他希望把「已被政治史奪去了的」胡適「替文化史爭回來」。胡適的反應是,「沒有不在政治史上發生影響的文化;如果把政治劃出文化之外,那就又成了躲懶的、出世的、非人生的文化了」。也就是說,胡適雖然認為文化與政治可以是兩事,但傾向於一種包含政治的廣義文化觀。

一年多後,胡適不得不承認「此時談政治已到『向壁』的地步。若攻擊人,則至多不過於全國惡罵之中,加上一罵」。若談具體的「問題」,又「勢必引起外人的誤解」;至於「為盜賊上條陳,也不是我們愛幹的事」(其實他此前一段時間經常在幹),所以「只有另謀換一方向戮力的辦法」。此時他回顧「《新青年》的使命在於文學革命與思想革命。這個使命不幸中斷了……我們今後的事業,在於擴充《努力》,使他直接《新青年》三年前未竟的使命,再下二十年不絕的努力,在思想文藝上給中國政治建築一個可靠的基礎」。[52]

值得注意的是,胡適明言是政治方面的「問題」已不可能談,只好回頭致力於孫伏園力爭的「文化」事業,而且他沒有把門關死。大體言,到五卅運動之後,此前處於競爭中的各傾向基本有了結果:群體壓倒了個人,政治壓倒了文化,行動壓倒了言論,可以說開啟了一個新的時

---

51 本段與下段,胡適:〈我的歧路〉(1922年6月),見《胡適全集》,第2卷,464–470頁。

52 胡適:〈與一涵等四位的信〉(1923年10月),見《胡適全集》,第2卷,513頁。

代。多少是因應這種時代變化，幾年後胡適再次把政治包容進他的「中國文藝復興」範圍之內。

三、較長時段的「中國文藝復興」

以「文藝復興」一詞來表述西方的Renaissance在中國出現較早，傳教士編的《東西洋考每月統記傳》於丁酉(1837)年2月介紹西方之「經書」時，就提到了歐洲的「文藝復興」。黃時鑒先生認為這或是「文藝復興」一詞「見於中文文獻的最早記錄」。[53] 是否最早且不論，但這個譯法未能流傳。後來許多人如此表述，則如周作人所說，是「中國沿用日本的新名詞」。[54]

對此譯名胡適多次提出異議。他在留學結束歸國時的船上再讀西人的《文藝復興史》，就以為「文藝復興不足以盡之，不如直譯原意」，即他所謂「再生時代」。[55] 在1935年的一次演講中，胡適又說到我國向來把Renaissance「翻譯為『文藝復興』，實在有些欠當，應該是叫復蘇或再生時期」。[56] 到上引1958年的演講中，胡適重申這個字的意思就是「再生」。[57] 可知胡適到老強調「再生」一點不變，但很多時候也不得不從眾將那個字譯為「文藝復興」。[58] 他對自己的「從眾」顯然並不滿意，這個譯名或也體現了胡適對如何定義新文化運動的糾結。

---

53 〈經書〉，見黃時鑒整理：《東西洋考每月統記傳》，丁酉二月，北京：中華書局，1997年影印，204頁；並參見黃先生的〈導言〉，23頁。此文承黃興濤先生提示，謹此致謝！

54 周作人：〈文藝復興之夢〉(1944年)，見《周作人散文全集》，第9卷，176頁。

55 《胡適日記》，〈歸國記〉(1917年6–7月)，第2冊，527頁。

56 胡適：〈中國再生時期〉(1935年1月)，見《胡適全集》，第13卷，180頁。

57 胡適：〈中國文藝復興運動〉(1958年5月4日)，見《胡適講演集》，中冊，367頁。

58 就此而言，胡適這一「英美派」不啻繼嚴復之後又與日本人及「留日派」就西文譯名進行了一次小小的鬥爭 (參見羅志田：〈抵制東瀛文體：清季圍繞語言文字的思想論爭〉，《歷史研究》，2001年，第6期)。英美留學生的譯名或者更準確，但在常以接收者的取捨決定立說者地位的近代中國，胡適像嚴復一樣又失敗了。

關於中國文藝復興，胡適自己有一整套的階段性論述，[59]主要見於其1923年所寫的「The Chinese Renaissance」（同年4月3日的日記中有言簡意賅的中文概括）以及1926至1927年間在英國和美國的演講。最重要也最詳細的是1926年11月9日在英國皇家國際事務研究院和1927年2月26日在紐約對外政策協會的演講。[60]另外就是他1933年在芝加哥的演講，以及1935年在廣西梧州的演講〈中國再生時期〉。其中尤以1926年和1927年的英文表述和1935年在廣西的演講明顯表達了贊同文化走向政治的開放觀念。

據胡適1923年的看法，他所說的中國文藝復興有廣義和狹義之分，廣義的中國文藝復興時期「當自宋起。宋人大膽的疑古，小心的考證，實在是一種新的精神。印書術之發達，學校之廣設，皆前此所無有」。而宋儒提倡的格物致知和懷疑，也「皆前古所不敢道」。朱熹既是這種精神的集大成者，但後來也因朱學的定於一尊，以前「從疑古而求光明的學者，後來皆被推崇到一個無人敢疑的高位！結果一線生機，幾乎因此斷絕」。明代王學之興是第二期，戲曲小說，「山人」、「才子」，「皆可代表一種新精神與新趨勢。肉體的生活之尊嚴，是這個時期的一點特別色彩」。清學之興是第三期。「中間太平天國之亂，幾乎又把這條線完全割斷。黑暗之氣，至清末而極盛，竟至瀰漫全國」。而一般所謂的新文化運動，就是第四期，也就是狹義的「中國文藝復興」。[61]

59　席雲舒搜羅相關文獻甚詳，參見其〈胡適「中國的文藝復興」論著考（上中下）〉，《社會科學論壇》，2015年，第7、8、9期。

60　前者 "The Renaissance in China" 刊在 *Journal of the Royal Institute of International Affairs*, VI:6 (1926), pp. 265–279；後者無專門標題，由《北京導報》（Peking Leader）社刊在該社1927年出版的 *Forward or backward in China?* 一書中，pp. 5–12。兩文現在都已收入《胡適全集》，第36卷。

61　《胡適日記》，1923年4月3日，第4冊，33–34頁。

此後從1933到1935年，胡適對中國文藝復興的思考可見明顯的擴充，一是文藝復興的階段增為至少五次，二是其開始的時間有較大的提前，可以「從隋唐」起，甚至從戰國起。

先是胡適在1933年的演講中說「唐代一批偉大詩人的出現，與此同時的古文復興運動，以及作為印度佛教的中國改良版的禪宗的產生——這些代表中國文化的第一次復興」。宋代的「偉大改革運動，隨後出現的強有力的新儒家世俗哲學，逐漸壓倒並最終取代中世紀宗教」，這些「重要的發展、變化，可看成是第二次文藝復興」。元代戲曲的興起，以及長篇小說的湧現，「對愛情、人生樂趣的坦然頌揚，可稱為第三次文藝復興」。而清代「對宋明理學的反叛；傳統經學研究一種以語文學、歷史學為進路，嚴格強調考證據重要性的新方法在最近300年來的產生、發展……，可稱作第四次文藝復興」。[62] 這樣，加上再後的新文化運動，中國的文藝復興已達五期之多（如果納入1923年所說的明代王學之興那一期，就有六期了）。

在1934年一篇未發表的序文中，胡適又說「從隋唐到北宋的文學運動是一種『文藝復興』，是一個『再生』時代，是一個託古而革命的階段」。[63] 文藝復興的初始時段又向前移。一年後他更提出，戰國時社會上表現的「武士道的精神」就是一次文藝復興，「許多人不但尊重人生的名譽，並且形成社會的俠義風尚和愛國犧牲的精神」，使「民族漸漸有了復活的趨向」。文藝復興的初始時段更大幅提前。[64]

而且中國歷史上有「多次的再生運動，交織起伏」，「在各方面表露復蘇的精神」，都想要「促老大的中國返老還童」。胡適甚至說，中國歷

---

62 胡適：〈中國的文藝復興〉（1934年），見歐陽哲生、劉紅中編：《中國的文藝復興》，181–182頁。

63 胡適：〈郭紹虞《中國文學批評史》序〉（1934年），見《胡適全集》，第12卷，235頁。

64 本段與下段，胡適：〈中國再生時期〉（1935年1月），見《胡適全集》，第13卷，180–181、184–185頁。

史上「每個時代都有一個再生時期，不在這方面，就在那方面」呈現「返老還童的趨勢」。這樣，中國文藝復興已經出現常態化的趨勢。不僅戰國，唐代、宋代都在文學上出現改革，民族也表現生機，但皆未能持續。而明代「白話文的勃興，文學上又表現了一種生機」，也是一次「再生時期」。他在1933年說的是清代接續元代，現在明代重新出現，真是「每個時代都有一個再生時期」了。

從上述論述可以看出，中國文藝復興的各個階段多數時候是以文學或學術的演變——特別是某種「新精神」或「新方式」的出現——為核心的。作為中國文藝復興最後階段的新文化運動，一度也曾表現為以文學革命為核心。惟從字面言，「再生時期」與「文藝復興」的一大不同，即其並不僅僅側重「文藝」。[65] 在1923年胡適論及多時段的中國文藝復興時，其最後一期是「近幾年之新運動」，顯然較文學革命更寬宏。[66] 在其當年的英文詳本中，文學革命僅在歷代「文藝復興」一節的末尾佔有三段，而用了專門的一節來探討新文化運動，主要內容就是指出五四學生運動使文學革命擴大為涵蓋哲學、政治、社會和教育的廣泛運動。這些看起來五花八門的運動，因其所具有的普遍特徵而統合成為一個偉大的民族運動 (national movement)。[67]

不論中國文藝復興分成多少期，最後一期都以新文化運動為核心，而其義已漸廣。這最後一期與此其前一階段間的過渡，胡適曾作系統說明。大體言，他也接受上引梁啟超的說法，認為中國現代化進程歷經鴉片戰爭之後的技術引進階段，甲午戰爭之後的政治改革階段，和以文學

65　周作人注意到另一重要差別，即要「以歐洲的整個文化言」才是「再生」，若對各民族言，則「是一種新生」。周作人：〈文藝復興之夢〉(1944年)，見《周作人散文全集》，第9卷，176頁。

66　《胡適日記》，1923年4月3日，第4冊，33頁。

67　Hu Shih, "The Chinese Renaissance," 1923, 見《胡適全集》，第35卷，671–681頁，引文在677頁。

革命為開端的文藝復興階段。而狹義的中國文藝復興，就是自鴉片戰爭以來中國現代化進程的最新階段。[68]

對最後一期「中國文藝復興」，胡適還有進一步的階段之分。「第一階段」是文學革命，而在十年裏，這場「文學革命已經蔓延，並影響到中國生活的各個階段」。其中「思想的變化」和「社會和政治的發展」是「兩個特定的階段」，前者是五四學生運動前後擴展開的思想變化，後者即社會運動和國民革命這樣的暴力的政治運動。這些「不同的階段」加起來，即他所說的幾十年來的運動。

1927年6月胡適在上海演講「中國復興運動」，重申「中國之復興運動為各種運動之一部分」。而其「變遷約分三種：(一) 文字之改革，(二) 知識之改革，(三) 社會與政治之改革」。[69]這是在上海扶輪社的演講，原文或是英文，報道是翻譯過來的，所謂「復興運動」應即指文藝復興運動，而「知識」改革，若原文用的是intellectual，似指一般所說的「思想」改革。可知胡適對中國文藝復興，仍堅持着從文字到思想再到社會與政治的發展觀。

到1935年胡適更明確地提出，「近三四十年來 —— 尤其是最近的二十年來，我國的一切文明，無論是社會制度、政治體系、經濟組織、學術思想……皆掀起了極大的變革」，他「相信將來的歷史家就要目這個時代為中國的『再生時期』」。這個前所未有的再生時期，其「前途的進展，可與歐洲的再生時期的洪流相比」。試觀「最近三數十年中國各方面的活躍」，表明「再生運動」還在「繼續地進行」。從發展的眼光看，「中國的再生時期，現在是開始，將來其創造與改革，必將隨洪濤而繼

68　本段與下段，Hu Shih, "The Renaissance in China," Nov. 9, 1926, 見《胡適全集》，第36卷，157–170頁。按胡適稍後也說「中國的新文化運動起於戊戌維新運動」(胡適：〈新文化運動與國民黨〉，1929年11月，見《胡適全集》，第21卷，442頁)。可知在他心目中，「中國文藝復興」可以是「新文化運動」的同義詞。

69　〈扶輪社開會紀〉，載《申報》，1927年6月24日，第4張，第15版。

長增高」。若「從歷史的觀點」看，「現在關於政治改革已經大功告成，
而在文學改革、社會改革、學術改革諸端，也就如狂風怒潮逐波而來，
在在都充滿了新的希望」。故這一「中國的再生時期，恐怕也就是最末
一次的再生運動」。[70]

　　從胡適反覆使用最近數十年這一表述及其所論變革的各個領域，則
將會被歷史定性為中國的「再生時期」這一時段，已大大超出新文化運
動的範圍。它可以向前回溯到清季，向後延伸到國民革命及其後續。
胡適晚年所說「四十多年來」的「中國文藝復興運動」，正是這一思路的
延展。不過已略去了晚清，而進一步向後擴展。

　　當年持廣義的文藝復興觀者，也並非僅胡適一人，韓侍桁就主張
「把五四時代比作中國的文藝復興」，因為「五四時代是中國社會的一個
整個革命的時期，經濟、政治、社會、思想以及一切的學術的部門，都
在切望着一個轉機，而非達到實現不可」。[71]周作人也有大致共同的認
知。他認為「文藝復興應是整個的而不是局部的」。中國人「沿用日本的
新名詞」將其稱作文藝復興，可能使有些人誤會為其側重於文藝，其實
當時的歐洲「在文學藝術之外還有許多別的成就，所以這同時也是學問
振興，也是宗教改革的時代」。總之，必須是「整個的復興」，而不能是
「枝枝節節偏於局部的」。[72]

　　據此標準，日本的明治維新可以算作文藝復興。因為那時日本不
僅是文學發達，「在藝術、文史、理論的與應用的科學，以至法政軍事
方面，同樣的有極大的進展」。而中國則不然，「中國近年的新文化運動

70　胡適：〈中國再生時期〉(1935年1月)，見《胡適全集》，第13卷，180、185、
　　193–194頁。

71　(韓)侍桁：〈文學革命者的胡適的再批判〉(1935年3月)，《中山文化教育館季
　　刊》，第2卷，第2期(1935年4月)，677頁。

72　本段及下段，周作人：〈文藝復興之夢〉(1944年)，見《周作人散文全集》，第9
　　卷，176–180頁。

可以説是有了做起講之意，卻是並不做得完篇，其原因便是這運動偏於局部，只有若干文人出來嚷嚷，別的各方面還沒有什麼動靜，完全是孤立偏枯的狀態，即使不轉入政治或社會運動方面去，也是難得希望充分發達成功的」。他「希望中國文藝復興是整個的，就是在學術文藝各方面都有發展，成為一個分工合作，殊途同歸的大運動」。在這個大運動中，「文人固然不能去奔走呼號，求各方面的一起援助，亦不可以孤獨自餒」。蓋「假如別的方面全然沉寂」，文人必「勢孤力薄，也難以存立」。

在同年稍早發表的一篇文章裏，周作人也説新文化運動是中國的文藝復興的運動，並明言其「成績不很大」的緣故就是「中國士流向來看重政治，從事文化工作者往往心不專一，覺得弄政治更為有效，逐漸的轉移過去了」。這與他上文説新文化運動「轉入政治或社會運動」似為一敗筆相類，然觀其説日本明治維新，「法政軍事」正在其中（在一般人眼裏，恐怕明治維新的「法政軍事」面相是遠大於「學術文藝」的）。所以他也補充説，「文化工作者固不必看輕政治，卻也無須太看重，只應把自己的事業看作與政治一樣重要，或者如必要即認為也是一種政治的工作亦可」。[73] 則作為中國文藝復興的新文化運動，必須是向政治開放的。

胡適在1935年更明言，「政治的改革在再生時期，實在佔着重要的地位」。如辛亥革命成功，「掃蕩了幾千年專制政治的積污，使中國開始新生的時代，而一切的革命運動，無論是在文學上、思想上、學術上的，才能夠發榮滋長」。如果沒有「辛亥的政治改革，那麼中國一切再生運動都不能成立」。故當時「中國政體的改革，實在是一切改革的唯一條件」。[74]

在胡適所有關於中國文藝復興的言説中，對政治改革賦予這樣決定性的評價，是極為少見的。這一判斷的改變，與北伐時期胡適對國民黨

73　周作人：〈新中國文學復興之途徑〉（1944年），見《周作人散文全集》，第9卷，31頁。

74　胡適：〈中國再生時期〉（1935年1月），見《胡適全集》，第13卷，186頁。

及其國民革命的基本看法的轉變有關。他在北伐後曾站出來抨擊獲勝的
國民黨政權想要「黨化」一切的做法，幾乎導致新政權對他進行「法辦」
（詳後）。但在北伐進行中，他對聯俄容共的國民黨確實一度充滿希望，
頗多讚揚。下面即對這一發展動態略作梳理，以進一步理解胡適認知中
的中國文藝復興。

四、在兼容並包中走向政治解決的廣義五四

　　胡適把中國文藝復興的最後一期拉長到幾十年，可以説是一種廣義
的五四觀。余英時師也持廣義的五四觀，他認為1917至1926年是胡適
眼中的一個重要階段，「恰好是所謂『五四』時代」。而「『五四』也是從文
化運動走向政治革命的時代」。1921年中國共產黨的建立和1924年國民
黨的改組「是兩個重要的里程碑，標誌着文化運動向政治革命的過渡」。[75]

　　1917年是蔡元培主持北大的開端，他秉持的兼容並包辦學方針，
與文學革命的開放性暗合。傅斯年後來回顧五四，便提示「兼容並包」
從一開始就與政治相關。而五四從文化走向政治，正在此兼容的風氣之
中。那時蔡元培在北大「提倡潛修」，以「風雨如晦，雞鳴不已」為口號，
「結果是出來一團朝氣」。於是

> 「五四」之後，南至廣州，北至北平，顯然露出一種新動向。其中
> 固是愛國主義與自由主義並行（後來又有共產黨加入），然而此一
> 動向，激動了青年的內心，沒落了北洋的氣焰，動盪了社會上死
> 的寂靜，於是當時各方從新起一新陣勢。而北伐之役，甚至北伐
> 以前的幾年，革命的運動，得到全國有知識青年之多數擁護。[76]

75　余英時：〈從《日記》看胡適的一生〉，收入《胡適日記全集》，第1冊，16頁。
76　傅斯年：〈「五四」偶談〉（1943年），見《傅斯年全集》，台北：聯經出版公司，
　　1980年，第5冊，256–257頁。

　　蔣夢麟在五四當年就從文藝復興視角看五四運動，強調歐洲文藝復興的核心是「解放」，而在中國，五四運動「就是這解放的起點」。通過「解放感情，解放思想，要求人類本性的權利」，進而改變「做人的態度，造成中國的文運復興」。最終要「把中國萎靡不振的社會、糊糊塗塗的思想、畏畏縮縮的感情，都一一掃除」。[77] 上引傅斯年所言雖更多是政治，但他說青年因內心「激動」而「動盪」社會，與蔣夢麟所說通過「解放」而「掃除」的社會、思想種種弊端，其實相通。可知從文化運動向政治革命的「過渡」，多少也有其內在的理路。

　　胡適從不談政治到談政治，既有外在環境的因素，也有個人的因素，而後者是主要的。如上所述，不論是自認傳統的士還是現代的知識人，胡適對國是都不能不關懷，而且他確實也一直在關懷。但胡適最初的談政治，是因朋友陳獨秀被捕，不得不接辦陳主持的政治刊物《每週評論》。由於來得較突然，他最初所談的政治，還是偏於思想一面。他自己起初並不視為「政論」。這就是後來非常有名的關於「問題與主義」的爭論。

　　稍後胡適也說，他出來談政治，「大部分是這幾年的『高談主義而不研究問題』的『新興論界』把我激出來的」。但這是從方法層面言，即他談政治仍是在研究問題，不過研究的「材料」從思想轉為政治了。[78] 學界關於「問題與主義」之爭的討論雖多，但包括胡適自己後來的看法在內，多不免有較強的倒放電影傾向，視為當年一場重要的鬥爭。但若我們學一下胡適「截斷眾流」的取向，將歷史截斷到1920年，假設大家都不知道此後的歷史發展，再看當時的情景，認識可能會很不相同。[79]

77　蔣夢麟：〈改變人生的態度〉，《新教育》，第1卷，第5期（1919年6月），453–454頁（卷頁）。

78　胡適：〈我的歧路〉（1922年6月），見《胡適全集》，第2卷，469頁。

79　早期著名的馬克思主義者陳獨秀、李大釗和胡適，論私交是好朋友，論公誼也常是「一條戰壕裏的戰友」，當年的爭論對雙方不算多大一回事。當然也不可因此就輕視「問題與主義」這一爭論。這次事件中雙方有意識的動機是一事，它實際造成的影響又是一事。參見本書〈對「問題與主義」之爭的再認識〉。

　　除了因參與《競業旬報》的編輯而與國民黨的前身同盟會的革命活動有所關聯外，胡適與國民黨的早期關係遠不如他與共產黨人那樣親密。從這個角度看，他於1919年到上海迎接杜威有附帶的重要意義。那次胡適在蔣夢麟介紹下見了孫中山。從此與國民黨人有文字往來，如撰文歡迎《星期評論》、評介《孫文學說》，及與國民黨人論學等皆由此始。但在1922年6月3日，胡適與蔡元培聯電孫中山，勸其結束護法之役，以國民身份為國盡力；此舉遭國民黨人痛詆，友好時期就暫停了。胡適此時正與「好政府」諸人往還密切，多少有保全中央政府以維繫全國統一之意。故他在同月《努力》的時評「這一週」裏，說陳炯明推翻孫中山在廣東的勢力是「一種革命」，斥孫為「倒行逆施」，更受國民黨人攻訐。不過在次年胡適到杭州養病期間，汪精衛又通過任鴻雋主動與胡適聯繫，雙方的關係又有所緩和。[80]

　　胡適後來說，中國現代思想的分期約以1923年為界分成兩段，前一段多「側重個人的解放」，後一段則屬於反個人主義的「集團主義時期」。[81]若仔細考察，重群體的傾向在五四運動當年已開始興起，或可將1919至1925年間看作兩種傾向並存而競爭的時期，即瞿秋白所說的「新文化思想」與鼓吹社會主義、研究勞動社會問題兩造的「混流並進」。[82]雖說是並進，畢竟「集體」漸佔上風，尤其從蘇俄借鑒的緊密組織起來的團體功能一發揮，中國的政治運作就發生了一個革命性變化。北伐的突飛猛進，多少也借此思想轉變的東風。[83]

80　耿雲志：《胡適年譜》，112–113、123頁。

81　《胡適日記》，1933年12月22日，第6冊，730頁。

82　瞿秋白：〈國民革命運動中之階級分化 —— 國民黨右派與國家主義派之分析〉（1926年1月），見《瞿秋白文集（政治理論編）》，北京：人民出版社，1989年，第3卷，460頁。

83　關於北伐，可參閱羅志田：〈南北新舊與北伐成功的再詮釋〉，《新史學》，第5卷，第1期（1994年3月）。

在胡適的認知裏，「側重個人」和後來的「集團主義時期」或不像字面看起來那麼截然對立，在廣義的「中國文藝復興」運動中，集團主義的第二段恰是個人主義的第一段之繼續。結合胡適其他的相關論述，這一過渡伴隨着新文化運動轉向重視民主和科學的轉變。所以，在中國文藝復興的這個階段裏，新文化運動實已開始向第二階段轉，而完成其轉變的則是國民黨1923年的聯俄容共。胡適將新俄視作西方的一部分，故聯俄就是向西方學習的最新發展。聯共則使國民黨吸收了大量受新文化運動影響的青年，從而使國民黨承接了五四新文化運動的精神。從聯俄容共到北伐的國民革命，正是最後一期中國文藝復興的第二階段。

前引蔡元培說俄國革命是從政治革命走向社會革命的「先導者」時，胡適也在場，那時他對新俄的態度較為謹慎，提出兩國「此後建設友誼關係，須以平等對待為原則」。並希望「中俄互相提攜，以增進兩國之國際地位」。[84] 後來胡適對新俄的態度變得越來越積極。先是1925年時，「許多朋友」要胡適加入「反赤化」的討論，他終未加入。接下來他表態說：對於蘇俄，「許多少年人的『盲從』固然不好，然而許多學者們的『武斷』也是不好的」。[85] 言下之意是更親近「少年人」。到下一年胡適進而大讚蘇俄，[86] 以行動表明他傾向和認同於「少年人」而不是「學者們」。

那時胡適也曾提到中國應當學墨索里尼的意大利，應當學德國學日本，「以養成一點整齊嚴肅的氣象」。倒是英國不足學，因其「名為evolution〔漸進〕，實則得過且過，直到雨臨頭時方才做補漏的工夫」。

84　〈京學界招待蘇俄代表〉，載《申報》，1922年8月23日，第3張，第10版。

85　胡適：〈致張慰慈〉，1926年8月，收入〈歐遊道中寄書〉，見《胡適全集》，第3卷，51–52頁。

86　說詳羅志田：《再造文明之夢：胡適傳》，288–297頁。

這一切，用胡適自己的話說，就是他參觀蘇俄之後「新的興奮」。[87]可見為了國家快速發展，胡適此時心目中已不是什麼「拿英美作榜樣」，反倒是以集權國家為榜樣。胡適自己也一度趨近他所說的「集團主義」方向，而且走得很遠。[88]在國內，從1925年夏到1926年秋，胡適通過去過廣州的各種中外朋友瞭解國民革命的新氣象。在眾多「親國民黨」敘述的影響下，胡適在南北之間越來越明顯地傾向南方。[89]

　　或受激進世風的影響，胡適的思想發生了較大的轉變。首先，他對「中國文藝復興」的定義就發生了不小的改變，漸傾向於他所謂集團主義之一的民族主義運動。1925年他在武昌大學講「新文學運動的意義」時說：「新文學運動，並不是由外國來的，也不是幾個人幾年來提倡出來的，……新文學運動是中國民族的運動。」[90]一年多後在美國，胡適更系統地把他所謂的「中國文藝復興」定義為「按照我們自己的需要，根據我們的歷史傳統去制訂方案以解決我們自身問題的一種自覺嘗試」。[91]這樣一種民族主義的定義，與一般人心目中面向西方的新文化運動，相去何止天遠。

87　胡適：〈致徐志摩〉，1926年8月27日，收入〈歐遊道中寄書〉，見《胡適全集》，第3卷，53頁。需要說明的是，在這「新的興奮」過了之後，胡適的看法有回收，他在英國和傅斯年談話，傅斯年「希望中國能有一個有能力的Dictator」可以帶來秩序和文明。胡適不同意，他說「Dictator如Mussolini之流，勢不能不靠流氓與暴民作事，亦正非吾輩所能堪。德國可學，美國可學，他們的基礎皆靠知識與學問。此途雖遷緩，然實唯一之大路也」。《胡適日記》，1926年9月18日，第4冊，446–447頁。

88　經過第二次世界大戰，胡適的觀點又有轉變。他在1961年說，德國是「狂妄的民族」。而「英、美就好得多了。我們的民族有點像英、美，不會狂妄到了極點」（胡頌平編：《胡適之先生晚年談話錄》，北京：中國友誼出版公司，1993年，165頁）。這與昔年所見截然相反，更能反證當年追隨世風時的確激進。

89　說詳羅志田：〈知識分子與革命：北伐前後胡適政治態度之轉變〉，收入耿雲志主編：《胡適評傳》，上海：上海古籍出版社，1999年，68–115頁。

90　胡適講、孟侯記：〈新文學運動之意義〉，載《晨報副刊》，1925年10月10日，2–4頁。

91　Hu Shih, "Speech before the Foreign Policy Association," Feb. 26, 1927, 見《胡適全集》，第36卷，214頁。

從1926年秋到1927年春，胡適在英美兩國的一系列政治性談話演說中，強調中國當時根本問題是新舊兩個中國之爭。西方雖然給中國帶來了現代科學和文明，但迄今為止中國人僅得其皮毛，並未真正學到什麼東西。只是通過蘇俄對國民黨的援助，中國人才首次學到了一些實質性的內容。特別值得注意的是，對國民黨的軍黨一體化制度這樣一種顯然與自由主義精神很不相合的集權「組織方式」，自由主義者胡適給予了高度的讚揚。他稱讚俄國人幫助國民黨人把一個老舊的政黨在新的基礎上組織起來，而國民黨人學到的俄式西方組織功夫，是中國人向西方學習以來學到手的第一項真本事，具有里程碑的重大意義。[92]

在此基礎上，由於國民黨因聯共而吸收了大量趨新青年，胡適把國民革命視為新文化運動的一個新階段，正式納入他認同的「中國文藝復興運動」之中，也就是他此時所說的「新中國」（Young China）的一部分。他明確而清楚地指出，國民革命，即「你們親眼所見的政治革命」，是「一場源自內部的新革命」，它是中國文藝復興那個更大運動的一個階段。[93]國民革命既然成為中國文藝復興的部分，胡適自己也就與聯俄容共的國民黨成為一體。

92　本段及下幾段，參見《胡適日記》，1923年4月3日，1926年10月8日、14日、11月2日、4日、26日，33–34、499–500、511、536、539–540、562頁（11月26日日記的手稿本有胡適在利物浦大學演講〈中國文藝復興〉的簡報，惜在整理本被「從略」了）；胡適：〈中國的文藝復興〉（1934年），見歐陽哲生、劉紅中編：《中國的文藝復興》，217–218頁。國民黨「清黨」後胡適對蘇俄的肯定態度可見明顯的後退，但仍把嚴密的組織視為俄羅斯革命思想輸入中國的最大貢獻，其具體描述也與在英美所講時基本相同。胡適講、記者記：〈中國革命思想之變遷〉，載《支那時報》，第6卷，第6號，1927年6月1日，5頁。這篇佚名譯稿是隨〈胡適留學日記〉稿本一起出現的，引用前請暨南大學的梁敏玲老師進行了簡單的審核。

93　Hu Shih, "Speech before the Foreign Policy Association," Feb. 26, 1927, 見《胡適全集》，第36卷，214、216頁。

這樣使新文化運動和國民革命綁縛在一起，並不是胡適的一廂情願。袁昌英 (楊端六夫人) 在1926年給胡適寫信，說她近來心目中只有一文一武兩個英雄，「文英雄不待言是胡適，武的也不待言是蔣介石。這兩個好漢是維持我們民族運命的棟樑」![94]注意袁昌英連續使用的「不待言」，體現出明顯的「自然而然」意思。恐怕也要兩個好漢攜手，才能「維持我們民族運命」。這樣的外在希望或對胡適有不小的激勵作用，故即使在得知國民黨進行「清黨」後對蘇俄在中國所起作用的評價有所退縮，胡適仍堅持說以北大為中心的文學革命倡言思想上的革新，和作為政治改革的中心勢力的孫中山學說，已成為中國新的中心勢力，正在向大成方向發展。[95]他依然嘗試着要把新文化運動和國民革命連成一體，使後者可以融入他心目中的中國文藝復興。

不過這顯然與胡適過去認知的新文化運動有所不同，對此胡適也有解釋。他說：曾以思想文化為中心的新文化運動因同人開始談政治而分裂為急進和緩進兩派。緩進者仍主張繼續從非政治的文化思想教育着手，急進者則認為政治運動和非政治運動應該雙管齊下。幾年的內憂外患使新文化諸人認識到，不僅談政治不可避免，甚至積極從事政治也不可避免。有意義的是胡適此時公開承認：「我們過去試圖避開政治的做法恐怕是錯誤的。歸根結底，新的政治運動或許並非像我們過去設想的那樣不成熟。」[96]

胡適進而指出，國民革命運動是中國唯一有希望外抗強權、內除軍閥的運動。他預計國民革命如果不給中國帶來一個根本的解決，至少也是一個轉折性的解決。但他認為更可能是一個根本的解決。他以一個

94 「袁昌英致胡適信」(1926年12月18日)，見耿雲志編：《胡適遺稿及秘藏書信》，合肥：黃山書社，1994年，第31卷，649頁。

95 胡適講、記者記：〈中國革命思想之變遷〉，4–5頁。

96 本段與下段，Hu Shih, "The Renaissance in China," Nov. 9, 1926, 見《胡適全集》，第36卷，177–178、180頁。

「無黨派自由主義者」的公正身份「祝願他們成功」。[97]毫無疑問，胡適這裏所說的中國文藝復興運動，不僅在發展方向上走向了政治解決，它的實際成效也落實在政治上面。

從堅信從思想文化入手再造文明到承認自己避開政治是錯誤並歡迎國民革命的政治解決，胡適邁出的步子已經夠大了。當然他的步子是隨着中國形勢的演變一步步邁出的，且由於他每一步邁得似不算大，而他變化的速度也未必趕得上中國社會、思想、政治的激進化速度，所以在當時及以後，都沒有引起廣泛的注意。同時，或也因為上述見解主要是在海外以英文發表，在國中的國民黨人並不十分知道，故也未必領情。

這裏還有一個根本的認知差距問題。胡適把國民革命納入他認同的「中國文藝復興」，在他看來可能已盡了最大的寬容努力，真有點大恩大德之意；但在國民黨一方，卻不見得感恩。因為國民黨人自有同盟會以來的淵源和傳統，他們可以借思想革命的東風，[98]但既不屑也不願認同於這半路殺出來的新文化運動。且由於雙方的政治立場本有一些基本的矛盾，胡適很快就因新當政的國民黨要「黨化」一切的努力而站出來作「諍友」，專講人權問題，這就更不能為國民黨所容忍，幾乎到了要「法辦」胡適的地步。[99]

---

97 稍後胡適通過孫中山的《建國大綱》、《三民主義》和《五權憲法》介紹了「國民黨的政治理想」，而把當時「中國究竟是在盎格魯－撒克遜的民主自由傳統的影響下，還是在蘇俄的專制理想下」的問題留給了西方聽眾。參見 Hu Shih, "Speech before the Foreign Policy Association," Feb. 26, 1927, 見《胡適全集》，第36卷，217–222頁，引文在217和222頁。到國民黨「清黨」後，胡適1927年5月初在日本的演講給出了答案，他明確指出孫中山的思想主要是以英美派思想為基礎。胡適講、記者記：〈中國革命思想之變遷〉，4頁。

98 如孫中山所說，「吾黨欲收革命之成功，必有賴於思想之變化」。孫中山：〈致海外國民黨同志函〉(1920年1月29日)，見《孫中山全集》，北京：中華書局，1985年，第5卷，210頁。

99 參見羅志田：〈前恭後倨：胡適與北伐期間國民黨的「黨化政治」〉，《近代史研究》，1997年，第4期。

不過到九一八之後，在國難的局面下，胡適和執政黨的關係又從緩和到接近。他在前引1935年的演講中說「政治的改革在再生時期，實在佔着重要的地位」，表明胡適對文藝復興的看法又向政治回歸。到那年5月，張熙若說五四運動和國民革命「走的方向是相同的」，胡適既肯定這看法「有不小的正確性」，因為孫中山「受了很深的安格魯撒克遜民族的自由主義的影響」，他「一生奮鬥的歷史都可以證明他是一個愛自由愛獨立的理想主義者」；又表示張熙若的說法並不「完全正確」，蓋國民革命和五四至少有兩點不同，「一是蘇俄輸入的黨紀律，一是那幾年的極端民族主義」。前者含有「不容許異己的思想，這種態度是和我們在五四前後提倡的自由主義很相反的」。而「『五四』運動雖然是一個很純粹的愛國運動，但當時的文藝思想運動卻不是狹義的民族主義運動」。因此，國民革命和五四運動不全是「同一個方向的」。[100]

但我們不要忘了北伐時胡適在英美兩國曾經強調中國文藝復興的民族特性，並說出「中國今天真正的紅色是民族主義，而不是俄羅斯主義」這樣的話。[101]他在紐約明言國民革命「被定性為一場民族主義運動」，仍將其確定為中國文藝復興的一個階段。且胡適在那次演講中和幾年後評議張熙若的見解時，都言及民族主義運動從排外的消極抗議到更重要的建設性階段，不過前一次是用來為國民革命背書，後一次卻是用來印證五四與國民革命的不同。這特別能體現民族主義傾向在他心中的糾結，或也提示出國民黨未能在北伐後走上建設階段，讓他感到失望。[102]

100　胡適：〈個人自由與社會進步——再談五四運動〉（1935年5月），見《胡適全集》，第22卷，285–287頁。

101　《胡適日記》，1926年10月8日，第4冊，第499頁。

102　Hu Shih, "Speech before the Foreign Policy Association," Feb. 26, 1927, 見《胡適全集》，第36卷，216–217頁；胡適：〈個人自由與社會進步——再談五四運動〉（1935年5月），見《胡適全集》，第22卷，286–287頁。

五、餘論：政治解決的功與罪

本文所説的「政治」，基本是胡適所謂「實際的政治」。即使在這個範圍裏，從學生試圖干預大政的上街遊行，到胡適等人帶研究性的議政和為政治出謀劃策，再到以武力為基礎的國民革命，其表現形態並不一致，及「實際」程度也頗有差異。作為「新文化」代表的胡適，集士人和知識人的認同於一身，似較容易讓文化向政治開放，但對政治的包容程度，尤其是走向「政治解決」後能給思想及其革命留下多少餘地，在他內心也是相當糾結的。[103] 北伐後胡適站出來為「人權」吶喊，或亦暗含為「思想」在「政治」面前爭一席地的意思。

可以説，胡適對於讓文化運動向政治開放的態度不僅有反覆，也一直有些疑慮。在1947年接受採訪時，他曾説出頗具辯證意味的兩面話。其他人印象深刻的是其前半句，即五四運動使「我們的思想、文化的運動變為了政治的，變質了」。但胡適還説了後半句——「這不能説是一個錯誤，而應認為是歷史的趨勢。」[104]

也是在1947年，就有人認為胡適對五四的看法太過「淡漠」而出以嘲諷，指出「説『五四』的表面是文藝革命，而最後的轉變還是到了政治」一語，初聽「似乎不儘然，但仔細推敲，則莫不儘然」。因為「今日對『五四』淡漠的，大都是在政治舞台上已獲成功的人」，胡適即其代表。而政治上「還沒有地位的人」則希望「通過鼓起『五四』的情緒」以獲得再「一次爭取的機會」。[105]

103　此承暨南大學歷史學系梁敏玲老師提示，謹此致謝！

104　〈五四前夕胡適專訪記：黑暗與光明的消長〉，《觀察》，第2卷，第10期（1947年5月3日），8頁。

105　搖筆：〈胡適的「五四」看法〉，載《導報》（無錫），1947年5月9日，第2版。

　　胡適本人或想指出新文化運動從文化走向政治的客觀趨勢，批評者則看到了胡適等新文化人自身從文化走向政治的另類表現。宛如下之琳所說的「你站在橋上看風景，看風景的人在樓上看你」。[106] 兩個「風景」看似一致，其實充滿了張力。局中人和旁觀者都看到了運動轉向政治的一面，然其所「見」卻大為異趣。胡適既是運動的參與者，也被視為既得利益者，而嘲諷者自居於政治上沒有地位的一方。他們從邊緣走向中心的可能，那時已現端倪。倘若這些人代表着胡適所見的「歷史趨勢」，則無論他怎樣認識和表述五四，恐怕都難以適從。

　　從社會視角言，胡適向所重視的邊緣知識青年既是文學革命的接收者，也是五四運動以至北伐的主力社群。正是在此群體之上，五四新文化運動與聯俄容共的國民革命緊密地銜接起來了：聯俄是向西方學習的最新發展，「容共」則使國民黨吸收了大量受新文化運動影響的青年，從而使國民黨承接了五四的精神。胡適眼中走向政治解決的中國文藝復興，靠此一線相連。這就意味着，新文化人中的老師輩如果要與這運動的發展同步而具有「覺世的效力」，就必須向學生靠攏。胡適當年也曾有靠攏的努力，但又有不可逾越之最後界限，實際是靠而未攏。對這些集「傳道士與夢想家」於一身的新文化人來說，要「跟着學生跑」實非易事。[107]

　　胡適在1934年說：他和朋友們當年提倡「個人主義的人間本位」，「頗能引起一班青年男女向上的熱情」，造成「『個人解放』的時代」；但「世界正在起一種激烈的變化，在這個激烈的變化裏，許多制度與思想

106　下之琳：〈斷章〉，見《下之琳文集》，合肥：安徽教育出版社，2002年，上冊，29頁。此承清華大學歷史系李欣然老師提示，謹此致謝！

107　周作人在1926年出版的《藝術與生活》〈自序〉中說，書中「1924年以後所寫的三篇，與以前的論文便略有不同」，即「夢想家與傳道者的氣味漸漸地有點淡薄下去了」，而這是因為感覺到「在滿足自己的趣味之外恐怕沒有多大的覺世的效力」。周作人：〈《藝術與生活》序〉（1926年），見《周作人散文全集》，第4卷，733頁。關於「老師跟着學生跑」，參見羅志田：〈近代中國社會權勢的轉移：知識分子的邊緣化與邊緣知識分子的興起〉，《開放時代》，1999年，第4期。

又都得經過一種『重新估價』」。其結果，當日我們「鄭重提倡的新文學
內容漸漸受一班新的批評家的指摘，而我們一班朋友也漸漸被人喚作落
伍的維多利亞時代〔即主張個人主義〕的最後代表者了」！[108] 所謂「重新估
價」一切，是胡適當年最為提倡的，但重估的結果是提倡者自己的落
伍。真有點像明末清初的〈剃頭詩〉所説，「可憐剃頭者，人亦剃其頭」。

前引1947年那個訪問記錄如果是準確的，則胡適所説的兩面話非
常值得重視。由於「中國是在革命時期」，學術文化皆「脱離不了這個色
彩」。[109] 個人亦然。那是一個大起大落的「動亂時代」，[110] 個人和時代都在
瞬息萬變的跌宕起伏之中 —— 似乎要求黑白分明，又容不得黑白分
明；稍有分寸的人不能不説兩面兼顧的話，可很多聽眾卻不肯接受兩面
的話。辨證的表述體現出當事人的兩難，個人的兩難進而揭示出時代的
搖盪。胡適所謂「歷史的趨勢」相當意味深長，不論主動還是被動的個
人轉向，都可能跟不上時代的步伐，又怎一個窘蹙了得。

1960年五四紀念日時胡適發表的廣播講話，大概是他一生中最詳
細也最系統地論述文學革命與五四運動的關係。他先指出五四以前的文
學革命（包括思想革命）與五四運動的銜接，是在以北大為中心的學生
身上。由於五四運動使北大學生成為學生運動領袖，「北京大學的地位
提高啦」，北大教授從前提倡的種種主張，也被公認是對的。所以，五
四運動確實幫助了文藝復興，「從前是限於《新青年》、《新潮》幾個刊
物，以後就變成一個全國的運動」了。[111]

108　胡適：《中國新文學大系・建設理論集導言》（1935年9月），見《胡適全集》，第
　　　12卷，295頁。

109　周作人：〈北平的事情〉（1949年），見《周作人散文全集》，第9卷，763頁。

110　朱自清語，他對抗戰後中國的描述大體適用於從新文化運動以來的激變時代：
　　　「這是一個動亂時代。一切都在搖盪不定之中，一切都在隨時變化之中。」朱自
　　　清：〈動亂時代〉（1946年），見朱喬森編：《朱自清全集》，南京：江蘇教育出版
　　　社，1996年，第3卷，115頁。

111　本段與下段，胡適：〈五四運動是青年愛國的運動〉（1960年5月4日），見《胡適
　　　演講集》，下冊，565–569頁。

接下來胡適重申文化運動向政治運動的轉變是「變了質」，是「糟糕啦」！以前的文學、思想革命本來都不注重政治，經過五四，大家看到「學生是一個力量，是個政治的力量，思想是政治的武器」。從此各種新老政黨派系都注意「拼命拉中國的青年人」，於是「文藝復興運動就變了質啦，就走上政治一條路」了。胡適因此斷定，五四運動在幫助文藝復興的同時，又摧殘了這一思想運動。可以看出，胡適的基本敘述並無大的改變，改變的只是評價性的價值判斷。不過，他最後也說，「誰功誰罪，很難定，很難定」，到底還是展緩了價值判斷。

周作人在1949年就曾反駁胡適「力說五四的精神是文學革命，不幸轉化而成為政治運動」，以為「五四從頭至尾是一個政治運動，而前頭的一段文學革命，後頭的一段新文化運動，乃是焊接上去的」。正因有了學生對政府的政治性的抗爭那次「轟動全國的事件，引動了全國的視聽，及至事件着落之後，引起了的熱情變成為新文化運動，照理來講該是文學革命加上思想革命的成分，然而熱鬧了幾年，折扣下來，所謂新文化也只剩了語體文一種」。[112]

按胡適所說的五四是廣義的，而周作人據以反駁的五四是狹義的，這是一個不小的差異。且周作人雖然把「新文化運動」放在五四學生運動之後，但那句「文學革命加上思想革命的成分」及其只剩語體文的抱憾，又揭示出這運動實源自此前。[113]

其實周作人早幾年也說「中國民族被稱為一盤散沙，自他均無異辭，但民族間自有繫維存在」。這一跨越時空的維繫物，就是中國的「思想文字語言禮俗」。文學革命使文學從象牙塔裏「出至人生的十字街

---

112 周作人：〈北平的事情〉(1949年)，見《周作人散文全集》，第9卷，762–763頁。

113 其他人也早有學生運動助推了文化運動的觀察，如有人在1922年給胡適寫信所說，「新文化之胚胎雖在五四之前，而文化之進步確在五四之後」。「鐵民致胡適」，1922年2月17日，見《胡適來往書信選》，北京：中華書局，1979年，上冊，141頁。

頭」，正是「以漢字寫國語」的白話刊物在民國起到了維繫的作用。「現今青年以漢字寫文章者，無論地理上距離間隔如何，其感情思想卻均相通，這一件小事實有很重大的意義」。其意義就在於「政治上的成功，助成國民思想感情的連絡與一致」。一言以蔽之，新文學運動的成績「在民國政治上實較文學上為尤大，不可不加以承認」。[114]這比胡適所言文學革命向政治的開放，還更勝一籌。

後來為胡適作《口述自傳》的唐德剛也對胡適關於干擾、變質的說法不以為然，曾就此面質胡適，以為「一個新文化運動的後果，必然是一個新的政治運動」。[115]周、唐二人的具體言說雖有不同，但都關注文化運動與政治運動的關聯。他們兩位以及一些後來的研究者，或未多下工夫去細看胡適那波動的多次言說，而被他的一時之言「欺之以方」了。根據前述胡適的體系性表述，他所持的觀點與兩人之所見並不十分衝突。

不過胡適的看法確實有變化也有反覆，他晚年愛說五四學生運動是政治干擾了思想文化運動，多少有些倒放電影的意味——那些與此結論無關的「鏡頭」，包括胡適自己的言說，或者就被剪輯掉了。而胡適想要展緩判斷的審慎，似隱含着一些「兼容並蓄」的五四遺風，卻在同輩人和後輩人中皆乏同情，提示出文化運動與政治運動的緊張，還真難一言以蔽之。

從新文化運動到北伐那一時段裏各種思想觀念、行為取向和政治勢力之間的競爭，既包括文化和政治領域裏的權勢和控制之爭，也涵蓋士人為尋求中國出路和解決中國問題的上下求索。這些因素在競爭中的相生相剋，特別是文化與政治的關聯互動程度，遠超過我們已有的認識。本文所論只是走向政治解決的開端，後續的發展是政治逐漸成為主角，思想日益「邊緣化」。「坐而言」與「起而行」兩種取向顯存緊張，最後「國

114　周作人：〈漢文學的前途〉（1943年），見《周作人散文全集》，第8卷，785頁。

115　參見唐德剛譯註：《胡適口述自傳》，198頁。

家問題」的解決基本留給了「起而行」之路，「坐而言」則大幅縮水，步步淡出。思想運動若不依附於政治運動，就只能「獨立」於政治運動，從十字街頭返回象牙塔，倘佯在知識菁英及其追隨者的圈子中（當然，胡適等人的「新思想」在更長的時段裏仍在社會的方方面面有着持續影響）。

　　因此可以説，北伐就是廣義五四的下限。一個時代的結束，開啟了另一個時代。但這並非截然兩分的隔斷，毋寧説是一種涵容的覆蓋——此前時代以後來時代的形式繼續前行。五四的影響力和生命力都遠遠超過改朝換代的北伐：白話文久已成為十幾億人的常規表述方式，愛國救國的民族情緒也和我們如影隨形。五四那複調的行事及其附載的精神，已經如鹽化為水，進入後人的生命之中，不必有形，不必可見，卻「洋洋乎如在其上，如在其左右」。

參考文獻

中文文獻（以首字筆畫排序）

丁守和、殷敘彝：《從五四啟蒙運動到馬克思主義的傳播》，北京：生活‧讀書‧新知三聯書店，1979年。

《二十世紀》

《大公報》

中央研究院歷史語言研究所藏傅斯年檔案

中央檔案館編：《中共黨史報告選編》，北京：中共中央黨校出版社，1982年。

中共中央文獻研究室、中共湖南省委《毛澤東早期文稿》編輯組編：《毛澤東早期文稿》，長沙：湖南出版社，1990年。

中共中央書記處編：《六大以前 —— 黨的歷史材料》，北京：人民出版社，1980年。

中共中央馬克思恩格斯列寧斯大林著作編譯局編譯：《馬克思恩格斯全集》，北京：人民出版社，1958年。

中共中央馬恩列斯著作編譯局研究室編：《五四時期期刊介紹》，北京：生活‧讀書‧新知三聯書店，1959年。

中共中央黨史研究室第一研究部譯：《聯共（布）、共產國際與中國國民革命運動（1926–1927）》，北京：北京圖書館出版社，1998年。

中國社會科學院近代史研究所中華民國史組編：《胡適來往書信選》，北京：中華書局，1979年。

中國社會科學院現代史研究室、中國革命博物館黨史研究室編：《「一大」前後：中國共產黨第一次代表大會前後資料選編》(一)，北京：人民出版社，1980年。

中國第二歷史檔案館編：《中華民國史檔案資料彙編‧第3輯‧文化》，南京：江蘇古籍出版社，1991年。

亓冰峰：《清末革命與君憲的論爭》，台北：中央研究院近代史研究所，1966年。

《少年中國》

巴斯蒂：〈中國近代國家觀念溯源 —— 關於伯倫知理《國家論》的翻譯〉，《近代史研究》，1997年，第4期。

巴赫金著，白春仁、顧亞鈴譯：《巴赫金全集》，石家莊：河北教育出版社，2009年。

毛澤東：《毛澤東選集》(一卷本)，北京：人民出版社，1968年。

王汎森：〈「煩悶」的本質是什麼 ——「主義」與中國近代私人領域的政治化〉，《思想史》，第1期。

王汎森：〈傅斯年早期的「造社會」論〉，《中國文化》，第14期。

王汎森：《中國近代思想與學術的系譜》，台北：聯經出版公司，2003年。

王汎森：《啟蒙是連續的嗎？》，香港：香港城市大學出版社，2020年。

王汎森：《章太炎的思想》，台北：時報文化出版公司，1985年。

王波：〈少年中國學會的成立及前期活動〉，北京大學歷史學系碩士論文，2008年。

王栻主編：《嚴復集》，北京：中華書局，1986年。

王國維著，謝維揚、房鑫亮主編：《王國維全集》，杭州：浙江教育出版社、廣州：廣東教育出版社，2009年。

王造時著、章清編：《中國問題的分析》，上海：復旦大學出版社，2015年。

王楓:〈五四前後的林紓〉,《中國現代文學研究叢刊》,2000年,第1
　　期。

丘權政、杜春和選編:《辛亥革命史料選輯(續編)》,長沙:湖南人民
　　出版社,1983年。

《主張與批評》

《北大半月刊》

《北京大學日刊》

《北京大學研究所國學門月刊》

《北京大學學生週刊》

北京歷史博物館編:《中國近代史參考圖片集》,上海:上海教育出版
　　社,1958年。

史華慈著,汪中江編:《思想的跨度與張力:中國思想史論集》,鄭州:
　　中州古籍出版社,2009年。

布克哈特著,劉北成、劉研譯:《歷史講稿》,北京:生活·讀書·新
　　知三聯書店,2009年。

《民國日報》

《申報》

石川禎浩著、袁廣泉譯:《中國共產黨成立史》,北京:中國社會科學出
　　版社,2006年。

伍啟元:《中國新文化運動概觀》,上海:現代書局,1934年。

安德森著、吳睿人譯:《想像的共同體:民族主義的起源與散佈》,上
　　海:上海人民出版社,2003年。

朱自清著,朱喬森編:《朱自清全集》,南京:江蘇教育出版社,1990
　　年。

艾愷著,王宗昱、冀建中譯:《最後的儒家 —— 梁漱溟與中國現代化的
　　兩難》,南京:江蘇人民出版社,2003年。

何剛德:《春明夢錄 客座偶談》,上海:上海古籍書店,1983年。

余英時:《現代危機與思想人物》,北京:生活·讀書·新知三聯書
　　店,2005年。

余英時：《現代學人與學術》，桂林：廣西師範大學出版社，2006年。

余家菊：《余家菊（景陶）先生回憶錄》，台北：慧炬出版社，1994年。

余家菊：《余家菊景陶先生教育論文集》，台北：慧炬出版社，1997年。

吳振清等編校：《黃遵憲集》，天津：天津人民出版社，2003年。

呂思勉、童書業編：《古史辨》，海口：海南出版社，2005年。

呂思勉：《呂思勉論學叢稿》，上海：上海古籍出版社，2006年。

李大釗研究會編：《李大釗全集》，北京：人民出版社，2006年。

李永昌：〈覺醒前的狂熱 —— 論「公理戰勝」和「勞工神聖」兩個口號〉，《近代史研究》，1996年，第4期。

李石岑：《人生哲學》，上海：商務印書館，1926年。

李孝悌：《清末的下層社會啟蒙運動，1901–1911》，台北：中央研究院近代史研究所，1992年。

李里峰：〈「運動時代」的來臨：「五四」與中國政治現代性的生成〉，《中共黨史研究》，2019年，第8期。

李品仙：《李品仙回憶錄》，台北：中外圖書出版社，1975年。

李新、陳鐵健主編：《中國新民主革命通史：1919–1923，偉大的開端》，北京：中國社會科學出版社，2001年。

《李維漢選集》，北京：人民出版社，1987年。

李璜、余家菊：《國家主義的教育》，台北：冬青出版社，1974年。

杜小真編選：《福柯集》，上海：上海遠東出版社，2003年。

杜亞泉著，田建業等編：《杜亞泉文選》，上海：華東師範大學出版社，1993年。

《杜深如烈士日記》，北京：中國文聯出版社，2002年。

沃勒斯坦著，郭方等譯：《現代世界體系》，北京：社會科學文獻出版社，2013年。

沈亦雲：《亦雲回憶》，台北：傳記文學出版社，1968年。

沈寂輯註：〈陳獨秀遺簡（二）〉，《安徽史學》，1985年，第3期。

沈寂輯註：〈陳獨秀遺簡（三）〉，《安徽史學》，1985年，第6期。

周月峰：〈五四後「新文化運動」一詞的流行與早期含義演變〉，《近代史研究》，2017年，第1期。

周月峰：〈五四運動與張東蓀「總解決」方案的形成〉，《華中師範大學學報》，2019年，第1期。

周月峰：〈激進時代的漸進者 —— 新文化運動中的「研究系」〉，北京大學歷史學系博士論文，2013年5月。

周月峰編：《中國近代思想家文庫·杜亞泉卷》，北京：中國人民大學出版社，2014年。

周作人：《中國新文學的源流》，長沙：岳麓書社，1989年。

周作人：《周作人日記》，鄭州：大象出版社，1996年。

周作人：《周作人全集》，台北：藍燈文化公司，1992年。

周作人：《看雲集》，長沙：岳麓書社，1988年。

周作人：《談虎集》，台北：里仁書局，1982年。

周作人：《藝術與生活》，上海：中華書局，1936年。

周策縱著，周子平等譯：《五四運動：現代中國的思想革命》，南京：江蘇人民出版社，1996年。

周質平主編：《胡適早年文存》，台北：遠流出版公司，1995年。

《東方公論》

《東方早報·書評週刊》

《東方雜誌》

林毓生：《中國傳統的創造性轉化》，北京：生活·讀書·新知三聯書店，1988年。

林毓生等編：《五四：多元的反思》，香港：三聯書店，1989年。

金沖及主編：《毛澤東傳(1893–1949)》，北京：中央文獻出版社，1996年，

金毓黻：《靜晤室日記》，瀋陽：遼瀋書社，1993年。

金觀濤、劉青峰：〈從「群」到「社會」、「社會主義」——中國近代公共領域變遷的思想史研究〉，見《觀念史研究：中國現代重要政治術語的形成》，北京：法律出版社，2009年。

金觀濤：〈觀念起源的猜想與證明 —— 兼評《「革命」的現代性 —— 中國革命話語考論》〉，《中央研究院近代史研究所集刊》，第42期。

《青年進步》

姜義華、張榮華編校：《康有為全集》，北京：中國人民大學出版社，2007年。

《政藝通報癸卯全書・政學文編卷一》，台北：文海出版社，1976年。

《星期評論》

胡少誠：〈早期北大的治理模式與實踐 (1898–1937) —— 以大學權力演化為視角的考察〉，北京大學歷史學系博士論文，2009年。

胡頌平編：《胡適之先生年譜長編初稿》（校訂版），台北：聯經出版公司，1990年。

《胡適文集》，北京：北京大學出版社，1998年。

胡適：《白話文學史》，上海：新月書店，1928年。

《胡適全集》，合肥：安徽教育出版社，2003年。

胡適：《胡適論學近著》，濟南：山東人民出版社，1998年。

《胡適的日記 (手稿本)》，台北：遠流出版公司，1989–1990年。

《胡繩論從五四運動到人民共和國成立》，北京：社會科學文獻出版社，2001年。

茅盾：《茅盾全集》，北京：人民文學出版社，1991年。

唐德剛譯註：《胡適口述自傳》，上海：華東師範大學出版社，1993年。

夏曉虹輯：《飲冰室合集・集外文》，北京：北京大學出版社，2005年。

《孫中山全集》，北京：中華書局，1985年。

孫隆基：《歷史學家的經線》，北京：中信出版社，2015年。

徐志摩著、趙遐秋等編：《徐志摩全集》，南寧：廣西民族出版社，1991年。

《時事新報》

桑兵：《庚子勤王與晚清政局》，北京：北京大學出版社，2004年。

《海潮音文庫》，台北：新文豐出版公司，1985年。

耿雲志:《胡適年譜》,成都:四川人民出版社,1989年。

耿雲志主編:《胡適研究叢刊》,北京:北京大學出版社,1995年。

耿雲志主編:《胡適評傳》,上海:上海古籍出版社,1999年。

耿雲志編:《胡適遺稿及秘藏書信》,合肥:黃山書社,1994年。

馬以鑫:〈「問題與主義」之爭的再評價〉,《華東師範大學學報》,1995年,第4期。

馬克‧布洛赫著,張緒山譯:《封建社會》,北京:商務印書館,2004年。

高本漢著、張世祿譯:《中國語與中國文》,北京:商務印書館,1933年。

高軍等編:《中國現代政治思想史資料選輯》,成都:四川人民出版社,1986年。

勒戈夫、諾拉編,郝名瑋譯:《史學研究的新問題、新方法、新對象 ——法國新史學發展趨勢》,北京:社會科學文獻出版社,1988年。

《國民公報》

《國立北平圖書館讀書月刊》

《國家主義論文集》(第一集),台北:中國青年黨黨史會,1983年。

常乃惪著,黃欣周編:《常燕生先生遺集》,台北:文海出版社,1967年。

《張文襄公全集》,北京:中國書店,1990年。

張君勱等:《科學與人生觀》,濟南:山東人民出版社,1997年。

張忠棟:〈胡適與殷海光〉,《台大文史哲學報》,第37期。

張朋園等:《郭廷以先生訪問紀錄》,台北:中央研究院近代史研究所,1987年。

張彭春:〈日程草案〉,中央研究院近代史研究所微縮膠卷。

張愛玲著,王偉華編:《張愛玲全集》,海口:海南出版社,1995年。

《張聞天早期文集》,北京:中共黨史出版社,1999年。

張灝:《幽暗意識與民主傳統》,北京:新星出版社,2006年。

張灝著,高力克、王躍譯:《危機中的中國知識分子:尋求秩序與意義,1890–1911》,北京:中央編譯出版社,2016年。

《晨報》

《晨報副刊》

曹伯言整理：《胡適日記全集》，台北：聯經出版公司，2004年。

曹伯言整理：《胡適日記全編》，合肥：安徽教育出版社，2001年。

梁啟超：《飲冰室合集》，北京：中華書局，1989年。

梁啟超著、朱維錚導讀：《清代學術概論》，上海：上海古籍出版社，
　　1998年。

梁煥鼐、梁煥鼎編：《桂林梁先生遺書》，台北：文海出版社，1969年。

《梁漱溟全集》，濟南：山東人民出版社，1989年。

《章士釗全集》，上海：文匯出版社，2000年。

章清：〈「有」「無」之辨：重建近代中國歷史敘述管窺〉，《近代史研
　　究》，2019年，第6期。

章清：〈五四思想界：中心與邊緣 ——《新青年》及新文化運動的閱讀個
　　案〉，《近代史研究》，2010年，第3期。

章學誠著、葉瑛校註：《文史通義校注》，北京：中華書局，1985年。

許紀霖、李瓊編：《天地之間：林同濟文集》，上海：復旦大學出版社，
　　2004年。

郭廷以等：〈從高小到北大的求學生涯：田培林先生訪問記錄〉，《口述
　　歷史》，第2期。

《郭沫若全集》，北京：人民文學出版社，1992年。

郭恆鈺：《共產國際與中國革命》，北京：生活‧讀書‧新知三聯書
　　店，1985年。

郭湛波：《近三十年中國思想史》，上海：上海古籍出版社，2010。

郭穎頤著、雷頤譯：《中國現代思想中的唯科學主義》，南京：江蘇人民
　　出版社，1995年。

郭雙林、高波編：《中國近代思想家文庫‧高一涵卷》，北京：中國人民
　　大學出版社，2015年。

陳正國：〈重估晚清思想：書寫中國現代思想史的另一種可能〉，《思
　　想》，第34期。

陳旭麓：〈戊戌時期維新派的社會觀 —— 群學〉，《近代史研究》，1984年，第2期。

陳定炎：《陳競存（炯明）先生年譜》，台北：李敖出版社，1995年。

陳寅恪：《金明館叢稿二編》，北京：生活・讀書・新知三聯書店，2001年。

陳寅恪：《寒柳堂集》，北京：生活・讀書・新知三聯書店，2001年。

陳獨秀著，任建樹編：《陳獨秀著作選編》，上海：上海人民出版社，2009年。

陶希聖：《潮流與點滴》，北京：中國大百科全書出版社，2009年。

陸劍杰：〈中國的自由主義和中國的馬克思主義之關係的歷史、現狀與未來〉，《哲學研究》，1999年，第11期。

傅斯年：《史料論略及其他》，瀋陽：遼寧教育出版社，1997年。

《傅斯年全集》，台北：聯經出版公司，1980年。

惲代英：《惲代英文集》，北京：人民出版社，1984年。

斯賓塞著，嚴復譯：《群學肄言》，北京：商務印書館，1981年。

曾鞏著，陳杏珍等點校：《曾鞏集》，北京：中華書局，1984年。

湯志鈞：《近代經學與政治》，北京：中華書局，1989年。

湯志鈞編：《章太炎政論選集》，北京：中華書局，1977年。

舒新城：《舒新城自述》，合肥：安徽文藝出版社，2013年。

舒新城編：《近代中國教育史料》，上海：中華書局，1928年。

費孝通：《費孝通全集》，呼和浩特：內蒙古人民出版社，2009年。

馮友蘭：《三松堂全集》，鄭州：河南人民出版社，2001年。

黃濬：《花隨人聖庵摭憶》，上海：上海古籍書店，1983年。

黃遠庸：《遠生遺著》，北京：商務印書館，1920年。

黃濟：〈中國近百年教育思想回眸〉，《北京大學教育評論》，第1卷，第2期（2003年4月）。

《新民學會資料》，北京：人民出版社，1980年。

《新民叢報》

《新青年》

《新晨報》

《新潮》

楊念群：〈「社會」是一個關鍵詞：「五四解釋學」反思〉，《開放時代》，
　　2009年，第4期。

楊念群：〈「無政府」構想 ——「五四」前後「社會」觀念形成與傳播的媒
　　介〉，《開放時代》，2019年，第1期。

楊念群：《「五四」九十週年祭 —— 一個問題史的回溯與反思》，北京：
　　世界圖書出版公司，2009年。

楊振寧：《楊振寧文錄》，海口：海南出版社，2002年。

楊琥編：《民國時期名人談五四：歷史記憶與歷史解釋》，福州：福建教
　　育出版社，2011年。

楊蔭杭：《老圃遺文輯》，武漢：長江文藝出版社，1993年。

溝口雄三著、王瑞根譯：《中國的衝擊‧另一個「五四」》，北京：生活‧
　　讀書‧新知三聯書店，2011年。

雷海宗：《中國文化與中國的兵》，北京：商務印書館，2001年。

《熊十力全集》，武漢：湖北教育出版社，2001年。

《聞一多全集》，武漢：湖北人民出版社，1993年。

趙妍杰：《家庭革命：清末民初讀書人的憧憬》，北京：社會科學文獻出
　　版社，2020年。

劉大白：《白屋文話》，長沙：岳麓書社，2013年。

劉咸炘：《推十書》，成都：成都古籍書店，1996年。

劉焱編：《周恩來早期文集》，天津：南開大學出版社，1993年。

德里克主講：《後革命時代的中國》，上海：上海人民出版社，2015年。

德里克著、翁賀凱譯：《革命與歷史：中國馬克思主義歷史學的起源，
　　1919–1937》，南京：江蘇人民出版社，2005年。

歐立德：〈傳統中國是一個帝國嗎？〉，《讀書》，2014年，第1期。

歐立德:〈當我們談「帝國」時,我們談些什麼 —— 話語、方法與概念考古〉,《探索與爭鳴》,2018年,第6期。

蔡元培著,高平叔編:《蔡元培全集》,北京:中華書局,1984年。

蔡和森:《蔡和森文集》,北京:人民出版社,1980年。

蔣旨昂:《戰時的鄉村社區政治》,重慶:商務印書館,1944年。

《鄧中夏文集》,北京:人民出版社,1983年。

鄧野:〈王揖唐的「社會主義」演說和「問題與主義」論戰的緣起〉,《近代史研究》,1985年,第6期。

鄭振滿:《明清福建家族組織與社會變遷》,北京:中國人民大學出版社,2009年。

鄭振鐸:《中國俗文學史》,石家莊:花山文藝出版社,1998年。

《鄭振鐸文集》,北京:人民文學出版社,1985年。

《魯迅全集》,北京:人民文學出版社,1981年。

魯迅博物館編:《錢玄同日記》,福州:福建教育出版社,2002年。

魯萍:〈「德先生」和「賽先生」之外的關懷 —— 從「穆姑娘」的提出看新文化運動時期道德革命的走向〉,《歷史研究》,2006年,第1期。

黎錦熙著,黎澤渝、劉慶俄編:《黎錦熙文集》,哈爾濱:黑龍江教育出版社,2007年。

《學生雜誌》

《學衡》

《獨立評論》

蕭超然:《北京大學與五四運動》(第二版),北京:北京大學出版社,1995年。

錢玄同:《錢玄同文集》,北京:中國人民大學出版社,2000年。

錢穆:《國學概論》,台北:台灣商務印書館,1963年。

錢穆:《現代中國學術論衡》,北京:生活·讀書·新知三聯書店,2001年。

錢穆:《錢賓四先生全集》,台北:聯經出版公司,1998年。

戴季陶著，唐文權、桑兵編：《戴季陶集（1909–1920）》，武漢：華中師範大學出版社，1990年。

鍾叔河編訂：《周作人散文全集》，桂林：廣西師範大學出版社，2009年。

瞿秋白：《瞿秋白文集（文學編）》，北京：人民文學出版社，1985年。

瞿秋白：《瞿秋白文集（政治理論編）》，北京：人民出版社，2013年。

羅厚立：〈歷史記憶中抹去的五四新文化研究〉，《讀書》，1999年，第5期。

羅家倫：《逝者如斯集》，台北：傳記文學出版社，1981年。

羅家倫：《羅家倫先生文存》，台北：台北國史館、國民黨黨史會，1976年。

羅溥洛編，包偉民、陳曉燕譯：《美國學者論中國文化》，北京：中國廣播電視出版社，1994年。

羅夢冊：《中國論》，重慶：商務印書館，1943年。

羅榮渠主編：《從「西化」到現代化 —— 五四以來有關中國的文化趨向和發展道路論爭文選》，北京：北京大學出版社，1990年。

饒宗頤：《中國史學上之正統論》，北京：中華書局，2015年。

顧炎武著，黃汝成集釋，欒保群、呂宗力校點：《日知錄集釋》，上海：上海古籍出版社，2006年。

顧頡剛：《寶樹園文存》，北京：中華書局，2010年。

龔書鐸：《中國近代文化探索》，北京：北京師範大學出版社，1997年。

英文文獻

Benjamin, Walter, *The Arcades Project*, Cambridge: Harvard University Press, 1999.

Burbank, Jane and Cooper, Frederick, *Empires in World History: Power and the Politics of Difference*, Princeton: Princeton University Press, 2010.

Chen, Joseph T., *The May Fourth Movement in Shanghai: The Making of a Social Movement in Modern China*, Brill, 1971.

Chow, Tse-tsung, *The May Fourth Movement: Intellectual Revolution in Modern China*, Cambridge: Harvard University Press, 1960.

Collingwood, R. G., *An Autobiography & Other Writings*, Oxford: Oxford University Press, 2013.

Collingwood, R. G., *The Idea of History*, Oxford: Oxford University Press, 1994.

Davis, Natalie Z., "On the Lame," *The American Historical Review*, vol. 93, no. 3.

Dewey, John and Dewey, Alice C., *Letters from China and Japan*, New York: E.P. Dutton & Co., 1920.

Dirlik, Arif, "Ideology and Organization in the May Fourth Movement: Some Problems in the Intellectual Historiography of the May Fourth period," *Republican China*, vol.12, no.1.

Dirlik, Arif, *Anarchism in the Chinese Revolution*, Berkeley: University of California Press, 1991.

Evans, Peter B., Dietrich Rueschemeyer & Theda Skocpol, eds., *Bringing the State Back In*, Cambridge: Cambridge University Press, 1985.

Foucault, Michel, *Discipline and Punish: The Birth of the Prison*, New York: Pantheon Books, 1977.

Hemingway, Ernest, *Green Hills of Africa*, London: Jonathan Cape, 1936.

Hsu, Immanuel C.Y., *The Rise of Modern China*, 2nd ed., New York: Oxford University Press, 1975.

Iriye, Akira, *After Imperialism: The Search for a New Order in the Far East, 1921–1931*, Cambridge: Harvard University Press, 1965.

Link, Perry, *Mandarin Ducks and Butterflies: Popular Urban Fiction in Early Twentieth-Century China*, Berkeley and Los Angeles: The University of California Press, 1980.

Perry, Elizabeth J., "Studying Chinese Politics: Farewell to Revolution?" *China Journal* (Canberra), no. 57.

Reinsch, Paul S., *An American diplomat in China*, Garden City: Doubleday, 1922.

Schwarcz, Vera, *The Chinese Enlightment: Intellectuals and the Legacy of the May Fourth Movement of 1919*, Berkeley: University of California Press, 1986.

Wang, Fan-shen, *Fu Ssu-nien: History and Politics in Modern China*, Cambridge: Cambridge University Press, 2000.

Williams, Raymond, *Keywords: A Vocabulary of Culture and Society*, New York: Oxford University Press, 1976.

Yip, Ka-che, "Nationalism and Revolution: the Nature and Causes of Student Activism in the 1920s", in F. Gilbert Chan and Thomas H. Etzold, eds., *China in the 1920s*, New York: New Viewpoints, 1976.

Yu, Ying-Shih, "Changing Conceptions of National History in Twentieth-Century China," in Erik Lönnroth, KarlMolin & Ragnar Björk, eds., *Conceptions of National History*, Berlin: Walter de Gruyter, 1994.

Zarrow, Peter, *Anarchism and Chinese Political Culture*, New York: Columbia University Press, 1990.